国家社科基金青年项目"近代广州商人团体组织变迁研究(1903-1949)"
(立项号:18CZS063)

近代香港轮船航运业研究
1840—1911

夏巨富○著

A Research on Modern HongKong
Shipping Industry (1840-1911)

中国社会科学出版社

图书在版编目（CIP）数据

近代香港轮船航运业研究：1840—1911 / 夏巨富著.
—北京：中国社会科学出版社，2024.6
ISBN 978-7-5227-3386-9

Ⅰ.①近… Ⅱ.①夏… Ⅲ.①航运—交通运输史—研究—香港—近代 Ⅳ.①F552.9

中国国家版本馆CIP数据核字(2024)第092242号

出 版 人	赵剑英
责任编辑	宋燕鹏
责任校对	闫 萃
责任印制	李寡寡

出　　版	中国社会科学出版社
社　　址	北京鼓楼西大街甲158号
邮　　编	100720
网　　址	http://www.csspw.cn
发 行 部	010-84083685
门 市 部	010-84029450
经　　销	新华书店及其他书店
印　　刷	北京明恒达印务有限公司
装　　订	廊坊市广阳区广增装订厂
版　　次	2024年6月第1版
印　　次	2024年6月第1次印刷
开　　本	710×1000 1/16
印　　张	25.5
字　　数	431千字
定　　价	145.00元

凡购买中国社会科学出版社图书，如有质量问题请与本社营销中心联系调换
电话：010-84083683
版权所有　侵权必究

目 录

导 论 …………………………………………………………（1）
  第一节　研究对象与学术价值 ……………………………（1）
  第二节　学术综述 …………………………………………（4）
  第三节　研究理论与方法 …………………………………（12）
  第四节　创新点和难点 ……………………………………（13）

第一章　香港轮船航运业发展的历史背景 ……………………（17）
  第一节　自然区位因素 ……………………………………（18）
  第二节　社会经济环境 ……………………………………（25）
  小　结 ………………………………………………………（56）

第二章　香港航政机构设置及其管理 …………………………（58）
  第一节　航政机构设置与运作 ……………………………（58）
  第二节　航运政策及其管理 ………………………………（76）
  小　结 ………………………………………………………（82）

第三章　香港轮船航运业中的风险管控 ………………………（84）
  第一节　自然风险及其应对 ………………………………（84）
  第二节　人为风险及其管控 ………………………………（111）
  第三节　非正当贸易及其打击 ……………………………（123）
  小　结 ………………………………………………………（141）

第四章　香港轮船航运业的萌发阶段：1840—1898 ………（144）
  第一节　造船厂和轮船公司的发展 ………………………（145）
  第二节　吞吐量的扩增 ……………………………………（151）
  第三节　航线的繁荣 ………………………………………（176）
  第四节　航期的增多 ………………………………………（182）
  小　结 ………………………………………………………（190）

第五章 香港轮船航运业的繁荣阶段：1898—1911 …………（192）
    第一节 造船厂与航运公司的兴盛 ……………………（192）
    第二节 吞吐量的猛增 …………………………………（200）
    第三节 航运业利润的暴涨 ……………………………（228）
    第四节 航线的繁荣 ……………………………………（232）
    小 结 ……………………………………………………（282）

第六章 香港轮船航运业与贸易圈的形成 ……………………（284）
    第一节 华南贸易圈 ……………………………………（285）
    第二节 跨洋贸易圈 ……………………………………（312）
    小 结 ……………………………………………………（317）

第七章 香港轮船航运业与转口港地位的确立 ………………（319）
    第一节 中转贸易的繁荣 ………………………………（319）
    第二节 转口港地位的确立 ……………………………（325）
    小 结 ……………………………………………………（335）

第八章 香港轮船航运业与新兴产业兴起 ……………………（337）
    第一节 保险业 …………………………………………（337）
    第二节 电报业 …………………………………………（350）
    第三节 金融业 …………………………………………（364）
    小 结 ……………………………………………………（365）

第九章 香港轮船航运业发展中的基本特点 …………………（367）
    第一节 轮船与帆船比重不同 …………………………（367）
    第二节 轮船与帆船吨位差异 …………………………（373）
    第三节 轮船发展的"双轨"模式 ………………………（380）
    第四节 充斥着非正当贸易 ……………………………（383）
    小 结 ……………………………………………………（384）

第十章 结语 ……………………………………………………（386）
    第一节 航运业发展的辐射效应 ………………………（386）
    第二节 轮船航运业的相关思考 ………………………（389）

参考文献 ………………………………………………………（392）

后 记 ……………………………………………………………（403）

导　论

第一节　研究对象与学术价值

一　研究对象

研究对象界定：香港转口港时期，一般是指1860—1950年初，关于香港转口港时期的划分，学界多有讨论。元邦建把1898—1941年作为香港的转口港时期。① 刘蜀永划分则更为精细：1840—1860年，香港转口港形成前期；1860—1950年初，香港转口港形成时期；1950—1970年，香港工业化时期；1971年以后，香港经济多元化时期。② 余绳武和刘存宽提出自己的看法：第一个时期，1841—1860年，香港经济初步发展时期；第二个时期，1861—1900年，香港中转贸易港地位确立时期。③ 金应熙和刘泽生把香港经济史划分为三个阶段：第一阶段是1841—1870年；第二阶段是1870—1918年；第三阶段是1920—1950年初。④ 综上学界所述：香港的转口港时期，一般从1860年至1950年初，得到学术界的认同，基本上达成共识，若再进行进一步的细分，却存在诸多分歧，大体也是以1900年为界限划分两个阶段。本书着力探讨香港转口港时期的前半段，特指1840—1911年这个时段，故本书所论区间仅限于该时段，无特别指出，均指该时期。

---

① 元邦建编著：《香港史略》，香港中流出版社1988年版，第139页。
② 刘蜀永：《香港的历史》，新华出版社1996年版，第106—110页。
③ 余绳武、刘存宽主编：《19世纪的香港》，中华书局1994年版，第300页。
④ 刘泽生：《近年来内地关于香港史研究情况概述》，《学术研究》1986年第2期。

选择1840—1911年香港轮船航运业的发展作为研究对象，对香港轮船航运业历史发展背景、过程、管理机制、特点、与贸易关系、与新兴产业、与转口港地位等方面作出详细全面的考察，概括它发展的基本特征，分析它与区域经济之间的关系，探讨它对香港转口港地位形成所起的作用。1842年中英《南京条约》签订，香港岛被迫割给英国。1898年九龙关也被英国侵占。自此，英国完成了对香港全部的"统治"。此时，外国资本不断涌入，这其中也包括对香港轮船航运业的投资，客观上刺激了香港轮船航运业的发展。同时，民族资本家也投身于香港轮船航运业，与外资创办的轮船航运业进行顽强的抗争，一定程度上挽回部分利权。本书以1840年为上限，理由有三：一、考虑到香港被英割占前可能已发展轮船航运业；二、将香港作为清朝完整部分进行分析，考察前后发展变化。三、经济史发展脉络固有的内部逻辑考虑。本书以1911年为下限，理由有三。一、把辛亥革命爆发和"一战"前夕作为界限，稳定的发展环境是航运业发展的前提，辛亥革命前夕粤港之间的航运外部环境，总体趋于和平稳定发展，辛亥革命之后军阀混战不利于航运业发展。"一战"前夕外资尚能和平发展，但是"一战"爆发之后，这些外资轮船航运业受其影响逐渐削弱，且"一战"爆发后，香港外资轮船航运业出现"衰落"的趋势。因此，这72年是香港航运业发展的外部环境稳定期，可谓是香港航运业发展之"蜜月期"。二、香港20世纪初转口港地位的确立时期，为轮船发展提供良好的契机，更好探讨轮船与香港转口港地位确立之间的关系。1911年之后进入香港转口港发展时期，故前后的发展形势有所变化，以1911作为界限，较好归纳前一阶段香港轮船航运业发展规律。三、1840—1911年香港经济发展外部环境趋向稳定，轮船航运业的发展并没有中断，非常适合用时段理论[①]来分析该时期香港轮船航运业的发展规律。因此，可以对这一时期香港航运业的发展作整体系统爬梳，探讨香港转口港地位确立的过程，为当前香港航运业的经营、管理、发展提供必要的历史借鉴。

---

① 时段理论，由法国第二代年鉴学派典型代表人物布罗代尔提出的著名理论，即认为存在三种历史时间。[法]费尔南·布罗代尔（Braudel, Fernand）著《15至18世纪的物质文明、经济和资本主义》第3卷（施康强、顾良译，生活·读书·新知三联书店1993年版）一书分别以长时段、中时段和短时段方法研究世界经济，以此来考察资本主义的经济生活和资本主义的世界政治体系。

香港轮船航运业，指在香港华资和外资的轮船航运业发展，包括两方面：一是华资创办的航运公司、造船厂和以轮船为载体的相关贸易；二是外资创办航运公司、造船厂和从事以轮船为载体的相关贸易。它们都在香港轮船近代化过程中起到了重要作用。近代航运业，朱福枝也称作"新式航运"：第一，在时间上是指1840—1949年，共一百多年的航运历史；第二，在内容上，近代航运出现了新的生产关系和新的生产力两方面。[①] 因此，近代航运业指在1840—1949年，这一时期中国传统的木帆业蜕变成轮船航运业的过程，它们出现并存和此消彼长的局面，共同构成了近代水上交通运输业的"蓝图"。它们在近代经济史中扮演着重要的角色，在近代化历程中起着不可磨灭的作用。张济容认为川江航运的发展，使西南地区成为重庆的经济腹地，扩大了重庆与之发生流通地区的范围，增加了流通量，扩大了重庆吸引和辐射的区域，使重庆成为长江上游最大的商品市场，商业贸易居西南地区之冠，推动了重庆商业中心、金融中心的确立。[②] 李巧认为近代梧州经济地位的演变与航运业有着密切的关联。[③] 这些充分证明了近代轮船对于一个城市或者一个地区产生的作用是不可低估的。近代香港轮船航运业兴起的历史条件、如何运作、产生的历史作用有哪些？如区域经济发展；新兴产业的发展；转口港地位的确立。轮船航运业对香港乃至区域经济的发展繁荣起着怎样的作用？对于香港转口港地位确立与巩固有何关联？本书将一一解决上述问题。

二 学术价值

首先，选取香港这个城市，因为它是中国近代一个特殊的地区，既是华南地区睁眼看世界的优良窗口，又是世界性的重要国际化大港口。从内河航运来说，香港位于广东省的南部，珠江的东侧，介于北纬22°09′—22°37′，东经113°52′—114°32′，包括香港岛、九龙半岛和"新界"三部分，半岛呷角甚多，小岛星罗棋布。从国际航运角度看，香港地处珠江与

[①] 朱福枝：《试述中国近代航运的诞生与发展》，《武汉交通管理干部学院学报》1994年第2期。

[②] 张济容：《近代川江航运与重庆城市发展（1840年—1937年）》，硕士学位论文，西北大学，2004年，第3页。

[③] 李巧：《近代西江航运与梧州城市的发展（1897—1937年）》，硕士学位论文，广西师范大学，2016年，第3页。

南海的交汇处，是沟通南海与马六甲海峡乃至连接太平洋与印度洋之间的一个重要国际港口。

其次，本书具有较大的学术价值。目力所及，学界对香港轮船航运业研究不是很充分，尤其是近代早期香港轮船航运业研究相对比较薄弱，暂时还没有对该领域作系统专题性的研究，涉及的相关论著也是屈指可数。某种程度而言，可谓是学术的"空白区"，而对于香港航运业研究，多散落在少数的论著中。

再次，从理论上进行突破，试图在区域经济史视角的基础上，将历史学、统计学、经济学、地理学和交通经济学等理论知识相结合，对香港轮船航运业进行多面向、多层次、多角度的跨学科研究。通过对该时期香港轮船航运业的研究，探讨香港轮船航运史的发展脉络、香港转口港的地位确立以及与香港区域经济发展的关系。

最后，对近代香港轮船航运业的研究有一定的现实借鉴作用。香港，作为中国特别行政区，轮船航运业的发展促使香港经济腾飞和社会进步。不仅与大陆有着密切联系，也与轮船航运业发达密不可分。目前国家实行粤港澳大湾区战略，随着粤港珠大桥的通行，香港作为重要组成部分，除了抓住时代战略外，更需要在历史中寻找经验。

第二节 学术综述

一 民国时期的中国航运业研究

航运业是中国近代经济史中特殊的行业，较早受到外国资本的侵袭，也是较早出现民族资本的行业之一。民国时期就有学者开始关注航运业与殖民统治之间的关系，但是对航运业本身的研究一直呈现薄弱的局面。著作方面，20世纪30年代，出现了第一批研究中国近代航运、航政和航权相关专著：《中国航业》[①]《中国航业论》[②]《现代航政问题》[③]《航业与航

[①] 王洸：《中国航业》，商务印书馆1929年版。
[②] 王洸：《中国航业论》，交通杂志社1934年版。
[③] 王洸：《现代航政问题》，正中书局1937年版。

权》①《各国航业政策与收回航权问题》②《扬子江航业》③《招商局轮船公司》④和《四年来之航政》⑤。另外一部重要资料书是民国时期的《交通史航政编》，该书共六册，主要包括邮政、航空、航政、路政、电政和总务等各编。其内容包括总务、航业、航务、工程、涉外事项和外人在华行业六章，保存大量珍贵的第一手史料。⑥

该时期轮船航运业研究呈现的特点：一、主要侧重从整体视角来研究航运业；二、外国对中国航权掠夺着墨较多；三、这些研究大多是浅层次概述。不过当时学界已经开始关注航运业，这些成果为以后学术研究提供了大量原始史料。不足之处：一、重视国家整体宏观性研究，忽视了各地区各港口的微观性研究，未能凸显各地航运发展的差异性和地域特点；二、研究方法比较单一，一般以简单论述为主，缺乏系统论证；三、航运业与区域经济发展之间关系研究比较薄弱；四、研究的内容和主题也显得颇为单一。

二　中华人民共和国成立以后中国轮船航运业研究

直到20世纪80年代后，近代航运业的研究开始迎来一个高潮，研究成果层出不穷，学术相当活跃。最典型的研究成果当属人民交通出版社出版的"中国水运史丛书"系列。这套丛书包含了以下几个门类：一、综合性史书，包括《中国海港史》《中国内河航运史》《中国运河史》；二、各省、自治区、市的内河航运史，如《广东航运史（近代部分）》《河南航运史》⑦《吉林航运史》和《长江航运史（近代部分)》⑧；三、各海港史，包括沿海各主要港口的论著、相关数据统计和古今数据汇编，如《青岛海

---

① 王洸：《航业与航权》，上海学术研究会1930年版。
② 郭寿生：《各国航业政策实况与收回航权问题》，上海华通书局1930年版。
③ 朱建邦：《扬子江航业》，商务印书馆1937年版。
④ 《招商局轮船公司》，行政院新闻局1948年版，作者不详。
⑤ 交通部编：《四年来之航政》，交通部1931年版，作者不详。
⑥ 交通部交通史编撰委员会编：《交通史航政编》，交通铁道部交通史编撰委员会1931年版。
⑦ 蒋祖缘主编：《广东航运史（近代部分)》，人民交通出版社1989年版；河南交通厅交通史志编审委员会编：《河南航运史》，人民交通出版社1989年版。
⑧ 吉林航运史编委会：《吉林航运史》，人民交通出版社1998年版；江天凤主编：《长江航运史（近代部分)》，人民交通出版社1992年版。

港史（近代部分）》①《秦皇岛港史（现代部分)》②《黄埔港史（古、近代部分)》③《南京港史》④《温州港史》⑤《珠江航运史》⑥《上海港史（现代部分)》《贵州航运史（古、近代部分)》和《镇江港史》⑦；四、专题性史，如《招商局史》《民生公司史》和《武汉长江轮船公司史》。这是一套大型航运业方面的丛书。既包括了各省市的航运业，又综合了航运业的内在发展规律。这套丛书既保存了大量学术价值较高的史料，同时不是单一的史料集结，包括了作者的论述、评论以及研究心得，为进一步研究近代航运史奠定了坚实的基础和资料参考的基石。

聂宝璋主编的《中国近代航运史资料》第一辑，分帝国主义、轮船招商局及民族资本轮运业三个部分，辑录了1840—1895年中国近代航运的相关史料，资料的来源十分广泛，包括了中文报刊、档案、笔记、函牍、奏章、条例之类，又有英文、日文、外交档案、专书和报纸杂志等等。聂宝璋与朱荫贵合编《中国近代航运史资料》第二辑，辑录的是1895—1927年中国近代航运史的相关史料。虽然是资料汇编，但编者并非将史料简单地整理排列，而是根据中国近代航运业发展历程中呈现出的时代特点，有意识地将一些问题集中反映。⑧这套资料汇编不仅为近代航运业研究提供了很多有价值的史料，而且拓宽了研究者的视野。

樊百川的专著《中国轮船航运业的兴起》，主要是对中国民族航运业的兴起原因进行了全面深入的剖析，指出外国势力对民族航运业的干预，再结合相关统计数据，全面呈现出中国民族轮船航运业兴起的艰辛历程。虽说是航运业的专著，但是也保存了大量的原始资料和外文参考资料。既是一本学术专著，又是一本不可多得的参考资料书，为进一步研究打下坚

---

① 寿杨宾编著：《青岛海港史（近代部分)》，人民交通出版社1986年版。
② 黄景海主编：《秦皇岛港史（现代部分)》，人民交通出版社1987年版。
③ 吴家诗主编：《黄埔港史（古、近代部分)》，人民交通出版社1989年版。
④ 吕华清主编：《南京港史》，人民交通出版社1989年版。
⑤ 周厚才编著：《温州港史》，人民交通出版社1990年版。
⑥ 交通部珠江航务管理局：《珠江航运史》，人民交通出版社1998年版。
⑦ 金立成主编：《上海港史（现代部分)》，人民交通出版社1986年版；夏鹤鸣、廖国平主编：《贵州航运史（古、近代部分)》，人民交通出版社1993年版；陈敦平主编：《镇江港史》，人民交通出版社1989年版。
⑧ 聂宝璋：《中国近代航运史资料》第一辑，上海人民出版社1983年版；聂宝璋、朱荫贵编：《中国近代航运史资料》第二辑，中国社会科学出版社2002年版。

实的基础。① 朱荫贵的《中国近代轮船航运业研究》是研究中国近代航运业的论文集，按中国民族资本航运业、外国在华航运业、轮船航运业、轮船航运业的经营管理、轮船招商局与近代中国经济等五类内容收录。重点研究现代交通运输工具在近代中国出现后的发展演变概况，以及对中国近代社会的影响。这些探讨深化了对中国近代航运业和近代经济史的研究，有较高的参考价值。②

胡政主编招商局历史系列丛书，目前出版的有《招商局与上海》《招商局与重庆》《招商局与深圳》《招商局与台湾》《招商局与中国港航业》《招商局与中国近现代化》《招商局与中国现代化》《招商局创办之初》《招商局新考——外资航运企业与晚清招商局》《招商局与近代中国研究》和《招商局与上海》等，还有一些亟待出版。这套丛书重点介绍招商局的发展史。招商局成立于上海，作为近代民族航运业的典范，近代最早、历史最悠久、规模最大的民族企业，与上海结合在一起，在近代史"叱咤风云"，造就了一部独特的航运兴衰史。这套丛书旨在充分挖掘史料，展示这些宝贵的历史资料，为进一步研究近代航运业打下坚实的史料基础。

三 国内对香港轮船航运业的研究

根据目前搜集的相关论著资料，大陆学界没有一本关于香港轮船航运史的学术专著，也没有系统对香港轮船航运业发展兴衰作出专题性研究。但是有关香港航运业发展的记载，一般散见于香港史方面的著作里面，尤其是香港经济史著作。广东史学界对于香港史的研究，始于20世纪50年代，但当时仅有个别学者从事这方面的工作。进入80年代，广东的香港史研究有了较大的发展，并成为一个热门的研究课题。广东省社会科学院历史研究所港澳史研究室成立于1983年，最初由金应熙教授主持，该研究室曾经承担了国家重点科研项目——"20世纪香港史"的研究，并完成和出版了《香港史话》等著作。1987年，研究室由邓开颂研究员主持，当时共有5名研究人员。另一研究机构为中山大学港澳研究中心。该中心于1991年9月成立，由许锡挥、雷强两位教授主持。他们梳理广东地区研究香港史的情况，提出两点看法：（1）研究课题的范围较广，包括政治、经济、

---

① 樊百川：《中国轮船航运业的兴起》，四川人民出版社1985年版。
② 朱荫贵：《中国近代轮船航运业研究》，中国社会科学出版社2008年版。

文化和社会生活的各个领域；（2）具有广东地方的特色，表现在近年来许多学者的研究方向向粤港澳关系史方向发展。其表现出的弱点也较为明显，突出地表现在研究人员分散，队伍人员少且不成熟，掌握资料也不足，等等。①

刘曼容对香港政治制度演变方面研究最为卓著，可谓是该领域精深研究的典型代表。② 张丽从纵向和横向两个维度总结了大陆学者的香港史研究成果。一方面，梳理了60年来内地香港史研究的基本发展脉络，指出历经几代学者的不懈努力，内地的香港史研究从无到有，确立了基于历史唯物主义和民族主义的学术体系；另一方面，从中英关系视角下的香港、香港与内地的关系、香港本地史研究三个角度，分专题详述了香港史各重大问题的主要研究成果，全面展现了60年来内地香港史研究的学术成就。③从文中可知香港航运业付之阙如，关于香港转口贸易研究可能间或涉及航运业。笔者系统梳理近80年以来国内外的关于中国大陆和香港轮船航运业的论著，加以整理和分类，以1930—1980年为界限划分三个阶段，并对这三个阶段的研究概况作出整体梳理。（1）构建航运—贸易二维经济体系。航运业与香港近代化之间关系，从近代化的角度来探讨香港航运业对经济变迁的影响。轮船航运业与香港经济之间关系，尤其是对香港经济崛起的探讨和香港转口港地位的确立。（2）轮船航运业的双轨发展模式：一轨是香港华资轮船航运业；另一轨是香港外资轮船航运业。总结香港航运史研究概况，由此看出香港航运史研究的特点和不足，从而提出几点建议与展望。（3）轮船航运业的衡量之标准，从船只数、吨位数、造船厂数和以轮船为载体的贸易繁荣程度等因素来量化和考察其地区航运业发展，纠正轮船与帆船之间的比例失衡问题，帆船业并非在轮船航运业的面前不堪一击，而是呈现顽强的生命力。（4）通过深度挖掘未被学界关注的有关香港方面史料，包括档案、海关资料、报纸中相关信息，从中探寻历史真相。力图为当前香港航运史进一步发展提供借鉴和经验。（5）是跨学科研究，采用历史学、统计学、经济学和交通运输学等相结合的方法，如何灵活用

---

① 邓开颂、陆晓敏：《广东的香港史研究》，《学术研究》1996年第4期。
② 刘曼容：《港英政治制度与香港社会变迁》，广东人民出版社2009年版；刘曼容：《港英政府政治制度论》，香港文教出版企业有限公司1998年版。
③ 张丽：《60年来大陆地区香港史研究回顾》，《兰州学刊》2014年第9期。

也需要锤炼。①

首先，关于香港航运史的相关资料统计，主要是报纸方面：《香港船头报纸》、《香港航运录（1855—1857年）》、《德臣西报》、《孖剌报》、《香港船务统计》、《循环日报》、《香港华字日报》、《遐迩贯珍》、新加坡《叻报》和《中兴日报》、马来西亚《槟城新报》等。中国第二历史档案馆和中国海关总署办公厅编《中国旧海关史料（1859—1948）》和吴松弟整理《美国哈佛大学图书馆藏未刊中国旧海关史料（1860—1949）》有关大量香港九龙关进出轮船和帆船等方面的资料。这些统计资料记载早期香港航运业的发展，有些是对香港航运业的直接记载，比较翔实，有些是间接记载，很简略，但是都从不同层面描述了近代香港航运业的发展概况。

其次，涉及香港轮船航运业的相关著作。张晓辉的《近代香港经济史（1840—1949）》全书共20章，内容十分广泛，涵盖了近代香港各个时期的经济及相关政策、货币金融制度、具体税收、实际贸易、交通运输、通信设施、城市基础建设、城市商业、制造业、农渔业、企业经营管理、劳动就业及工资、市场状况、人口及工商团体活动等方面，对近代香港经济发展进行了全景式的探析。②方振鸿的《香港经济概论》，对于香港航运业采取"积极不干预主义"政策进行比较全面的阐述。③卢受采、卢冬青合著《香港经济史》和方志钦、蒋祖缘主编的《广东通史（近代上、下）》部分章节有关于近代香港航运业的描述。④此外，《广东通志·船舶志》《广州市志·远洋运输志》《广东文史资料》第四十四辑和《广东航运史（近代部分）》等，对香港航运业都有涉及。同时，关于中国经济史方面著作，不同层面的论及近代香港航运业的发展，如汪敬虞的《中国近代工业史资料》和《中国近代经济史（1895—1927）》，严中平的《中国近代史经济统计资料选辑》，等等，这些著作是较多描写香港航运业方面的。

再次，集中大篇幅论述了香港航运业的著作，聂宝璋主编的《中国近代航运史资料》上文已有介绍，不再赘述。陈翰笙主编的《华工出国史料

---

① 夏巨富：《近八十年来香港航运史研究综述》，《石家庄经济学院学报》2013年第4期。
② 张晓辉：《香港近代经济史（1840—1949）》，广东人民出版社2001年版。
③ 方振鸿：《香港经济概论》，广东人民出版社1987年版。
④ 卢受采、卢冬青：《香港经济史》，人民出版社2004年版；方志钦、蒋祖缘主编：《广东通史（近代上、下）》，广东人民出版社2010年版。

汇编》①《香港94年工商航运全纪录》对香港轮船航运业作出相关的研究。② 目力所及，后者未能找到，但是《中国旧海关史料》关于九龙关历年船运和贸易的统计，或可弥补未找到这本书的缺憾。

论文方面：张晓辉的论文介绍了近代广东航运业当时的情况，粤港航权被外国轮船公司攘夺，近代民族航运业遭到压制。19世纪70年代，广东等地商人要求集资购办轮船，被李鸿章禁阻。轮船招商局成立以后，设广州分局，由唐廷枢兄弟长期控制，垄断广州至港澳及北方各口岸的沿海航运。③

目前学术界关于航运史研究存在的不足：一是研究多侧重于平面铺叙，缺乏较深层次的研究；二是从史料保存而言，尚未保存大量学术价值较高的史料，为进一步研究提出挑战；三是在方法上略显单一，一般采用单一史学方法，亟待寻求新突破。轮船航运业属于经济史，而经济史属于交叉学科，需结合经济学、社会学、统计学和运输学等方法，方能概括出航运业的全貌。

关于近代中国航运史研究的反思：一是要拓展研究主题，延伸研究时段；二是加强跨学科的研究，尤其是历史学、交通经济学和历史地理学的结合；三是加强档案资料的搜集和利用；四是加强学术界之间的成果交流和总结。因此，近代航运史研究不仅需要加大第一手资料的引用和跨学科的结合，而且需要转换研究视角和拓展研究内容与主题。

随着区域经济史研究逐渐发展，必须转换研究视角，拓宽研究广度。目前学界没有对近代香港轮船航运业作出系统深入研究，一般是作为经济史的"附庸品"在部分章节涉及，而相关论文仅仅是研究某一时段香港航运业。因此，近代香港轮船航运史研究，总体上呈现出非常薄弱的局面，亟待加强深入研究。

四 国外对香港航运史的研究

著作方面，关于涉及香港航运史的有一部分，如刘广京的《英美航运

---

① 陈翰笙主编：《华工出国史料汇编》第1—2辑，中华书局1985年版。
② The Bedikton Company, *Commercial & Industrial Hong Kong: a Record of 94 Years Progress of the Colony in Commerce, trade, Industry & Shipping 1841 - 1935*, HongKong, 1935. 转引自毛立坤《晚清时期香港对中国的转口贸易（1869—1911）》博士学位论文，复旦大学，2006年，第5页。
③ 张晓辉：《民国前期粤港航运业》，《广东史志》1994年第3期。

势力在华的竞争（1862—1874年）》①，郝延平的《中国近代商业革命》②，莱特的《中国关税沿革史》③，弗兰克·韦尔什的《香港史》④。范岱克的《广州贸易：中国沿海的生活与事业（1700—1845）》中论述珠江航道引水制度、粤海关管理体制以及中国帆船贸易。⑤ 日本学者松浦章对东亚航运史研究颇为精深，成果卓著。他认为14世纪到20世纪初叶这段漫长的历史时期里，从事远洋航行的船舶主要是中国帆船。在当时的东亚海域世界里，中国的造船和航海技术最为先进，其海洋政策也相对宽松，这使得中国帆船掌握了东亚世界的制海权，主导了当时的海上交通事业。⑥ 他在明清时代东亚海域文化交流、清代帆船、中国海商海盗方面均有十分精深的研究。日本另外一位学者村上卫详细考察了19世纪30年代至20世纪初华南沿海的贸易、海盗、船难、秘密会社与叛乱、征税、移民等问题，都放在"海洋史"的主题下加以讨论。他集中讨论了四个问题：（1）"近代"之始；（2）沿海贸易的实际状况和贸易秩序的构建；（3）华南沿海地区社会管理的情况；（4）英国在中国近代史中所扮演的角色。他将晚清华南沿海地区的许多问题加以专题性的讨论，得出结论是无数民众自行采取的零散行为，将中国推至新的时代，不仅将列强对中国国内的影响降至最低程度，甚至还摆弄和牵制了列强。⑦ 日本学者上田信在东欧亚空间下，以"合散离集"的角度诠释元明清时期东欧亚之间白银贸易、贸易类型、物质交换和海洋环境变迁。⑧ 松浦章、村上卫和上田信的研究颇具创见和启

---

① ［美］刘广京：《英美航运势力在华的竞争（1862—1874）》，邱锡镥、曹铁珊译，陈曾年校，上海社会科学院出版社1988年版。
② ［美］郝延平：《中国近代商业革命》，陈潮、陈任译，陈绛校，上海人民出版社1991年版。
③ ［英］莱特：《中国关税沿革史》，姚曾廙译，生活·读书·新知三联书店1958年版。
④ ［英］弗兰克·韦尔什：《香港史》，王皖强、黄亚红译，中央编译出版社2007年版。
⑤ ［美］范岱克：《广州贸易：中国沿海的生活与事业（1700—1845）》，江滢河、黄超译，社会科学文献出版社2018年版。
⑥ ［日］松浦章：《明清时代东亚海域的文化交流》，郑洁西等译，江苏人民出版社2009年版；［日］松浦章：《清代帆船东亚航运与中国海商海盗研究》，上海辞书出版社2009年版；［日］松浦章：《清代内河水运史研究》，董科译，江苏人民出版社2010年版；［日］松浦章：《清代上海沙船航运业史研究》，杨蕾、王亦铮、董科译，江苏人民出版社2012年版；［日］松浦章：《清代华南帆船航运与经济交流》，杨蕾译，厦门大学出版社2017年版。
⑦ ［日］村上卫：《海洋史上的近代中国——福建人的活动与英国、清朝的因应》，王诗伦译，社会科学文献出版社2016年版。
⑧ ［日］上田信：《海与帝国：明清时代》，高莹莹译，广西师范大学出版社2014年版；［日］上田信：《东欧亚海域史列传》，寇淑婷译，厦门大学出版社2018年版。

发性。

论文方面，有哈维兰的《香港珠江早期轮船业》①。另外松浦章在《中国帆船研究回顾》一文中，详细介绍中国古籍中记载的航海帆船图像资料，梳理19世纪中叶以后各国学者对中国帆船的初期研究成果，关注20世纪两次研究"高潮"及所处的不同历史背景，展示中国帆船研究的学术脉络和广阔前景。② 尤其所作附录，基本上罗列了19世纪帆船研究相关成果。包乐史论述荷兰联合东印度公司的组织垄断市场的行为，探讨荷兰在亚洲海权的升降。③ 由于目力所及，并未见到专门研究香港航运史的著作，只有在不同的论著或多或少涉及香港航运方面的撰述。

第三节　研究理论与方法

研究方法的多元化。其一，采用跨学科的研究方法。本书将航运业与区域经济史相结合。将航运业兴衰放在区域经济发展的框架下考察：一是对香港航运业发展历程作整体考察；二是在此基础上，构建航运与贸易的二维经济体系，概括出轮船航运业发展的双轨模式。由于本课题研究对象属于交叉学科，因此在研究方法上，宜采用以历史学和统计学的理论为指导，同时借鉴交通运输学、经济学、社会学、历史地理学等理论方法，对近代香港轮船航运业发展作深层次的考察，探讨香港轮船航运业的兴起、运作与管理、不断地完善和发展，对香港转口港和区域经济变迁起到推动作用。

其二，时段理论方法的运用。时段概念，法国史学学派承认经济学家关于三种时间划分的框架：首先是周期为10年左右的时段，这一时段以一年甚至一季度为危机的顶点；其次是介于两个周期之间中时段；最后是长

---

① ［美］哈维兰：《中国、香港、广州水域中的早期轮船航运》，《美国海事杂志》1962年第22期，转引自［美］刘广京：《英美航运势力在华的竞争（1862—1874）》，邱锡铼、曹铁珊译，陈曾年校，上海社会科学院出版社1988年版，第3页。

② ［日］松浦章：《中国帆船研究回顾》，《海洋史研究》第10辑，社会科学文献出版社2017年版。

③ ［荷］包乐史：《荷兰在亚洲海权的升降》，邓海琪等译，《海洋史研究》第7辑，社会科学文献出版社2015年版。

时段，它体现着以世纪为单位的经济变动。① 时段理论的提出，适合香港航运史的研究。选取1840—1911年这72年可以视为一个长时段，在此研究方法基础上，研究香港轮船航运业的内在发展逻辑。通过长时段的方法较好地诠释经济规律作用下的香港轮船航运业。

其三，采用统计学和历史学相结合方法。本书总共用了136个表格和5个图来论证香港轮船航运业，统计表格论证方法的应用，起到直观、形象和明了的效果，论证可以较为严密和清晰。

第四节 创新点和难点

一 创新点

在内容上，其一是构建航运—贸易二维经济体系来分析航运业与香港经济之间的关系。以经济学的角度来探讨香港航运业对近代香港经济变迁的影响。以航运业的发展作为考察香港区域经济发展的视角，不仅拓展了研究区域经济的视野，从流通、贸易领域洞悉近代香港的经济脉搏，而且可以推动区域经济史研究和中国近代史研究，具有一定的学术价值和学理意义。

其二是提出"双轨"发展模式来研究近代香港轮船航运业的发展。所谓"双轨"发展模式，就是外资轮船航运业和华资航运业。一轨是香港华资轮船航运业，包括当地人、华人和买办发展的轮船航运业，也可以称为民族航运业；另一轨是香港的外资轮船航运业。② 通过分析华资和外资轮船航运业的发展历程，可以发现在转口港确立时期之前，外资轮船航运业占据香港航运业的主体地位，甚至是处于垄断地位，而华资轮船航运业始终处于从属地位，甚至成为其"附庸品"。此时作为外资航运业的"一轨"，遥遥领先于华资轮船航运业。直到转口港确立以后，华资轮船

---

① [法] J. 勒高夫、R. 夏蒂埃、P. 若拉、J. 勒韦尔主编：《新史学》，姚蒙编译，上海译文出版社1989年版，第137页。

② 值得注意的是也存在官僚资本轮船航运业和混合资本轮船航运业，但是这两种类型在香港不是主体，只是存在小部分，那么前面两类才是主体，构成了香港航运发展史的"双轨"，只是这"双轨"步调不是一致的，存在此消彼长的势头。

航运业逐渐冲击外资航运业的垄断地位,"羽翼"日益丰满,开始挣脱附属于外资轮船航运业的地位,逐渐开创自己的"新天地"。这一过程曲折且艰辛,但是民族轮船航运业的发展,是进步的和符合民族利益的,是历史发展大势所趋。此时,作为华资轮船航运业的"一轨"开始有自己的领地和话语权,而作为外资航运业的垄断地位也出现一定的松动。这"双轨"模式在近代航运史上很长时间内处于并存的局面,呈现此消彼长、你追我赶的态势。这种双轨发展模式是否可以推广到整个中国近代航运史的研究值得商榷。

其三是轮船航运业的衡量标准,从船只数、吨位数、造船厂数和以轮船为载体的贸易繁荣程度等因素来量化和考察地区航运业发展。同时,在考察香港轮船航运业的发展基础上,探讨轮船与帆船之间的比重问题,帆船业并非在轮船航运业的面前不堪一击,而是呈现出顽强的生命力。

在资料上,首先努力去挖掘档案海关等第一手史料,尤其关于香港航运业方面的新史料,因此竭尽所能去挖掘。本书采用的重要史料是中英文混编《中国旧海关史料(1859—1949)》[①],它是一部研究近代中国和各口岸的贸易情形以及经济变迁提供较高学术价值的史料。这些海关渗透近代中国经济社会各个领域,以贸易为中心,兼办港务、航政、邮政、气象、引水、灯塔、航标等海事业务。这是一部内容广泛、系统完整的数据,内容精确,所囊括地域很广的史料,因此价值非常高。该史料总共170册,本书采用了其中17册。1887年九龙关和拱北关设立,得以将一向视为走私之渊薮的华南和港澳之间的帆船和轮船贸易进行有效的统计。同时采用新近出版的《哈佛大学图书馆藏未刊旧中国海关史料(1860—1949)》,以其中24册作为辅助。因此,对于九龙关和拱北关之间的贸易、帆船、轮船统计资料十分集中,搜集起来稍许容易,但是整理该项数据花了很长的时间。一是由于外文资料为主体,需要很强的英语水平;二是经济贸易专业术语较多,加大了翻译难度。这些数据直接反映近代香港航运与贸易发展情况,因此该类整理好的资料史料价值极高。

其次,有些关于香港的海关数据进行补充,刘辉主编《五十年各埠海关报告(1882—1931)》[②],海关总署编译的《旧中国海关总税务司署通令

---

① 中国第二历史档案馆、中国海关总署办公厅编:《中国旧海关史料(1859—1948)》,京华出版社2001年版。
② 刘辉主编:《五十年各埠海关报告(1882—1931)》,中国海关出版社2009年版。

选编》①，拱北海关编辑委员会编《拱北关史料集》②，九龙海关编志办公室编的《九龙海关志（1887—1990）》③，莫世祥、虞和平和陈奕平编译的《近代拱北海关报告汇编》④，《拱北海关志》⑤，以上数据都有不同层面对香港航运贸易的记载。

再次，引用海内外报刊资料，**大陆地区**：《申报》、《时报》（上海）、《新闻报》（上海）、《顺天时报》、《东方杂志》、《农学报》、《地学杂志》、《字林沪报》、《上海新报》、《万国公报》、《月报》、《绍兴白话报》、《湖北商务报》、《南洋官报》、《大同报》（上海）和《台湾日日新报》。

香港地区：《大同周报》（香港）、《循环日报》（1874—1886）、《遐迩贯珍》（1853—1856）和《香港华字日报》（1895—1911）。

新加坡地区：《叻报》（1887—1911）、《日新报》（1899—1900）、《天南新报》（1898—1905）、《星报》（1890—1898）、《星洲晨报》（1909—1910）、《中兴日报》（1907—1910）和《南洋总汇新报》（1908—1911）。

马来西亚地区：《槟城新报》（马来西亚，1895—1911）。

外文报刊：*The China Mail*（1866–1911）、*Hong Kong Daily Press*（1864–1911）、*Hong Kong Telegraph*（1881–1911）、*The Singapore Free Press and Mercantile Advertiser*（Weekly，1894）、*The Straits Times*（Singapore）、*The North-China Herald*（1850–1866）、*The North-China Daily News*（1864–1951）、*The North-China Herald and Supreme Court & Consular Gazette*（1870–1941）。

最后通过深度挖掘与本课题相关且未被注意的资料，包括笔记、地方志中相关史料，从中探寻历史的真实面相。

二 难点

（一）跨学科研究遇到的困境，试图融会贯通地运用历史学、统计学、经济学和交通运输学等学科方法，颇具挑战性与相当的难度，有的方法仅

---

① 旧中国海关总税务司署通令选编：《旧中国海关总税务司署通令选编》第一卷（1861—1910 年），中国海关出版社 2003 年版。
② 拱北海关编辑委员会编：《拱北关史料集》，拱北海关印刷厂 1998 年印刷。
③ 九龙海关编志办公室编：《九龙海关志（1887—1990）》，广东人民出版社 1993 年版。
④ 莫世祥、虞和平、陈奕平编译：《近代拱北海关报告汇编》，澳门基金会 1998 年版。
⑤ 中华人民共和国拱北海关：《拱北海关志》，拱北海关印刷厂 1998 年印刷。

仅是借用，难以综合灵活运用。

（二）资料搜集上，近代以来关于香港轮船航运业相关资料，直接记载数量上较少，分布也比较零散，怎么样充分挖掘和运用资料具有相当大的难度。加之，外文资料翻译等因素的影响，很难全面地搜集到香港航运史料。总之，海关报告资料、近代香港航运资料以及相关报刊论著资料，卷帙浩繁，杂乱无序，为系统梳理研究增加了难度。因此，试图融会贯通地运用各种类型的史料，把握行文流畅性，具有挑战性。

（三）航运业在近代经济变迁中扮演重要的角色，但轮船航运业的发展如何影响香港经济兴衰变迁，这是一个非常难以处理的问题，即如何促进香港转口港地位的确立，如何评估香港航运业在香港近代经济变迁的作用。

（四）目前学界对香港近代轮船航运业的研究相对比较薄弱，学术界的关注度不够，显得十分不足。因此可供借鉴相关成果更付诸阙如，对进一步深化香港航运史研究也是难点之一。

第一章　香港轮船航运业发展的历史背景

随着香港被英国殖民，大量外资投资香港轮船航运业，直接冲击着传统木帆业，因此木帆业在随后半个世纪的发展中面临巨大的挑战。某种程度上说，香港轮船航运业的发展是近代西方列强侵略中国的一个缩影。通过探讨香港轮船航运业的发展，可以略窥西方列强对近代中国经济入侵的一个侧面。

聂宝璋认为在西方殖民主义海外扩张史中，轮船起过重要作用。自轮船出现以后，很快就被殖民者用作掠夺手段。殖民主义的魔爪伸向哪里，哪里就会有轮船的踪迹。在中国，作为新式运输工具，轮船最先是由资本主义侵略者强行引进的，因而通过外国在华轮运势力获得扩张。不仅可以体现早期外来侵略者经济侵华的某些基本特点，而且可看到它对中国封建社会的强烈的冲击。① 同样，聂先生的观点也适用于近代香港航运史研究。

笔者认为近代香港轮船航运业的肇兴，是由于当时香港社会经济、造船技术、早期航运发展的积累等一系列因素决定的。具体而言，传统木帆船的衰落，新式航运业的兴起，造船技术的进步，苏伊士运河的开通和通航大大缩短了欧亚之间的航程。同时期以香港为中转站的非正当贸易与劳工大量输出，间接地促进了香港轮船航运业的发展。因此，近代香港轮船航运业的肇兴是在多重因素作用下的结果，与自然地理因素、港口配套设施建设等均有密切关系，这些都是促进香港航运业发展的重要因素。从某种程度上说，香港航运业的发展是近代新式航运与传统木帆船展开的一场激烈碰撞与交锋，可以说是近代交通工具发展史中现代与传统之间博弈的一个缩影。② 香港转口港时期，主要是指1860—1950年，经过近百年的发

---

① 中国社会科学院科研局组织编选：《聂宝璋集》，中国社会科学出版社2002年版，第287页。
② 夏巨富：《浅析晚清香港轮船航运业肇兴缘由》，《历史档案》2016年第2期。

展,香港逐渐向转口港地位确立的过程。一般以1900年为界限划分为两个阶段,第一阶段是香港转口港的发展缘由,第二阶段是香港转口港确立的历程。学界对于香港轮船航运业的发展研究不是很多①,大部分著作只是或多或少提到香港航运业,张俊义则对转口港时期第二阶段的香港航运业发展作全面的爬梳,而毛立坤主要研究晚清时期香港转口贸易的情形。因此实有必要系统对近代早期香港航运业的发展缘由作全面考察。本章拟从自然区位和社会经济两个方面展开对近代香港轮船航运业发展的背景分析。

第一节 自然区位因素

一 地形概况

香港建制历史沿革的基本概况。香港,自古以来属于中国领土的一部分。在秦汉三国及东晋初年属于番禺县管辖,秦始皇三十三年(前214)秦平定南越,在岭南设置南海、桂林、象郡等3郡,南海下辖番禺等4县。香港地区与番禺治地相连,属番禺管辖,一直沿用至东晋。李郑屋村墓墓砖上有"番禺大治历""大吉番禺"等铭文,就是该地区属于番禺管辖的明证。东晋咸和六年(331)至唐至德元年(756)400多年时间内,香港地区属宝安县管辖。唐肃宗至德二载(757)改宝安县为东莞县,此后经历五代、宋、元至明隆庆六年(1572),前后800多年的时间内,香港地区直属东莞县管辖。明神宗万历元年(1573)分东莞县置新安县,到清道光二十一年(1841)英国逐步侵占香港地区为止,该地区一直属广州府新

---

① 关于香港航运业系统研究的学术专著,目力所及,仍未有见直接以香港航运业为对象的研究专著,但不同论著中涉及香港航运业,余绳武、刘存宽主编:《19世纪的香港》,中华书局1994年版;刘蜀永、余绳武主编:《20世纪的香港》,中国大百科全书出版社1995年版;张晓辉:《香港近代经济史(1840—1949)》,广东人民出版社2001年版;卢受采、卢冬青:《香港经济史》,人民出版社2004年版;金应熙主编:《香港史话》,广东人民出版社1988年版;冯邦彦:《香港华资财团:1841—1997》,东方出版社中心2008年版。论文方面,张俊义:《1900—1941年香港航运发展概述》,中国社会科学院近代史研究所:《近代中国与世界》第二卷,社会科学文献出版社2005年版,第324—336页;毛立坤:《晚清时期香港对中国的转口贸易(1869—1911)》,博士学位论文,复旦大学,2006年;张晓辉:《民国前期粤港航运业》,《广东史志》1994年第3期。

安县管辖。① 广东宝安县南部一个群岛，被称为香港。② 历代政府对香港实施有效管辖，由此可知香港是中国领土不可分割的重要组成部分。

1842年中英《南京条约》（又称《江宁条约》）割占香港岛，"今大皇帝准将香港一岛给予大英国君主暨嗣后世袭主位者常远据守主掌，任便立法治理"③。1860年中英《北京条约》割占九龙，"前据本年二月二十八日（1860年3月20日），大清两广总督劳崇光，将粤东九龙司地方一区，交与大英驻扎粤省暂充英、法总局正使功赐三等宝星巴夏礼，代国立批永租地在案。兹大清大皇帝定即该地界付与大英大君主并历后嗣，并归英属香港界内，以期该港埠面管辖所及，庶保无事"④。1898年中英签订的《展拓香港界址专条》中，英国政府租用新界，"今中英两国政府议定大略，按照黏附地图，展扩英界，作为新租之地"⑤。自此，英国在地理上完全占据了香港全境，由此可知本书所讨论的时段，香港基本上在英国政府管控中。

香港的地理位置。香港（包括香港岛、九龙、新界地区）在北回归线以内，全境面积为1071平方公里。其中香港岛面积为（包括附近小岛）75.6平方公里。九龙半岛（包括昂船洲）面积11.1平方公里。新界面积975.1平方公里。⑥ 香港在地理上"系合广东省珠江东口外一部分之岛屿与大陆而成，在政治上则合割让地与租借地而成"⑦。"香港之面积，东西十一哩，南北二哩乃至五哩，计有二十九方哩，凹凸参差，英国以六十五年之岁月，数千万圆之财力，拮据经营，不输让于欧美都市，市街之区画齐整，道路之修洁广阔，家屋结构壮大。"⑧

香港是以地势陡斜岛屿和海湾为主的海岛城市。香港岛以花岗岩相结合而成，山脉绵延，有维多利亚港。⑨ 香港"地势欹斜，度地居民者不得

---

① 刘蜀永：《香港史话》，社会科学文献出版社2011年版，第6—7页。
② 《香港之地理及历史》，《东方杂志》1918年第15卷第11期，第181页。
③ 王铁崖编：《中外旧约章汇编》第一册，生活·读书·新知三联书店1957年版，第31页。
④ 刘蜀永：《香港的历史》，新华出版社1996年版，第44页。
⑤ 王铁崖编：《中外旧约章汇编》第一册，生活·读书·新知三联书店1957年版，第769页。
⑥ 参见吴郁文主编《香港·澳门地区经济地理》，新华出版社1990年版，第2页。注：此处统计根据《香港经济年鉴（1988）》的数据记载，故与现在统计的香港面积不一致，与近代香港面积未必一致，仅仅作为参考。
⑦ 苏子夏：《香港地理》上册，香港商务印书馆1940年版，第1页。
⑧ 《香港衰势》，《台湾日日新报》1908年12月19日，第4版。
⑨ 《香港之地理及历史》，《东方杂志》1918年第15卷第11期，第181页；《地学杂志》1918年第9卷第2—3期。

不因势而利导之。其由东至西，长约四英里有余。由南至北，阔约半英里有余。海傍之路，阔五十余尺，周环海口。惟兵房及军器厂是处独截然中断，地近海滨，便于上落，故货仓、货栈俱聚于此"①。香港之区位，"世界之所著名者，中土之南部，有香港在焉。香港，一孤岛耳，原名裙带路洲，位于粤省之南，珠江之口，为新安县属。地当北纬二十二度十三分，东经一百十四度十二分。其离广州也，约二百八十里；距澳门也，约一百二十里；与汕头海程相隔，则一百八十英海里。疆域四至，环海成山，东西皆有海峡，广约十一英里，南北由二英里至五英里，面积约计二十九英方里。集东亚南北交通总枢纽，英人恃为东方海军重镇"。香港交通十分通达，"九龙对岸，虽一水相望，然咫尺天涯，无陆可通。而香港地势起伏，由于陵阜变迁，或移山以填海，或凿岭以辟路，崇楼杰阁，高低不齐；商店街衢，依山傍水，倾斜者步步而升，岂知陟道之难！不平者层层而上，犹觉履夷化险。其于夜景也，灯光灿烂，有如天星，山陂明亮，恍似白昼"②。这是当年亲历者对香港地理位置早期的印象与认知。香港地区的岛屿在空间分布上，大体是西多东少；西部的岛屿开发利用较多，经济较为富庶，面积较大的有大屿山岛、青衣岛、南丫岛、长洲、鸭脷洲、马湾洲等，东部的岛屿开发利用少，较为荒凉，以东龙洲、佛堂洲、蒲台岛、青洲等较大。它们与香港、九龙、新界组成一个整体。③ 这就是香港被英国占领之后形式上完成统一的整体。岛内地势稍低，海岸曲折，海湾众多，但开发程度不及岛北，主要的海湾有深水湾、浅水湾、赤柱湾、大潭湾等，是良好的避风港。④ 由此可以看出，香港具有海岸线曲折并且较长、海港众多的特点。虽然对于城市建设造成一定的困难，但是非常适宜于港口建设。如：维多利亚港在港岛与九龙市区之间，面积6000公顷，宽1.6—9.6公里，吃水12米，这样船舶可以自由进出，可同时停泊150艘

---

① 陈镏勋：《香港杂记（外二种）》，莫世祥校注，暨南大学出版社1996年版，第77页。注：陈镏勋，生平不详，根据其自序得知一二，字晓云，广东南海人，少年就学香港，通晓中文和英文，肄业后在香港就职，1890年初加入爱国团体辅仁文社。

② 赖连三：《香港纪略（外二种）》，李龙潜点校，暨南大学出版社1997年版，第3页。注：赖连三，1891—1964年，祖籍潮州，号连三，生于坤甸，其父赖荣禧清末移居印度尼西亚坤甸，经营湾顺隆橡胶厂，历任坤甸坡中华总商会会长等职，成为当地侨领。1909年，赖连三在北京财政学堂肄业，攻读财政学，1911年奉黎元洪之命，回南洋游说华侨赞助民国，此后游历南洋群岛，1919—1935年先后到访香港及南洋，1964年病逝。

③ 吴郁文主编：《香港·澳门地区经济地理》，新华出版社1990年版，第3—4页。

④ 曹淳亮主编：《香港大辞典·经济卷》，广州出版社1994年版，第18页。

巨轮。① 它的优越性确实如此。香港维多利亚港是世界三大优良天然深水港之一，它地处亚太地区的核心地带，居于北京、印度尼西亚纵线与东京、印度横线的交会中心，是世界航道要冲，欧美、日本进入南中国的最重要门户。② 如此位置，不仅有利于香港轮船航运的出入，而且更是具备天然避风的能力，应付来自太平洋的台风，可谓做到"地利人和"，具备一般港口无法比拟的自然条件。维多利亚港有三处入口：（1）从东边入港水道为鲤鱼门，可容巨轮进出，经太平洋从东北亚、美国、澳洲和日本而来的船，入口经鲤鱼门；（2）西边入港水道为硫磺海峡；（3）西北边入港水道为汲水门，凡是经大西洋、印度洋从南亚、欧洲、非洲而来的船只入口经汲水门。该港内有3个大海湾，即九龙湾、红磡湾和爱秩序湾。有两个避风塘，即九龙油麻地避风塘和港岛铜锣湾避风塘，是一个巨型的深水避风良港。③

尽管香港地域狭小，地少人多，土地贫瘠，自然资源比较贫乏，但是这些都不是制约航运业发展的瓶颈。相反，香港有利的自然环境，优良的港口，独特的海岸线，众多的深水港湾都适合航运业的发展，尤其是具备了港口建设所需的自然因素。同时，国际交通位置十分优越，就与我国内地的联系来说，香港位于珠江口之东，水路直通广州，通过广州可以和中国腹地构成极为便利的联系。就与世界经济的联系来说，香港位居亚太地区要冲，是沟通远东各地、连接澳洲、欧洲、美洲各国的理想枢纽点，与各国的经济联系非常方便。④ 香港俨然成为欧亚之间水路的交通枢纽，从西面入口，轮船由南方而至及欧洲而至者；从东路入口，经鲤鱼门，轮船由中国北洋、新旧金山及日本至者；从东南入口，轮船先见香港钟灵毓秀的山峰。⑤ 轮船停泊之处，其旁有两埠，一则波勒克丕亚，一则斯泰齐不亚，至海岸则累石为栈桥，名曰斯坦挨利，小蒸汽轮船往来不绝，香港与

---

① 吴郁文主编：《香港·澳门地区经济地理》，新华出版社1990年版，第3页；另见方振鸿《香港经济概论》，广东人民出版社1987年版，第13页。
② 钱益兵、贺耀敏：《香港：东西方文化交汇处》，中国人民大学出版社1995年版，第32页。
③ 曹淳亮主编：《香港大辞典·经济卷》，广州出版社1994年版，第23—24页；另见吴郁文主编《香港·澳门地区经济地理》，新华出版社1990年版，第3页。
④ 方振鸿：《香港经济概论》，广东人民出版社1987年版，第12页。
⑤ 陈镘勋：《香港杂记（外二种）》，莫世祥校注，暨南大学出版社1996年版，第8页。

九龙间交通,均以此相联络。① 因此,轮船出入香港,比较方便,同时吸引了来自不同地区和国家的船只,加速了香港轮船航运业的发展。

二 水文气候

香港的水运网络体系。香港地区处于潮湿的亚热带环境,径流丰富,地表水系发达,区内较长时间有水流的深圳河、元朗河、梧桐河、锦田河和城门河等。

深圳河,香港地区与深圳市的界河,系唯一可航船的河流,发源于深圳市宝安平湖以南的九尾岭,上游称沙湾水,在三岔口接纳莲塘水后称深圳河,进入平原后,河床下降,流速减慢,继而先后汇集新界的平原河、梧桐河等重要支流及其他小水流,然后蜿蜒西向,在后海湾出海,全长10余英里。

元朗河,又名元朗沥山脊河,新界地区较大的河流之一,发源于大帽山支脉大棠山谷,向北流入元朗平原,在龙田村、马田村之间汇合经木桥头、田寮村流来的一条支流后,继续向北,穿过元朗市中心区。

梧桐河,香港主要河流之一,流域在新界北部,又名石上河,发源于红花岭,纳诸多溪涧,至马尾下附近,水流增大,渐成河流。在孔岭吸纳发源于九龙坑山的丹山河,复于军地汇合源自流水乡水塘的军地河,然后形成一系列的曲流,蜿蜒曲折经小坑村、上水华山,流至广九铁路与虎地坳道交汇处。

锦田河,新界西部河流之一,发源于大帽山西南,初为三四条小河呈西北、西向分流,先后于锦田东南的泰康村之南及西南的高埔村汇合,再往西北曲折流动,经过凹头,最后注入后海湾,长约4英里。

城门河,新界南部重要河路,发源于香港最高峰大帽山正东。先由几条溪涧汇合,通过一段谷地,向南流入城门水塘。在水塘南端经水坝向东北东流至泛滥平原,此后河道直通向粉寮、谷寮、白石等南面,在美林邨以北转向东南,经大围,东折流过李屋村、沙田,最后出沥源湾,全长仅5公里。②

香港的气候,属于亚热带海洋性季风气候,具有终年气温较高、四季花木葱茏、雨量充沛、春温多雾、夏热多雨、秋日晴和、冬微干冷的特

---

① 《香港之地理及历史》,《东方杂志》1918年第15卷第11期,第181页;《地学杂志》1918年第9卷第2—3期。地名均按照报刊所载。
② 曹淳亮主编:《香港大辞典·经济卷》,广州出版社1994年版,第25页。

点，富有热带气息。① 香港的气候独特，"天气之温和，寒暑之适中，有如香港者乎？以言乎北，如东三省也，冰雪凝积；以言乎南，如南洋群岛乎，酷热殊甚，盖北则近寒带，而南则为热带耳。……然则，香港夏不甚暑，冬不甚寒，可谓占温带之适宜，而旅行者深觉天气宜人也"②。香港夏季冬季气候区别明显，夏季高温在8、9月，冬季与北方绝不相同，7月至10月为台风期，秋季气候最宜人。③

香港地处亚热带季风区，四季分明。冬天，亚洲大陆性反气旋经常带来寒冷及十分干燥的空气，致使每年的12月到次年的1—3月份平均气温在15℃—18℃，但温差悬殊，最低可在10℃以下。④ 香港位于北半球的北回归线附近，气候适宜，温度适中。具备了长年不冻的优良港口的条件。香港位居亚热带之内，但有海风之调和，故夏季不过热，冬季不酷寒，其气候实较中国内地许多地方为良好。⑤ 这样的冬天至少在0℃以上，如表1-1所示。香港周围的海域包括重要的港口，在冬天都是不会封冻的。因此，香港轮船可以终年进行作业，大大延长了工作时长；从长远的角度来看，大大提高了香港航运业的运输效率，扩大了其运营规模，从而促进了其航运业的发展。

表1-1⑥　　　　　　　　　日照时间、湿度、雨量及温度

月份	日照时间总计			湿度（%）			雨量（英寸）			温度（华氏）		
	最低	最高	正常	最低	最高	正常	最低	最高	正常	最低	最高	正常
1	39	242	145	51	84	75	0.00	8.43	1.27	32.0	79.3	59.8
2	16	215	95	52	88	79	0.00	7.94	1.75	38.4	79.4	58.9
3	25	186	95	73	92	83	0.17	2.48	2.93	45.4	83.1	63.1
4	53	196	115	75	89	85	1.23	17.16	5.44	51.8	88.6	70.3

---

① 参见吴郁文主编《香港·澳门地区经济地理》，新华出版社1990年版，第4页；另见曹淳亮主编《香港大辞典·经济卷》，广州出版社1994年版，第19页。
② 赖连三：《香港纪略（外二种）》，李龙潜点校，暨南大学出版社1997年版，第8页。
③ 《香港之气候》，《现象丛报》1918年第3卷第8期，第35页。
④ 郑德良编著：《现代香港经济（修订本）》，中国财政经济出版社1987年版，第6页。
⑤ 苏子夏编：《香港地理》上册，香港商务印书馆1940年版，第5页。
⑥ 同上书，第7页。注：根据查阅相关资料，得知1℃=（华氏温度-32）/1.8，例如，香港在近五十年1月份最低温度32.0℃，根据公式也就是冬天最低年份0℃，1月份最高温度是大约是27℃，1月份均温大概15.4℃。

续表

月份	日照时间总计			湿度（%）			雨量（英寸）			温度（华氏）		
	最低	最高	正常	最低	最高	正常	最低	最高	正常	最低	最高	正常
5	82	261	158	78	90	84	1.15	48.84	11.50	59.7	91.5	77.1
6	84	248	164	79	86	83	2.33	34.37	15.52	66.6	93.6	81.0
7	131	283	212	80	86	83	4.57	30.07	15.01	72.1	94.0	82.0
8	137	299	204	78	86	83	1.73	34.13	14.22	71.6	97.0	81.7
9	133	266	199	66	85	78	4.63	30.59	10.11	65.5	94.0	80.6
10	137	189	217	64	81	72	0.01	23.98	4.55	57.4	93.8	76.2
11	23	295	188	50	78	68	0.00	8.81	1.70	43.7	86.1	69.4
12	72	254	173	56	81	69	0.00	4.90	1.15	40.7	81.9	62.9

香港附近海域频频发生暴风或者台风等极端天气，严重影响了香港航运事业的发展，经常造成严重损失。香港风向，自9月至翌年4月，以东向及东北向为多，自5月至8月，以南向及东南向为多，自7月至10月则有台风，9月以后则有旋风，从前气象观测及台风警报，不甚精确，故屡屡受风灾。① The North-China Daily News（1864－1951）杂志经常刊登香港地区遭遇到台风袭击的新闻，造成船舶损失的亦不在少数。1874年10月1日、25日、29日香港附近海域均发生台风袭击。② 1904年，台湾附近发生飓风，其势头比较猛烈，第二天并未止息，有无损伤人口，并未可知。③ 1910年，香港遭遇大风袭击，初时由东南而来，后忽改而西南，测其行线，澳门及广州湾一带首当其冲，各轮船开始驶向港口内停泊，省港之间航线的轮船均已销声匿迹。④

综上所述，香港的地理位置优越、气候适宜、水域发达等诸多因素，有助于轮船航运业的发展，但是也存在极端天气等不利因素。政府通过相关举措可以降低和减少这些阻碍因素的影响。总之，香港自然区位因素是推动其航运业发展的先决条件和必要条件。

---

① 《香港之气候》，《现象丛报》1918年第3卷第8期，第36页。
② The Typhoon in Hongkong, The North-China Daily News（1864－1951），1874－10－1、5、29，p3.
③ 《香港专电》，《槟城新报》（马来西亚）1905年6月22日。
④ 《香港连日风雨杂述》，《星洲晨报》（新加坡）1910年7月12日，第7版。

第二节 社会经济环境

一 木帆业①衰落与轮船勃兴

在我国古代航运业中，木帆船是主流，且造船技术相当精湛。木船可以分为桨式和帆式。帆船是指依靠作用在帆具上的风力来推进的船，较为著名的有沙船、大捕船、大对船等船型。②虽然木帆业在古代很长一段时间内处于世界遥遥领先的地位，但是自鸦片战争之后，传统的木帆业遭到来自西方新式轮船的挑战，开始走向衰落的悲剧命运。这一过程是曲折漫长而又悲壮的，充满了辛酸"血与泪"的过程。这是多重因果链条的综合作用所造成的。

木帆业自身发展面临局限性，虽然它已经迈过辉煌的阶段，仍旧具有相当实力，但与新式航运业相比，显然是哲学所谓的"旧事物"，已是落日余晖，无法绽放昔日的光芒。与"新事物"——新式轮船相比，呈现出巨大的差距。传统木帆船运载量有限，无法满足五口通商口岸开放以后的贸易，并且传统的木帆业受自然因素影响比较大，周期比较长，相对经济成本自然提升了不少。朱荫贵认为木帆业与轮船相比，技术与权力均处于劣势，生意大量被轮船侵夺，导致传统木船业衰落。③蓝勇认为技术传承可分成标准性传承与经验性传承。西方在16世纪就开始了木船的标准性传承，而中国历史上的川江木船制造技术则一直是一种经验性传承。因此川江木船制造技艺先进与传承途径落后形成巨大反差，他借"川江案例"来反思中国传统技术的传承问题。④黄娟对此总结比较全面。一是帆船运输

---

① 木帆船研究，典型代表作如：［日］松浦章：《清代帆船东亚航运与中国海商海盗研究》，上海辞书出版社2009年版；［日］松浦章：《清代上海沙船航运业史研究》，杨蕾、王亦铮、董科译，江苏人民出版社2012年版；［日］松浦章：《清代华南帆船航运与经济交流》，杨蕾译，厦门大学出版社2017年版，等等。朱荫贵：《清代木船业的衰落和中国轮船航运业的兴起》，《安徽史学》2014年第6期；蓝勇：《对先进制造技艺与落后传承途径的反思——以历史上川江木船文献为例》，《历史研究》2016年第5期。
② 辞书编辑委员会编：《辞海》，上海辞书出版社1999年版，转引自王林《略论19世纪70—90年代的中国木船业》，《江南大学学报》（人文社会科学版）2006年第3期，第55页。
③ 参见朱荫贵《清代木船业的衰落和中国轮船航运业的兴起》，《安徽史学》2014年第6期。
④ 蓝勇：《对先进制造技艺与落后传承途径的反思——以历史上川江木船文献为例》，《历史研究》2016年第5期。

的运载量有限，木帆船结构简单，舱体较小，一般吃水不深，载重量亦不足，这使得木帆船在运输量上无法与轮船匹敌。二是木帆船运输受季节影响较大。三是木帆船运输存在较大的风险。由于木船结构简单以及材质的局限，木帆船在面对复杂的和变化莫测的水道环境时，应变力差，而这种风险性无疑是对长距离贸易运输的巨大威胁，为了降低风险，保证收益，人们更愿意选择安全系数高，可控制性强的短距离运输。四是传统水运业较慢，贸易周期长。① 木帆船作为中国传统水运之主力，是交通运输之重要支撑，然而其本身存在诸多的局限，一定程度决定其近代命运的走向，尤其是随着近代新式轮船的出现，传统木船业的种种不足更加凸显。

当木帆船与新式轮船展开竞争时，传统木帆业种种缺陷被凸显出来。因此与外国轮船的竞争中，木帆船的货源和客源大大减少了。王林认为外国轮船高大且牢固，由机器带动，故能够轻易地将中国木船撞翻。再加上外国人的违规操作，于是频频出现外轮撞沉中国木船的事件，如1877年英商轮船撞沉中国盐船等事件。② 这是木帆船与轮船正面撞击画面的一个侧面。1906年，省城行驶西江的轮船散纳姆号遭遇海盗17人，乔装搭客，围攻船内客厅，枪毙医生麦克道纳，抵抗者都遇害，全船均被捣毁，抢掠一空。③ 这是在华南地区轮船遭遇盗匪侵袭的一个案例，但这不只是轮船的遭遇，木帆船同样会遇到。

传统木帆业存在运量小、速度慢、效率低、风险大等局限性，是导致在面临新式轮船的竞争中走向衰落的重要原因。木帆航运业的衰落是有迹可循的，"所有国内陆路贸易以及内河沿海之中国帆船运输事业，则逐渐转入洋船之手。外商与洋船之地位，则得条约与领事之保障而愈趋优越"④ 当然，洋船也不全是轮船，其中也有木帆船，但不是该时期的主体部分，外国轮船是占主体的。因此，诸多现象反映了轮船航运业在挤兑传统木帆业。帆船货运的黄金时代已经成为历史了。在中国各个港口从事这种行业的人，当年不能像往年那样获得优厚报酬，各种原因都汇集在一起。首先，稻米贸易萧条，不能像原先那样雇用那么多来往于香港、新加

---

① 参见黄娟《湖南近代航运业研究》，博士学位论文，华中师范大学，2009年，第30页。
② 王林：《略论19世纪70—90年代的中国木帆船业》，《江南大学学报》（人文社会科学版）2006年第3期。
③ 《英轮遇盗伤害西人》，《申报》1906年7月15日，第2版。
④ ［英］班思德：《近百年中国对外贸易史》，第77—78页，转引自聂宝璋编《中国近代航运史资料》，第一辑（下），上海人民出版社1983年版，第1268页。

坡和上海之间的船只；其次，出口到欧洲的棉花业已停止；再次，来往于各港口间无数艘轮船、运费一律低廉，低到中国商人甚至可以利用轮船来运酱菜。① 在这种情况下，木帆船根本没办法与新式轮船竞争。货源的大幅度减少是对木帆船货运的巨大打击，是其走向衰落的根本原因。这里反映的便是残酷现实。木帆船货源的减少直接导致帆船大量滞留，从时间和效能来看，不仅是资源的浪费，而且是对帆船业的沉重摧残。自洋船通行以来，木帆船逐渐减少，"商民以洋船行驶迅速，无风涛之险，且洋税较常税轻重悬殊，遂皆趋之若鹜。向以民船为业者，自知挽回无术，率多弃业改图，每遇民船行驶外洋，遭风损坏，概不修理添补，以故民船日益短少"②。这种民船即是木帆船在不平等条约的惨压下被迫放弃旧业或者遭遇改行的命运，间接地反映了木帆业受到的打击不是轻微的，一定程度上而言，对其打击是致命性的。中国人充分感觉到他们的货物交由外国轮船运输有迅速和安全的优点，外国轮船可以在任何季节和季候风里航行，使用外国轮船运货保险方便。从香港以及汕头和厦门等中间港口所运来的货物大批装在英国轮船上，定期航行在香港与福州之间的英国轮船共有6艘，这些轮船为外国商人载运鸦片和铅。③ 从英商的贸易中可以看出，轮船航运业的兴起之势，犹如潮水般滚滚而来，相反是帆船业却出现颓势的情形。"盖长江未通商以前，商贾运货，行旅往来，悉系雇用民船，帆樯如织。自有轮船行驶，附载便捷，商贾士民，莫不舍民船而就轮船。光绪二、三年前，过关（九江关）轮船每年尚止四、五百只，近来多至七、八百只。轮船大逾民船数十倍，侵占船税，何止十数万两。"④ 这些都反映了轮船较民船（帆船）的发展势头迅猛。

同时，近代航运业之勃兴如同朝阳般升起。何谓近代航运业？近代航运也称作"新式航运"，包含两个要点：第一，在时间上，是指1840—1949年共一百多年来的航运史；第二，在内容上，近代航运出现了新的生产关系和新的生产力两个方面。航运生产关系的新变化主要反映在帝国主义的侵略和清政府的腐败，我国领水主权逐步丧失，帝国主义控制我国海关，窃夺沿海与内河航行权。轮船的制造与使用是航运生产力的主要标

---

① 聂宝璋编：《中国近代航运史资料》第一辑（下），上海人民出版社1983年版，第1266—1267页。
② 同上书，第1268—1269页。
③ 同上书，第1272页。
④ 聂宝璋编：《中国近代航运史资料》第一辑（下），上海人民出版社1983年版，第1274页。

志，它使旧式航运发生突变，木帆船时代逐步向轮船时代过渡，以机器推进的轮船逐渐取代传统利用人力、风力的舢板和帆船，而新式搬运工具的使用则是西方技术引进的结果。从生产力角度讲，落后的木帆船终究要被先进的轮船取代，这是不以人的意志为转移的。① 以新式生产力应用为主的轮船，以蒸汽为动力，比之传统木帆船使用人力、物力和风力的驱动，是一次革命性的进步。蒸汽机运用在新式轮船运输事业中，无异于为航运事业注入了新鲜的"血液"。随后带来的变化是十分显著的，一是提高了运输的速度，同时降低了运输的成本，因而提高了运输的效率。《支那省别全志》曾对轮船与民船（此处指木帆船）优劣进行了比较，民船航行，依靠风力、水流或人力，因此天气恶劣而延长运送周期，而且水浸及其他事故给货物带来的损失不少，由于保险制度不发达，这些损失得不到可靠的赔偿。轮船运货则迅速可靠，而且可以在短时间内运送大量货物，民船当然不如轮船优越。② 二是轮船的运载量大和应变能力强。轮船历经百余年的发展，船身坚固而灵巧，既庞大，速度又快，若"游龙之赴海，翩如大鹄之凌霄"，但见烟波浩渺，海浪汹涌，商民贸易隔万里，均可如期而至。③ 沈鸿模认为轮船作为水上交通运输的利器，其行动的稳快，载重的庞大，船程的长远，运费的低廉，为任何别种交通工具所不及。④ 轮船航运业的发展，可以大大降低运输成本、缩短运输时间和延伸商业线路，对于促进并加速商品交易有着重要的意义。而传统帆船运输，由于吨位小和航速慢，不仅使得产品的运输周转时间长和成本高，而且绝大多数的农产品还会因此在运输途中变质腐烂，进一步加剧了成本增长，而反过来更加局限了商品路线的延伸。⑤

近代造船技术的飞跃进步，大力推动了新式航运业的发展。1785年詹姆斯·瓦特改良了蒸汽机，1807年美国人罗伯特·富尔顿提出用蒸汽机作为船舶动力的方案，起名叫轮船。第一艘轮船克莱门号在赫得森河完成了

---

① 参见朱福枝《试述中国近代航运的诞生与发展》，《武汉交通管理干部学院报》1994年第2期。
② 日本东亚同文会编：《支那省别全志》第10卷，东亚同文会印行，1918年，第281—282页，转引自黄娟《湖南近代航运业研究》，博士学位论文，华中师范大学，2009年，第43页。
③ 《论轮船有利亦有害》，《星报》（新加坡）1891年3月3日。
④ 沈鸿模编：《轮船》，商务印书馆1937年版，序。
⑤ 杨德才：《中国经济史新论（1840—1949）》，经济科学出版社2004年版，第425页。

纽约到奥尔巴尼的 240 公里的航行。① 查劳特·担达斯号（Charlotte Dundas）是用蒸汽作动力运转成功的第一艘明轮船，1802 年它通航于佛兹·克雷特运河，它装置着卡隆所制造的机械。1820 年，能用蒸汽运转的铁船，在斯他佛德州梯普敦的火塞勒铁工厂制造，新材料与新机械是第一次这样的相结合。② 1821 年，英国出现第一艘铁壳轮船阿隆·孟别号，船身大小和江轮差不多，从英国越过英吉利海峡到达法国。③

1819 年，萨瓦纳号横渡大西洋，这次航行其在帆船上并用了蒸汽机，在 25 天的航行中，只有 18 天用了蒸汽机；只用蒸汽机横渡大西洋的轮船是 1883 年加拿大的罗亚尔·威廉号。当时的远洋轮运约 1000 吨，用明轮产生推力，速率为 6—8 浬。1836 年史密斯发明了螺旋推进器。1839 年轮船首次安装了螺旋桨，这艘船是阿基米德号。到了 1850 年，终于迎来了烧煤的安装着螺旋推进器轮船的全盛时代。后来，作为船舶动力，1883 年瑞典的德拉瓦尔和英国的帕森发明了汽轮机。虽然同样是蒸汽机，却得到了高效和大马力的动力。1897 年迪赛尔发明了柴油机，这种内燃机被用于船舶，于是船的燃料就从煤变为柴油。这不仅增加了马力，同时进一步提高了经济性，推进了高性能化，而且提高了不补充燃料进行远航的性能。这些都远远超过了帆船。④ 蒸汽轮机的成功开发以及它在船舶推进的应用上归功于帕森斯。1894 年他制造并试验一个六英尺的实验模型船体。第一艘在船上进行试验的机器是一台外径流式蒸汽机组成的，驱动的一根螺旋轴，最高速度是 19.75 节。这些技术的发展给新式航运业带来了革新。1896 年，一种由三轴装置取代了径流蒸汽机。这种装置中，每一台帕森斯轴流式蒸汽轮机与每一根轴直接连接，而且每一根轴带动着三个螺旋桨推进器。这三台蒸汽机是串联着的，三台蒸汽轮机总共能产生大约 2000 轴马力。第一艘使用蒸汽轮机来推进的轮船"特比亚号"，在 1897 年以惊人的面貌出现在斯皮特黑德海峡军大检阅上。当看到这条小船在水上以从未达到过 34.5 节的速度在海道上疾驰时，观看者都震惊了。⑤ 这些技术虽然没

---

① 参见［日］石井一郎《交通运输学概论》，顾时光译，任铭校，人民交通出版社 1983 年版，第 14 页。

② 聂宝璋编：《中国近代航运史资料》第一辑（上），上海人民出版社 1983 年版，第 651 页。

③ 沈鸿模编：《轮船》，商务印书馆 1937 年版，第 17 页。

④ ［日］石井一郎：《交通运输学概论》，顾时光译，任铭校，人民交通出版社 1983 年版，第 14—15 页。注：浬，航海路程单位，同"里"。

⑤ 参见［法］查尔斯·辛格、E. J. 霍姆亚德、A. R. 霍尔、特雷弗·I. 威廉斯主编《技术史》第五卷，远德玉、丁云龙主译，上海科技教育出版社 1978 年版，第 102 页。

有普遍应用到所有轮船中，但是这些足以证明轮船航运技术一直在追求进步，不断完善其装备，至少在速度方面与木帆船拉开的距离越来越大。造船技术的提升大大便利了外商在华势力的扩张。"最初主要是靠风帆的二桅、三桅、夹板、'快船'之类的木船。一般说来，机动力的轮船由于续航能力差、容积小，特别在选择远程航线上难于作有利的经营。"①轮船通常作为辅助运输工具，作用依然很显著。1845 年，开至香港的英轮"玛丽伍德夫人号"舱位不多，货容量不比大型驳船大。②

此外，造船的材质演变历程，"由木制而铁制，由铁制而为钢铁制。盖因钢铁事业之隆盛，故构造汽船材料，亦日益改良。1837—1838 年间，大洋航行铁船'虹霓号'在利物浦建造，为建造铁船之始。1856 年，丘纳德轮船公司用铁船行驶大西洋航路以后，凡帆船汽船用铁材建造者颇多。……各国由木船之改为铁船，其进行殊甚迟缓……钢船之制造，较木船之改为铁船，其进步殊速。1879 年，钢船'罗脱玛哈玛号'航行后，各国竞造钢船"③。轮船的材质在不断地更新，与此相对是以木材为主的木帆业，自始至终未能改变。以当时官员的视角看外国轮船的技术，"夷船以全条番木用大铜钉合而成之，内外夹以厚板，船旁船底包以铜片，其大者可安炮三层……船之大者，配炮不过八门，重不过二千余斤，若再加多，则船身吃重，恐其振损。……此向来造船部定则例如此，其病不尽在偷工减料"④。虽然当时目击的是军用轮船构造，但是也可以从侧面看出外国轮船较木船先进。轮船机械的变革，"由外轮改为暗轮，由单暗轮增为二或三暗轮，快速力之汽船则用四暗轮。……及采用突平式汽机以代往复唧子汽机，于是四暗轮汽船之进步，始得显著"。1840 年前后改为铁船，1850 年前后改为暗轮，装设螺旋推进器，实为一大改良时期。1870 年前后建造钢船。1880 年前后，装设三重膨胀汽机。1905 年采用突平式汽机。⑤简要地描述了轮船材质的演变历程，从这些演变进程中，可以看出轮船一直在追求进步，实际上也在不断进步，仅从这些外观都能表现出来。

以上都是轮船在技术层面的表现，接下来对新式轮船作个整体的印象

---

① 聂宝璋编：《中国近代航运史资料》第一辑（上）（序言），上海人民出版社 1983 年版，第 6 页。

② 同上书，第 6 页。

③ 同上书，第 652 页。

④ 聂宝璋编：《中国近代航运史资料》第一辑（上），上海人民出版社 1983 年版，第 651—652 页。

⑤ 同上书，第 655—656 页。

速描，它如何优于帆船的呢？从速度上，"火船于天下，无处不到，造之者，其数日增月盛，而中土无论官府士商，欲求一船及解造此船之人则皆无之，但火船之妙，显而易见，其最者行驶迅速，而到有定期，中土海船风水皆顺，至速者一时辰行不逾 50 里，若风水俱逆，则咫尺难移。而急谋下碇矣，若施探无可下碇之处，必随风泛回。惟西邦大火船，能附客数百人，由英国诣花旗国经大洋计万余里。无论风水顺逆，波涛急缓，行十日即抵其境。其船堪装 15000 至 30000 担。当风恬波静，一时辰可行 60 至 90 里，即逆风巨浪，亦行 30 至 60 里"①。火船即是轮船，速度快，不受自然因素的影响，较帆船进步。中国古代木帆船在内河航行每日程途百里，颇费经营，一遇到风涛则束手无策，欧西轮船航行大江大海则可以不惧风浪，遇逆风仍可行驶，船速精进，航速不断提高。1881 年轮船每小时航行 20 海里，1891 年则每小时航行约 22 海里，英国造船厂建造的鱼雷则每小时航行约 28 海里。② 这里就十分逼真地再现了当时轮船航行时速。从时人游记中得知新式船只的感观，"驾官船顺流至吴淞口，上法国公司轮船名'拉不当内'者，长三十丈，广三丈，深约二丈，亦是铁制。凡公司船，乃法国通城绅富捐资公造。大小各种轮船，分布海洋"③。轮船造型庞大，构造十分精美，材质已开始应用钢铁。"船内下分三层。头层前有水手卧室、厨房、净房。下客睡床皆有两层铁架，绿油色，自行立起，并无衾褥。中间系火轮机，其形长方，上有玻璃罩。左右各有小屋三间，系火轮机使者与管船众等寝处之所。再后两腮有铁门两扇，以便装卸货物，中亦有下客睡床。"④ 1853 年 9 月 30 日，火船由香港启行，历虎门外洋各洲岛，过琼州越南之禄奈各山嘴，环行摩罗隅及白石之灯楼，峡口两岸一带林木葱茏青苍，入新加坡小住一昼夜，增备煤炭，西北行穿马六甲海峡，抵达槟榔屿，再增煤炭，停歇两时，又西向西伦航行，抵达波因底加列。⑤

---

① 《火船机制述略》，《遐迩贯珍》1853 年 9 月 1 日第 9 号，香港英华书院印刷，第 9 页；另见沈国威、[日] 内田庆市、[日] 松浦章编著：《遐迩贯珍·附题解·索引》（影印本），《遐迩贯珍》，上海辞书出版社 2003 年版，第 703 页。

② 《轮船速率考》，《星报》（新加坡）1898 年 6 月 7 日。

③ 钟叔河主编：《西海纪游草·乘槎笔记·诗二种·初使泰西记·航海述奇·欧美环游记》，钟叔河、杨国桢、左步青校点，岳麓书社 1985 年版，第 452 页。注：按 1 丈等于 10 尺转化而成。

④ 同上书，第 448 页。

⑤ 《西程述概》，《遐迩贯珍》1853 年 9 月 1 日第 9 号，香港英华书院印刷，第 2 页。注：该杂志是香港出版最早的中文刊物，有广东香山人黄亚胜参与创办和负责编务，并由英国伦敦传教会所属中环英华书院自筹经费出版的。原定为月刊，每月出版 1 期，24 开，每本只收墨费 15 文，从 1853 年 8 月 1 日创刊至 1856 年 6 月停刊，共出版了 33 期，限于经费，印数少，流传不广。

外商势力首先集中在香港、广州等地区，轮船仍然获得较大的发展。在1846年，就已有两艘轮船从事香港、广州间的运输业务，而且"迅速准时"。① 更有甚者，出现了一家经营定期轮班的"省港澳小轮公司"（Hong Kong Canton Steam Packet & Co.），这是外商在中国创办的第一家专业轮船公司，公司资本只有3万两银，轮船只有两艘，1854年即行清算停业，这却显示外商在华轮运业提上了日程。② 此外，1850年大英轮船公司一方面向中国"大量运送鸦片和现金"，一方面在经营土货的贩运。1853年以后单单"大英"一家有不下5艘轮船，从事这种沿岸贸易，而且所有这类船只都像载运洋货一样载运土货。③

伴随着世界造船技术的日益提升，外轮来华日渐增多，逐渐形成以香港为基地，不断向四周辐射的态势。同时，他们的航线不断向华南沿海各地延伸，无疑间接促使木帆船走向衰落，同时客观上却给香港航运业以示范效应。伴随技术的进步，轮船的运输优势逐渐凸显，对应的运载量在不断提高。货物的运输力也因船舶机械的进步而增加：第一，固有节约的机械，可少载煤，为货物让出更大的空地；第二，机械改良，占位置较小，货船的平置水轮和连动装置的平水轮的重量也减轻了，因此船舶的装载量更扩大。④ 轮船运载量的提高只是其中优点之一。同时，轮船节省了运输成本和提高了运输的效率。在制造和运输方面船舶所欲达到的四件事情，是燃料的减省、劳动的节约、货舱的空大和制造费的低廉。燃料的减省由复合机械获得，此等复合机械为1880年和1890年的三段及四段膨胀机械所改良；由一小时一匹马力的六磅煤炭，减到一小时一匹马力的一磅又四分之一。运转方面的劳动节约，一部分由机械设备的采用和一部分由大汽船的制造而达到，因为在吨位数的比例上，只需少数人运转巨大的汽船。⑤ 不论是从票价、从舒适程度或是从速度上来看，目前已向中国人提供了文明世界所能提供的最好的内河运输工具了。从舱位条件，遮阳避雨等条件来看，清朝旅客比当年横渡英法海峡的那些轮船上的旅客舒适得多。⑥ 他们成功的

---

① 参见聂宝璋编《中国近代航运史资料》第一辑（上）（序言），上海人民出版社1983年版，第7页。
② 一说是1848年春正式开业，参见聂宝璋编《中国近代航运史资料》第一辑（上）（序言），上海人民出版社1983年版，第7页。
③ 同上。
④ 聂宝璋编：《中国近代航运史资料》第一辑（上），上海人民出版社1983年版，第652页。
⑤ 同上书，第656页。
⑥ 同上书，第654页。

原因在于不断改进轮船,提高航速和装载量,使轮船的货运成本低于帆船。

海底电线的敷设,促进了香港轮船航运业的发展。"查该线(欧亚海底电线远东段)之港沪段,系于本年(1871年)二月二十九日(公历4月18日)接通。迨四月十六日(公历6月3日)香港新加坡一段,亦开始通报。于是上海与伦敦间,电讯即可直达。"① 这对近代中西贸易方式产生了重大的影响,促进中西之间的贸易和航运业的发展。海底电线敷设后,中外几万里之遥的商贾货物低昂信息,瞬间可以通传,因此商人会获利颇丰。② 此外,香港至广州、厦门、上海的海上电线陆续敷设开来,增加了船舶航行信息,使商业信息交流通畅。由于上海至香港的电线时常失准,使中国商贸均受到亏损,数月内断线之处实为多,由各国合办允准后,另开设香港、汕头、福州、宁波、上海等处的电线,该处华商赞助公司合力举办。③ 1882年,英国电线公司由英国达至香港电线一条,现拟由香港至广州、汕头、厦门、福州、宁波、上海等口,添设电线交给大臣转呈总理衙门。得到政府应允办理后,双方签订合同,所造电线由广州至香港均由大北公司提供,经由广东香港华合公司承买,该公司穿透海底电线每米估定价1800元,并代为安置,如不需用该电线则需将估价单内款的3600元扣除。款项应需4个月内交足,随即该公司装电线来港,即将在各口岸水底安设电线。同时香港至九龙的水路电线由合华公司代为建造。④

苏伊士运河的开通和通航,缩短了欧亚之间的远洋航程。它是1859—1869年,由法国人雷塞布领导开挖的,全长160千米,水深7.9米,河底宽22米,河面宽60—100米,苏伊士运河的通航,使欧洲和亚洲之间航线缩短了8500千米,节约时间3周左右。⑤ 欧洲、东南亚马来群岛及东西洋之间航路,亦因苏伊士运河之开通而通航时间大为缩短,其缩短率为24%至45%。

---

① 班思德:《最近百年中国对外贸易史》,第115页,转引自聂宝璋编《中国近代航运史资料》第一辑(上),上海人民出版社1983年版,第635页。
② 《论英国拟设海底电线》,《星报》(新加坡)1892年9月29日。
③ 《上海至香港电线常被损坏不通拟另由各国安置电线》1882年10月24日,台湾"中央研究院"近代史研究所档案馆藏,档号:01-09-004-06-001,第5页。特别感谢张世慧师兄在台湾访学期间帮助查相关资料。
④ 《英商设香港至广州间电线》1882年5月24日,台湾"中央研究院"近代史所档案馆藏,档号:01-09-003-08-012,第35、37、39、50页;《函订会晤日期并送电线节略》1882年1月21日,台湾"中央研究院"近代史档案馆藏,档号:01-09-003-08-001,第4页。
⑤ 参见[日]石井一郎《交通运输学概论》,顾时光译,任新铭校,人民交通出版社1983年版,第15—16页。

表 1-2①　　　　　　　1869 年苏伊士运河开通后之航线缩短

的里亚斯德—孟买	热那亚—孟买	马赛—孟买	汉堡—孟买	伦敦—孟买	伦敦—墨尔本	伦敦—科仑坡	伦敦—加尔各答	伦敦—新加坡	伦敦—香港	伦敦—横滨	航线
7404	6488	6280	4890	4881	60	4160	3985	3851	3773	3592	缩短航线（里）
38	32	30	24	24	1/3	19	19	18	18	22	缩短日数（天）
60.7	39.0	58.0	42.8	43.5	—	38.1	33.2	31.7	28.1	24.1	缩短百分比（%）

从表 1-2 可以看出从伦敦到香港的航线缩短了 3773 里，缩短了航行日数 18 天，缩短的百分比占到 28.1%，大大促进香港航运业的发展，乃至整个东亚的轮船航运业的兴起。对于轮船航运业，无论是在时间上还是在距离上，无疑是一次巨大的飞跃。同时航行于欧亚线的航运成本相对大大减少。1870 年，50 万吨的运货经过这条运河，到了 1884 年，吨位增加到约 600 万吨。据说到 1880 年，中国与欧洲贸易几乎全是经过这条运河。随着航程减少，轮船较帆船的优势更加凸显。②说明苏伊士运河开通以后对贸易产生巨大推动作用，这样主要贸易载体是以轮船为主，从而间接推动了轮船航运业的发展。苏伊士运河开通以后，"从中国到伦敦的航程，轮船能比帆船快两倍"③。如此，轮船发展速度和规模异军突起，进一步摧残着木帆船的发展。1870—1876 年，中国国内贸易和对外贸易所使用的船只从 14136 艘（6907828 吨）增加到 17946 艘（10226421 吨）。与此同时，这一增长率先全由轮船造成，帆船却从 6420 艘（1849300 吨）下降到 5905 艘（1513424 吨）。④苏伊士运河开通后轮船增速十分惊人，相对应是木帆船的下降也是迅速的。通过表 1-3 可以看出，通航船舶船只数从 1870 年的 486 艘涨到 1911 年的 4969 艘，在 30 余年间几乎增长了 10 倍，通过的吨位数从 1870 年的 436609 吨上升到 1911 年的 18324794 吨，在 30 余年间

---

① 盛叙功编译：《交通地理》，刘虎如校订，商务印书馆 1931 年版，第 200—201 页。注：原文数学是用中文数字的，为了全文统一故一概采用阿拉伯数字，下同。注：伦敦到墨尔本缩短航线 60 里和 1/3 天，有违常识，但是原数据如此，现依原貌引录，以示存疑。

② 聂宝璋：《中国近代航运史资料》第一辑（上），上海人民出版社 1983 年版，第 644—645 页。

③ 同上书，第 646 页。

④ 同上书，第 647 页。

几乎增长了41倍。

表1-3① 苏伊士运河之航运（1870—1911）

年份	1870	1890	1900	1910	1911
通航船舶之只数	486	3425	3441	4533	4969
通过之吨位数	436609	6783187	9738152	16581898	18324794

苏伊士运河带来的价值和影响，从当时的文献数据也可以略知一二。苏伊士运河之开通，"为世界交通之大革命，其影响所及，足以引起世界经济政治之变化，而尤以欧亚两洲间及太平洋之关系为尤切。其在经济方面者，为欧亚产业之发展。交通既便，航运发达"②。它的开通所带来的影响十分巨大，创造的价值也是无法估量的，"苏夷士运河连结大西印度二洋之航路，缩短欧亚交通之路程，即欧洲澳洲间、美国东西两岸间交通亦因之而缩短。自本运河开通以后，世界之交通乃呈活跃之气象。现利用本运河之世界大轮船公司数达四十四"③。苏伊士运河的开通，使欧亚水上交通更为畅通。香港是自由港，万商云集，因此商业日趋繁茂。1847年，外国商船入口229465吨，中国帆船840990担。1860—1870年，出入口船的吨位数增加了2倍；1870—1880年增加了4倍，1907年，增加至3600万吨。④苏伊士运河的开通，推动了香港轮船航运业的发展。

综上所述，轮船相关技术进步、海底电线的敷设和苏伊士运河通航促使轮船航运业快速发展，轮船的发展由此也导致了木帆船日渐衰落。

二 区域经济发展的需要

交通运输是人类社会与经济发展的基础。"交通对人类影响至关重要，新式交通的发展与变革，是人类文明的重要标志之一。"⑤从人类社会发展的进程来看，由于人类社会直接的物质生产同交通运输生产相辅相成，因而交

---

① 根据盛叙功编译《交通地理》（刘虎如校订，商务印书馆1931年版）第203页的表格改制而成。
② 盛叙功编译：《交通地理》，刘虎如校订，商务印书馆1931年版，第201页。
③ 同上书，第199页。
④ 丁又：《香港初期史话》，生活·读书·新知三联书店1958年版，第84页。
⑤ 刘常凡：《公路建设、汽车运输与社会变迁——以1927—1937年河南省为中心的研究》，硕士学位论文，河南大学，2009年，（摘要）第1页；另见丁贤勇著《新式交通与社会变迁——以民国浙江为中心》，中国社会科学出版社2007年版，第2页。

通运输影响着人类几乎一切活动,并构成人类社会发展的基础。① 轮船航运业作为交通运输的一个重要组成部分,交通运输中的航运业发展促进区域经济的发展,尤其是在近代化早期扮演了重要的角色,所起到作用尤为明显。区域经济的发展又促进航运业的发展。它们是一种良性的互动的过程。"国之于交通,犹鱼之产于水也。人民之需要,当与衣食住行并而为四。"②

同时,区域经济的发展对于新式航运的需求越来越大,尤其是香港这个海岛城市的特殊地理位置。通过轮船维系起来的"桥梁",与外界构建起多方位和宽领域的经贸关系。因此,重点分析香港区域经济发展对香港轮船航运业的促进作用是必要的。

近代早期香港贸易主要由外商所操纵,其中尤以英商实力最大,他们大多从事诸如鸦片和劳工输出等非法贸易。以香港为基地的鸦片走私日益猖獗,一定程度上推动着香港航运业的发展。

表1-4③ 走私鸦片的主要洋商及所有船只数和总吨位数(1823—1860)

洋商名称	船只数(只)	总吨位数(吨)	开始使用自有船只走私(年)
颠地洋行(Dent)	14	3048	1831
怡和洋行(Jardine Matheson)	13	2144	1833
旗昌洋行(Russell)	8	2047	1836
考瓦斯吉(R. cowasjee)	6	1515	1831
马凯(Donald C. Mackey)	5	866	1839
费巴斯(Capt. H. phbus)	2	572	1836
鲁斯唐姆吉(H. Rustomjee)	2	481	1840
克里夫顿(Capt. W. Clifton)	2	416	1828
太平洋行(Gilman & Co.)	2	410	1842
格兰特(A. Grant)	2	318	1838
其他40家洋商各有船一只	40	8717	

---

① 徐剑华编著:《运输经济学》,北京大学出版社2009年版,第10页。
② 叶恭绰:《交通救国论》,商务印书馆1926年版,第3页;另见丁贤勇《新式交通与社会变迁——以民国:浙江为中心》,中国社会科学出版社2007年版,第2页。
③ 姚贤镐编:《中国近代对外贸易史资料1840—1895》第一册,中华书局1962年版,第436页,转引自聂宝璋编《中国近代航运史资料》第一辑(上),上海人民出版社1983年版,第16页。

续表

洋商名称	船只数（只）	总吨位数（吨）	开始使用自有船只走私（年）
船舶产权不明	3	318	
共计	99	20852	

船只和吨位数逐渐增多都是以走私和鸦片贸易为载体，有些洋行直接参与鸦片走私，有些洋行走私鸦片和经营正当贸易。无论如何，他们的商队扩大，也是巨大经济利益的刺激。"巴特那（Patna，按即公班土）和比纳里斯（Benarces）所收获的鸦片就有一万九千箱，麻剌土估计有二万二千箱。"① 这些都是早期鸦片贸易概况。清政府的官员邓廷桢也有所觉察："查从前每年来船，不过数十只，而关税并不短绌。近年多至一百数十只，而鸦片愈以盛行。且每船自夷商至水平，总不止于百人。合而计之，殊嫌太众。"② 这些官员观察外来船只活动，考虑危及税收，所以采取有效措施打击他们的商船。怡和洋行，创办人之一詹马地臣是最先到东南沿海进行走私的烟商，该洋行一直在鸦片走私中居于首位，其走私快船航速快，火力强，清朝的水师难以追截，故十分猖獗。在 19 世纪 20 年代，年均输入鸦片不到 1 万箱，但 1830—1831 年输入鸦片 18956 箱，此后输入量便直线上升，从 1835 年起，每年竟超过 3 万箱，比 19 世纪 20 年代增长数倍。③ 这些贸易增长客观上促进了香港轮船航运业的发展。"当时鸦片已占英国输华商品总值的三分之二，对如此重利英国当然不肯轻易放弃。"④ 在香港从事鸦片贸易走私的洋行以怡和洋行和颠地行最大，它们既角逐又勾结，排斥其他对手，瓜分了 20 世纪 50 年代的鸦片市场。怡和洋行将趸船、飞剪船（快船）组成庞大船队，1845 年它在中国东南沿海共有鸦片趸船 14 艘。当时在香港活动的 71 艘飞剪船中，怡和有 19 艘，颠地有 13 艘。⑤ 据琼记洋行档案记载，该行在 20 世纪 50 年代将香港作为鸦片贸易的一个主要基地，它雇用鸦片经纪人查理·詹姆森对鸦片作估价、检查和销售。⑥

---

① 聂宝璋编：《中国近代航运史资料》第一辑（上），上海人民出版社1983年版，第25页。
② 同上。
③ 参见余绳武、刘存宽主编《十九世纪的香港》，中华书局1994年版，第34页。
④ 张晓辉：《香港近代经济史（1840—1949）》，广东人民出版社2001年版，第61页。
⑤ 同上书，第63页。
⑥ [美] 郝延平：《中国近代商业革命》，陈潮、陈任译，陈绛校，上海人民出版社1991年版，第141页；张晓辉：《香港近代经济史（1840—1949）》，广东人民出版社2001年版，第63—64页。

19世纪中叶，香港成为鸦片走私的大型中转站，鸦片商的大本营，香港重要洋行是从澳门迁来的，都经营鸦片生意，因为香港作为一个鸦片仓库，比较安全。故香港很快变成了首屈一指的鸦片走私储藏所①。香港成为转口港之前就已经是鸦片转口贸易的"天堂"。1845年港英政府年度报告承认鸦片是它出口的主要货物。1847年，香港出口总值22.6万余英镑，其中鸦片占19.5万英镑。40年代中国每年进口鸦片在3万箱左右，到50年代，即升至六七万箱。当时运抵中国的大量鸦片，全是先到香港，再转至通商各口。②根据港督指令于1850年起草的备忘录透露，1845—1849年的5年间从印度运来远东的鸦片，有3/4是储存在香港，然后从香港转销中国内地的。据此计算，这5年内储在香港仓库的鸦片应达16.5万余箱，总值接近8300万银元。③香港俨然成为当时世界上最大的鸦片走私窝点、存储和中转中心，并延续了相当长一段时间。张晓辉认为香港成为世界上最大的鸦片走私巢穴和储存、转运中心，这个地位前后保持30年之久。④其实鸦片战争前夕，鸦片走私的活动就十分活跃，邓廷桢坚决反对将"以中华洋面为藏污纳垢之区"。他在照会中写道："据大鹏营参将、澳门同知、香山协县先后禀报，磨刀外洋及九洲沙沥、鸡颈、潭仔各洋面，共泊趸船二十五只，于七月二十九（公历8月29日——引者）、三十、八月初三、初四等日，该趸船陆续由磨刀移泊尖沙咀洋面十九只，由九洲沙沥移泊尖沙咀二只，由鸡颈移泊尖沙咀一只。"⑤这说明了当时香港水域已经成为贩卖鸦片的主要据点，多数鸦片趸船云集香港维多利亚港内。

鸦片战争之后输入中国的鸦片数量不断攀升，当然除了1860年爆发了第二次鸦片战争的影响之外略有下降。香港很快变成了首屈一指的鸦片储藏所，以香港为大本营的那些鸦片双桅船、单桅船和轻快帆船等，持续不断地把他们的货载运到旧有的各站，诸如南澳、金星门、泉州和金门等

---

① 参见聂宝璋编《中国近代航运史资料》第一辑（上），上海人民出版社1983年版，第101页。
② 张晓辉：《香港近代经济史（1840—1949）》，广东人民出版社2001年版，第62页。
③ 张晓辉：《香港近代经济史（1840—1949）》，广东人民出版社2001年版，第62页；邹元涛、金雨雁、金冬雁整理：《金应熙香港今昔谈》，龙门书局1996年版，第234—235页。
④ 张晓辉：《香港近代经济史（1840—1949）》，广东人民出版社2001年版，第63页。
⑤ [日]佐佐木正哉编：《鸦片战争前中英交涉文书》，第120页，转引自余绳武、刘存宽主编《十九世纪的香港》，中华书局1994年版，第35页。

处，而且运到各通航口岸的边缘。① 鸦片贸易增长对应需求船只数不断扩大。据统计，1844 年出入港船只 538 艘，总吨位数 189257 吨；至 1850 年有 883 艘 299009 吨，发展并不快。在两次鸦片战争之间，英商在港的主要经济活动一是鸦片走私，一是人口贩运。据统计 19 世纪 40 年代后半叶从印度运来中国的鸦片有 3/4 是经香港转销的，存港等待转销的鸦片多达 16.5 万多箱。② 时人所见所闻，在香港开埠以后，更借关税为护符，鸦片以洋药纳税，由香港公然输入内地，使烟毒更为弥漫，遍及全国各地。根据清人李圭《鸦片事略》的记载，1865 年，运至香港鸦片 76523 石（百斤为石），自香港运至各口者 56133 石，余者 20390 石。1886 年，运至香港鸦片 96164 石，自香港运至各通商口岸 67801 石，其余地方 28363 石。可以推测出李圭的记载基本上是属实的，足见鸦片在当时的风靡程度。香港设局专卖，在港九地区领牌开设生鸦片铺有 30 余家，至于零售烟膏处，更不知凡几。香港的鸦片输入量十分巨大，否则不至于设立鸦片专卖局。陈谦记得在中环荷李活道离城隍街不远的地方和上环十三殿离上环邮政分局不远的地方，均有公烟（鸦片）专卖处。政府派驻有工作人员负责零售鸦片事宜。因此那时法例许可港人吸食公烟，在家庭或在商店开设烟局，并不干涉。至于俱乐部、酒楼、妓寨，只须缴交开灯费赎买公烟，即可公然吸食。以致那时港九的大银号，华人保险行、米行及南北行等的大商行都设有鸦片烟床和吸烟的烟具等。③ 鸦片在香港泛滥，从上流社会到下层黎民百姓，从上至政府机构要员，下至普通家庭成员，皆是拥趸。

香港《遐迩贯珍》杂志对英国运输鸦片到中国有详细记载。1854 年，加尔各答有火船名科毛萨到港，载来烟土 1565 箱，银 26000 元。④ 印度是英国鸦片输入中国的产地，7 月 12 日，有火船名主山由加尔各答抵达香港，载来烟土 1525 箱。7 月 17 日，有英国公局上旨火轮邮船名那拿由孟买抵香港，载来烟土 1075 箱。7 月 27 日，有英国公局下旨火轮邮船名加尼土由孟买到香港，载来麻华烟土 34.5 箱。⑤ 由此可知输入香港鸦片的来

---

① [英] 莱特：《中国关税沿革史》，姚曾廙译，生活·读书·新知三联书店 1958 年版，第 19 页。
② 邹元涛、金雨雁、金冬雁整理：《金应熙香港今昔谈》，龙门书局 1996 年版，第 30—31 页。
③ 陈谦：《香港旧事见闻录》，广东人民出版社 1989 年版，第 76—77 页。
④ 沈国威、内田庆市、松浦章编著：《遐迩贯珍·附题解·索引》（影印本），上海辞书出版社 2003 年版，1854 年 8 月第 8 号，第 622 页。
⑤ 《近日杂报》，《遐迩贯珍》1854 年 10 月 1 日第 10 号，香港英华书院印制，第 9 页。

源十分广泛,从英国、印度、东南亚等国,以及国内的上海也都往香港输入鸦片,可见香港中转站地位之重要。4月1日,英国邮船抵达香港,载来烟土2047箱。29日,英国邮船抵达香港,载到烟土1584箱。① 英国是输入香港鸦片的主要推手,从《遐迩贯珍》这仅存几年的连载信息可以知晓一二。1854年7月1日,英国火轮信船到香港,装来烟土916箱。加尔各答火船名上海,于6月22日在彼起程,7月13日抵香港,载来烟土1210箱。② 1856年12月,英国火船运印度鸦片烟到香港2620箱。③ 由此可见英国通过轮船运输大量鸦片到香港。

近代远洋运输商品贸易通过轮船运输,是经济发展的历史趋势。香港轮船航运业最初总是和鸦片、劳工贸易等非正当的经济活动相联系,并结合产生了"亲密"的关系。鸦片源源不断地输入中国,轮船在此过程中扮演"帮凶"。1840—1911年,这种非正当贸易一直存在着,并维系着外国资本在华的轮船—贸易二维经济体系。尤其是鸦片贸易,在该时段的发展仍十分猖狂。尽管在1886年中英签订了《中英鸦片贸易协议》,规定鸦片运入香港或从香港转运其他地区,必须获得香港港务处的准许;香港方面同意协助中国海关征收商税,并管理往返香港与中国内地沿海的帆船,清政府则不再对往来的香港帆船进行严格搜查,并撤去香港海外的巡船。1887年,海关总税务司英国人赫德向清政府建议设九龙海关,管理往来中国帆船及征收商税。同年清政府在九龙湾设粤海关分关,名九龙关,④ 此举是否能立竿见影那就不得而知。随后在全港展开"是否禁止鸦片贸易"为主题的大辩论,通过两个太平绅士⑤来看看当时的情形。当年《南华早报》曾摊出八个问题,除广泛征求全港市民意见之外,向冯华川与刘铸伯两位太平绅士作了问卷调查。以下便是他们的答复:

(1) 禁烟有益于港人之品行否?(冯:是。刘:否。)
(2) 禁后能防止港人之吸食否?(冯:否。刘:日后可望减少。)
(3) 承办烟饷者应否弥补其损失?(冯:不答。刘:是。)

---

① 《近日杂报》,《遐迩贯珍》1854年6月1日第6号,香港英华书院印制,第8、11页。
② 《近日杂报》,《遐迩贯珍》1854年9月1日第9号,香港英华书院印刷,第6页。
③ 《近日杂报》,《遐迩贯珍》1856年2月1日第2号,香港英华书院印刷,第11页。
④ 庄义逊主编:《香港事典》,上海科学普及出版社1994年版,第62页。
⑤ 太平绅士,是一种职衔,一种源于英国,由政府委任民间人士担任维持小区安宁、防止非法处罚及处理一些简单的法律程序的职衔,成为太平绅士无须任何学历和资格认证要求。

(4) 对于香港财政有伤害否？（冯：是。刘：亦是。）

(5) 如以上各问题均是，应以何法弥补饷源？（冯：应征烟土等饷弥补。刘：减军饷及加税。）

(6) 港中商务有变迁否？（冯：否。刘：否。）

(7) 中国政府禁烟，人信之否？（冯：是。刘：中央政府而论，乃出自热心。）

(8) 别有意见发表否？（冯：封闭烟馆有益。刘：如禁烟后，每年少收税饷，又须引烟商之损失，其数非少。若果办税以补之，则目下加税，必非众人所愿)①

从中可以看出，不是所有人对鸦片采取赞成禁止的态度，由于涉及不同集团的利益，因而采取不同的态度。其实，大多数是采取弛禁的态度，而直到1941年港英政府才立例禁止鸦片。鸦片是通过香港这一中转站，转运大陆各港口，进而在大清帝国皇亲贵胄和普罗大众当中流行开来。英国对华输出鸦片量，1898年至1904年担任香港总督的卜力爵士在给《泰晤士报》的信中宣称：据辅政司调查各烟馆的情形，1906年香港（包括九龙新界）居民共319803人，15岁以外者有262384人。鸦片公司将鸦片卖与各烟馆，然后由各烟馆零售。若将烟馆封闭，该公司将鸦片直接卖与烟民。公烟馆计105个，二烟馆共98个。吸二烟者共7228人，在烟馆吸公烟者7237人，在家吸公烟者10844人。若将各烟馆封闭，则鸦片公司每年所受之损失为40万元。香港商务比前显有逊色，税饷收入因之锐减，现正拟增加清净局各费，而广九铁路又需用巨款。若封闭烟馆后，需照章赔偿鸦片公司损失。② 这些足以说明，在该时期香港并没有随着《中英鸦片贸易协议》签订而相应地减少鸦片输入。据1906年统计，鸦片贸易总值超过500万英镑，港英政府的鸦片税收在200万元以上，大约每10名成年华人就有一个吸食鸦片烟者。③ 足见香港吸烟人数之多，吸烟群体之广。港英政府在鸦片征收的税收高达40%，它是其财政收入的大税源。而香港居

---

① 参见杨思贤《香港沧桑》，中国友谊出版公司1986年版，第120页；另见汤开建、萧国健、陈佳荣主编《香港6000年（远古—1997年）》，香港麒麟书业有限公司1998年版，第324页。
② 杨思贤：《香港沧桑》，中国友谊出版公司1986年版，第118页。
③ 李宏编著：《香港大事记（公元前214—公元1987年）》，人民日报出版社1988年版，第57页；另见陈昕、郭志坤主编《香港全纪录》第1卷，上海人民出版社1997年版，第132页。

民的吸烟人数可谓惊人,侧面反映了鸦片具有广阔的市场,那么很多人采取弛禁的态度也不足为奇了。鸦片输华(包括香港)仍屡禁不止。1901年,香港海关贸易统计报告中已有不再列明香港每年鸦片到货船数量。由于鸦片属港英政府专卖品,故在香港贸易统计数据没有进出口额的具体记载,但可以从香港官方每年报告中得到相关数据进行引证。① 在 20 世纪头十余年,香港年均输入鸦片在 300 万英镑以上。直到 1911 年签订关于鸦片的协议,香港的鸦片输出才明显减少。②

由表 1-5 中,可见鸦片输入外国不可能完全遵守双方贸易协议,外商仍然不断向中国输入大量鸦片。同时,1892—1901 年输入量逐年增加,总计增长了 89%,在 10 年间几乎翻了一番。其实在 1901 年以后对华鸦片输入也是在增长的。直到 1904 年,即英国占领香港六十多年之后,经贸易管道输入中国的鸦片之货值仍高达 3700 万两,比 1864 年之 2000 万两还多 80%以上,所以香港从开埠以来到鸦片被国际组织禁止之前,在鸦片以及其他物品走私上确实成了一个祸根。③ 从香港运往广州的鸦片,自从 1900 年年初起,出现大量装运鸦片的现象已报请广东巡抚和总税务司署注意。无可置疑,运往广州湾的鸦片有 95%是从那里走私进中国内地的。可能是由于政治上的原因,始终无法采取措施制止这一走私。④

表 1-5⑤　　　　　　　鸦片运销情况(1892—1901)

年份	澳门承包商船运出口之炼制鸦片			
	往澳大利亚(丸)	往旧金山(丸)	往香港(丸)	合计(丸)
1892	32863	32680	16701	82244
1893	27208	28660	9510	65378
1894	27712	44900	10186	82798
1895	19968	47660		67628
1896	22836	57130		79966
1897	22504	60720		85224

---

① 张晓辉:《香港近代经济史(1840—1949)》,广东人民出版社 2001 年版,第 285—286 页。
② 同上,第 286 页。
③ 甘长求:《香港对外贸易》,广东人民出版社 1990 年版,第 10 页。
④ 拱北海关志编辑委员会编:《拱北关史料集》,拱北海关印刷厂 1998 年印刷,第 412 页。
⑤ 莫世祥、虞和平、陈奕平编译:《近代拱北海关报告汇编》,澳门基金会 1998 年版,第 76 页。

续表

年份	澳门承包商船运出口之炼制鸦片			
	往澳大利亚（丸）	往旧金山（丸）	往香港（丸）	合计（丸）
1898	22320	58140		80460
1899	22736	60980		83716
1900	11904	62840		74744
1901	10464	74720		85184
合计	220515	528430	36397	787342

港、澳之间的鸦片贸易也是比较频繁的，每周都有鸦片船来往，从表1-6、表1-7、表1-8和表1-9中可以看出，这几年港、澳之间的鸦片基本上稳定在4000担以上，他们主要来源是巴特那和贝拿勒斯等地；从1899年、1902年、1903年（当然这只是选取几个年份），港、澳之间的鸦片贸易从未间断过。由表1-6、表1-7和表1-8可知，一是港、澳之间的鸦片来源同是巴特那、贝拿勒斯、波斯、土耳其、马尔瓦等地，并且巴特那和贝拿勒斯是他们主要供货商源；二是港、澳间每年的交易量平均稳定在4500担左右。

表1-6①   **1899年香港澳门之间的鸦片统计**   （单位：担）

巴特那	贝拿勒斯	波斯	土耳其	总计
4457	102	1	6	4566

表1-7②   **1902年每周轮船从澳门到香港的鸦片统计**   （单位：担）

马尔瓦	巴特那	贝拿勒斯	总计
4	4593	28	4625

表1-8③   **1903年每周轮船从澳门到香港的鸦片船统计**   （单位：担）

贝拿勒斯	巴特那	土耳其	总计
52	4256	4	4312

香港九龙输出鸦片的数量也是不少的，从表1-9、表1-10和表1-

---

① 中国第二历史档案馆、中国海关总署办公厅编：《中国旧海关史料（1859—1948）》第30册，京华出版社2001年版，第637页。

② 中国第二历史档案馆、中国海关总署办公厅编：《中国旧海关史料（1859—1948）》第36册，京华出版社2001年版，第688页。

③ 中国第二历史档案馆、中国海关总署办公厅编：《中国旧海关史料（1859—1948）》第38册，京华出版社2001年版，第742页。

11 可以看出，香港九龙的鸦片主要运出地就是广东省地方各县市，靠近沿海邻近港澳的地方，是鸦片的主要销路，运出的都是生鸦片。

表1-9① 1899年从九龙运出各地的鸦片 （单位：担）

地区分布	地区	马尔瓦	巴特那	贝拿勒斯	波斯	生鸦片总计	熟鸦片总计
海丰县	汕尾	17.82	—	—	—	17.82	—
归善县	龙岗	5.14	—	—	—	5.14	—
归善县	平海	60.78	—	—	—	60.78	—
归善县	大洲	17.43	—	—	—	17.43	—
归善县	淡水	90.15	1.23	—	—	91.38	—
香山县	南萌	—	2.40	—	—	2.40	—
新安县	汲水门	4.63	34.95	—	—	39.58	—
新安县	九龙	42.38	3.62	—	—	46	—
新安县	深圳	1.56	2.39	6.02	—	9.97	—
新安县	深水埗	—	6.07	0.60	—	6.67	—
新安县	沙鱼涌	88.78	—	—	—	88.78	—
新安县	大鹏	9.21	—	—	0.39	9.60	—
新安县	大铲	0.90	1.13	1.20	—	3.23	—
开平县	长沙	—	7.16	—	—	7.16	—
新会县	江门	—	8.42	—	—	8.42	—
新宁县	广海	—	74.09	1.19	—	75.28	—
新宁县	新昌	—	20.23	—	—	20.23	—
阳江县	阳江城	—	1.20	—	—	1.20	—
电白县	水东	—	2.43	—	—	2.43	—
陵水县	陵水城	—	1.24	—	—	1.24	—
总计		338.78	166.56	9.01	0.39	514.74	—

---

① 中国第二历史档案馆、中国海关总署办公厅编：《中国旧海关史料（1859—1948）》第30册，京华出版社2001年版，第637页。

表1-10① 1902年从九龙运出到各地的鸦片 （单位：担）

地区分布	地区	马尔瓦	巴特那	贝拿勒斯	波斯	生鸦片总计	熟鸦片总计
海丰县	汕尾	9.35	—	—	1.06	10.41	—
归善县	龙岗	33.98	—	—	—	33.98	
	平海	56.41	—	—	2.10	58.51	
	大洲	5.34	—	—	—	5.34	
	淡水	239.34	3.66	—	—	243.60	
香山县	南萌	—	43.68	—	—	43.68	
新安县	鲛海	—	1.24	—	—	1.24	
	南头	—	2.49	—	—	2.49	
	南澳	2.06				2.06	
	深圳	11.31	28.21	1.21	—	40.73	
	沙头角	10.31	—	—	—	10.31	
	沙鱼涌	1.02	—	—	—	1.02	
	大鹏	13.31	—	—	—	13.31	
	大铲	6.14	35.60	1.17	—	42.91	
开平县	长沙	—	3.65	—	—	3.65	
	水口	—	15.86	—	—	15.86	
新宁县	广海	—	177.73	—	—	177.73	
	新昌	—	190.09	—	—	190.09	
	新宁城	—	1.21	—	—	1.21	
	荻海	—	9.60	—	—	9.60	
电白县	水东	—	—	—	1.03	1.03	
总计		388.57	513.02	2.38	4.19	908.76	—

---

① 中国第二历史档案馆、中国海关总署办公厅编：《中国旧海关史料（1859—1948）》第36册，京华出版社2001年版，第688页。

表1-11① 1903年从九龙运出各地的鸦片 （单位：担）

地区分布	地区	马尔瓦	巴特那	贝拿勒斯	波斯	生鸦片总计	熟鸦片总计
归善县	龙岗	—	20.51	—	—	20.51	—
	平海	—	51.69	—	2.12	53.81	—
	淡水	—	248.83	—	1.19	250.02	—
南海县	广东省城	—	—	—	—	—	2.88
香山县	下栅	—	—	3.61	—	3.61	—
	南萌	—	—	42.95	—	42.95	—
新安县	南头	—	—	18.37	—	18.37	—
	深圳	—	29.25	38.01	—	67.26	—
	沙头角	—	12.27	—	—	12.27	—
	沙鱼涌	—	3.09	—	—	3.09	—
	大鹏	—	16.34	—	—	16.34	—
	大铲	—	1.03	30.63	—	31.66	—
开平县	长沙	—	—	19.61	—	19.61	—
	水口	—	—	12.21	—	12.21	—
新宁县	广海	—	—	107.81	—	107.81	—
	新昌	—	—	64.90	—	64.90	—
	新宁城	—	—	1.25	—	1.25	—
	荻海	—	—	1.22	—	1.22	—
总计		—	383.01	340.57	3.31	726.89	2.88

总之，近代香港航运业与鸦片一定程度上可谓是"孪生兄弟"关系，自从鸦片产生，便与船运业形成特殊的亲密关系。鸦片需要转化成资本，必须借助轮船或帆船运输到资本市场去，然后在市场上再进行倒卖，从中牟取暴利。同时资本积累刺激了鸦片需求量的增长，鸦片需求量的增加客观上促进了航运业务量的扩大，轮船运输量的增长促使造船业的发展和吨位进一步扩大，这样航运业和鸦片便形成一个难以割舍的完整链条。但是

---

① 中国第二历史档案馆、中国海关总署办公厅编：《中国旧海关史料（1859—1948）》第38册，京华出版社2001年版，第742页。

需要说明的是运输鸦片不仅仅有轮船，近代早期大多是帆船运输，因此轮船与帆船运输鸦片各自所占比例，尚难量化研究，以鸦片运输媒介为载体视角切入，倒也可以透视轮船与帆船两者之间兴衰历程。

三 香港劳工输出的激增

以香港为中枢的劳工输出，促进了以轮船为载体的苦力贸易的兴盛。同样需要明确指出的是运输劳工不仅仅有轮船，而且帆船也从事劳工运输。香港作为鸦片中转站，并没有满足帝国主义列强的资本扩张需求。相反，他们又开始了惨无人道的苦力贸易，由于香港较其他的通商口岸自由和管制松弛，于是成为苦力贸易中心。卫三畏认为苦力贸易在厦门、汕头、上海、广州、澳门、香港普遍进行，但香港规定任何人均有"不受限制"出洋的"自由"，另外此地英美商轮云集，易于解决航运问题，因此去美、澳两洲的中国苦力皆集中于香港，使香港成为苦力贸易中心。① 此时，由于1847年加利福尼亚发现金矿，四年后澳大利亚也发现了金矿，掀起了一阵广泛的淘金热，极大地刺激了香港的苦力贸易"勃兴"。他们通过所谓的"契约工"的合法外衣形式，通过引诱、拐骗甚至绑架等手段，掠夺廉价的成年劳动力。虽然清政府禁止华工出洋，但仍屡禁不止。1873年5月，据称香港有帆船驶往外洋，船中有西人10余名惯作贩卖猪仔生意，由于近日此禁甚严，无从下手，因出一诡计，船只航行时伪装搁浅，该处乡民见其船不能行时，遂纠集多人登船代为撑篙，等船身活动时，该洋人竟挂帆西驶，所有登船之乡民，尽行载之而去，茫茫大海呼救无人，乡民罹此无妄之灾，始料未及，足见洋人之险恶。② 由此可知贩卖华工之事，呈现"道高一尺，魔高一丈"的窘相。

香港出洋的华工不限于两地淘金，也去东南亚、南美等地干苦力活。一般从事苦力贸易的有三种人：一是船舶的船长；二是西方殖民政府派来的"移民"代办；三是在华多年经商的英美等国的商人，以及他们勾结的掮客（客头），他们是苦力贸易的骨干。③ 1909年，英国招揽华人前往马

---

① ［美］卫三畏：《中国商务手册》第4版，1963年，第220页，转引自余绳武、刘存宽主编《十九世纪的香港》，中华书局1994年版，第263页。
② 《巧计拐贩猪仔》，《申报》1873年5月15日，第2版。
③ 王省吾：《华工出洋的组织工作（1848—1888）》，1978年旧金山版，第53—54页，转引自余绳武、刘存宽主编《十九世纪的香港》，中华书局1994年版，第264页。

六甲海峡，先将劳工招到香港进行勘验，通过华民政务司为其提供合同，签合同后，给每人配备基本生活用品，即可出洋。① 以加利福尼亚的中国苦力为例。1888年一位美国商人自香港返回旧金山，随行有三名华工，这是华工去加州淘金的开端。后来人数续有增加，1849年323人，1850年447人，1852年18434人，1854年25063人。② 实际上不止此数，另据欧德理《欧西于中土》一书记载1852年自香港去加州的华工是30000人，比美国旧金山统计的来自香港的苦力入境数几乎高出12000人，这是船主为了少付报送费（每个旅客5美元），而故意少报人数的缘故。③ 这些从事苦力贸易的商人一切以利益为出发点，想尽办法减少成本，不关心劳工生存状况。劳工在自香港抵目的地长达数十日，乃至百数十日的漫长航行中，"日则并肩迭膝而坐，夜则交股驾足而眠"，整日因于舱底，不许动弹，加之饮水、食品不足，空气污浊，精神痛苦，生病缺医少药，死亡率极高，1850—1856年，年均达25.2%。同时期去秘鲁最高一次达66.66%，最低去旧金山为20%，去巴西两次分别是39%和45%，因此人们称苦力贸易为"海上浮动地狱"。④ 这些也许只是劳工贸易惨烈实况中的"冰山一角"，不包括海难葬身大海或者反抗被击毙的劳工。据香港船政厅报告，仅1854年11月1日至1855年9月30日，不到一年的时间内，登载的苦力船有128艘，其中英国有64艘，美国有24艘。⑤ 这些船舶的数量如此之多，也可以略为窥测苦力贸易之"繁盛"。以航运为载体的劳工输出，客观上促进了航运业发展。西方船东从苦力贸易获得很大的直接利益。1854年，怡和洋行的一次航行即获利9万元，如此巨大利益刺激商船船东添置新船，客观上带动了香港航运业的发展。⑥

从香港转运去世界各地的劳工数量是庞大的，先从广东等华南各地把劳工诱骗或者拐卖或者抢到香港，再通过香港这一中转站，转运去欧美、东南亚和澳洲等地。香港的苦力贩运，情况恶劣。从1845年到1877年已

---

① 《英领事函陈招雇华工办法》，《南洋总汇新报》（新加坡）1910年9月24日，第5版。
② 余绳武、刘存宽主编：《十九世纪的香港》，中华书局1994年版，第265页。
③ 同上。
④ 参见李长傅《中国殖民史》，台北商务印书馆1900年版，第263—264页，转引自余绳武、刘存宽主编《十九世纪的香港》，中华书局1994年版，第266页。
⑤ 参见余绳武、刘存宽主编《十九世纪的香港》，中华书局1994年版，第267页。
⑥ 同上书，第268页。

达于极点。直到1904年,香港的检察长在检举拐骗人口案件时指出,这种拐骗(人口)的行为,在香港仍十分盛行。香港同附近几个掠贩苦力的口岸之间,"旅客"往返极为频繁,人数众多。现将从1876年到1898年香港同厦门、汕头和海南岛之间来往旅客的人数分列如下:厦门至香港69658人,香港至厦门199980人;汕头至香港352024人,香港至汕头932734人;海南岛至香港103853人,香港至海南岛156405人。其中绝大多数是出洋的苦力。香港的繁荣,在很大的程度上是通过长时期的苦力贩运而发展起来的。① 这是劳工输出的第一步,香港俨然成为苦力的集中营,转运华工的枢纽。华工拐卖出洋具体情形,省澳轮舶迫拐匪携带猪仔赴往澳门,经中国官员查搜拐匪,遂视之为畏途,不敢附载,其最诡异者则用运柩之船,运载猪仔,政府曾经拿获运柩船一艘,舱中匿藏猪仔5名,即拿拐匪置之于法,现缉捕虽较之前严密,而猪仔之去路仍有很多套路。以从汕头、海丰、陆丰等处拐来者,多从香港取道往澳门,非中国官员搜捕之所能遍及,故拐风日盛。② 香港更是掠贩苦力的大本营,到中国运载苦力的外国船都在香港改建夹层统舱,以便尽可能多装苦力,还加装舱门铁栅,这是为了把苦力禁锢在底舱。同时在香港备办远航所需淡水、食物和其他物料。香港是一个任意掠夺苦力的自由港,但它打着"自由移民"的幌子。1904年香港绑架无知华民的事早已盛行了,那间房子(按:囚禁苦力的猪仔馆)是香港公共工程局毕塞尔设计的,完全是一座牢房。冒名顶替(指冒充苦力,见官诡称自愿自费,使真苦力蒙混出洋)更是习以为常。③ 香港经过对劳工的处理之后,开始输往全世界。从香港运往加拿大的苦力:1863—1872年约8000人;1881—1884年共计15701人;1868—1900年共计29133人,都是从香港运英属哥伦比亚(加拿大西部一省)的。从香港运往美洲(美国和英属殖民地除外)地方,如古巴、秘鲁和法国、荷兰等殖民地的苦力人数不多,这是因为香港主要是英、美两国掠贩

---

① 陈翰笙主编:《关于华工出国的中外综合性著作》,《华工出国史料汇编》第四辑,中华书局1985年版,第193页。
② 《论拐人出洋情形》,《申报》1872年11月22日,第3版。
③ 陈翰笙主编:《中国官文书选辑》,《华工出国史料汇编》第一辑,中华书局1985年版,第7页。

"苦力"的大本营。①其中绝大多数是出洋的苦力。香港输往全世界的华工其实质就是"猪仔贸易"。这里指的是从香港掠往美国、澳大利亚和加拿大的华工，本来是新加坡猪仔贩运的翻版，但英、美当局特别强调赊单工是自愿自费的"自由移民"，而不是苦力奴隶，这完全是欺人之谈。从香港出国的赊单工，其诱骗、拐架、囚禁等办法与猪仔贩运如出一辙，都是从广州附近各县拐骗来的。直到1906年香港还有23家囚禁苦力的猪仔馆。②香港作为劳工输出集结中心地，延续很长一段时间。鸦片战争后，英殖民者在香港公开设立猪仔馆从事苦力贸易，香港成为贩卖苦力的中心。据统计1845—1874年的30年间，经香港贩卖到世界各地的中国苦力达26万多人，其中多数被贩卖到美国旧金山和加拿大、澳大利亚等地，从事这种罪恶贸易活动的有英、美、德、法、荷、意、智利、丹麦等国人，其中以英国人最多。香港直至20世纪初仍有贩卖人口的案件发生。③

那些劳工出港后的命运是极其悲惨的，而且在船上死亡率极高，苦力船被称为"海上浮动地狱"，其阴森惨厉的情景比黑奴贸易的"中段航程"有过之无不及。从中可以看出资本家为了追逐利益，绝对不管劳工死活的，是踩着劳工的身躯，用血与汗来积累原始资本的。香港苦力船上的华工备受虐待和侮辱，忍无可忍，常会起来反抗。据不完全统计，1850—1872年共发生暴动39次，华工有时制服船长和船员，而夺取了船只，有时放火烧船，同压迫者拼命，有许多暴动被残酷镇压下去，但是亦有一部分获得成功。④此外，《申报》对劳工出洋后的生活也作过相关报导。德船朗特莱脱赛夫装载华工460名由香港开往墨西哥，抵墨西哥境内，因华工中有患眼疾赤症者，禁止入境。各华工不得登岸，该船不得已由墨开回，但华工于途中多患脚气症，相继病毙者51人，船抵达横滨港时又死1人。⑤劳工输往的目的地不尽如人意，"前者黄埔、香港等处有船载华民往

---

① 陈翰笙主编:《关于华工出国的中外综合性著作》,《华工出国史料汇编》第四辑,中华书局1985年版,第191页。
② 陈翰笙主编:《中国官文书选辑》,《华工出国史料汇编》第一辑,中华书局1985年版,第8页。
③ 庄义逊主编:《香港事典》,上海科学普及出版社1994年版,第44—45页。
④ 金应熙主编:《香港史话》,广东人民出版社1988年版,第121页。
⑤ 《华工赴墨病毙之惨状》,《申报》1908年10月6日,第2张第2版。

真查洲，即海鸟粪洲是也"①。

　　港英政府对输出劳工的条件进行改善。1854年，港英当局决定加强移民管理，任命了移民官，准备执行在运送船只上每名中国劳工的住宿空间应不少于12立方英尺（0.34立方米）的规定。1855年6月，英国下院通过了《中国乘客法》，规定关于乘客住宿空间、粮食、医疗等条件，凡是离开港口的英国或外国船只，船上有亚洲乘客20名以上的，均须遵守。英国官员将登船检查，在确认船上设备符合条件而且移民系出于自愿之后，方可允许起航出海。港英当局在收到此法令后宣布于1856年1月起正式执行。② 同时，《中国乘客法》规定虽好，但是由于下列几点原因收效甚微。首先，该法本身有漏洞，它对于从中国沿海运载苦力出国，但已挂别国国旗的英国船只无约束力。其次，英国商人蓄意规避。再次，该法并无规定禁止苦力船和取得给养，所以香港作为"苦力贸易"的基地作用，丝毫未受到影响。最后，港英当局和其属下检查人员执行法令是半心半意的，并不认真尽责。③ 香港法官马理和惠托尔深感作为英国人对于这种不断给人类文明抹黑的苦力贸易，应该承担不可推卸的责任。④ 1872年，英国绅士阜刺在下议院讨论从中国招人出洋雇工事宜，称香港邻境恒有布设机谷，以招工为名，而拐骗华人往外洋，俗称卖猪仔，华人无不深受其害，称有招工船在洋面被火烧着，该船并不开舱，将出洋佣工华人悉数困于舱内。另外据称华人被人甜言诱往招工馆，到达后大失所望，且被危言恐吓，给以合同纸核令签名纸中，以势逼勒下船，十分可怜，或加以毒手，以蔴绳铁索束缚，终日不给饭食鞭。⑤ 对此，英国议员有持不同意见，亚打理绅士认为华民出洋佣工者不可以一概而论，如由香港往西印度者，则并无刻薄华民之举，且大有裨于华人，大有补英国属土。⑥ 1873年，香港议例局官绅聚议讨论，官员向港总督建议，西人船舶凡租赁人运载佣役出洋，必抵香港或修葺或备伙食，有言及大吕宋船均于前数日在港修葺，随赴澳运

---

① 《近日杂报》，《遐迩贯珍》1854年10月1日第10号，香港英华书院印刷，第12页。
② 参见邹元涛、金雨雁、金冬雁整理《金应熙香港今昔谈》，龙门书局1996年版，第240—241页；另见金应熙主编《香港史话》，广东人民出版社1988年版，第119—120页。
③ 邹元涛、金雨雁、金冬雁整理：《金应熙香港今昔谈》，龙门书局1996年版，第240—241页。
④ 同上书，第241页。
⑤ 《下议院公议贩华民为奴事款》，《申报》1872年5月14日，第2版。
⑥ 《续录下议院公议贩华民为奴款》，《申报》1872年5月15日，第3版。

载工人出洋，上议院曾设法禁止在太平洋海岛招人出洋，南太平洋有卖猪仔出洋之事，怨声载道，希望港督设法禁止。① 1873 年，香港提出《中国移民船舶法案》，规定凡与苦力贸易有关的船舶不得使用香港港口，因此基本结束了香港作为苦力船基地的作用。② 英、美、普、法诸大国在香港出示严禁贩卖华工布告，决不能自行贩卖，故贩卖猪仔之船，不敢停泊香港，尽行聚集澳门，广东各官能与西国诸官同心协力，严立禁约，以后若有载贩猪仔洋船即将其船立刻烧毁，其人递回原国，或将其船归公变价。③ 1893 年在南洋报刊中对香港拐卖劳工作出批评，认为欧美某些城市通过各种花言巧语和坑蒙拐骗的方式招工，通过香港进行乔装隐瞒后，中转输出全世界各地，尽管香港颁布条例禁止类似行为，但是刑罚不足以令匪徒生畏，故屡禁不止，受到各界的批评。④ 总之，这些劳工长年不断往国外输出，蔑视中国的人权和无视清政府的主权，对清朝劳动力和财政税收造成的损害是巨大的，甚至导致社会极大的不稳定。在给清政府带来无尽灾难的同时，客观上刺激了香港轮船航运业的发展，这些输往各国劳工的主要工具就是船只，劳工输出的激增客观上刺激了香港航运业和航运事务的发展。

香港除了鸦片走私和拐卖劳工贸易之外，也从事正当贸易，如盐、糖、大米、硫黄、樟脑、大黄及煤等众多种类的物品，大都通过帆船运输。广东是产盐大省，私枭用小帆船将私盐从产地运往香港，然后通过各种管道运返内地销售，由于获利甚丰，成为热门货。1848 全年销盐 297050 担，用 524 艘帆船运输，这种运营模式，直到 20 世纪初才逐渐衰落。仅次于盐的是糖。广东太平等地输入糖，1847 年已达到可观数量。这年帆船走私来港的货物的货值 498239 英镑，其中糖占 144827 英镑，大部分运往新南威尔士、英国、印度，一部分北运上海。⑤ 另据《中国丛报》统计，1841 年 8—12 月进出口香港的商船共 145 艘，除了 52 艘未列货名，4 艘运输英军及军火外，其余 89 艘运以上百货、煤、大米、木材、杂货等主要供给香港的需要，少量转运澳门及中国沿海各口岸，具体如表 1—12 所示。

---

① 《会议招佣出洋事》，《申报》1873 年 2 月 22 日，第 3 版。
② 邹元涛、金雨雁、金冬雁整理：《金应熙香港今昔谈》，龙门书局 1996 年版，第 243 页。
③ 《严禁贩卖猪仔论》，《申报》1873 年 8 月 22 日，第 1 版。
④ 《论香港拐匪宜认真查禁》，《星报》（新加坡）1893 年 11 月 25 日。
⑤ 参见余绳武、刘存宽主编《十九世纪的香港》，中华书局 1994 年版，第 255 页。

表 1–12①   **1841 年经过香港的贸易货物种类及船舶数**

运载货物名称	船舶数
百货	22
鸦片	13
棉花	13
茶叶	12
银锭	8
木材	6
杂货	5
煤	4
大米	3
杂项	3

香港转口贸易最初表现在从美国运往广州的很多货物在香港靠岸改换小火轮转运，并把广州运往美国市场的出口物资运到香港换船，运量大小不详。自从1856年12月广州商馆被烧毁后，香港就从广州夺得了外贸控制权。因此，香港的贸易和航运业比以前发展快得多。② 香港港口贸易逐渐超过广州的地位。香港商务日渐发展，且以其地需要海员逐渐增加，华商前往经营船用杂货者亦不少，广州贸易日形萧索。轮船对香港早期经济的影响逐渐凸显。早在1845年船运及船舶维修就已经开始成为繁荣香港的主要经济因素，这些业务来自19世纪中叶的几家欧西船运及贸易巨商的扩张。在对外贸易中，航运与贸易中间有着特别密切的联系。③ 香港船只的数量和吨位数在增加，香港营运的船只不断增长。在1848年文翰任职香港总督的那一年，进出该港的海船为700艘，共228818吨；到1854年，包令到职时这类船只有1100艘，共443354吨，几乎翻了一番；至1859年，鲁滨孙继任时，船数达到2179艘，共1164640吨。而到他任期的最后一个年头，即1864年，吨位数首次突破200万大关，船数为4558艘。④ 尽管殖民时代的贸易统计不完全可靠，但是这些船运业务方面的数字，至少可以

---

① 参见余绳武、刘存宽主编《十九世纪的香港》，中华书局1994年版，第246—249页。
② 聂宝璋编：《中国近代航运史资料》第一辑（上），上海人民出版社1983年版，第145页。
③ 同上。
④ 同上书，第146页。

为这一不同凡响的增长提供了证据。美国的贸易和船运业当然也很积极，到 1850 年不少于 90 艘共 37807 吨的美国船只到达香港，而英国船只只有 65 艘，共 31213 吨。① 港英政府在香港设关收税，凡来往船只经过香港，都要受其管控，使华南区域经济大受影响，但是港英政府的税收在逐年增加（见表 1–13）。

表 1–13②　　　　　　　历年税收情况（1846—1864）

年份	税收（英镑）
1846	27046
1850	23721
1855	47973
1860	94182
1864	132884

如上表 1–13 所示，1846—1864 年的香港税收在逐渐增长，税收在 20 年间几乎翻了 6 番。而 1864 年后的财政税收，香港进出口港船数和吨位数均持续增加。1870 年进出香港船只总吨位为 2640374 吨，1880 年为 5078868 吨，到 1890 年增至 9771743 吨，20 年间增长了 2.7 倍。③ 这是香港贸易增长的情况。据陈镰勋记载，香港因居民日多，商务日渐昌盛，以船务为大宗，而船务之繁多，船务随之运载诸多货物，有洋药、棉花、油、糖、面粉、盐、米、羽、纱、毛绒、五金、瓷器、琥珀、象牙、檀香、槟榔、蔬菜、云石、青石居多，余难尽录。客运方面，出入新加坡、庇能、霹雳、印度、般岛、暹罗、安南等地，每年不下十万人次。④

香港早期经济发展与轮船航运业的发展有着十分密切的关系。一定程度上说，香港经济的快速发展是依赖航运业大发展基础的。近代香港早期繁荣，可以从下列事实得到印证，早在 1845 年大英船只就被用来运输鸦片与现金，1848 年有三条船进港，在总量 45479 箱鸦片中就占 10613 箱，运送价值相当于 5625827 元。1854 年运送 46765 箱鸦片及 20770463 元，1859

---

① 聂宝璋编：《中国近代航运史资料》第一辑（上），上海人民出版社 1983 年版，第 147 页。
② 丁又：《香港初期史话》，生活·读书·新知三联书店 1958 年版，第 82 页。
③ 邹元涛、金雨雁、金冬雁整理：《金应熙香港今昔谈》，龙门书局 1996 年版，第 33 页。
④ 陈镰勋撰：《香港杂记（外二种）》，莫世祥校注，暨南大学出版社 1996 年版，第 63 页。
注：霹雳，英属马来亚地区一个州；般岛，婆罗洲；暹罗，泰国旧称；安南者，越南旧称。

年为 27577 箱及 18633622 元。① 据清人李圭记载，1865 年，外国运至香港鸦片 76523 石，由香港转运至各口者 56133 石；1866 年，外国运至香港鸦片 81350 石，由香港转运至各口者 64516 石；1867 年，外国运至香港鸦片 86530 石，由香港转运至各口者 60948 石；1868 年，外国运至香港鸦片 69537 石，由香港转运至各口者 53615 石；1869 年，外国运至香港鸦片 86065 石，由香港转运至各口者 53413 石；1870 年，外国运至香港鸦片 95045 石，由香港转运至各口者 58817 石；1871 年，外国运至香港鸦片 89744 石，由香港转运至各口者 59670 石；1872 年，外国运至香港鸦片 86385 石，由香港转运至各口者 61193 石；1873 年，外国运至香港鸦片 88382 石，由香港转运至各口者 65797 石；1874 年，外国运至香港鸦片 91882 石，由香港转运至各口者 67468 石；1875 年，外国运至香港鸦片 84619 石，由香港转运至各口者 66461 石；1876 年，外国运至香港鸦片 96985 石，由香港转运至各口者 68042 石；1877 年，外国运至香港鸦片 94200 石，由香港转运至各口者 69297 石；1878 年，外国运至香港鸦片 94899 石，由香港转运至各口者 71492 石；1879 年，外国运至香港鸦片 107970 石，由香港转运至各口者 82929 石；1880 年，外国运至香港鸦片 96839 石，由香港转运至各口者 75380 石；1881 年，外国运至香港鸦片 98556 石，由香港转运至各口者 74500 石；1882 年，外国运至香港鸦片 85565 石，由香港转运至各口者 66980 石；1883 年，外国运至香港鸦片 94036 石，由香港转运至各口者 68168 石；1884 年，外国运至香港鸦片 86163 石，由香港转运至各口者 68819 石；1885 年，外国运至香港鸦片 90329 石，由香港转运至各口者 65259 石；1886 年，外国运至香港鸦片 96164 石，由香港转运至各口者 67801 石。他核计当时中国人吸食鸦片者 3 万万人。② 香港的繁荣虽然与鸦片贸易有着密切的联系，但是不可否认这些大多以航运为载体，客观上带动了相关行业的发展。地方的工业围绕着船运业发展起来。首先发展了保养、维修和营造业。此外在 1853 年还有 240 名船用杂货商、12 家索具厂和 2 家铸炮厂。到 1865 年发展到 427 名船用杂货商、93 名造船工人、20 家索具厂和一处干船坞。最直接带动的就是造船业、船舶修理、码头货栈业，其次是相关的锻造船所需的材质行

---

① 聂宝璋编：《中国近代航运史资料》第一辑（上），上海人民出版社 1983 年版，第 146 页。
② 李圭：《鸦片事略》卷下，清光绪二十一年（1895）海宁州署刻本，第 42—44 页。注：核计 3 万万人，即 3 亿人，似有点夸张，缺乏进一步可靠资料佐证。

业。这些都是香港刚刚开埠之后的航运业的数目，不一定十分准确，但是可以作为参考。这些外国资本，对于香港经济发展的贡献是不可磨灭的。香港广州间中国旅客及商货的不断转运导致两地间运输工具的巨大成就。轮船就是这其中的运输工具，轮船每日航行在广州和香港之间，也为澳门的轮运事业提供了各种方便条件。[①] 因此区域经济的发展，确实促使香港轮船航运业进一步发展。

小 结

近代香港自1842年被迫开埠以后，随着英国通过一系列的卑劣手段，从清政府手中攫取了对香港全岛的管辖权。基于此，港英政府开始对香港进行改造与管控，其中包括推行自由港政策，充分挖掘港口，积极发挥香港中转的作用。

伴随着港英政府对香港的日益开发与着力发展，香港船运业得到充分发展，其中包括帆船与轮船，本书所讨论仅仅轮船，因此对帆船提及甚少。香港轮船航运业持续发展，可以从自然因素和社会经济因素考察。在自然方面，香港优越的区位因素得以充分挖掘，港口资源丰富，水系发达，位于地理交通要冲，是重要交通枢纽。尽管存在如此多的有利因素，但是也不应忽视香港存在极端天气，诸如台风、大雾等不利于航运的因素，这些必须得以有效规避。在社会经济方面，鸦片和苦力贸易等非正当贸易，客观上促使香港船运业发展。另外通过香港正当合法商贸交流，规模日益积聚，共同促进了香港轮船航运业的发展。

需要明确指出的是，第二节论述到非正当贸易促使香港船运业发展，这其中船运业包括传统帆船业和新式轮船航运业，早期资料记载并未说明运载鸦片或华工媒介是轮船，无从考据究竟哪类工具使用更多，尚难量化分析。但是自1887年九龙关设立后，海关统计资料中才明确记载轮船与帆船运输各类商品，但1840—1887年这段时间内难区分，除非资料本身载明属于何种船舶运载。不

---

① 聂宝璋编：《中国近代航运史资料》第一辑（上），上海人民出版社1983年版，第146—148页。

对香港轮船航运业历史背景评价中，可以肯定的是其优越的区位因素，通过不断挖掘与开发，在推动香港轮船航运业发展起到的作用是不可或缺的。而诸如鸦片和苦力等非正当贸易，虽然间接地推动了香港航运业发展，但是这基于多少家破人亡，背负着多少鲜血与生灵的基础上得以延续，这些外商本质上是牟取暴利，其初衷并非促使香港航运业发展，只是在不断地牟取巨额利益的途中，客观上带动香港航运业发展而已，必须清晰地了解他们主观动机与客观效果之间严重脱节，只有这样我们才更能全面地透过的历史现象看到历史本质问题，其行为足以令人不齿，但其客观效果稍可显见。看待历史事件，从一分为二的角度深入思考，能够更好解释诸多费解的历史现象，更加接近历史本真。

第二章 香港航政机构设置及其管理

随着区域经济发展，日益增长的中转贸易，促使港英政府对轮船航运业基础设施加大建设力度，大大促进了近代香港轮船航运业的发展，为香港轮船航运业繁荣作出重要的铺垫和制度保障，也为后来香港轮船航运业繁荣奠定了基石。

第一节 航政机构设置与运作

近代香港逐渐被划归英国殖民，实际上由英帝国掌控，而岛内航运业均受其控制。香港史专家刘曼容认为从1843年璞鼎查正式设立港英政府至1898年新界被纳入港英政府的管辖范围，是港英政治制度形成时期，政治制度系统内的各个子项制度基本定型到位，各司其职，但她认为香港制度演变始终未从根本上改变殖民专制统治的量变性质。① 香港自开埠以后政府制定很多关于过往船舶规章制度，均未改变其殖民统治的本质。

港英政府对香港轮船航运业的建设，包括香港航运机构建设和管理体制的创建。香港航运管理机构，最初是以船政署为中心组建的。香港市政之设施，统分二十八部，各部之工作内容不同，组织亦异，其要者如下：布政使（司）署、华民政务司署、库务署、核数署、邮政署、海关监督署、船政司署、高等审判厅、卫生司署、教育司署、化学司署、工务司

---

① 参见刘曼容《试论港英政府政治制度演变的性质和特点》，《广东社会科学》2001年第1期。作者较早提出港英政府这一提法，得到学界承认和广泛好评。

署、管理生死注册署、婚姻注册署、商标注册署和天文台等署。① 足见当时香港航政直接管理机构是船政署,管理进出香港过往船只,其中天文台设立是预测海事天气所用,有利于香港的轮船出海航行。1855 年,港英政府颁布《香港注册条例》,规定凡是香港的中国居民都可以申请,但取得殖民地船只执照的条件是:1. 是船只所有者;2. 本人是皇家土地注册租户;3. 要有两个租户的保证人,而他们应有 2000 元以上财产。② 其中规定香港注册费,渡船注册银 22397 元 7 毫 5 仙,艇仔注册银 4631 元 5 毫,货艇注册银 6272 元 5 毫,小贩牌银 7897 元 5 毫,货艇船照银 1192 元 5 毫,轮船报册银 278 元。③ 1854 年 1 月,香港统计中转船只,中国进口船货 4934863 荖,外国进口船货 2952584 荖,中国出口船货 5051106 荖,外国出口船货 3191596 荖。④ 7 月,香港统计上年进港船只和人数,停泊船艇共计有 1868 艘,客运客人 13119 名。⑤ 同年,香港花旗两只船扬帆驶往巴拉的士救济,不料触礁搁浅,政府随即派遣船前往救助,将船员拯救回港。⑥ 1854 年,香港设立执事一人,专理港内开驶之船事务,凡船由香港开驶各地,该执事先勘察其船,是否与所搭人数符合,不许超载,船上粮草茶水都要充足,所立之例甚严,但仍旧有不遵守例则情形。随后港英政府重申旧例,自今以后凡有船在香港往金山者每 2 吨载 1 人,则每客可有舱位 9 尺,假如有船可载 500 吨则准载 250 人,400 吨者则准载 200 人,船主水手均包括在内,每客之粮必照所定之例而行,永不得变更,确保船客安康抵埠,永无意外之虞。⑦ 1879 年,省港澳轮船公司因为超载将罚款一半以上的乘客。⑧ 1888 年,公司轮船由于违规运载硫黄等物品,董事们表示接

---

① 谭炳训:《香港纪略(外二种)·香港市政考察记》,李龙潜点校,暨南大学出版社 1997 年版,第 163—164 页。清政府于 1906 年设立邮传部,负责与外国船只的来往,"光绪三十二年九月二十日厘定官制,设邮传部,航政为所掌管之一,三十三年五月邮船部设船政司。三十四年六月邮传部尚书陈璧奏定官制,船政司为各司之首,掌全国船政;举凡内港外海各江航业所有测量沙线推广埠头建设公司,营阔厂坞以及审议运货保险检查灯台浮标各事,凡有关于船政者胥掌焉"。引自张心澂《中国现代交通史》,良友图书印刷公司印书 1931 年版,第 213 页。
② 参见庄义逊主编《香港事典》,上海科学普及出版社 1994 年版,第 54 页。
③ 陈镰勋:《香港杂记(外二种)》,莫世祥校注,暨南大学出版社 1996 年版,第 52 页。
④ 《近日杂报》,《遐迩贯珍》1854 年 1 月 1 日第 1 号,香港英华书院印刷,第 12 页,原文单位为蛋,实为荖,每荖为 17 担。
⑤ 《近日杂报》,《遐迩贯珍》1854 年 7 月 1 日第 7 号,香港英华书院印刷,第 6 页。
⑥ 《近日杂报》,《遐迩贯珍》1854 年 8 月 1 日第 8 号,香港英华书院印刷,第 7 页。
⑦ 《近日杂报》,《遐迩贯珍》1855 年 3 月 1 日第 3 号,香港英华书院印刷,第 9 页。
⑧ *The China Mail*, 1879 – 10 – 22, p. 2.

受政府对其违规罚500元的处罚。① 由此可知，第一次鸦片战争后，香港被割占后，英帝国对其实施殖民统治，作为转运要枢，港英政府设立相关规则，管理过往港口的船货，兼办负责救济事务。

香港船政署机构运行情况。1881年2月，香港船政署首名书吏律丁现已辞职，港督以缺紧要，不可久悬，随即调任两名人员。② 10月，由于香港受飓风影响，沿海一带船板被风漂搁于岸旁，船政官前往各处查勘船艘损坏情形。③ 1882年，香港天色陡变，狂风勃发，三点钟时风雨针摇动不已，四点钟时风势愈大，船政署遂循例燃炮警告。④ 1883年7月21日下午，船政署发出警报称有风灾之后，各船皆驶往避风塘，夜间风势渐大，至22日风雨针摇动不已，风雨交加，各到港船只改变航期。⑤ 9月，船政署又接到小吕宋来电，称是日风从鲁新岛西北方过而向中国海道以去，请香港附近各船做好预防。⑥ 1906年，天文台与船政署已高挂红球红鼓，下午改换黑球，五点燃放风炮，香港海小艇早已引避。⑦ 同年7月，新船政署业已竣工，港督于当月25日到署进行开幕礼。⑧

随后香港航运管理机构演变成理船厅。全国总税务司兼理航务，于同治十年设立税务营造处，置总营造司一员，驻江海关掌行船工程及检验船舶，关丁管理事项则巡工司任之，其下分置巡工司、巡镫司和港务司即理船厅。⑨ 香港船政机构由理船厅演变成船政厅，"船政厅建在海傍之西，专司船只来往事务"⑩。从这两则史料可以推知香港理船厅和船政厅都管理过往香港的船舶。"凡唐人出洋，必先在船政厅点名，总计往新加坡、庇能居多。西历1886年，有64522人。"⑪ 这足以证明当时香港确实设立香港船政厅这一管理机构。"海傍分而为三，一中、一西、一东，计中由博物馆院至船政厅止，约有一英里；西由船政厅起至坚利德城止；东由博物馆

---

① *The Hong Kong Telegraph*, 1888-11-06, p.2.
② 《调补书吏》，《循环日报》1881年2月8日，第2版。
③ 《拟查风灾》，《循环日报》1881年10月19日，第2版。
④ 《港中大雨》，《循环日报》1882年7月19日，第3版。
⑤ 《风雨续述》，《循环日报》1883年7月27日，第2版。
⑥ 《风信续闻》，《循环日报》1883年9月6日，第2版。
⑦ 《飓风再至》，《香港华字日报》1906年10月1日，第4版。
⑧ 《新船政署行开幕礼》，《香港华字日报》1906年7月14日，第3版。
⑨ 张心澂：《中国现代交通史》，良友图书印刷公司1931年版，第213页。
⑩ 陈镪勋：《香港杂记（外二种）》，莫世祥校注，暨南大学出版社1996年版，第76页。
⑪ 同上书，第60页。

第二章　香港航政机构设置及其管理

院起至鹅颈止。"① 1876 年，中国与英商议在香港设立华官领事院，尚未议定，先行查询，港督说大约香港各驳船货，内地查验后给发牌照，一面知会各处地方，以便挂号稽查。② 由此可知香港为管理过往船只，最初设立船政署，然后船政厅，再演变为理船厅，虽然香港航政机构出现变更，但是其功能未发生实质性变化。

随着鸦片大量输入中国，清政府禁烟的呼声越来越大，于是 1886 年中英签订《中英香港鸦片贸易协议》。根据协议，九龙关于 1887 年 4 月 2 日开关，地址在九龙半岛，职能是管理香港地区对外贸易，征收其税，英国人马根（Morgan, F. A.）首任主管（税务司），九龙关采用西方行政管理制度、税收制度和人事制度，提高了工作效率，增加了税收，得到清政府的认可和支持。③ 香港、澳门两处现既创设粤海关分关，应定新关之名，查附近香港设关在九龙湾拟即名曰九龙关，附近澳门设关于对面山在澳门之南拱北湾拟即名曰拱北关，仍归粤海关监督兼辖。④ 因此九龙海关被迫于 1887 年开放，总关设在香港维多利亚城皇后大道中 16—18 号银行大厦 2 楼，开始对一般商品征收厘金及经费。在建关的同时，接管了原设于香港周围，由粤海关监督管辖的 4 个常关关厂和厘金局站卡，并接办上述机构的稽征工作和海陆边境的巡缉任务。⑤ 该关于 1887 年 4 月 2 日正式开放，开始负责征收省属厘金、货物常税、两广关税，包括汲水门、长洲、佛头洲和九龙站等四个分关。⑥ 此外，该关还负责征收关税和海上缉私，最初机构人员的任命全系赫德手中，"我国最初对于航政无专管之高级机关，自对外通商以来，于不知不觉之中，使外籍之总税务司兼操我国航政之权"⑦。香港九龙关也不例外，总税务司赫德于是 2 月 24 日任命马根为首任九龙税务司，马根于 3 月 15 日就任，4 月 14 日，开始对鸦片征收进口

---

① 陈镳勋：《香港杂记（外二种）》，暨南大学出版社 1996 年版，第 77 页。
② 《香港设官》，《申报》1876 年 9 月 16 日，第 2 版。
③ 方志钦、蒋祖缘主编：《广东通史（近代下册）》，广东高等教育出版社 2010 年版，第 664—665 页。
④ 中国第一历史档案馆主编：《明清宫藏中西贸易档案（八）》，中国档案出版社 2010 年版，第 4550 页。
⑤ 九龙海关编志办公室编：《九龙海关志（1887—1990）》，广东人民出版社 1993 年版，第 23 页。
⑥ 吴松弟整理：《美国哈佛大学图书馆藏未刊中国旧海关史料（1860—1949）》第 57 册，广西师范大学出版社 2014 年版，第 197、205 页。
⑦ 张心澂：《中国现代交通史》，良友图书印刷公司 1931 年版，第 212 页。

税与协议厘金,每箱鸦片的进口税和厘金分别为关平银30两和80两。从7月1日开始对一般商品征收常关的进出口税。① 1887年第3季度统计九龙关客流量:汲水门进入17786人,出去17788人;长洲进入4083人,出去2288人;佛头洲进入1751人,出去1538人;九龙站进入37146人,出去37067人。鸦片税收为924.182两和厘金2464.480两;一般货物厘金进口地方银21975.846两,出口地方银17676.074两;常关税地方银10119.789两,总计52980.371两。② 九龙关的设置,肩负着对过往香港船只货物统计与征税,自此海关资料中保存了大量记载香港轮船航运相关资料。

九龙关对航运管理是十分明确的。1887年2月,清政府将广东省来往港澳的民船领牌、验货工作交由海关办理。4月,九龙海关成立后,兼办了民船的登记、丈量、编号、发放营业牌照等工作。1898年,根据《华洋轮船驶赴中国内港章程》,九龙关又兼办100吨以下(后改为200吨以下)的汽船(包括进入我国游览的汽船)发牌工作,凡未领有海关牌照的船只,均不准从事进口客货运输业务。③ 九龙关负责水运管理只是其中的一项工作,然而英国从清政府手中夺走九龙关的管理权。英国强占九龙城,强租九龙新界,九龙中国税关被封闭。清政府虑及九龙税务司所辖之汲水门、长洲、佛头洲及九龙城外等税关均在新界范围内,恐税收失去保证,故要求当局允许保留中国设在新界的税关。英国政府虽表示同意,并就此同清政府换文达成明确协议,但未将此项承诺写进《展拓香港界址专条》,英人只同意原旧码头一区以便中国兵商各船及渡艇往来停泊。④ 1899年2月15日,英国驻华公使窦纳乐受命照会总理衙门,正式要求中国各税方及其官员必须从香港、新界及其附近地方撤走。对此,清政府虽断然拒绝,最终慑于英国之压力,于当月默认撤走九龙城外税关,仅保留长洲、汲水门、佛头洲三处税关至本年10月。4月15日,英国政府公使照会总理衙

---

① 九龙海关编志办公室编:《九龙海关志(1887—1990)》,广东人民出版社1993年版,第23页。注:马根,1890年4月卸任,其后至1949年,先后有65名英国人任九龙税务司和代理税务司。
② 吴松弟整理:《美国哈佛大学图书馆藏未刊中国旧海关史料(1860—1949)》第57册,广西师范大学出版社2014年版,第204页。注:另后史料总计52980.371有误,应为53160.371。
③ 参见九龙海关编志办公室编《九龙海关志(1887—1990)》,广东人民出版社1993年版,第158页。
④ 《英人展拓九龙租界约章》,《申报》1898年8月2日,第1版。

第二章　香港航政机构设置及其管理

门同意清政府所请。英军抢占九龙城，封闭九龙城中国税关，其余汲水门、长洲、佛头洲三税关均于10月4日停止工作，各关的建筑及财产均被英国侵占。中国税关被驱逐后，所需警戒线大大延伸，使查禁走私颇为困难，被迫增加边界兵力，并在赤溪、鬼庙、深圳、沙头角等地设立哨所，所需资金耗费及税收损失均十分严重。① 由此可知英国通过武力强占了九龙关以及附属的汲水门、长洲和佛头洲等税关。1899年10月4日午夜零时九龙关长洲税厂关闭，拱北关对往来香港和澳门之间定期贸易民船的管理作了一些更改，规定往来香港、澳门之间的贸易民船，在进出澳门时，仍应向拱北关马骝洲税厂报关，这类民船由拱北关提供一个编号，由船主将编号和中文船名用黑色油漆书写在主桅杆上。民船由澳门前往香港时，应向马骝洲税厂报关，提交一份货物舱口单，经审核后发给一份免税证明书，交给船方收执，途中遇到海关巡缉艇时，必须交出查验。民船从香港前往澳门时，应向香港代理商造具一份货物舱口单，并加以密封，以便向途中遇到的海关巡缉艇提交查验，或在到马骝洲向税厂报关时提交。②

港、澳之间的船舶管理是一项非常重要的事务，于是制定了相关专门的航行条例来规范它们之间的来往。1887年6月4日拱北关制定的《民船管理暂行章程》，其中规定任何中国籍民船须向海关递交负责和可靠的保证书，保证在船只舱口单上所列的货物，不论是从香港运往澳门或者从澳门运往香港，都将全部在目的地卸货，这样拱北关和九龙关才批准该民船定期航行于香港和澳门两地之间。其所载货物免纳关税和厘金，但生熟鸦片除外。凡是从事香港、澳门之间定期贸易的民船，在进出澳门时，船主应先向拱北关马骝洲税厂报关，进出香港时应向九龙海关长洲税厂报关，由税厂签发一份免税照会给船户收执，以备海关巡缉艇查阅和向对方的税厂提交。③ 港澳间制定相应的报关规则和细则，例如民船应遵守以下规定：

1、拱北关各税厂对外办公时间是早晨6时至下午6时。民船（渔

---

① 中国革命博物馆编：《近代中国报道：插图本（1839—1919）》，首都师范大学出版社2000年版，第494页。
② 参见中华人民共和国拱北海关编《拱北海关志》，拱北海关印刷厂1998年印刷，第27页。
③ 同上书，第26—27页。

船除外）必须在马骝洲和前山税厂报关，呈交船舶舱口单，接受检查，交纳税费，办理海关手续。

2、在下午6时后至次晨6时前抵达税厂的民船，必须立即停泊过夜，不准打开货舱，直到次晨6时海关开始办公时，才能办理报关。如果船上载有旅客或活鲜鱼、生水果等货物，船方可提出申请在得到执勤夜关员许可后，才可以先上岸或另外转船去澳门。

3、驶往澳门方向的民船，当到达税厂时，适逢台风讯号已经悬挂，或者天气恶劣以致船只停泊可能发生危险时，船方可提出申请，并送一份船舶舱口单给税厂后，可以继续航行进入澳门内避风，但不许开舱卸货。一俟天气恢复正常，船只应立即退回税厂，办理一切海关手续。

4、民船船主或理货员向税厂呈交舱口货单后，关员应立即登船查验所载货物是否与舱口单所列的货物相符。如果发现所载货物的数量、品种与舱口单所开列不符，将处以罚金或其他处分。

5、任何中国籍民船进入澳门必须到马骝洲税厂报关，并在税厂领取通行证，方得继续其航程。途中遇到海关巡缉艇检查时，必须出示上述通行证，否则将被命令驶返税厂补办手续。

6、任何中国籍民船到达税厂时，如因故需要将其所载货物之全部或一部分，交由另一艘中国籍民船运往其目的地时，只要另一艘船的目的地和前船的目的地相同，这一转船申请就可以获准，但转船必须在关员的监视下进行。

7、任何装有运往内地或沿海口岸货物的民船到达税厂时，如果船主需要将其货物改为运往澳门销售，而不到其原定目的地，只要船主愿意缴纳销号捐和厘金，其要求将得到批准。

8、凡中国籍民船如果由外海转变为驶往前山时，必须在马骝洲税厂报关。该船载运货物的单证将留在马骝洲税厂保管，并缴纳销号捐和厘金，由税厂签发一份通行证，注明单证保存在税厂、捐税已缴纳，该船始可经澳门内港驶往前山。

此外还规定往来拱北关各税厂的民船应具有下列证照：

1、船牌　由地方主管机关发给，只准其往来贸易。
2、放行簿　由拱北关税厂发给，不收费。各税厂在船只报关后

3、军械准照 如船户置备武器护航的,应请领军械准照,由广东警察厅长签印,拱北关代发。凡船户置备快枪 5 支以上的,每年收照费银 10 元,5 支以下的 6 元,无快枪的收照费银 4 元。①

港、澳之间的航运规则十分规范,他们之间航运畅通,贸易便捷。当然这些与港英政府制定的相关航行条例是密不可分的。1894 年,英国制定《商船法》,可以联想到通用货船的发展状况,这一法令对客运轮船规定的规则比对专门的货船要严格得多。货船的甲板取代旅客卧舱的是进入货船的大舱口和为提高装卸货物效率而设置的装卸器械。②

除港、澳之间制定相关的规则外,港英政府与清政府也制定了相应的航行规则。1866 年,香港新拟船只湾泊编号通例章程,清政府船舶在港界内来往停泊均按照此章程办理,赫德向清政府申请办理理由及其实施,认为香港附近海域海盗猖獗,希望清政府按照此条例稽查来港船只,以下是章程具体内容。

香港新拟船只湾泊编号通例章程稿

第一款:现拟章程嗣后号为 1866 年海面船只通例。

第二款:所有本例内称唐船一节,即指各项出海中国船只而论,其他例内准在香港界内来往船艇,即本例内第 27 款所开渔船等,均不称作唐船名色。

所有本例内称领牌一节,即系 1858 年第 8 号通例内第 16 款所开在香港界内领照,载客往来,以及本例内第 26 款所载唐船领照,从香港往中国各口随时来往等语。

所有本例内所言船主一节即系官带唐船之人。

所有本例内所言香港洋面即系定洋面界限一节。

所有本例内所言香港一节即系香港以及各属地一带地方。

所言总督一节即系或实任或署事大宪。

---

① 参见中华人民共和国拱北海关编《拱北海关志》,拱北海关印刷厂 1998 年印刷,第 25—26 页。

② [法]查尔斯·辛格、E. J. 霍姆亚德、A. R. 霍尔、特雷弗·I. 威廉斯主编:《技术史》第五卷,远德玉、丁云龙主译,上海科技教育出版社 1978 年版,第 263 页。

所言理船厅一节即系当时管理洋面事务正副各员。

第三款：前1858年所定第8号通例内第16款所开由唐民政务司给照准各唐船等，从香港往中国各口载客往返一节从此撤销，嗣后不再照行。

第四款：嗣后理船厅听候，总督大臣酌定地方分设船务公所若干处，号为理船厅分所。

第五款：嗣后理船厅查察地方，相宜指明唐船在于洋面界限内以及理船厅分所各处湾泊之地，号为唐船湾泊界限。

第六款：所定唐船湾泊界限俟选定后，即行出示晓谕，用英唐字告示张挂理船厅各所，俾得通晓。

第七款：唐船湾泊界限里，船厅随时查看，应行更易禀明，总督大臣核准方可挪移另定。

第八款：除大风猛浪无可奈何之外，所有各唐船只得在于所定唐船湾泊界限内及理船厅分所各处附近下椗停泊。

第九款：凡唐船驶入香港洋面时，即须前往唐船湾泊界限内，随次停泊。

第十款：凡有唐船到香港地方，除暂时避风不久逗留外，如果船主因事不愿入洋面界限内，即须前往理船厅分所一处，随次湾泊。

第十一款：所有唐船驶到洋面界限或理船厅分所界内限十八点钟为期，或在理船厅署或在分所报名挂号，如系领牌，唐船即将牌照呈缴存候，倘非领牌，唐船即由该船船主将后开节款详细报明上册。

计开

1、唐船何名装载若干石

2、管船人以及置船本主各姓名籍贯事业

3、如有住在香港代理之行户即将行主姓名籍贯一体报明

4、船内何项货物以及水手等若干名均须详细报明

5、该船前来香港系从何处开行何月何日出口何时驶到香港均须报明

6、船上如配各项炮火一体详细报明

第十二款：所有第十一款内各事，由已经遵行后，该主即得禀领湾照一件。

第十三款：所有各唐船欲从唐船湾泊界限开驶时，必须先领放行

单或领特照，方准开驶，倘风大浪猛，难以久候，必须即开，暂准开驶，俟风浪稍息即须驶回原处。

第十四款：英国每年十月起至次年三月底止，每日至晚六点钟至次早六点钟，并每年四月起至九月底止，每日自晚七点钟起至次早五点钟，各唐船如欲开驶，必须先领特照或特领放行夜单，始准开行。

第十五款：嗣后理船厅酌定旗号一件通行示谕后，各唐船欲行开驶时，限十八点钟之先须将该旗号升于极高桅杆顶上，俾得共晓，并由船主在理船厅署所报明，欲往何处，将湾照呈销，请领放行单，如系奉牌，唐船即由理船厅将进口时呈出之船牌发还其船，倘仍逾二十四点钟，未经开行，即由船主禀明理船厅署所声明缘由，听候将放行单呈递，如系奉牌，唐船仍将船牌呈存。

第十六款：各唐船如有格外须行事宜，由船主禀明理船厅查照，酌给特照，准其开行。

第十七款：倘有唐船船主违反本例第八、九、十各款所载湾泊事宜，定即罚银不下二十员不上一百员，或押不下一个月不上六个月，或作苦工与否，视其情节轻重。

第十八款：所有本例第十一款所载挂号报明一切各缘由，倘有唐船船主抗违，不即遵行或故意假冒，罚银不下二十员不上二百员，或押不下一个月不上六个月，押时或作苦工，并由总督大臣酌夺，不论该船主已经惩办与否，将该船只限十二点钟为期，饬令开行，不许逗留，如违将船充公。

第十九款：所有本例十三四各款所载唐船开行章程，倘有船主故违，定即押作苦工不下三个月不上十二个月，船货一体充公。

第二十款：所有各牌湾照、放行单、特照等件只许本船行用，只得遵奉照内所言各情节办理，如有船主故违此例，冒用各照单，定即押作苦工不下三个月不上十二个月，故违之船，不论船主已经惩办与否，即行连船带货充公入官。

第二十一款：乞丐花子以及受麻疯并各项传染病症人等不许载来香港，如有唐船船主违犯此例，每次罚银在十员数内，并按带人口多寡，按名罚该主银一员。

第二十二款：倘有船只形迹可疑，即由总督大臣所派之员或水师各官或巡差员并上船令将牌照呈验，倘该船主有违犯本例之事，或验得牌照，似有假冒情弊，即将船货以及船主拘拏解交巡理厅候审。

第二十三款：凡须审讯违犯之事或由理船厅或由谳局官员分别照例审办。

第二十四款：凡有唐船船主违犯本例，未经审断之先，即将该船先为拘获，如断罚船主银款，俟罚款交清后，方将该船释放，倘逾十日未据交清，即将该船变价备抵其罚项外，倘有余款，限十二个月为期，准该置船业主前来禀领，遇此项应行变价之船，如有住居香港代理行户，总由该管官员向其谕明，仍待逾三日后，如不交清，始令变价。

第二十五款：凡有因案变价，唐船即由理船厅发给执照，永远作为凭据，官业转卖。

第二十六款：如有唐船划艇等船请领牌照，以凭从香港往中国各口往返贸易，即由理船厅查照，宪定章程给发牌照，遵行所有年限及各项事例均在照内注明，凡有奉牌照船只编列号数，将该号数画在船头白地黑字，须长二十寸，总厅理船厅指明款式，其请牌照之人须要住居香港之担保人或一名或数名不等，前往理船厅案前具结担保，如有不遵照内注明各事例，每案甘罚银一千五百员，非此不给牌照。

第二十七款：凡有管带唐船之人，必须遵听理船厅正副各员调度，违者罚银在一百员之内。

第二十八款：嗣后本例所定各项章程，如须随时约略更改，即由总督大臣商同议事总局斟酌定议。

第二十九款：嗣后有专用捕鱼不作别用之船，请领牌照即由理船厅查照，宪定章程给发牌照，遵行所有年限及各项事例均在牌内注明，凡有奉牌照鱼船编列号数用黑地白字画在船头，每字须长二十寸，总厅理船厅指明款式。

第三十款：所有开后饷银各款随时征收

计开

奉牌船只

出海牌照按年饷银二十员

鱼船牌照按月饷银二员，按年饷银十员，按月饷银一员

放行夜单饷银一员

未奉牌各船

湾照每件征饷银半员

特照每件征饷银二十五先士

日间放行单每件征收饷银二十五先士

夜间放行单每件征收饷银一员

第三十一款：嗣后凡有奉唐民政务司给照各船艇，惟准在于香港界内往来，如有此项船艇在外往来定即拿获入官。①

由此看出香港理船厅掌控香港与内陆之间进出轮船规则，尤其是指粤港之间轮船航行规则，轮船均受制于港英政府制定的洋面航行通例的管束，船只进出时间表、各类船只收费标准和罚款规定等十分详细，对于违反者，其惩罚举措十分严厉，最高者可以判其做苦工1年，船货充公。

那么粤港澳之间轮船贸易是如何操作呢？可以参考1887年《叻报》刊载《粤省华船贸易香澳试办新章》，具体内容如下：按照通商口华船税章、不通商口岸华船税章、九龙拱北关税章、华船航行新章等四个方面，分别规定了来往港澳之间轮船货物所需缴纳的进出口正税、子口税、缴纳船钞和税钞，内容非常详细和具体，可参考全文，具有很强的实践性，由于其具有较高史料价值和高度关联度，故从《叻报》全文摘录下来，通过这个试办新章，得知自1887年九龙、拱北设关以来，港英政府制定了相应的轮船贸易航行细则，以此规范粤港澳之间的轮船航行与贸易。

粤省华船贸易香澳试办新章

一、通商口岸华船税章

1、凡通商口岸华船常行贸易香澳，该船户须赴税务司处请领香澳船牌执照，其牌照一年为期更换一次，并须将船牌号数在于船牌边大字书明。

2、凡领有前项牌照者，其船须停泊税务司指定之处所，起货下货，若因其地势有不能择定一处，令华船聚泊之故，则该船另停处所，应由其船户自行禀明，欲泊何处，以便税务司派人经理。

3、凡领前项牌照者，装货时须将各货开单报明遵验，照通商税则完纳出口正税，按章请下货单后，方准装载，与税务司经理他项船

---

① 《详论香港查船章程宜交总税务司兼理由》，1867年5月5日，台湾"中央研究院"近代史研究所馆藏，档号：01-13-024-02-002，第6—17页。

只一律办理。

4、凡领前项牌照者，其货装满其税完清，须将出口各之舱口单呈阅，由关发给，该船出口准单货物关照两纸收执，方准出口，俟临近香澳，路经六厂时，须停船报厂挂号，并将出口准单、货物关照两项在厂呈验，由厂将货物关照留存在出口准单上钤印销照字记，仍给还该船收执前往。

5、凡领前项牌照者，于到厂时，由厂随到随查，若无单货不符之情弊，立即放行，期无延搁。

6、凡领前项牌照者，其香澳应装之回货装满后，从香澳出口驶回通商口岸，路经六厂时，须停船报厂，将香澳所装来之货开单呈厂，由厂换给过厂准单，方准过厂前行。

7、凡领前项牌照者，从香澳回到通商口岸时，一经进口，须赴税务司处报明挂号，将其船牌并进口之舱口单及过厂之准单俱行呈出，方准照他项船只章程，请厂起货准单，将货赴关遵验，通商税则完纳进口正税，请领放行单后，方准起货入栈。

8、凡领前项牌照者，其如何完纳船钞一节，应由总税务司于各口已领半年之各船船式，查明比较后，再拟一通行章程，发给照行。

9、除领有年牌之华船外，遇有他项华船偶或前往香澳一两次厂作一两次生意者，此船亦准其每次赴税务司出呈明，由税务司特发给另项专照收执，以便其于前往通商口岸出口进口时，并路经六厂时，须照以上各章在于通商口岸纳税，在六厂挂号呈单，倘有通商口岸之华船未领有年牌，又未领有另项之专照，经抵六厂者，其自中国所装之货，并运至中国所装之货，均须在厂照通商税则，将出口正税进口正税分别完清，方准过厂。

10、凡船牌执照以及起货准单、下货准单、出口准单、进厂准单等件，应并用汉洋文字，以资稽查。

11、凡前项牌照之华船装货进口，由该口税务司将进出货色、件数、价值等项，按结案年照章开单，移送造册处税务司汇归，一律盖印，以便官商共观。

12、凡前项牌照华船之税钞款目，应由该口税务司按结照新章式样开报，详由总税务司转呈。

13、凡以上各章事属创办，奉行经理者，应于一切各事倍加谨慎，庶不致商旅有所畏难，乃昭体恤。

14、税钞款目之外，遇有违章应行罚办充公等之银两数目，应由各税务司向章于每结罚款清折内，一律开报。

二、不通商口岸华船税章

1、凡贸易香澳之华船，若其出口系不通商之口岸者，该船出入各事应由其原口办理，惟往来路经六厂时，须照新章来往。

2、凡自不通商口岸前往香澳之华船，路经六厂时，须停船报厂挂号，其所装之货，应在该厂遵通商税则完纳一子口税，即出口正税之半，方准过厂前往香澳。

3、凡自不通商口岸贸易香澳之华船，抵香澳后，装满回货，开船驶回原口，路经六厂时，须停船报关挂号，其所装之货应遵通商税则完纳进口正税，方准过关，前往其原口。

4、九龙、拱北两关，凡征收自不通商口岸之华船进口正税、出口子口税等款时，一面付该商以收银之据，一面将银两各归各账。

三、香澳华式船只章程

1、凡香澳华式船只，若系洋商之船，执有外国船牌，挂有外国旗号，则其船与外国船只无异，往来只准到通商口岸，其进出通商口岸时，一切事宜均照条约章程办理。

2、凡香澳华式船只，若系华商之船，执有中国船牌挂有中国旗号，则其船即遵照以上各章，比例类推，分别办理，其往通商口岸者，在通商口岸时，由税务司经理，其往不通商口岸者，由该口照其本口章程办理，惟往来路经六厂报厂挂号时，其运往中国所装之货，应照通商税则完纳进口正税，其自中国回香澳所装之货，应照通商税则完纳出口正税。

3、凡华式船只，若无外国船牌又无中国船牌者，其船系无来由之船，若中国洋面遇此种船只，即应拿获，交地方官究办。

4、凡华式船只，无论有无各项船牌者，路经六厂时，均需按章停船呈牌遵验，以便各厂分别办理。

5、九龙、拱北两税务司，各应乘时就近将香澳来往之华式船只，随时逐一访察明确，以便拟议妥章，不致各厂巡船差役将该船放行之洋商华式船只留难而不放，亦不致使他项华式船只争办其不应放行之处，幸得放行，总期香澳无辞、两关无碍为要。

四、九龙拱北两关另章

1、九拱两关各应照通商各关按结按年缮备贸易册，移交造册处，税务司用印，以便官商共观。

2、按结缮备之贸易册内，应将通商口岸牌照华船关照货物，及不通商口岸过厂华船赴香澳完子口税货物，并香澳华式船只以及未领有税务司牌照之华船过厂往香澳完出口正税货物，均作为出口货计算；又应将通商口岸牌照华船过厂呈交进口舱单货物，及不通商口岸华船回原处完纳进口正税货物并港澳华式船只，以及未领有税务司牌照之华船过厂赴华完进口正税货物，均作为进口货物计算，如此则每结所备之贸易册，即能将港澳华船本结全数生意俱该在内，惟其按年缮备之贸易册，只应将不通商口岸以及未领税务司牌照之华船生意计于其内，而不得将通商口岸牌照华船之生意该于其内，缘此项生意本归各该通关册自计，若再归年册内，则有重登之误。①

除此之外，清政府和港英政府签订《关务协议》共17条41款，其主要内容为：清政府方面同意根据《内港航行章程》的规定，华洋汽船、民船、驳船可航行于香港与两广的非通商口岸之间，其中驳船经海关封舱后，可航行于香港与通商口岸之间；允许外国商品于交付关税、子口税之后，可直运两广非通商口岸之间销售。在海关监督下，已在各通商口岸完税转运其他口岸的外国商品，在一定期限内仍保有完税地位，不再重征；清政府海关配合港方、查禁酒类、鸦片、吗啡等违禁品非法进入香港，九龙关税务司应为英国籍民等。香港方面同意：加强民船航行管理，将民船进出香港的货载情况通报清政府海关，发现有逃税行为，不论海上或陆上均予查扣，促其向海关补税，并同时通知海关。允许海关在深水地设立分卡，在广九铁路九龙车站为海关验货工作提供设施和便利。香港立法局通过立法手续，使各项条款具有法律效力。② 这对于规范香港与内地之间航运往来起到一定的作用，同时一定程度上可以约束来华的鸦片贸易。1898年内港行船章程的颁布对于香港航运业影响是巨大的，内港行船章程开始

---

① 《粤省华船贸易香澳试办新章》，《续录粤省华船贸易香澳试办新章》，《叻报》（新加坡）1887年12月17、19日。注：为行文方便与论述的需要，序号为笔者添加，原史料无序号，每条前面用横线标识。

② 陈诗启：《中国近代海关史（晚清部分）》人民出版社1993年版，第518页。

第二章 香港航政机构设置及其管理

实行领牌挂号：

一、中国内港，嗣后均准特在口岸注册之华、洋各项轮船，任便按照后列之章往来，专作内港贸易，不得出中国之界前往他处。"内港"二字，即与《烟台条约》第四端所论"内地"二字相同。

二、非出海式样之各项华、洋贸易轮船，或在口岸内行驶，或往来内港，除按本国律章应随有之牌照外，尚须赴税务司处请领关牌……其关牌内应将业主姓名、籍贯注明，并将船名、船式及水手人数等项按行开列，每年换领一次。如改业主及停业贸易等事；即将新领之关牌缴销。初次领牌应纳牌费关平银拾两，其后每年换领新牌缴纳贰两。

三、此项轮船如只在口内驶行，无须每次赴开呈报一切。惟若欲前往内港，于出口、回口时，俱应一体报关。无开牌者，一概不准前往内港。

四、此项轮船，所有悬挂灯船，防范碰撞及招雇更换水手与查验水锅、机器等事，俱须遵各该口原有之章程办理。该章程应由海关颁布并，列刊入关牌内。①

关于香港航运的相关规则和章程内容基本上是如此，九龙海关设立后，外贸额和关税额均迅速上升。从1895年起，九龙海关的外贸额绝对值持续上升，但在广东所占比重则开始下降，该年占广东九口的43.59%，到民国七年（1918）下降到26.88%。②

香港理船厅对轮船航运中具体商品贸易的规定。香港严禁火药之船的停泊条约：1. 凡船舶装载猛裂之物，入港或欲由港转运此物于他埠，暂时于此停寄者，须于头桅顶上，树以红旗至挂帆，他去之日或以物清运他所之日止；2. 凡此船舶停泊之所由本港船政官定夺，要远隔他船五百码之遥；3. 搬运上落焚烈货物，若自10月至3月每日下午6点钟以至翌日晨6点钟，不准迁移，若4月至9月每日下午七点钟以后至明早5点钟，不准

---

① 王彦威、王亮辑编：《清季外交史料》第6册，李育民、刘利民、李传斌、伍成泉点校整理，湖南师范大学出版社2015年版，第2636—2637页。

② 方志钦、蒋祖缘主编：《广东通史（近代下册）》，广东高等教育出版社2010年版，第665页。

运动,除有船政官人情纸给发亦可;4. 凡港内小舟有运载火药,须覆盖之不使暴露,船中不得举火,并升红旗于上,以示一律。①

港英政府对轮船航运中客运事业的管理。截至1856年,据报所载,1月中国人自外国外省搭外国船来港人数,由上海来港226人,由旧金山加利科来港285人,由新金山砵朋立来港211人,由新州府来港12人,由小吕宋来港19人,由台湾来港1人,由英国伦敦来港妇女1人。② 外国船载华人出洋因火食不敷,屡出意外不测之事。根据总督指示,凡载华客的船只,规定每人每日给米半磅,咸猪肉半磅,油半两(英码),咸菜三两,烟半两,淡水一加仑,木柴三把,每人每周给盐一两,胡椒一两,醋半杯,茶叶四两,药材则需用而足给之。③

1856年,英国国会颁布香港轮船搭载华人规条,分析港英政府颁布香港轮船客运规定具体内容如下,可以得知,虽然香港作为自由港,但是仍旧存在相关客航规则,尤其针对香港出洋华人船只,制定一系列规则。港英政府对船主和船客分别作出约束,对船主要求具有政府颁发合法执照才可航行,要求提供船客充分空间和紧急治疗方案,严厉打击非法输出华工贸易。

——凡有搭载唐人洋船船主,如有故犯后开各条例,按法可将船只充公,或将其人监罚,别人同谋违犯规条者,每次罚银一百磅。

——凡有洋船搭载唐人,往别处地方,过于七日水程者,须禀请督理,适他国搭客船只官给发牌照,方得开行,其牌照要遵一千八百五十五年所设为洋船搭载唐人则例,内所载牌照款式。

——凡有洋船搭载唐人,要预先七日禀官报明所往之地方,并开行日期,船中要医生一名,传话一名,候该官员验察,视其各能胜任者,然后给照。

——该船既经禀报,须任由该督理官员时,到船上稽查船身,桅桁绳索、家伙、什物、伙食等件,倘有拦阻及不遵查阅,按例每次罚银一百磅。

——督理适他国搭客船只,官凡查阅船只,是否遵行后开各款方

---

① 《香港禁载火药之船停泊条约》,《申报》1872年11月22日,第3版。
② 《近日杂报》,《遐迩贯珍》1856年2月1日第2号,香港英华书院印刷,第11—12页。
③ 《近日杂报》,《遐迩贯珍》1854年2月1日第2号,香港英华书院印刷,第11—12页。

第二章 香港航政机构设置及其管理

可给照。

——须验明其船只坚固，船户水手人数足用，桅樯绳索坚妥，船舱通气，船中所贮之货总勿潮坏薰蒸，或逾额满塞，或堆放杂错，种种不妥皆于人客有碍。

——船中二层柜面搭客十二岁以上者，每人至少有位高六尺长六尺阔二尺共方停七十二尺为式，一岁至十二岁之幼孩两名以一位计。

——船面每客要留地五尺待用。

——伙食柴水一俱要佳品，安置妥当，按行船日数照依后列款式，办足待用，伙食开列每日每人，米一磅半，即十八两，咸猪头半磅，或全猪肉，或二份鱼一份肉，或猪牛肉各一份，鱼一份亦可，咸菜或酸菓半磅，水三个，刮五斤四，柴两磅茶三钱三。

——要备办各处地道药材船上待用。

——凡有英国商船载唐人驶往别处地方过于七日水程者，该船主照依以上伙食牌发给伙食柴水。至于以上所列床位余地或舱内通气之法，除因别有大益于搭客，偶有改置，否则不许妄意更改，又毋得将搭客待薄，除当紧急之时，平常不得使伊等帮船上做工夫，倘搭客遇有疾病，仍须发药，尽心调理，须要遵依开行船照所注明应到埠，到时经过寄锚取水及办买各件紧需之物，必须将各客直载到所往之埠，毋得虚将时日担搁。

——该督理官员临期，要令各客齐集查问，各人是否知往何处，若有与人立合约而去者，问明他是否知该合同所载之章程，逐一查明，然后给照，倘有合约所立，该官亦宜将合同抄白或将大略要节录出粘附照尾，倘客身有病或衣服未得足用或所立之合约不公或疑伊等是受人拐骗下船等弊，该官可将其船留住或合意可者，搭客不拘多少，再行登岸。①

香港理船厅开始投入使用电报技术。税务司致书总税务司赫德，称徐家汇天文台草拟信号代码，可在各国船只驶往海外之中国沿海主要口岸转发，极为有用，各处采用同一方法发布警报十分必要。至少在有海关与电报局之重要港口采用此代码。警报将由电报公司传至海关税务司或直传至

---

① 《洋船在香港搭载唐人规条开列》，《遐迩贯珍》1856年3月1日第3号，香港英华书院印刷，第22页。

理船厅。各口岸按所传代码用旗号向船只复发，整个口岸即可从高悬之旗杆上获知信息，无须再采取与航行有关之其他措施。航船提供此种便利费用极少，几乎每口岸均有信号旗，所用旗帜为万国信号代码，每一理船厅定有一二套，而公司免费传输警报，电报费为零。请发布通令准许于1898年1月1日开始使用该代码。代码已于1896年11月27日寄予上海联合电报公司，该公司随即将其寄往香港，此文件送往伦敦亦受到各电报公司赞许。电报公司随后曾与香港天文台商谈，于1897年5月获其正式答复，最需要此等信号要求者有牛庄、天津、芝罘、吴淞、宁波、福州、厦门、汕头、广州及北海。① 税务司雷乐石致电赫德，请制定台风与风暴警报之新服务措施，并在中国沿海采用，如蒙采用新制度，请将代码以通令下达各有关口岸遵办。赫德给予税务司回复，采用其草拟之信号代码，以电码传送天气警报，供接收口岸转发。天文台按需要将警报传送至有关理船厅，后者应立即按要求悬挂旗帜。此项建议给予航海者定期天气警报之服务，其价值如何估计均不为过，天文台应受到公众高度赞扬，但愿船主与船长赏识其效用与价值，请天文台及时向轮船公司提供代码抄本及该代码之汉译本说明。② 由此可知，航船遇到风暴等天气问题时，可以及时用电报传输天气信息，以作提前防备。税务司将在各通商口岸推广电报，香港理船厅自不例外。

综上，香港管理船务等相关事宜的机构，由最初船政署，然后变成船政厅，最后改成理船厅，其管理业务范围从简单管理过往香港的船只，到兼办到港船舶注册，进而扩展到兼具负责规范贸易、征缴关税、负责缉私等事务，甚至港口建设和预报极端气候等事务。由此可知随着业务扩大，香港船政机构功能逐渐增多，也是轮船航运业发展的客观需要。

第二节 航运政策及其管理

自中英1842年签订《南京条约》之后，英国正式割占香港岛，作为

---

① 海关总署《旧中国海关总税务司署通令选编》编译委员会：《旧中国海关总税务司署通令选编》第一卷（1861—1910年），中国海关出版社2003年版，第385页。

② 同上书，第384—385页。

殖民地中心的标记,贸易监督总部从澳门迁到香港。① 最初英国政府在香港只是从事鸦片和劳工贸易,而当时贸易发展非常缓慢,甚至有英国官员主张放弃香港而追逐舟山群岛。以致后来香港开埠后,英国政府仍旧存在不同意见。1844 年,港英政府库务司马田(Martin)上书条陈说:"香港是一堆不毛的岩石,与此相反,舟山的米粮生产却足以供给很多人的需要。"英国当时的一些领导不怎么看好香港,因此出现了分歧,获得舟山问题,无论是通过谈判或购买,或者如有必要以香港相交换,已成为一件刻不容缓地摆在内阁面前要求加以考虑的事情。② 廖乐柏认为当时外国人对香港的期望甚低,甚至是否作为殖民地也遭到质疑,最初预计是将这个岛作为合作军事基地、小型存储仓库和商人的轮船中转站。③ 但是港督德庇时认为香港的前景非常之好,潜力巨大,主张拥有并且开发香港。当然他是有充分的理由才如此之说,他认为"倘长期间努力,必可征服天然及地理上之一切困难,遂不惜帑费经营,致力发展"④。1847 年,英国国会委任专员调查香港辟埠是否浪费等事,报告中记载:一个香港对英贸易公司的创立者阐述了香港作为贸易中心的作用,认为香港的优点无与伦比,它不仅有两个相当安全的入口港,且濒临太平洋,刮什么风都可以进入。⑤ 这肯定是主张占领香港的一派,不过半个世纪后的历史证明,这些人看法是正确的。尽管有英国领导人支持占领香港,但是他们仍然存在着分歧,从香港开埠时起,港英政府的政策一开始就由市场来决定的。1841 年 2 月 1 日,义律在港发表民法(第三号)宣布香港已归英国统治,"前来香港港口从事贸易之中国船只及商人,免除其向英国政府缴纳任何税项"⑥。义

---

① 廖乐柏:《中国通商口岸——贸易与最早的条约港》,李筱译,姜竹青校订,东方出版社 2010 年版,第 177 页。
② 广东省文史研究馆:《鸦片战争史料选译》,中华书局 1983 年版,第 303 页,转引自张晓辉《香港近代经济史(1840—1949)》,广东人民出版社 2001 年版,第 12—13 页。
③ 廖乐柏:《中国通商口岸——贸易与最早的条约港》,李筱译,姜竹青校订,东方出版社 2010 年版,第 175 页。
④ 《香港百年大事记》,载汇丰银行编《百年商业》,转引自张晓辉《香港近代经济史(1840—1949)》,广东人民出版社 2001 年版,第 22 页。
⑤ 张晓辉:《香港近代经济史(1840—1949)》,广东人民出版社 2001 年版,第 22 页。
⑥ 广东省文史研究馆:《鸦片战争史与林则徐史料选译》,第 226 页,转引自张晓辉《香港近代经济史(1840—1949)》,广东人民出版社 2001 年版,第 23 页。

律意识到商人们在广州交易付税款遇到巨大难题后,宣布香港为无税自由港。① 由此可知,英国政府考虑香港开埠最初实际困难而宣布免税自由港政策,至于后来巨大影响,是他未曾料想到的。1841 年英国占领香港后,随即于 2 月 1 日在岛上张贴由义律(Charles Elliot)和伯麦(B. Bremer)联署的布告,内文如下:

大英国驻华全权钦使兼商务总监　　　　　查尔士·义律
驻远东舰队支队司令　　　　　　　　　　　伯麦
为出示晓谕事
　　照得本大使大臣奉命为英国善定事宜,经与大清国钦差大臣爵阁堂部琦成立协定,将香港全岛地方让与英国统治,业有文据在案。凡尔香港居民,归顺英国为女皇之赤子,自应恭顺守法,勉为良民。而尔等居民亦得以英女皇名义享受英国官员之保护,一切礼教、仪式、风俗、习惯及私有合法财产权益,概准仍旧自由享用。官厅执政治民,概依中国法律、风俗习惯办理。但废除各种拷刑,并准各乡耆老秉承英国官吏意旨管辖居民,仍候国主裁夺。凡尔居民,苟有受英人或其他外国人所凌虐及不法待遇者,得赴就近官署秘密禀告,定即查办,代尔伸雪。凡属华商与中国船舶法来港贸易,一律特许免纳任何费用赋税。嗣后如有关尔等人各事宜,将随时晓示恪遵。各乡耆老应切实负责约束乡民,服从官宪命令,切切毋违。②

2 月 2 日,义律发布布告,通知布告中称,他与琦善拟定协定:"成立协议,将香港全岛割给英国,所有香港海防陆地方一切人民财产,统归英国统理,……凡属英国及外国侨民,务必遵守英国法律,自可受英国法律、官吏之切实保护。"③

这两个文告,世人称《义律两告》,它们奠定了英国统治香港之初的政治和经济政策,其中大部分政策后来继承和进一步完善。港英政府为了

---

① 廖乐柏:《中国通商口岸——贸易与最早的条约港》,李筱译,姜竹青校订,东方出版社 2010 年版,第 176—177 页。
② 李宏编著:《香港大事记》,人民日报出版社 1988 年版,第 13 页。
③ 同上书,第 13—14 页。

贯彻其经济自由主义的指导思想，促进资本主义市场体系的形成，在开埠之初采取了三项措施。1. 加强海上治安。为了发展自由港贸易，必须保证四周海面的平静与安全，当时华南海面的海盗出没已久，并且随着鸦片走私的猖獗而加剧。对来往商船威胁很大。1845年，港英政府通令商人出资装配了两艘巡逻艇在海游弋，以应付海盗。1847年，港英水上警察多次与海盗作战，抓获海盗300多名，送交清政府处理。这样，海上治安开始好转，贸易进一步发展。2. 进行基础建设。3. 制定经济法规。1843年港英立法局成立后，最先是制定维护和加强其殖民统治的政治性法规。随着资本主义市场经济的发展，迫切需要对各种经济活动作出规范，港英政府遂于19世纪五六十年代制定一系列经济法规。①

这是香港开埠后自由港的最初雏形，直到6月7日英国正式宣布香港为自由港。随后不久，来港的贸易商船和商人与日俱增。实行自由港政策的前提，是香港岛屿本身缺乏资源和可供输出的粮食产品及其他消费品输出外地，香港地处国际交通要道，宜于兴办转口贸易和鼓励外来人口投资，并有足够的海军防卫等。香港实行自由港政策后，相应配套设施也逐渐地跟上去，即着手建设海港、仓库、码头等，以适应航运为载体的相关贸易。1845年，维多利亚港的三个轮渡码头建成，其中一个是怡和洋行在东角所建供该行装卸货物用的深水码头。港英政府为节省开支，把码头建设托付给商人。② 这些基础建设有利于香港航运业的发展。自由港之自由政策，首先是贸易自由。自亚当·斯密时代起，西方经济学者把自由贸易称作"带动经济增长的引擎"。事实证明香港的自由贸易政策是正确的。港英政府对航运业同样采取自由政策，即一方面实行严格高度集中的监督；另一方面不参与、不干涉航运企业的经营，让航运业自由发展。香港自由贸易政策、积极不干预主义政策在航运业上体现如下。1. 航运企业自由经营。个人或企业均可在香港投资经营航运业，不受国籍和投资比率及方式的限制。在港的航运公司其应得税与其他行业相同，在外地的公司或在外地注册的船舶则无须纳税。2. 船舶自由通航与货物免税免检。3. 船舶自由登记。香港船东所拥有的船舶，可以自由选择在任何国家和地区注

---

① 参见卢受采、卢冬青《香港经济史》，人民出版社2004年版，第70—71页。
② 参见余绳武、刘存宽主编《十九世纪的香港》，中华书局1994年版，第237—240页。

册，可以自由选择悬挂任何船旗。①

香港推行航行自由政策实际上产生了巨大的经济效应。1841年以后，香港不断吸引世界各地的货物、资金、技术和人才前来开发香港岛。香港转口贸易逐渐发展兴盛，围绕着转口贸易，其他部门如航运、船务、港口、码头、货仓、保险、银行、邮电通信等行业也应运兴起。② 实际上，香港设立自由港，确实存在以下诸多好处：

  1、由于少了海关的检查，船舶进出港口避免了不少麻烦和费时费事的手续，缩短了滞留时间。

  2、不用海关的检查和征税，货物的转口和换船十分方便。

  3、自由港在国际贸易中提供十分灵活的贸易方式。

  4、由于货物在中转、存仓和寻找买家的时间，往往可以利用来料加工，因此自由港又是加工工地的基地，对就业和工业发展有好处，所以尽管损失一些税收，但往往可从加工工业中得到补偿。

  5、由于自由港进出方便，又是国际贸易的转运和待运中心，加上其本身的加工工业，因此，势必吸引航运界的光顾，而成为航运中心。③

英国把香港变为自由港，当然不是为了中国的利益，不是为了香港居民的利益，也不是预见到百年以后自由贸易会给香港带来空前繁荣，显而易见，只是为了当时英国政府与英商的利益，其原因在于当时香港的贸易大权操纵在英商手上。英商不但控制香港的贸易，而且控制了相当大部分华南沿岸的国际贸易，自由贸易当然有利于这些英商，也为英国带来了莫大的利益。当时英国把工业品和鸦片通过香港大量输往（包括走私）中国，以高价卖给中国商人及消费者，然后又将销售所得，贱价收购中国农副产品及天然原料，通过香港轻而易举地运回英国本土或附属国与殖民

---

① 参见钱益兵、贺耀敏《香港：东西方文化交汇处》，中国人民大学出版社1995年版，第145页；参见张宪文、张玉法主编，张俊义、刘智鹏著《中华民国专题史·香港与内地关系研究》第十七卷，南京大学出版社2015年版，第255页。

② 参见钱益兵、贺耀敏《香港：东西方文化交汇处》，中国人民大学出版社1995年版，第25页。

③ 张华锦编著：《香港》，中国对外经济贸易出版社1989年版，第64—65页。

地，从中获取高额的利润。① 港英政府实行半个世纪的自由港政策，使香港成为世界最良港之一，自无待言，其为东洋贸易之中心点，而为英国三大港之一，世界之货物汇聚，五洲之商民辐辏，桅樯林立，商业繁盛，实有可惊。直到1908年，"自来香港为东洋贸易之关门，又行自由港制度，使东洋与世界之货物，必经于此，香港商民坐享巨利，又利用好地位，设精制糖会社、船渠、造船所等，极为隆盛"②。但是香港实行自由港政策并非百利无一弊，它的持续推行仍存在隐患。如1908年，香港商业呈现颓势与此不无关联。香港商人之所售货物，价无不昂，虽名为自由港，不征关税，其物价视诸上海尤昂，如烟草、酒类和西洋杂货，皆不去香港购买，而求购于他处，久而久之，导致香港的颓势。港英政府为了扭转香港商业颓势，作出应对之策。英国当局为了恢复香港之繁荣，援建广九铁道，其旨在吸收广东贾客于香港，随着粤汉铁路告成，以之与京汉铁道、川汉铁道等相互联络，则借广九铁路，使香港为中国南方货客之吞吐港，以达香港繁荣之目的。③

此外，通常航运事业上，一般实行引水管理制度。根据1930年《引水法》相关规定，第1条引领商船出入沿江沿海港口者为沿海引水人，引领商船行驶内河内江航道者为内河引水人，引水人执行业务时，应遵守本国及国际航海法规与避碰章程。④ 虽然这些规定是民国时期引水制度，但是自晚清时期引水制度一直存在，珠江水域同样实行引水制度。范岱克认为建立有效引水程序与广州贸易量增多，直接归因于澳门引水人，18世纪50年代引水人开始控制引水过程，整个广州体制时期他们不断地改进引水程序。⑤

总之，港英政府推行一系列有利于轮船航运事业发展的举措，确实促使轮船航运业飞速发展，然而在清末面临发展的困境。

---

① 甘长求：《香港对外贸易》，广东人民出版社1990年版，第6页。
② 《香港衰势》，《台湾日日新报》1908年12月19日，第4版。
③ 同上。
④ 《引水法》，1930年，广州市档案馆藏，档号：9-2-35，第149页。
⑤ ［美］范岱克：《广州贸易：中国沿海的生活与事业（1700—1845）》，江滢河、黄超译，社会科学文献出版社2018年版，第46页。

小　结

  香港管理过往船只机构，依次是船政署、船政司和理船厅，虽然机构名称更换，但是其职能并未发生实质性变化。香港船政机构的职能是负责管理过往香港船只、征税和船务相关事宜，同时兼具负责协助港口建设，甚至协助政府缉私，打击海盗。从港英政府设立航政机构的历程看，第一次鸦片战争后英帝国割占香港岛，随着远洋和内陆航运权由其掌控，为了管理过往香港船舶，港英政府设立相关机构，负责点验过往船只数和货物，兼具海关的某些职能。随着过往船舶和货物增多，事务逐渐繁忙，港英政府设立船政署，专门管理船只，明显提高航政机构的地位。随后港英政府设立船政厅，规范其职能。至于船政厅与船政署成立时间及其区别，有待发掘资料进一步考证。随着英帝国全面控制香港，1899年抢占九龙关管理权后，海关分享部分管理航政职能，进入航政机构与海关共管时期。由此可知港英政府对香港航运业的机构设置，从其轨迹中可以看出，港英政府对航政管控逐步加强，英帝国势力亦是逐渐地渗透，侧面反映了英帝国逐渐使香港成为其殖民地的历程。

  港英政府对香港轮船航运业的管理轨迹中，从制度变迁的角度去考究，香港设立船政厅和船政署，以及后来航政机构与海关共管的局面，反映了港英政府加强对航运业的渗透和管控。由此观之，伴随着香港贸易发展①，航运管理的权限逐渐扩大，乃至延伸到限制鸦片和打击海盗贸易，无疑都促进了香港航运业之管控。同时香港航运业的制度初创，以及香港航政制度的后期建设和不断地完善，促进了香港轮船航运业的发展。正如美国著名学者道格拉斯·C.诺思所认为的制度变迁可以影响经济绩效。②

---

  ①　夏巨富：《浅析晚清香港轮船航运业肇兴缘由》，《历史档案》2016年第2期；《清末香港航运业与转口港地位的关系（1898—1911）》，《世界海运》2014年第10期；《近八十年来香港航运史研究综述》，《石家庄经济学院学报》2013年第4期等，均认为清末香港航运业的发展与区域贸易的发展是相辅相成的关系，区域贸易的发展促进了香港航运业的发展，提出航运—贸易二维体系论。

  ②　［美］道格拉斯·C.诺思：《制度、制度变迁与经济绩效》，杭行译，韦森译审，格致出版社、上海人民出版社2016年版。

第二章 香港航政机构设置及其管理

香港船政机构设置后，推行怎样的航运政策呢？香港自开埠以来，英国政府议员对是否开放香港岛存在分歧，基本分为两派：一派主张开发；另一派主张以舟山群岛换取香港岛，随后开发派以微弱优势获取胜利。随后开始在英国政府管辖下，推行自由港政策，推广免税政策，实行航运自由政策，吸引大量商人来港贸易，大大促进了香港轮船航运业的发展。通过相关资料可以得知，港英政府制定了与广东、澳门等地船舶航行规则、通商口岸贸易规则、船客运载规则等法规，以此规范省港澳之间的航运事宜。同时港英政府制定相应规章制度，规范与各国之间的轮船航运事业。

总之，近代港英政府从航政府机构设置与推行航运政策两个方面协助开发香港经济，虽然直接受益的是香港轮船航运业，但是其初衷是促使香港区域经济繁荣。但不可否认的是，香港轮船航运业对香港早期经济发展起到相当大的推动作用，带动了港口建设、货栈业、银行业、保险业、电报业等新兴产业发展，而这些行业发展又进一步推动了香港航运业发展，航运业发展反过来又繁荣了香港经济，这两者之间可谓是互惠互利。

第三章　香港轮船航运业中的风险管控

香港作为环岛地形，自然灾害频发，台风、暴风等极端天气对轮船航运是极大冲击。同时人为因素也是促成风险提升的要因，诸如海盗、走私，以及基础设施建设缺乏等，这些不利因素都使香港内外洋航行的轮船航运业面临不小的挑战与风险。那么港英政府采取何种措施应对各类风险，如何进行分类管控，实有必要进行系统梳理。

第一节　自然风险及其应对

一　自然风险

轮船航运业发展中自然风险基本可分两类：一是自然灾害，如暴风、飓风、大雾等极端天气；二是人为因素，由于极端天气导致轮船航行中操作不当而触礁等，这些都是促使航运事业进行风险管理之客观原因。实际上香港轮船航运时常出现海难，大致是风暴、触礁和撞船等。

第一类风险，是香港附近海域极端天气所带来的航行风险，由于暴风、飓风、大雾等极端天气导致轮船遇难事件，屡屡发生，令人痛心。通过梳理相关史实，该类风险可以划分三个层级，较强伤害、次强伤害和较弱伤害。

首先，香港附近海域船舶航行中遭遇极端天气所导致较强伤害的情形，此类风险造成人财极大损失，对轮船航运业影响极大，甚至对某些轮船公司是摧毁性的。1853年，三桅货船名黎地伊弗伦由港开行，载有华人24人，6月17日驶抵台湾，突然在东北洋面遭遇风暴天气，遂于太平山岛搁礁，船货俱空，仅余伙长1人，华人24人泅泊山岛，英水师提宪得知，派火轮船至彼处拯救至厦门，尔后陆续回港。① 1874年9月，香港大发飓风，风力猛厉异常，有两只火船罹害。② 返吕宋者火船沉溺2只，帆船沉没并损坏8只，另有许多船艘受到不同层面的损坏，溺死者不下1000人，波及澳门、广州和香港地区。③ 30日，连日屡有风兆，风雨针亦有警报，傍晚则有风雨纵横之势，9点钟后风声渐觉，怒号长空中如鼍鸣，香港遭遇大风，灾害甚巨。④ 香港附近飓风确实比较大，对香港造成巨大人财损失。10月，香港爆发台风，广东火轮炮船名飞龙因所簸扬而覆沉于海，其水师及船主亦沉没洪波巨浪之中，逃生共12人。⑤ 1874年，德忌利士码头有两艘火船沉没，船主勇于救人，奋不顾身，遂以身殉，货物漂失，两船失事，载客46人，死者10人。⑥ 1875年1月，德忌利士公司理安拿火轮船因香港突发飓风遭遇海难，公司清理时将船拖往湾仔沙滩，发现船内17具尸体。⑦ 6月，粤港澳三地同时发台风，风力很大，省河内坏船布满，海面有6人泊浮于木料上，已经救回20余人。澳门有大小船数百艘或在水倾覆，或因风撞坏，被溺者很多，岸上房屋多受损，鄱阳火船从港开往澳门全船覆沉，其人数究无确数，或因罹害者有130人。⑧ 1894年，夜晚9点飓风袭击香港，东北风愈烈，海面船艘多未预备躲风，待到11点天文台才预报台风，鸣炮报警，船只开始躲避，但仍造成风灾，轮船多有损伤，或沉或破，省港码头至铁行码头沿途所见摧毁木板有如山积，其中有渡轮25人惨遭灭顶之灾。⑨ 1895年，火船由纲咯前往香港，行驶数十天，受此次飓风阻碍，船上餐饮与客房均被海浪摧毁，毁伤物件不计其数，该船幸好逃出危险。⑩

据《西字报》称，1899年7月英国失事轮船共计，全部翻覆26艘，9

---

① 《近日杂报》，《遐迩贯珍》1853年11月1日第11号，香港英华书院印刷，第14页。
② 《香港飓风》，《申报》1874年9月28日，第3版。
③ 《复述香港飓风》，《申报》1874年9月29日，第3版。
④ 《香港飓风》，《申报》1874年9月30日，第2版。
⑤ 《飞龙火船被失》，《申报》1874年10月1日，第2版。
⑥ 《续述香港风灾》，《申报》1874年10月6日，第4版。
⑦ 《理安拿船出水》，《申报》1875年1月25日，第2版。
⑧ 《粤省风灾》，《申报》1875年6月8日，第2版。
⑨ 《香港大风》，《星报》（新加坡）1894年10月4日。
⑩ 《轮船出险》，《星报》（新加坡）1895年11月28日。

艘撞损，5艘失火，1艘沉没，23艘迷路，毁坏者123艘。① 1899年，太古洋行湖北轮船从爪哇开往香港，中途遭遇大风，风力太猛，导致失事，小船被吹散，船员未知去向，延误半月之久的航期。② 1900年，龙卷风由香港海面卷上山顶旋达九龙，所过之处房屋船舶摧毁无遗，死伤以千百计，英国小兵船被浪击沉，船中数人入水淹死，其余皆由他船救得，另浚河机器船当时方入坞修理，突遭此劫沉入大海。③ 此次大风导致沉没轮船10艘，损伤轮船15艘，小轮船沉没70多艘，大小轮船导致万余人有财产损失，估计达3000万两。④

1903年，广州安兴和轮船于7月11日行至广州湾西南门河附近，遇大风以致沉没，船中诸客尽数落水，只有各水手遇救生还。⑤ 1905年，马旦海峡发现低气压向西北袭来，趋赴香港附近，夜晚骤起猛烈风雨，风力很强，最强时台南有36里，澎湖岛有66里，香港有82里，非常猛烈，因被害滋多，死伤之事在所难免。⑥

1906年4月，香港附近海面发生海震，水面突觉破涛汹涌，港内船舶颠簸不已，相互碰撞。⑦ 9月，香港发生特大暴风雨，引起轮船事故较多。香港忽起暴风，导致港中停泊小艇大遭损失，死伤不少，往来粤港两处轮船有两艘沉没，又有香港航行去往加拿大船只触礁。⑧ 香港大暴风雨，导致船舶损害甚多，死伤至千余名。⑨ 此次台风由于气象台警报失时，维多利亚溺亡外国人14人，中国人被害者五千余人，商船沉没及破损共计57艘，总数在72000吨，至舢板倾覆者，有2113艘，救济义捐募捐28万两。⑩ 据称香港附近死伤有1万人，财产损害概算约可2500万元。⑪ 针对此次风灾，港英政府设风害救济委员，拟设无利息之银行，贷与民众，助

---

① 《失船统计》，《日新报》（新加坡）1899年10月31日。
② 《轮船衍期再续》，《日新报》（新加坡）1899年12月28日。
③ 《香港风灾》，《申报》1900年11月13日，第1版。
④ 《灾》，《绍兴白话报》1900年第110期，第3页。
⑤ 《轮船失事》，《申报》1903年10月6日，第2版。
⑥ 《南部海啸之原因》，《台湾日日新报》1905年9月24日，第3版。
⑦ 《香港海震》，《槟城新报》（马来西亚）1906年4月23日。
⑧ 《香港忽起暴风》，1906年9月，广东省档案馆藏，档号：G2013-申报-1092。
⑨ 《香港大暴风雨》，《台湾日日新报》1906年9月20日，第1版。
⑩ 《香港之地理及历史》，《东方杂志》1918年第15卷第11期，第189页。
⑪ 《香港之死伤损害》，《台湾日日新报》1906年9月10日，第1版。

其建造家屋。①

1906年9月,香港由于海面突然遭到飓风袭击,造成风灾,省港轮船沉没2艘,损伤2艘,损损1艘往来外洋轮,德轮4艘和美帆船1艘被迫搁浅,溺毙100余人,损失3000万两。② 10月,厦门鸿记洋行旗下丰裕轮船当月11日驶至海南洋面,忽遇飓风为灾,海浪滔天撼岳,遂致沉没,船伴仅活十余人,船主子然不见,所有货物竟已呈贡于水晶宫。③ 又有轮船从新加坡开往香港,驶向海南附近,遇到暴风沉没,共溺毙外国人6名,华人80名,另有华人23名抱木漂流,被附近经过高昌轮船救起。④ 1907年,香港风雨表降至29度50分,夜晚风劲雨狂,两三点钟时最烈,天明始停止,此次幸好提前预警,故损伤甚轻。飓风袭击澳门后,塌屋十余间,压毙及伤者共十余人,它处屋宇亦有倒塌,海面轮船沉没1只。⑤

1908年7月4日,香港发生大暴雨,船舶翻倒不少,房屋倒塌很多,也有人受伤。⑥ 29日,香港附近发生飓风,省港夜轮船英京、新昌二艘现在均无下落,油麻地房屋倒塌严重,伤亡百余人。⑦ 香港有暴风雨,沉没船舶颇多,溺死290余人。⑧ 香港顺江轮船在珠江行驶,昨晚遭遇大风沉没,救起十余人,尚有300余人下落不明。⑨ 此次暴风导致香港小蒸汽船沉没破损20只,英国水雷艇1只搁浅,货船轻舸沉没破损41只,另有溺毙4100人。⑩ 据称,广东河道受飓风影响巨大,以香港作飓之故,广东火轮在航行时沉没,导致300名乘客葬身大海。省河上被其害的小船都被粉

---

① 《香港风灾善后策》,《台湾日日新报》1906年9月26日,第1版。
② 《香港风灾》,《时报》1906年9月20日,第3版;另见《香港风灾》,《槟城新报》(马来西亚)1906年9月21日;《香港风灾续闻》,《槟城新报》(马来西亚)1906年9月22、25日;《香港风灾详叙》,《槟城新报》(马来西亚)1906年9月27、28、29日。马来西亚报纸刊载称香港此次溺亡华人500余名,损失100万英镑。《大公报》1906年9月29日第4版记载,风灾损害,人口溺毙万余名,大小船艇沉没1000余艘,小轮船沉伤共70余艘,大轮船沉没十艘,受重大损伤45艘,损失财产计3000余万元。由此可知,近代报刊记载同类事件存在不同报道,前后出入有时比较大,这种现象值得注意。
③ 《丰裕轮船沉没》,《台湾日日新报》1906年10月12日,第3版。
④ 《轮船失事》,《新闻报》1906年10月5日,第4版。
⑤ 《港澳飓风纪闻》,《申报》1907年9月24日,第12版。
⑥ 《香港暴风雨成灾》,《顺天时报》1908年7月4日,第7版。
⑦ 《昨夜风灾》,《时报》1908年7月29日,第3版。
⑧ 《香港暴风》,《台湾日日新报》1908年7月31日,第3版。
⑨ 《香港电》,《时报》1908年7月29日,第3版。
⑩ 《香港被害》,《台湾日日新报》1908年8月1日,第3版。

碎，溺死不计其数，而陆上家屋被损坏，不胜屈指，舻舟之沉没者也很多。①香港飓风带来负面影响，与香港有关贸易均受其影响，各国商人从事海运都大受打击，如船货起落的马船遭受破坏，很多沉没。②8月8日，广东珠江大风为害甚巨，船只沉没以数百计，花船有3层高者倾覆，粉碎江内有数英里，死伤惨状。③10月，英商轮船双安号往来厦门、新加坡，载客1000余名，距广东地界，即遇到飓风，当时船身异常荡漾，船客失其自由，遂哀号喧扰，旋被钉封舱内，舱上麻篱被风吹去，中有头等客70余名，尽被卷入空中，不知去向，该船既受伤，尚可支持，得以艰难前行，抵达香港后，已入坞修理。④香港风灾极重，广州夜轮新昌及英京2艘均遭风灾，溺亡共300名，广州风灾沉没500余艘，溺亡2000人以上。⑤香港附近海域风灾时有发生，有时特别严重，对船客构成极大的危险，造成财物的损失。基于此，港英政府设立相应设施，进行防范风灾，虽然很难做到规避风灾，但是可以将损失降到最小。

其次，由于航行中遭遇极端天气所导致次强伤害的事例。1872年，外洋轮船名得不喇思来往香港、福州两处，不幸失事，客人均已救起，幸好无灭顶之灾。⑥事实上两地航行的轮船失事者甚多，数月之内发生五六起海难。香港夜间雷电交加，伴随着大雨，电闪雷鸣，击毁大街，西人店铺遭遇雷击，一分为二，雷电击中沙律趸船，海水一时巨浪骤涌，洪涛怒立，如撼山岳，飓风和雷电迅烈，造成航行困难。⑦1882年，风雨交至，风浪更大，太古行的天津轮船来自厦门，招商局之怀远轮船，禅臣行之镇江轮船，均来自香港，适遭此险，二船幸获无恙，镇江船上失落铁锚一只并锚索十余丈，被大浪激断。⑧1891年，香港风势凶猛，东莞、增城和惠州等处的渡船由省城满载货回乡，途中恰遇飓风，夜晚波浪翻涌，各船户不敢扬帆，随即抛锚，风势稍息，然后开行。同日往来香港之泰安轮船由

---

① 《飓风再志》，《台湾日日新报》1908年8月4日，第1版。
② 《香港飓风》，《台湾日日新报》1908年8月6日，第1版。
③ 《广东大风为灾》，《大公报》（天津）1908年8月8日，第6版。
④ 《汽船失事》，《台湾日日新报》1908年10月27日，第6版。
⑤ 《二十九夜风灾》，《时报》1908年7月30日，第3版。
⑥ 《得不喇思轮船失事》，《申报》1872年5月8日，第4版。
⑦ 《电气之变》，《申报》1873年7月25日，第3版。
⑧ 《轮船遇风》，《申报》1882年9月16日，第2版。

省来港，驶至汲水门附近，海面见有两人抱片板浮沉水面，随潮漂荡很是危险，幸有水手放舢板上船救活两人。① 1892 年，铁行邮船穆哈剌遇风沉溺，香港特调出炮船前往救助，救起各船客于 28 日载回香港。② 1908 年，省港澳公司宝湾轮由香港开往广州，在开西门相近处，由于遇到大风，导致触礁沉没，内载中国搭客 180 名，淹毙 88 人，其余被救起。③ 因此，这类航海船只遭遇飓风等极端天气，所造成的伤亡相对较弱，人员伤亡相对较轻，均在可控的范围之内。

再次，由于航行中遭遇极端天气所导致较弱伤害的情形，基本无人员伤亡，船舶损失极小。1873 年，香港狂飙陡作，各船舶预先筹备，以避其势而航行，不料巨浪翻腾，风力威力巨大，数艘轮船遭受损伤。④ 1876 年，晚间香港猝发大风，停泊港口之船只漾荡，华船竟为吹撞。⑤ 1877 年，某火船从台湾开往香港，在洋面遭风吹，导致头桅吹断，小艇打沉，幸船主驶行得法，方得安全抵港。⑥ 1879 年，香港海面陡发大风，海域附近数小艇为风浪所击，甚为危险，有汕头开往之货船为巨浪逼至码头，船身撞伤甚巨，驾船师与各人见势跳上码头，招人协助救回破船，免得沉失；另外有帆船载货 700 担，因吹断铁锚，载沉载浮，漂至忌连海岛。⑦ 1880 年，夏季台风频繁来袭，海面船艘为飓风所袭，预备停泊的往来港澳轮船驶回，以防有意外，埠头有渡船为风所倾覆，幸无搭客，有货艇亦为风所倾覆，船中人被邻船救起。⑧ 1880 年，香港遭遇飓风，海面风势颇猛，苏士轮船由新加坡开往香港，恰逢其难，船上锚缆舢艇之类，尽行毁坏，水手几无立足之处，大浪涌至高于船身者数倍，船上工人均为其所推仆，伤者 2 人，将华客 200 余人，尽入舱封闭舱口才脱险。⑨ 1881 年，顺德大良渡

---

① 《风警谈余》，《申报》1891 年 12 月 18 日，第 2 版。
② 《船沉详述》，《星报》（新加坡）1892 年 10 月 26 日。
③ 《香港轮船失事》，《新闻报》1908 年 6 月 10 日，第 4 版。
④ 《香港狂风大发及省城多盗信息》，《申报》1873 年 7 月 24 日，第 1 版。注：据称风雨表自 29 度 9 分降到 6 分，居人咸以为终风且暴之时，该表罕有低下 1 分者，如今竟缩至 3 分，非常罕见。
⑤ 《香港风暴》，《申报》1876 年 12 月 21 日，第 1 版。
⑥ 《中秋风飓》，《申报》1877 年 10 月 4 日，第 2、3 版。
⑦ 《香港大风》，《申报》1879 年 10 月 21 日，第 1 版。
⑧ 《风灾可虑》，《申报》1880 年 7 月 6 日，第 2 版。
⑨ 《海面飓风》，《申报》1880 年 9 月 17 日，第 1 版。

船载客出省驶至半埔大海，舵工因风将转，猝不及防，以致倾覆，船中80余名，幸得龙江渡轮救起。① 1884年，香港有轮船名东京者忽遭狂风之虐，缆索为风刮断，顺潮而去，几与温州轮船相撞，幸船主竭力设法操作，始获保全，厥功至伟。② 1884年，香港忽然刮起大风，所泊各轮船有数船被风吹至浅处，包括怡和洋行新轮船名泰生，其他华商船只吹坏者也不少，且法兵船有数艘泊在香港，船身受损伤，值此大风，恐难保其无事，停泊在芭蕉山之法兵船，亦不免受损。③ 1891年，香港忽起大风，尚未平息，招商局富顺轮船与他船相撞。④ 这类风灾，所造成人财损失相对较小，由于救助及时且迅速等原因，大多能逢凶化吉，但不应忽视风灾所带来的潜在的风险。

  第二类触礁风险，轮船在香港附近海中航行时，常常由于各种原因触礁，频频引发海难事故。1872年5月17日，海龙火船因为巨石所伤沉溺，实际上航海地图上未曾记载巨石所在，船政局集议沉船事故，认为船师无罪，且随后能救船中客货，值得嘉奖，以示鼓励。但船政局又认为船东也有不当之处，因船中搭客水手共有400人之多，船上只有小艇3艘，倘遇不测仅容70余人而已，凡有船出洋者不可不多设小艇。⑤ 11月，士巴顿帆舶由港挂帆，在牛庄及台湾附近海域沉没，舟师弃舶而逃，台湾英领事会同船师审讯，称其不称职和罹祸，弃船太早，罪有应得，遂以船师之牌照缴回6月，不得重操旧业。⑥ 1873年5月，广东某客商为商贩乘轮船行至香港附近洋面，船舶触礁，沉船的人浮于水面，见有大鱼游来遇人即食，或一口而吞，或咬断而分两口，数十人已尽将要被食，忽有一异样大鱼奔来喷水，彼时意为驱巨鱼，此鱼竟然守诸某客之旁，候有救生船，某客救起，鱼始游去。⑦ 该故事真实性有待商榷，但是可以确信该船确系在香港附近触礁而沉。6月，英国公司轮船由上海航行香港，所载之货转装出香

---

  ① 《渡船沉溺》，《循环日报》1881年5月2日，第3版。
  ② 《风威幸免》，《申报》1884年2月12日，第2版。
  ③ 《香港大风》，《申报》1884年9月12日，第2版。
  ④ 《电告风灾》，《申报》1891年12月6日，第1版。
  ⑤ 《附录香港》，《申报》1872年5月17日，第3版。
  ⑥ 《士巴顿船失事案件》，《申报》1872年11月12日，第3版。该事件虽为帆船，但是作为触礁事故类型，因此可列入。
  ⑦ 《墨鱼救溺》，《申报》1873年5月6日，第2版。

港前往英国，不料触于暗石之上，海水即注入前舱，甚是危急，不得已转舵返港，既驶至港上，始免沉溺之患，但所载丝货湿坏不少。① 1874年，香港云龙火船翻覆，死去四五十人，不过英官震怒，认为船主不能脱罪，拟于日后严为究办。② 粤港不过三百余里之遥，非如重洋万里，行驶不过两时数可到达，却遭遇翻覆，且轮船航行较为稳妥，主要源于超载运输所致，因贪多金，遂载至三倍之多，且又毫无底载，导致沉溺者数十人，均系船主疏忽之罪，实属难辞。③ 1874年12月，轮船满载糖货前赴东洋，出香港海口，失事沉溺，船主及其妻室、大副、四副、第二三司机等均沉海面，损失货物计共2350吨。④ 1875年，怡和行轮船自香港来沪，在厦门外七十里地因突发大雾原因，在小岛触礁。⑤ 1879年，南澳火船从某地开往香港中途遭海潮冲击，驾驶无能为力，被迫搁浅，恰巧火船经过，顺便将文书等件托付该火船，先行带至香港，等待救援。⑥

1880年11月，香港德忌利士轮船开往福州，船驶至海坛口，猝遇礁石，声如"海啸"，惊动船主，急问车房何事，命大伙探察船底，则头舱进海水，恰巧中国船政局振威兵船驶过，随后将该船救起。⑦ 1881年，太古洋行之北海轮船前往香港取机器，即将船起出，在厦门触礁，该船前已离开礁石，巨潮退时，仍复沉下水，该船沉者已及四丈，恐一时未能设法使之速出。⑧ 远洋航行的船舶，必先询探明悉，是否新固精坚，才能平安寄身命于重洋。香港有南澳轮船抵港，据船主报称26日其船驶至海丹门地方，见亚嘉缅路及利泰火船搁浅，于是对其进行施救。⑨ 1869年，伊船在东沙海面碰石损坏，幸亏广东轮船力行拯救。⑩ 苏安拿打轮船与火轮公司也梭轮船由香港同开，近厦门地方突遇海中石头撞损船底外骨四丈，也梭轮船稍受损伤，无关紧要仍可驶行，苏安拿打船主名克里克见船不堪行，

---

① 《薄加拉轮船入水前舱》，《申报》1873年6月24日，第2版。
② 《云龙轮船溺毙人数并执该船主情形》，《申报》1874年2月24日，第2版。
③ 《论香港云龙轮船事》《申报》1874年2月28日，第1版。
④ 《蒙古轮船失事》，《申报》1874年12月15日，第2版。
⑤ 《覆述行如飞船撞坏》，《申报》1875年4月2日，第2版。
⑥ 《轮船失事汇录》，《申报》1879年6月7日，第2版。
⑦ 《轮船遇礁》，《申报》1880年11月30日，第2版。
⑧ 《沉船难起》，《申报》1881年12月8日，第1版。
⑨ 《轮船搁浅续闻》，《循环日报》1882年8月18日，第2版。
⑩ 《选录香港新报》，《上海新报》1869年8月21日，第2版。

竖起告险旗帜，将也梭船主托至厦门并寄信本厅。①

1882年，某轮船由西贡驶赴香港，适值风暴，误触礁石，船遭覆溺，船上诸人幸而获救，到香港被查，遂将其执照扣留4个月，以示惩罚。②

1883年，招商局美利轮船由港开往安南海防，前赴越南京城，行至河口陡遇大风遂致搁浅，船上有数人仓促被浪卷入海中。③ 1891年，德国轮船从香港开至海防，行驶到琼州，不幸触礁，需修理后再行驶。④

东山轮船由香港开往汕头，救起途中搁浅云南轮船。⑤ 德国商轮行至香港海口之内，与他船相碰，以致沉入北口，因此各船途经此道者，需要格外留神。⑥ 1894年，太古洋行杭州轮船在香港出口时，触于暗礁，船头小有损伤，遂驶回香港修理完竣后，方可驶行。香港太古行代理杭州轮船，开往上海中途遇险，该船复回香港，某夜行抵相距汕头40里海面，忽与一船相撞，致船旁水线上洞穿一孔，亟待修理，故于中途折回。⑦ 1901年，香港轮船苏布伦由港赴上海，某日行至福建东涌山，因雾触礁而沉没，由沪派海新轮船会同法国某巡舰，前往救援。⑧ 1902年，通济公司之轮船名江西者，由香港驶往日本，行至奈毛安岛，触礁损伤甚重。⑨ 1906年，香港上海线所用之明石丸号，在本岛沿岸航驶，忽于大板辘触及暗礁，颇有破损之处，该汽船复航驶香港上海航线，抵马诸附近不幸重触暗礁，船体受损。⑩ 东方澳洲公司轮船澳大利亚号来往香港、澳洲等处，载货2838吨，在近南澳达尔文海口触礁，船身全毁，船员获救。⑪ 1907年，香港轮船载杂货往海防海口，据称该船不幸触礁。⑫ 1908年，香港号轮船

---

① 《中外新闻》，《上海新报》1869年8月26日，第2版。
② 《撞船述闻》，《申报》1882年11月22日，第1版。
③ 《轮船搁浅》，《申报》1883年3月20日，第1版。
④ 《轮船触礁》，《字林沪报》1891年12月13日，第3版。
⑤ 《火船失事续述》，《申报》1892年1月2日，第3版。
⑥ 《沉船电信》，《申报》1893年7月22日，第1版。
⑦ 《轮船小损》，《申报》1894年2月14日，第2版；《碰舟续纪》，《申报》1894年2月20日，第2版。
⑧ 《轮船失事》，《申报》1901年5月9日，第1版。
⑨ 《译件》，《大公报》（天津）1902年7月26日，第3版。
⑩ 《明石丸触礁》，《台湾日日新报》1906年5月18日，第5版。
⑪ 《澳洲轮船触礁》，《时报》1906年11月21日，第3版。
⑫ 《香港轮船在海南触礁》，《香港华字日报》1907年2月27日，第3版。

第三章　香港轮船航运业中的风险管控

在上海一岬角边触礁。① 该船于 17 日在上海洋面已经浮出。② 由此可知，香港附近海域过往航行轮船，时常因触礁失事，有时能够及时得救，有时不幸罹难，这些惨痛的教训，确实值得深思，尤其需要建立更多浮标提示，或是设置灯塔，或是加强船员的安全意识，通过各种方式来降低风险。

第三类火灾风险，由于轮船航行中，或因操作不当，或因货物不慎引发，火灾对船舶影响非常大，有时是致命的。1874 年，香港附近日本船因失事发生火灾火警，船上人即设法扑灭，火在舱里，一时难以施力，因从机器舱中凿开一孔，用水灌入，共有救命小艇 12 艘，小艇驶入香港，一面竭力施救，一面派人预备小船设法救命，共计救起 117 人。③ 日本轮船公司夜间航行至近香港附近，突然内舱发生火灾，导致船舶损失。④ 1883 年，轮船名琼州由广东开往香港，没有行驶多远，忽见船内火光，系装煤之处起火，赶紧用水浇救，船上有 200 余人，船主见火势迅速，将船驶上海滩，设法命人上岸，一面即将所有信包派人乘小艇先行送往港中，由港发小火船三艘往该处，设法救护。⑤ 轮船名麦波垃通常行驶香港、西贡、新加坡等处，于 5 月 19 日在琼州海面失事，其如何致祸，则尚未得悉，有平安火船由该处经过见之，旋即至港通报，香港派船前往救助。⑥ 1896 年，法国公司轮船由外洋来华，途中水锅忽然炸裂，热水飞散，烫伤司机法人 1 名及黑人火工 10 名，立刻毙命，受伤者 10 余名，船主见事急，立时驶赴西贡埠，另租赁 1 船载诸客及邮信至香港。⑦ 1897 年，怡和洋行阜生轮船装有棉花及糖由港开往日本神户，船中忽然火发，设法阻遏，不使四面蔓延，至损失若干。⑧ 1898 年，红烟船由香港开往伦敦，出口约 2 点钟时，船只损坏，船客乘坐小艇逃生，不知去向。⑨ 1901 年，富顺轮船夜间行驶

---

① 《轮船坐礁》，《台湾日日新报》1908 年 6 月 13 日，第 1 版，原文为坐，实为触。
② 《香港丸浮》，《台湾日日新报》1908 年 6 月 17 日，第 1 版。
③ 《译香港西报记日本船失事》，《续论日本火船失事》，《申报》1874 年 12 月 26 日，第 2 版。
④ 《译万昌公司日本轮船失慎香港会审案略》，《万国公报》1875 年第 320 期，第 20—21 页。
⑤ 《轮舟失慎》，《申报》1883 年 6 月 20 日，第 2 版。
⑥ 《轮船失事》，《申报》1884 年 6 月 24 日，第 2 版。
⑦ 《法船失事》，《申报》1896 年 12 月 13 日，第 2 版。
⑧ 《轮船失火电音》《申报》1897 年 1 月 17 日，第 2 版。
⑨ 《轮船失事》，《新闻报》1898 年 12 月 31 日，第 1 版。

时,在一点钟起火,执事均无察觉,火工搭客数名不免于焚死,货物尽毁。① 1904年,怡和洋行吉陞轮船开往新加坡,船后舱起火,即驶回香港,货物损伤若干,起火之由,无从查究。② 相比轮船触礁而言,此类火灾风险似乎较少,但是也存在,同样值得注意。1906年10月16日,香港太古洋行汉口轮船自广州抵达香港,夜晚一点钟,所有搭客均安睡,三点钟时船舶电线损坏引发火灾,导致焚毙计100名左右,闷死数人,价值3070吨蚕丝遭到损毁。③ 香港太古码头汉口轮船抛锚码头,由于夜晚不明,舱内电池失慎,导致船内发生火灾,火灾风摧,大艇小舟,拟前往扑灭,将近轮船被烟焰相冲,舵工晕倒,遂致同焚,该轮尚余载客百余人,进退维谷,同归火化。④ 随后该轮相关人员被港英政府提起审判。据称该船主认为汉口轮船着火导致死亡数人,主要系自然原因,疏于无人察觉,导致火灾,但港督认为是电线引起,导致火势扩大。⑤ 海军裁判所对该次事故进行审判,认为该轮货物堆满舱底,挡住搭客入内救火,货器及救火之法每周三至少演练一次才能合例。⑥ 1909年,轮船名古生开驶新加坡,途中舱内忽起火,该轮立即驶回香港。⑦ 1909年,渣甸洋行轮船吉生由香港开往新加坡,行至途中,忽然舱内火烟冒出,取水实施救助,将火扑灭,舱内因救火水深,扔掉货物若干。⑧ 1910年,香港轮船甘州号计划第二天前往西贡,下舱载客250名,上舱载绵羊,忽然失火,船内有石油,遂延至油漆着火爆发,多有人跳水溺毙,火势扑灭后,船已经损坏。⑨ 北德公司轮船戈朋(Gaebon)行至香港时,货物着火,火被扑灭,唯货物损失甚多。⑩ 1911年,亚细亚煤油公司火船在九龙红磡船坞修理即将完竣,突然见火焰

---

① 《轮船失火续电》,《新闻报》1901年11月24日,第2版。
② 《吉陞轮船火灾》,《新闻报》1904年7月17日,第1版。
③ 《香港轮船失火续闻》,《时报》1906年10月16日,第3版。
④ 《汉口轮回禄》,《台湾日日新报》1906年10月28日,第3版;香港雪铁子:《八月二十六夜汉口轮船火灾详记》,《时报》1906年10月25、26、27日,第6版,均有详细记载该事件详细过程。
⑤ 《审判轮船火灾》,《新闻报》1906年10月30日,第10版。
⑥ 《裁判所审判轮船失火》,《新闻报》1906年11月8日,第9版。
⑦ 《香港电》,《时报》1909年6月22日,第3版。
⑧ 《本馆特电》,《南洋总汇新报》(新加坡)1909年6月21日,第1版。
⑨ 《香港轮船失火志》,《大同报》(上海)1910年第14卷第6期,第31页。
⑩ 《香港电》,《时报》1910年5月8日,第2版。

从后舱射出，立即鸣钟警报，救火机立即派出救助，附近救火小轮协助灌浇火势。① 因此，轮船航行中所遭遇的火灾风险，不应忽视，该时期产生保险业，与此不无关联。

针对以上各类航行中存在的风险，不同层面的人所作应对均是如何规避或者降低风险，有着共同保平安之举，但有些也存在区别。由于航行面临诸如触礁、天气和海盗等问题，各阶层对航运业实施风险管理。

二　风险应对与防控

在民间层面上，通常遇到海难，船主难以独自承担高昂的赔偿费，于是号召商人集资募集的方式减轻负担，不失为一种好方法。民间绅商人士筹资应对自然灾害，例如港澳一带近五年飓风叠起，水陆皆灾，对人财均造成损害。雅素火船在香港因气震裂致死多人，除船东捐钱抚恤外，港中人共捐洋1.1万元，议定章程将搭客之因伤而死者每名给洋140元，遇难者每名给洋100元，脚夫等每名70元，若伤而不死者，每名给洋26元，以作医药费。② 不过对此次灾难，政府介入并进行审讯。港英政府按照行船条款，凡船只到埠即遭此灾害时，其咎在司理机师，因第二等司理机师已因伤毙命，其第一、三等司理机师均应治罪，判其入狱3个月。③ 1892年，时人指出海上航行遇到飓风或者触礁而失事，全船性命万死一生，提出每船均安置预备竹浮水排、水带、浮水泡、保家圈等件，应对轮船遭遇不测。④ 民间筹资应对自然灾害，属于非常态举措，具有不稳定性和救治有限性，无法从根源上应对航运业所面临的自然灾害。

时人建议设立专门机构应对自然风险。1873年8月，西人公议拟在中国沿海一带分设济命局，购办救生船只，救助沉溺船员，施救各员免赔的善举，向政府核办。⑤ 1875年，华人传述香港将发生飓风，寓居香港之华人曾已经历两次变故，有几家已移居广州，去年粤地风灾广州与香港一律被害，如今闻传言纷纷迁移规避。⑥ 旅居香港绅士特创立拯命会，广招同

---

① 《火船失火》，《香港华字日报》1911年1月5日，第5版。
② 《集资抚卹》，《申报》1878年1月26日，第2版。
③ 《雅素轮船案结》，《申报》1878年2月16日，第2版。
④ 《轮船宜安置竹排以备不虞论》，《星报》（新加坡）1892年11月7日。
⑤ 《中国沿海设济命局》，《申报》1873年8月26日，第1版。
⑥ 《预述风灾》，《申报》1875年7月10日，第2版。

志,捐资乐助,以资其成,为预防风水灾,以待临事拯济,设船舶于海面,其经理会中事务二人,由职员汤隆基绅士管理,该会成立,乐善解囊,则集资立法,往来粤港澳之客货轮,同为倚赖。① 港中西人士在大会集议设立各款章程,定拯救所在分设之地,均备船设厂,遇有意外之变,即行拯救,地点设在长桥马头、中环近连卡和西营盘水手馆附近的新海傍。② 民间组织拯救轮船济命局,一定程度上可以弥补政府的不足,甚至有时更具成效。

从政府层面上看,通过筹资建设相关航政设施和相应航政制度,以期降低自然灾害所带来的风险。港英政府筹划沿海通讯信与灯塔等相关的航运基础设施建设,一方面加强防控制度建设;另一方面是加强航路交通的水上基础设施建设。

(一) 设立电报

港英政府加强通信设施的建立,电报设立是通信领域的一大进步,九龙兴建了电报。电报之法,"自英吉利人初设于其国都,推及于印度,再及于上海⋯⋯嗣是香港海线循广州达天津,陆线达九龙"③。香港电报从酝酿到建立经历了一番过程。1883年3月30日,由上海中国电报局总办与英国大东公司总办签订《上海至香港电报办法合同》,共16条,规定英国大东公司安设一条由上海海口至香港的海线(海底电线),中国则设上海至洋子角的旱线(陆上电线),两线在洋子角相接,并规定双方收费与管理办法。同年5月7日,双方续订《上海香港电报章程》共6条,规定中国设上海至吴淞口旱线一条,与大东公司的海线相接,以及其收费及管理办法等。④ 从这个协议可以看出自1883年香港通过与清政府的分工协作方式,完成电报的基础设施的铺设,不久电报就开始应用到轮船航运业。香港九龙的陆路电报也在合同内容里。

　　一、中国电报局旱线两条,展至英地九龙交界处,与大东公司两旱线相接。该两线与该公司雨水线接连,以便香港通电。

---

① 《香港创立拯命会》,《申报》1875年7月16日,第2版。
② 《拯命会章程》,《申报》1875年8月5日,第1版。
③ 《清史稿》第16册,中华书局1976年版,第4461页。
④ 庄义逊主编:《香港事典》,上海科学普及出版社1994年版,第60页。

二、中英旱线相接之处，应造砖屋一所，内设一桌，为安设线端之用。

三、中国电报局租用大东九龙旱线、香港水线，每字给报费英洋一分，公报不付报费。其报费账目，每月清结。

四、中国电报局在香港收递大东公司转寄澳省以及天津中国电线所到之处诸报，中国电报局在广州以及中国电线所到之处接收电报，由大东公司转寄者，该报等该费，惟中国电报局是问，每月结账一次。

五、中国电报局在香港与大东公司共一所房屋，开设报房，其租金归大东公司收取。

六、大东公司之水旱线，由香港至九龙华界，总须灵便通电，如有损坏之处，即行赶紧修理，其费用均由大东公司给发。

七、中国电报局大东公司所有一切交涉事宜及争端论各事，均遵万国通例商议办理。

八、此合同以1883年5月7号为始，二十年期满。

九、遇有争论辩驳之处，两造均照英文字理。

此合同共计抄六张，内中意义、日号俱系一样。①

1884年，香港和澳门之间的电缆将在未来几天内建成。② 1906年，港英政府投金3000万镑，拟在香港设无线电。③ 1909年，香港市政厅筹与清政府就大东沙岛之领土权进行交涉，设法求清国之许诺，欲在大东沙岛设无线电信，借资航海之便。④ 香港无线电使用有其具体规范。香港发布政厅令，称未经总督特许不得装置无线电机及使用，违者处轻惩役一年以下，并罚金千元以内，其器具一并没收，但商船上装置无线电事，总督虽拟制定规章，由当年4月布告于政厅令，然续后该规章条件，并未发表。凡商船装置无线电，由外洋驶入该港者，照本新法令。⑤ 香港设置无

---

① 王铁崖编：《中外旧约章汇编》第一册，生活·读书·新知三联书店1957年版，第426—427页。
② *The China Mail*, 1884-7-2, p. 2.
③ 《香港之无线电信》，《台湾日日新报》1906年3月6日，第1版。
④ 《布无线电》，《台湾日日新报》1909年5月19日，第2版。
⑤ 《香港无线电》，《台湾日日新报》1910年1月26日，第3版。

线电报，除了加强及时通信功能外，另外可以及时通过电报发出救助信号，力争最快速度救援遇险船只，同时及时告知远洋航行中突发极端天气状况。

（二）加强报风台建设

香港台风预报与天气预报由以下机构揭示：1. 海底电信会社事务所；2. 邮便局；3. 港务局；4. 波勒克埠头；5. 汽船会社之香港栈桥；6. 汽船会社之九龙栈桥。每日气象观察之成绩，于午时公布，并附载各地测候机构，报告飓风存在及进行事项，则由港务局、船会社之香港栈桥和汽船会社之九龙栈桥公布。① 除此之外，航船公司适时检测各条航线的天气状况。1892 年 7 月 14 日，英国轮船公司报告福州到厦门有极大北风，厦门到汕头有轻微西南气流，汕头到香港天气多云兼有轻微不同方向的风。② 该份报纸常年有专栏报告各航线的天气情况，主要为轮船航行提供便利。加强天气及时与准确预报，通过不同方式推送到各航船上，可以让船主及时作出应对与预备，一定程度上降低了风灾的风险。

由于香港受台风的影响具有周期性和季节性，尤其是夏天影响更甚，严重地危及生命和财产安全，对轮船航运业的影响是巨大的。于是港英政府加强沿海报风台和避风塘建设，不仅对早期轮船航运业发展非常重要，而且对人民安全和财产负责。这次所幸是没有人员伤亡和财产损失。6 月 19 日，香港突起狂风，接到小吕宋电报，天文官报称午前海面大小各船皆驶向别处躲避，如九龙及荔枝角等处，四点钟风势更强，五点钟时巨浪滔天，自西营盘至坚列地道，海水冲激上岸，有如飞瀑。入夜九点钟，各街煤气灯都吹灭，异常昏黑。③ 1896 年 6 月 20 日，据天文官报风情形，4 点 1 分钟先已布告，5 点三刻又升号炮二门，10 点钟报告风由东方疾驰而来，其行甚速，同时高悬黑鼓。11 点 20 分钟又报称飓风入澳门，由天文台来港之电线已被吹断。④ 1907 年 7 月 20 日晚，香港又遭一次破坏性极强台风袭击。不过幸好事前有预告，再加上两年前发生的那场强台风，仍令人心有余悸。据称当时涨起的海水淹没了干诺道、德辅道两条大马路，水深达

---

① 《香港之气候》，《现象丛报》1918 年第 3 卷第 8 期，第 38 页。
② Shipping Reports, *The China Mail*, 1892 - 7 - 14, p. 2.
③ 马金科主编：《早期香港史研究资料选辑》（下），香港三联书店 1998 年版，第 810 页。
④ 同上。

三四尺，闹市顿成泽国，电车与行人都得涉水而行，而海面上则有商船晏庆号被风击沉，死了420人，经过这次风灾的教训，港英政府特在旺角海面建筑了一道石坝，即避风港。① 香港历经1906年大风灾，死亡人口一万余，损失惨重，绅商居民禀请香港总督提议，使玛尼喇及上海徐家汇之两处天文台，各设海岸通信机于港埠，不时将风信报告。另在九龙增设塔灯及通信电杆，年费2000元。②

由于香港附近海域航运基础设施是十分薄弱，10年里拱北地区唯一增加的助航设备是一个浮标，设于1897年8月，用以标出"龙睛"号关艇在马骝洲水道发现的一块礁石，该浮标漆为黑色。③ 1906年9月18日，飓风袭击造成空前严重之灾难，计死1万余人，财产损失上百万元，沉没大船67艘，小船770余艘。1908年7月27日，飓风再袭，幸天文台预报，船舶防避，但陆上损失仍超过前年。港英政府认为铜锣湾避风塘未尽敷用，乃决议兴建旺角避风塘，于1915年完成。④ 香港地区频传风讯，带有风灾，当局于1883年便修筑了铜锣湾避风塘，1908年风灾后，在水上居民纷纷要求下，又增建了油麻地避风塘。⑤ 香港议政会拟在望角嘴添设华人船艇避风所1处，需要费用50万，其中一半通过加征内河轮船登税获取，但是香港各航业公司认为添设避风所无关紧要，港英政府认为修建避风所为急务，需从速建设，得到某些航业代表支持。⑥ 灯塔修缮通常由海关负责出资办理，"轮船所载之货，每墩收回两仙士；两仙士内，其一仙则以为修整灯塔之需"⑦。从航运与贸易中抽取所需经费，"自各险建塔之后，永无破船坏货之患。此法诚为尽善，而且可垂久者也。每船到此，量度其船大小，以为抽税之则，归其资于本塔，为每年费用之需，各船主亦无不乐为输将焉"⑧。

---

① 陈昕、郭志坤主编：《香港全纪录》第1卷，上海人民出版社1997年版，第136页。
② 《香港预备风灾》，《台湾日日新报》1910年5月21日，第3版。
③ 拱北海关编辑委员会编：《拱北关史料集》，拱北海关印刷厂1998年印刷，第305页。
④ 张晓辉：《香港近代经济史（1840—1949）》，广东人民出版社2001年版，第339页。
⑤ 庄义逊主编：《香港事典》，上海科学普及出版社1994年版，第6页。
⑥ 《西八月七号香港来电》，《南洋总汇新报》（新加坡）1908年8月10日，第2版。
⑦ 陈鏸勋：《香港杂记（外二种）》，莫世祥校注，暨南大学出版社1996年版，第50页。
⑧ 沈国威、[日]内田庆市、[日]松浦章编著：《遐迩贯珍·附题解·索引》（影印本），上海辞书出版社2003年版，1856年5月1日第5号，第406页。

直到1944年，广东省颁布《航路标识条例》，可以得知航路相关识别制度。政府为了船舶航行安全，设置各种航路标识，包括灯塔、灯船、浮标和雾灯，由交通部门修造和监督管理，交通部对航路标识进行相应评估，认为不适当或容易发生危险或如无必要时，得令变更或撤销之，擅自移转、遮蔽、变更、混淆航路标识者，处以300元罚款，冲撞、系漂泊船筏、攀登、涂抹航路标识者，处以10元以下罚款。① 另外根据《航海信号协定》规定，为划一航海信号起见，各缔约国政府代表签订协定，各政府所属领土内由主管能见之信号，由向航海人发布该协定，各国采取必要办法，以实施上项规定。②

（三）天文台和讯号塔建设

天文台建设是海上航行的安全保障，1884年香港在九龙设立天文台，凡有急风雷雨，必先报警，使各馆户知所趋避。③ 同时，香港设立了讯号塔，作为补充天气预报之用。1907年设立讯号塔，位于尖沙咀梳巴利道大仓米山（即讯号山）上，高19米，为柱形红砖建筑，顶作穿形。④ 从时人游览香港所见可以看出当年灯塔发挥的功效，"未初至一山，见顶上有一灯如塔甚高，盖本国海门之灯楼也，其光可照百里之外，以便夜间行船认海口也"⑤。

1907年，在尖沙咀一座被称为"大包米"的小山丘上，建起了一座讯号塔。香港天文台将原来放置在旧尖沙咀警署附近用于报时的讯号球安置在这座新塔的顶部。这个讯号球是一个空心的大铜球，悬在塔顶。每天下午1小时，讯号球由机械装置引发，沿着一根木杆直坠杆底，而停泊在海港里的船只，则利用这个讯号塔来校正航海的定时器。从1920年起，讯号球改在上午10时和下午4时各引放一次。直到1933年才停止使用。早年讯号山除了发布报时信号外，还竖有另两杆木杆，用于进入鲤鱼门的远洋

---

① 《航路标识条例》，1944年，广州市档案馆藏，全宗号资料，案卷号社团，目录号308，第2页。
② 《航海信号协定》，1946年，广州市档案馆藏，全宗号资料，案卷号社团，目录号308，第375页。
③ 陈镪勋：《香港杂记（外二种）》，莫世祥校注，暨南大学出版社1996年版，第76页。
④ 庄义逊主编：《香港事典》，上海科学普及出版社1994年版，第35页。
⑤ 钟叔河主编：《西海纪游草·乘槎笔记·诗二种·初使泰西记·航海述奇·欧美环游记》，钟叔河、杨国桢、左步青校点，岳麓书社1985年版，第460页。

船只发布进港指令，或者向船只发布港内的潮汐和风向信息。① 在那个无线电通信技术尚未使用的时期，讯号山上的讯号球为航海提供了不少便利。采用天文台警报系统也是一种措施，徐家汇天文台的运用便是其中的一例。

  1897年5月获其答复，并附来杜柏克博士草拟之代码格式，除号码顺序略有更动外，几乎与吾之代码相同。其改动数码之虽大致与吾之相同，但该天文至今仍继续要求：（1）马尼拉必须停止向中国各天文台发布台风警报；（2）吾之代码第二部分，即大风警报，不予采用。余深信自福州、厦门、汕头甚至香港赴上海、天津或日本之船长即使在冬季也不愿废除此等警报，故决定将徐家汇代码付印，不作任何修改。由香港自行决定接受或拒绝。如接受，则香港将向南方各口岸发布警报，徐家汇则向台湾海峡（包括福州）以北口岸发布警报。如香港拒绝，徐家汇天文台将直接向所有口岸发布警报。②

1908年，天文台遇有紧急风警离港在300英里以内者，即电知省城税务司悬挂警球，以便船只规避，现经港督照准办理，由税务司将悬球章程，申请督宪札行水巡总分各局及鸭墩关照制备，并照请李军门于虎门炮台，一律悬挂，使船户知道该警戒，在粤海关理船厅示文录，有加紧警告香港系用黑十字架，而本处则改用笋形球两个，其笋尖上下相对如下：1. 笋形球，其尖向上者，指明飓风在香港之北；2. 笋形球其尖向上，其下并悬一鼓形者，指明飓风在香港东北；3. 三鼓形球指明飓风在香港之东；4. 笋形球其尖向下其下并悬一鼓形者，指明飓风在香港东南；5. 笋形球其尖向下者，指明飓风在香港之南；6. 笋形球其尖向下，其下并悬一圆球者指明飓风在香港西南；7. 圆球指明飓风在香港之西；8. 笋形球其尖向上，其下并悬一圆球者指明飓风在香港西北（以上均离港在三百英里以内）；9. 加紧警报，笋形球两个尖上下相对者指明香港现有飓风。第一至第八条所悬之报风球并非决定省城天色必变，其第九条之加紧警报亦并非

---

 ① 陈昕、郭志坤主编：《香港全纪录》第1卷，上海人民出版社1997年版，第135页。
 ② 海关总署旧中国海关总税务司署通令选编编译委员会：《旧中国海关总税务司署通令选编（1861—1910年）》第一卷，中国海关出版社2003年版，第385—386页。

预料省城必有飓风，第九条之球指明香港现有飓风，则省城或有大风吹到亦未可定，但由港传来风信均用电报传递本处即照式升球，是以此项警报全靠电报。① 1908年，香港天文台预先警告香港遭遇大风，命港中船只戒严，但仍有船舶行驶至香港，有7艘被吹导致搁浅，所有舢板吹散。② 第2日，英国轮船英京号被吹沉，船中乘客被救起40余人，200多人淹毙。③ 大风起时，该船舶已经停泊在避风所，仍遭遇此难。1909年10月，香港警报速发飓风通过，距香港30里之东，故船舶人畜等，很少被害。④ 实际上，仍旧存在轮船遇害情形，警报只能降低航行风险，但是无法完全规避风险。1909年10月，香港丸轮船遭香港近海大飓风，为遇难破船片所冲击，船体受微伤，但乘员无一人被害。⑤

面对台风引发灾难，需要完备预防措施，仅仅是建设报风台是远远不够的，于是香港设立报风表，尔后避风港也应运而生。

> 船坞与报风表，四面皆海，港湾盘旋，则船坞设焉。有海军船坞、太古船坞、九龙船坞等，独是海军船坞，工程浩大也。香港之报风表，其种类分为一号、二号、三号、四号、五号、六号、七号者，各有表示。如悬一号，系二十点钟内或有大风；二号系预料大风由北方吹来；三号系预料大风南方吹来；四号系预料大风由东方吹来；五号系预料大风由西方吹来；六号系风将有增大之势；七号系风将成飓风矣。故就以上种类及表示而论，每逢大风将起之时，由天文台、船政署、青州九龙货仓、荔枝角、鲤鱼门等处，日悬球式以示警。晚间不能辨别，改用三灯代之。唯悬至第七号时，其水师差馆及船政署，燃放风炮，所有大小船舶同时停止。而小舟则驶入铜锣湾及旺角咀避风湾内也。⑥

有了报风表，那些水手就可以掌握天气第一手信息，为他们出海作充

---

① 《粤海关新定报风球式》，《申报》1908年9月20日，第2张第4版。
② 《香港电》，《时报》1908年7月29日，第2版。
③ 《香港电》，《时报》1908年7月30日，第2版。
④ 《飓风来兮》，《台湾日日新报》1909年10月22日，第1版。
⑤ 《香轮遭险》，《台湾日日新报》1909年10月23日，第1版。
⑥ 赖连三：《香港纪略（外二种）》，李龙潜点校，暨南大学出版社1997年版，第50页。

分准备。

> 天文台报风雨之例,凡风雨将兴,天文师必先报警。如竿上悬一鼓,则知风雨在港之东;竿上悬一波(指球),则知风雨在港之西;如竿上悬一竹笋之形,其尖处上向,则知风雨在港之北;其尖处下向,则知风雨在港之南。竿上悬有红旗,则知风雨在港三百英里外;竿上悬有红旗,则知风雨在港三百英里外;竿上悬有黑旗,则知风雨在港三百英里内。若在夜候,则悬有灯笼,其灯笼用两相串者,则知现时已有风雨;其灯笼用两相对者,则知现时风雨将止。兼有鸣炮报警,如炮声一响,则风雨将作,炮声二响,则风雨已作;炮声三响,则风雨大作。①

1911年,香港天文台悬挂报风号后,连日风雨不绝,各船艇都预先躲避,两日各大轮船纷纷避开,下午海上波浪甚为剧烈,船澳公司之过海小轮不敢行驶,以依大拖轮,由九龙用船载各人回港,来往尖沙咀小轮于初十晚停驶,当晚风力渐大,九龙鸣报风炮三响,船政署又鸣三响,添马兵轮及香港九龙各报风处,皆悬一黑色十字架,指明飓风已至,燃炮后,风声愈烈,狂吹很久,自初十日下午4点钟起风雨表,5点钟始略有起色,由电话报告该处,风雨针降低,风由东南方来,荷兰灯塔则无报告。②

(四) 灯塔的设置

轮船夜行且经过岛礁甚多的海域,如何避险呢?在适当位置建立灯塔,即可降低航行于此的风险。海面有生石显凸水面或有隐伏水中,行船者倘若不知,偶与此石相触,则船破货坏,每年都有类似事件发生,因此各国考察所属海面险要之处,即在石面建灯塔,每塔数人看守,夜则在塔顶燃灯数盏,照耀海面,方便行船远处预知,早作趋避,且各塔以灯色,分别如某塔则专用某样灯色或用灯自旋转半明半蔽,使船中人望之而知其为某地之某塔,也自各险建塔之后,永无破船坏货之患。每船到此测量船

---

① 陈镪勋:《香港杂记(外二种)》,莫世祥校注,暨南大学出版社1996年版,第91页。
② 《香港风雨纪闻》,《申报》1911年8月14日,第2版。

舶大小，作为抽税，补足每年灯塔维持费用。① 灯塔如图3-1所示。

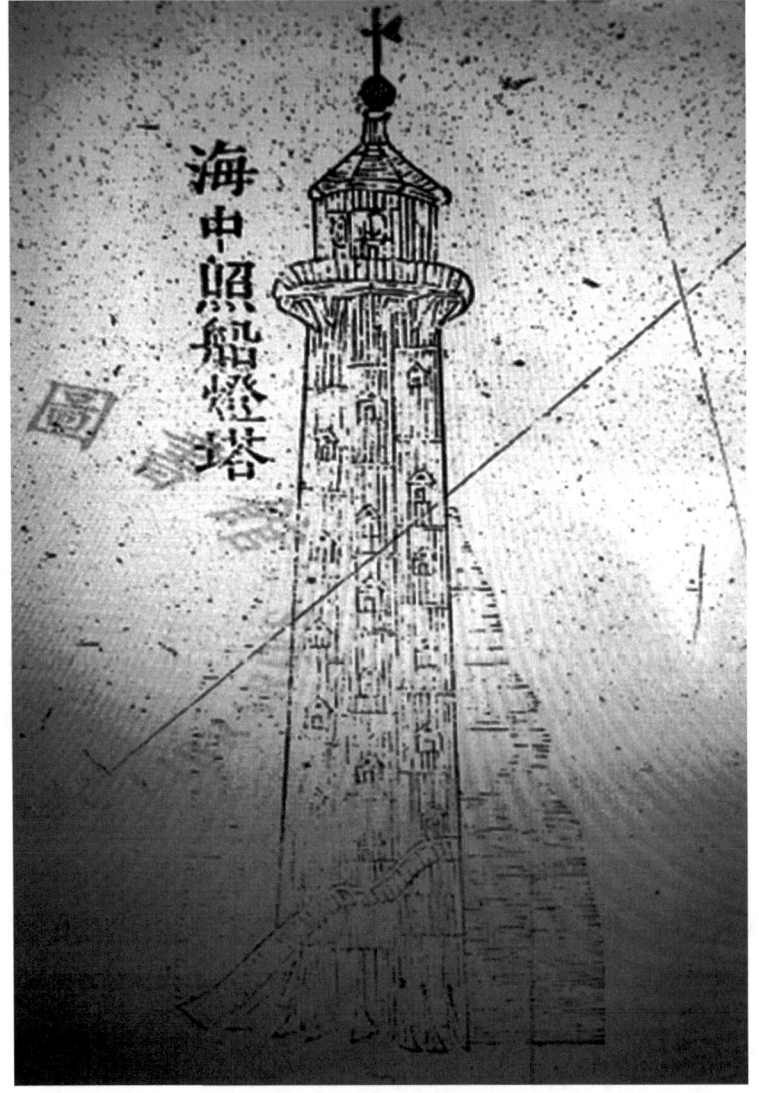

图 3-1 海中照船灯塔
资料来源：《遐迩贯珍》1856年5月1日第5号，香港英华书院印刷，第2页。

政府直接以香港为中心建设灯塔。1875年，香港在海口前经之地议筑塔灯，以便夜行船进出，工程完成，以后费用甚巨，需要妥筹，集议得进

---

① 《海船灯塔画解》，《遐迩贯珍》1856年5月1日第5号，香港英华书院印刷，第1页。

口的船计装货吨则征仙士1枚，在4月11日为开始，若省港澳轮船以及日间载货之华船则不在此例。① 8月，双树湾塔灯业已竣工，港督与按察司、辅政司、律正及官员多人，同乘小火船前往登眺巡查，堤岸为风水所冲激，火船受阻碍，按察司、律正司及西官两员驾船入海，而转棹回望，塔灯璀璨，照耀空明，觉心旷神怡。② 夜间船舶进出口港口需要照明的灯塔。1875年，在德忌笠角建立了第一个一级灯塔，能见度达23英里，使船舶可全天候进港，接着在青洲又建立了一个四级灯塔。1888年，中英会商在香港之南40英里处设灯塔，以利轮船夜航，1892年在石岛建一级灯塔。③ 为了确保船舶夜航安全，1875—1876年政府先后在鹤嘴、青洲和黑角头三地建立导航塔各一座。1892年，港岛东南横澜岛上的灯塔启用，天气晴朗视距可达32海里。1883年，香港天文台在九龙落成，同年铜锣湾建成面积约100英亩的避风塘，供小船避风使用。④ 1880年，河海沿岸设置航标灯塔，到1911年，从汕头东南到琼州海峡，沿海共建灯塔9处10座，从珠江入海口到省河，以及潮汕、港、澳、琼州、北海等沿海一带，也陆续建立航柱和小型灯塔、浮灯、灯柱。这些设施均由海关营造。香港、澳门分别由英、葡当局建有大灯塔1座、2座，小灯塔多处。1902年，省河上下共设小灯塔21处，水运安全制度始于通商口岸设立海关税务司，管理权属海关理船厅。⑤ 早期灯塔设立的目的和功能，是规避出海航行风险，为夜间轮船航行指引。香港附近海域岛屿甚多，不利于轮船夜行，如果没有灯塔的指引，那夜晚出海的风险将大大提高。1905年，在珠江口内建成横门口灯塔。灯塔的建设需要一定的技术和经费，拱北所辖的中国水域只有位于马骝洲水道礁石上的一座浮标。该浮标涂有红、墨相间的方格，罩着黑色的球状护罩。澳门的东望洋灯塔，据称是当今世界上最古老的同类灯塔，1910年装备最新型的隐藏式灯器。⑥ 灯塔建设对于轮船的出海航行是一种安全保障，同时香港的港口建设，可以扩大轮船航运业，并促进码

---

① 《香港建造塔灯》，《申报》1875年4月19日，第1版。
② 《夜游败兴》，《申报》1875年8月28日，第2版。
③ 参见张晓辉《香港近代经济史（1840—1949）》，广东人民出版社2001年版，第104页。
④ 卢受采、卢冬青：《香港经济史》，人民出版社2004年版，第134—135页。
⑤ 方志钦、蒋祖缘主编：《广东通史（近代下册）》，广东高等教育出版社2010年版，第740页。
⑥ 莫世祥、虞和平、陈奕平编译：《近代拱北海关报告汇编》，澳门基金会1998年版，第83页。

头、仓储业、保险业的发展。"船舶与港口是水运生产的两大基本要素，二者互为条件，互相制约。"①

华南地区灯塔建设，以香港为"圆心"，通过"同心圆"的方式辐射到华南整个区域，依此相应建设而成。从广东东部沿海逐次向珠江口的依次有东澎岛、鹿屿、石碑山、横栏及马尾洲等灯塔（如图3-2所示）。

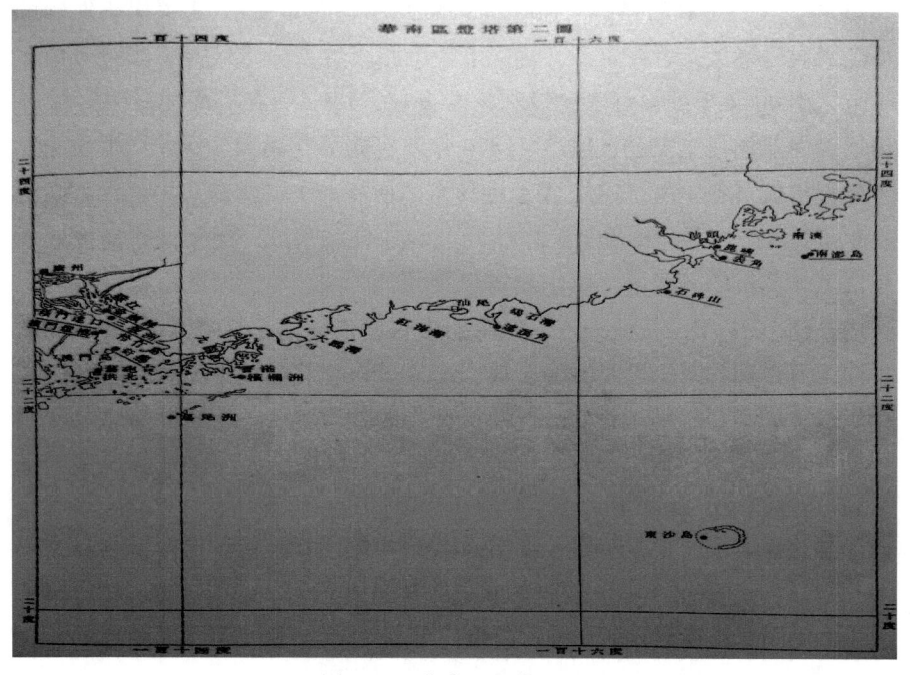

图3-2 华南区灯塔二图
资料来源：班思德：《中国沿海灯塔志》，李廷元译，上海海关总税务司公署统计科1933年版，第75页。

（1）东澎岛灯塔，位于广东最东部沿海，置灯一盏，灯光高出海平面241英尺，光力可照及22海里。其他简介不详。

（2）鹿屿灯塔，始设于1879年，堪称华南沿海灯塔鼻祖。位于汕头内港进出口处，是该港通过水道往广州港的第一道险要关口。灯塔即建在该屿东端之山巅，位于北纬23°19′54″，东经116°45′32″。塔身为生铁所造，外涂红色。自1880年起，始燃六等透镜白色定光兼红色闪光灯。每半分钟闪红光一次，烛力167支。晴时仅8海里内可望见。该灯塔主要是作为引导船只

---

① 张后铨主编：《招商局史（近代部分）》，人民交通出版社1988年版，第170页。

驶经拦江沙及出汕头港之用。它是帝国主义控制中国海岸线的一个据点。据班思德《中国沿海灯塔志》一书记述，该塔设置之初，空缺主任管理员。但自1886年4月1日起，由英人查柏门充任，直至辛亥革命后1913年，方改由中国人接任。英帝国主义直接控制灯塔长达二十余年。

（3）石碑山灯塔，自1875年起即开始酝酿、筹建。1880年12月8日正式启用。石碑，又称赤沙澳，位于广东惠来县沿海，西南距遮浪角50海里，为广东沿海东路水道（亦为中国海岸线）转角之处。灯塔即设在此山之巅，在北纬22°56′24.5″，东经116°29′43.8″处（如图3-3所示）。

图3-3 石碑山灯塔图

资料来源：班思德：《中国沿海灯塔志》，李廷元译，上海海关总税务司公署统计科1933年版，第85页

石碑山航路十分艰险，自古海事层出不穷。外国侵略者的舰船亦在此处吃过不少苦头。1875年11月1日，英国三桅船"塞里"号曾在此附近失事。1878年10月13日，德国二桅船"波丽"号亦在这里沉没。帝国主义列强对投建石碑山灯塔格外卖力，仅灯具就几经改置，"弃旧图新"。该塔为一细长的圆柱形，外饰黑白两色横纹，并附以数根支柱，宛如船桅。顶部建有平台，灯具即置其上。从1880年始燃时，采用的是头等明灭香相间灯，烛力约8000支，其灯质为一白两红弧形光。1909年改装85公厘白炽纱罩煤油蒸汽灯，使烛力增至25500支；红光烛力亦增至26900支。

（4）横栏灯塔，设立于1893年，为当时中国海关灯塔股设计制造。1901年移交港英政府管理。横栏，位于香港大东门水道东南，为一沙洲。

灯塔即设于该洲之巅。初建时,与大连老铁山灯塔皆采用当时最新式的水银浮槽灯机。后改置等头灯一盏,烛力为450000支。灯光高出海平面225英尺,光力可照及22海里。并备有地雅风雾笛一具。

(5) 马尾洲灯塔,置灯一盏,灯光高出海平面140英尺,光力可照及18海里。①

第一段:南路水道之珠江口,这段水道由广东南部沿海逐次向珠江口有:临高、关滘尾、海口湾灯塔及木栏头灯浮等。

(1) 临高灯塔,设立于1894年11月15日,临高,位于广东海南岛西北角,形势险要。灯塔即设在是处一方形多沙半岛的西北隅。塔基以12根螺旋桩打入沙滩,强行加固。塔身系锻铁所造,为一圆柱形,外涂红白相间之横纹。上置四等灯(内用灯芯灯头)。灯光高出水面63英尺多,烛力为10000支。

(2) 关滘尾灯塔,设立于1895年1月1日。关滘尾,又名架尾,位于广东雷州半岛之西南隅,北纬20°13′25″,东经109°55′5″。采用螺旋桩打基。塔身为锻铁所造,为一圆柱形,外涂白色(顶部有一段黑色横纹)。自1895年始燃时,采用的是四等透镜联闪灯(初用灯芯灯头),每20秒钟联闪白光两次,灯光约高出水面67英尺,烛力仅5000支(如图3-4所示)。

(3) 海口湾灯塔,设立于1894年6月15日,此塔为锻铁矮塔,规模殊小。坐落在海口湾南岸,及海南岛向海之北端小土岩上,距海口约五六海里,北纬20°1′15″,东经110°16′10″。塔顶置六等透镜联闪灯,每45秒钟联闪白光三次,继以红光一次。白光烛力为1250支,红光烛力为1500支。晴时,10海里内均可望见。

(4) 木栏头灯浮,设立于1894年。木栏头乃海南岛北岸突出大海之一角。附近暗礁错列,险滩密布,为广东南部沿海最危险的地方之一。设有灯浮两具,作为指导船舶行驶之用。②

第二段:珠江进口至黄埔外港,这段航道有旧炮台、横门灯桩、横门进口灯桩、金锁牌灯塔等。

(1) 旧炮台灯塔,设于1865年,为葡萄牙人始建,它位于澳门附近

---

① 参见程浩编著《广州港史(近代部分)》,海洋出版社1985年版,第126—130页;参见班思德《中国沿海灯塔志》,李廷元译,上海海关总税务司公署统计科1933年版,第53—95页。

② 同上。

图 3-4　关滘尾灯塔图

资料来源：班思德：《中国沿海灯塔志》，李廷元译，上海海关总税务司公署统计科 1933 年版，第 57 页。

一座小山上，系珠江进口的第一座灯塔。建塔之初，置一不列等灯。迨至 1910 年，方改置三等透镜联闪灯机。从设置的时间来讲，堪称珠江航道灯塔之最。

（2）横门灯桩，设立于 1905 年 11 月 7 日。横门位于珠江伶仃洋进口的左内侧，为往返广州、江门及梧州的船舶所必经的交通孔道，此处共设两座灯桩。其建筑共分两层：底基以五根螺旋铁柱打入沙滩；上层用作寝室；最顶树以灯杆。建桩之初，采用的是六等单芯燃油灯灭相间灯，烛力为 114 支。

（3）横门进口灯桩，与横门灯桩同时设置。位于横门水道上游，设螺旋铁柱建筑一座。桩树其顶上悬七等灯光一盏，以引导船舶安全通过这段航道。①

(五) 加强港口建设

香港的地形决定了港口建设与布局，香港地区原为大陆山脉的延伸部分，属于华夏陆地，由于山体的沉降与海水入侵，形成多石山的岩岛。全香港海岸线约870公里，主要海湾有深水湾、浅水湾、赤柱湾、大潭湾等。这些海湾是良好的避风塘和海浴胜地。维多利亚港港阔水深，港内也有若干海湾，主要有九龙湾、红磡湾、爱秩序湾等②，海湾地形有助于海港建设。香港的码头建设日趋臻善，各大轮船公司组建自己的航运码头，以期降低航运成本，"余为尖沙咀广九铁路所建对岸码头及油麻地红磡九龙码头、旺角深水埔码头、长洲香港仔码头等，至省港轮船码头、潮安轮船码头、德忌利士码头、大阪商船码头、招商局码头、其他码头等，则可缕指而数也"③。除了货运码头外，香港的客运专用码头还有港英政府修建的维多利亚码头，天星小轮公司在中环兴建的天星码头和1900年启用的卜公码头（Blake Pier）等。④

1900年，新关卡分别设在粤江口和伶仃以代替汲水门，设在大鹏湾东面的鲨鱼涌和三门以代替佛头洲。3月1日在深圳开办了一个关卡。1901年2月19日又将沙头角的一个防哨提升到关卡的地位。此外清政府方面也还必须沿陆路边界设立边境防哨，前后计有下列各处：赤湾、鬼庙、沙头、龙津墟、罗坊、罗湖、莲塘、沙头角、盐母、溪三角、叠福、下沙和南澳。⑤ 1909年，港英政府通过九龙税务司夏礼士（A. H. Harris）请求中国海关帮同组织和实施一套稽查民船运火酒和精剂向香港的方案，以及一套将火酒之类货品交存由香港进出口货局管理的关栈制度。总税务司同意了这项请求，并推荐海关内班员培斯波（D. Percebois）为政府服务。⑥ 1911年，粤港拟定条约：准许汽艇遵照内港航行轮船章程在香港和两广省内非通商口岸间进行贸易，许给这类汽艇的拖曳权益；拖入内

---

① 参见程浩编著《广州港史（近代部分）》，海洋出版社1985年版，第126—130页；班思德《中国沿海灯塔志》，李廷元译，上海海关总税务司公署统计科1933年版，第53—95页。
② 庄义逊主编：《香港事典》，上海科学普及出版社1994年版，第6页。
③ 赖连三：《香港纪略（外二种）》，李龙潜点校，暨南大学出版社1997年版，第45页。
④ 卢受采、卢冬青：《香港经济史》，人民出版社2004年版，第134页。
⑤ [英] 莱特：《中国关税沿革史》，姚曾廙译，生活·读书·新知三联书店1958年版，第310页。
⑥ 同上书，第409页。

地驳船的封舱，行驶内港汽船及其拖船所载货物在海关分卡缴纳进口税和子口税事宜；通过陆路边界的货运以香港政府所选择的特定进口税和子口税事宜；通过陆路边界的货运以香港政府所选择的特定进口处所为限的规定等等。①此外，1908 年，政府拟设立船舶避难所，当局拟以 50 万经费筹设于罔语谷兹伊之处，拟从船舶增加灯台税，因大体计划妥议后，遂决定施行右灯台税。若对港内汽船吨数计算，则一吨按定一仙之六分五。若其他汽船，则一吨按定二仙，明年 1 月 1 日施行。② 为了筹集资金建设海上避难所，香港对诸入港船之征税，原灯台税每吨 1 钱，自 1909 年 1 月 1 日起，征收 2 钱，然后再投 143 万元，以为新筑灯台费，并设海上避难所。③

综上所述，香港附近海域航行船舶所面临的风险，诸如极端天气、风灾、火灾、触礁等自然灾害，确实给轮船航运业造成困扰，不利于航运业发展。基于航行存在的困难，民间人士实施积极救济，作用极其有限，同样港英政府实施积极应对之策，通过加强避风塘、报风台、天文台、电报、灯塔和港口建设等一系列举措，完善香港海域附近航海环境，一定程度上降低了因自然环境因素所带来的灾害风险。

第二节　人为风险及其管控

一　海盗骚扰及其应对

（一）海盗频频洗劫

海盗④是自航海时代起便相伴而生的问题，只是每个时期均有不同程度的发展。著名年鉴学派代表布罗代尔认为自从大海聚藏了一些紧密凝聚

---

① ［英］莱特：《中国关税沿革史》，姚曾廙译，生活·读书·新知三联书店 1958 年版，第 410 页。
② 《设避难所》，《台湾日日新报》1908 年 8 月 28 日，第 1 版。
③ 《香港增税》，《台湾日日新报》1908 年 10 月 10 日，第 3 版。
④ 学界对海盗的研究，可参考 ［日］松浦章《清代帆船东亚航运与中国海商海盗研究》，上海辞书出版社 2009 年版；［日］松浦章《明清时代的海盗》，李小林译，《清史研究》1997 年第 1 期；［美］安乐博《中国海盗的黄金时代：1520—1810》，王绍祥译，《东南学术》2002 年第 1 期。

的社会以来，盗匪活动就在海上出现，以后不再消失。他分析了地中海盗匪问题，指出盗匪活动首先是对已经建立的国家—政治秩序，甚至社会秩序的保护者进行的一种报复。他还认为强盗往往受到或近或远的某个封建领主的指挥和操控。① 美国学者安乐博探讨了南中国海海域一带，包括太平洋的南海地区，北至中国沿海，南至婆罗洲（Borneo），东至中国台湾、菲律宾和马来西亚，西至泰国、柬埔寨和越南等，约四百万平方公里的地区，长达约六个世纪，在当前国际法和当地政府眼中，被视为"非法"的"海上活动"和"海上活动组织"的特性、散布范围和影响程度。② 美国学者穆黛安研究18世纪末华南海盗活动增长的原因不是单方向的，除了生态环境、外部干预和股匪本身的内部发展外，土地缺乏、贸易增长及广东对越南大米需求导致了水上世界海盗不断增长，然而外部庇护，促使海盗走向大规模发展的中间步骤，得到西山政权庇护。海盗内部组织不断发展，最后形成六个帮派的海盗联盟，华南海盗走向巅峰。③ 日本学者上田信认为19世纪海盗头目张保仔横行广东到越南之间海域，据说为了不忘记藏宝地点，还编写了朗朗上口的秘诀。④

近代华南地区海盗记载仍不绝于地方志和报刊中。随着鸦片战争以后华南商船贸易频繁，海盗随之猖獗起来。下面略述近代香港附近海域海盗发展的具体情形。

第一阶段（1842—1860年），香港开埠之初期海盗与官商勾结阶段。香港被占领三年以后，港内几乎没有一个正当的商人，而侵略者因为军费和开支浩大极为穷困，于是唆使沿海盗头四出劫掠船只，抢夺银钱货物，从中分赃图利。香港及其附近地区海盗的根据地在大鹏湾，英人来到香港之前，海盗基本上以香港和澳门为根据地。随着澳门落入外人之手，海盗被迫撤到香港，英人割占香港岛后，海盗仍旧在该岛立足，看中地形和地理优势，以大鹏湾为接应地，往来港澳之间侦察，补充军火，以及指挥布

---

① ［法］费尔南·布罗代尔：《地中海与菲利普二世时代的地中海世界》第二卷，吴模信译，商务印书馆2016年版，第133、135、141页。
② ［美］安乐博：《海上风云：南中国海的海盗及其不法活动》，张兰馨译，中国社会科学出版社2013年版第7页。
③ ［美］穆黛安：《华南海盗（1790—1810年）》，刘平译，中国社会科学出版社1997年版，第159—160页。
④ ［日］上田信：《海与帝国：明清时代》，高滢滢译，广西师范大学出版社2016年版，第417页。

置中心，以大鹏湾为据点，香港海盗在华南沿海通商日趋茂盛地区，开始逐渐活跃起来。① 海盗自称为官最出名者是赞臣也、哩时和哈等坚。自称幕客最出名者是马礼逊和匪伦，俱听其指挥，无恶不作。可知当时香港海盗是有其政治背景的。1841年12月，逆夷盗匪劫去长洲渡船，被劫去银1200两，外加客货及衣物，渡主为唐亚泽，抚夷目买办卢亚景以关税说兵头，纳银赎渡，兵头不亢。1842年，马礼逊回澳门问卢亚景中国官员有何议？卢答复说英国甚穷，月间专掠船只银货，以充军需。② 盗匪劫掠背后就是英军指使，目的是补充军需。盗匪头目卢亚景经常在九洲、九龙、大屿山、佛堂门各洋面经过的商船作案，被劫往香港的有27只之多，所得银两素充英军兵船，发动鸦片战争后，官禁断兵船火食，卢则窜往香港裙带路，串通香山、新安奸民，仍然向英兵船提供伙食。③ 卢亚景作为盗匪头目，与英军相互勾结，关系非同寻常。

19世纪50年代港英政府开始着手治理盗匪活动，一定程度上抑制了盗匪的猖獗。1854年4月，邮船公局的火轮船由金星门来香港，在海面遇有数盗船聚集商船，火船即前往援救，盗船盗匪逃逸，其一逃至伶仃洋搁浅，盗匪弃船向山岛逃逸，此时商船已被火焚烧，火轮即放三板划艇抢救。④ 7月，香港附近洋面海盗四处劫掠，有2枝桅花旗师船出海缉捕，又增加英师船1只出海巡缉。⑤ 8月，中国大货船由海南驶行来香港，在外洋被海盗劫掠，船主来香港求救，经西东火船公局发派火轮船1只，将被劫之船牵驶回港。汲水门洋面有民艇2只被海盗攻掠炮轰，导致船艇内2人受伤。海洋面有中国盐船被盗船5只围抢去盐一万八千两及舱内米粮、衣物和银两。随后又有民船2只在该处洋面被劫掠。英公局派火轮船配以水师兵前赴伶仃洋，捕获盗匪船1只，盗匪40名，解交政府审办，各匪都是累犯和重犯。⑥ 12月，花旗火船由香港往澳门，途经大猊山，适遇贼船团伙开炮攻击，可惜火船势孤，且值湾中水浅，导致失利，遂将火船退回香

---

① 鲛人：《香港海盗史话（二）》，《大众周报（香港）》1944年第2卷第24期，第8页。
② 《英夷入粤纪略》，《鸦片战争》第三册，第22页，转引自丁又《香港初期史话》，生活·读书·新知三联书店1958年版，第76页。
③ 同上书，第77页。注：卢亚景，是疍民，著名的海盗头目。
④ 《近日杂报》，《遐迩贯珍》1854年4月1日第4号，香港英华书院印刷，第8页。
⑤ 《近日杂报》，《遐迩贯珍》1854年7月1日第7号，香港英华书院印刷，第8—9页。
⑥ 《近日杂报》，《遐迩贯珍》1854年8月1日第8号，香港英华书院印刷，第6、7页。

港。① 1856年，英国兵船从香港驶向厦门，中途适有西洋华艇与唐人大货船一只，船内货物值银3万，均被盗匪掳去，船主向兵船求救，于是亲带兵船协同唐官捕盗贼，夺回华艇民船2只，获得海盗9名，交予政府究治。② 海上盗贼蜂起，不可胜数，皆因官府无节制，遂使群盗劫掠海岸，既失察于前，又不剿捕于后，中外已经通商贸易，寄希望外国代除盗匪问题，似乎比较困难。③ 该阶段由于香港开埠，各方面政策开始实施，给予海盗发生提供契机，尤与港英政府暗中支持不无关系，因此该时期大海盗头目一般具有背后政治靠山，都将香港视为庇护所和窝点，港英政府扮演特殊的角色。直到19世纪50年代以后，港英政府才开始加强治理附近海域盗匪活动。

第二阶段（1860—1898年），海盗独立发展阶段，海盗走向外洋，盗劫手段多样化，且所造成危害极大。1873年，香港商船顺风驶行至离港60里，突遇盗船3艘，迎头截击，群盗登船将众商10余人捆住，然后开始行劫。④ 盗风如此盛行，影响粤港之间贸易往来。香港盗患屡禁不止，在香港中西各商遭此侵扰。8月22日，英国轮船"火花"号开往澳门途中遭遇海盗洗劫，海盗扮成普通旅客自广州上船，导致该船船长、大副、二副、事务长等均被杀害。⑤ 8月25日，香港轮船名士迫自港往澳，驶至半途，忽遭遇搭船匪徒多人，执械突出，将船主及司理3名杀死，盗匪将轮船上所有货物劫掠一空。⑥ 9月1日，澳门政府派人亲往轮船观看，景象狼狈极惨，船面遍处积血，舱户蹧蹋颠倒，残箱零物。据幸免者称船上搭附华客共186人，冒充客名的盗徒则22人，澳门所以先行凶者，由华客2人投报英商，于是船主名加罗偕2人乘艇求救，澳门督宪当即亲临该船查勘，救助受伤者。⑦ 香港轮船被劫掠消息传开，香港民众皆仓皇受惊，随后政府将盗徒抓获。9月24日，巡理府宪开堂审讯行劫轮船之海盗7人，巡捕官田君请将第一犯解交臬宪衙门审拘以成信谳，第二犯求巡理府勿定以海洋劫盗之罪，而治其盗窃之罪，其余五人则求释放，因无人到案做证，又无

---

① 《近日杂报》，《遐迩贯珍》1854年12月1日第12号，香港英华书院印刷，第13页。
② 《近日杂报》，《遐迩贯珍》1856年3月1日第3号，香港英华书院印刷，第15页。
③ 《近日杂报》，《遐迩贯珍》1854年11月1日第11号，香港英华书院印刷，第12—13页。
④ 《香港商船遇盗情形》，《申报》1873年8月20日，第2版。
⑤ 广州市地方志编纂委员会办公室、广州海关志编纂委员会编译：《近代广州口岸经济社会概况——粤海关报告汇集》，暨南大学出版社1996年版，第120—121页。
⑥ 《盗劫火船》，《申报》1874年8月25日，第2版。
⑦ 《详述香港士迫火船被劫事》，《申报》1874年9月1日，第1版。

赃物可凭，巡理府准其所请，第一犯解呈臬宪定案，第二犯罚作苦工一月，其余五人准每人觅保单25元。① 1875年，英国公司瓜里亚火船航行中发生故障，海水倒灌入船，设法停止，放各小艇下水，却遇海盗大船两艘上前攻击，任其随意掠取货物。② 1876年，有数海盗来剥取香港船坞的铜皮，为印度捕快所发觉，前去察视，遭到海盗以刀刺之，遭受重伤。③ 香港盗劫和粤省盗风日渐猖獗。1878年，在盛赤金铺陡遭盗劫时，铺中陡闻大火，但见盗众20余人，海盗分头搜刮，或入账房或入店柜计，被搜去金叶3两、英洋120元和银表3只，巡捕当场毙贼1名，巡捕受伤4人，随追随斗直至海旁，盗匪发枪与捕船互击，岸上巡捕官员催令整备小火船追捕，则盗匪已行驶至对海。④ 1876年，香港大渔船载有货物驶出港20里之遥，遇海盗蜂拥过船，见人便杀，弃尸于海，船中十余人，只有一水手见势不好，即奋跳入海抱一浮木，漂流海面，遇救送至港中治疗，其余无一幸免。⑤ 1878年，鹤山渡船由省行至黄连，突来匪徒70余名，沿岸追放火枪，船员死伤数人，盗贼拟下河滩夺船，幸渡船各水手迭开洋枪和长矛，击毙贼10余名，刺伤20余名，盗匪始丧气而散，转夺获贼船1艘。⑥ 1879年4月，中国船由港开往新会，突然有多人乘坐小艇，冒充巡船，又有多船前来围绕，相互枪击，前后共开七八十枪，数人中枪而殒，船中开炮抵御，杀盗16人，伤20余人，盗匪才退，该船主回港料理并向官府报案。⑦ 6月，港中西官将盗犯13名，移解广东政府审办，于当月26日尽行正法。⑧ 香港附近海洋巨盗经常出没，影响航运业的正常秩序。

1881年，德国3枝桅帆船名阿细敦由香港开出，在海面遇法国公司轮船，该船将号旗高扯，告知被盗抢劫，航行至香港，通知德人派兵船前往查看，无奈法公司船来报，未告知该船开往何处，兵船无从踪迹，旋即回港。⑨ 1883年，华人自旧金山回国，一船挟有重资，合雇华船回原籍，有盗船1艘泊公海外，等旧金山回华之船驶过，以图抢劫，巡捕跟寻至该处，

---

① 《节录香港近事》，《申报》1874年9月24日，第3、4版。
② 《瓜里亚火船遇到情形》，《申报》1875年5月4日，第2版。
③ 《悍贼行凶》，《申报》1876年3月16日，第2版。
④ 《香港盗劫》，《申报》1878年10月，广东省档案馆藏，档号：G2013-申报-0079。
⑤ 《海盗惨状》，《申报》1876年5月22日，第1版。
⑥ 《盗风太炽》，《申报》1878年10月17日，第2版。
⑦ 《劫盗公行》，《申报》1879年4月30日，第2版。
⑧ 《盗党正法》，《申报》1879年7月25日，第2版。
⑨ 《帆船被盗》，《申报》1881年5月12日，第1版。

果见有船两艘,内藏军械枪弹等物,随将盗20人尽行拿获解案。① 1884年,香港稽查西官小轮船至香港口外,遇到盗匪劫商船,海盗人多而商船人少,不敢与争,任其抢劫,劫走400元,西官命轮船追击盗匪。② 考虑西商恐远涉重洋易屡次遭侮辱,同时指责华官"纷扰",政府特派兵船保护。1888年,渡船在日间遇盗船二艘洗劫,盗匪将渡船上所有银洋、衣服等抢去,值洋4000余元,等盗船离去,渡客大声疾呼,适有小轮船驶至,告之被盗,小轮船即追盗船,盗见追赶将及将船驶拢岸边,携带所有银洋上岸,轮船将盗船上所有衣物取回,给予渡客。③ 1890年,南澳轮船出事后,所派兵船奋勇剿平,兵船一律改为钢甲铁甲,其价值每艘不下数十万金,每一发炮所费以英金十数镑计。④ 政府不仅加强自己实力建设,而且加大打击海盗的力度。香港盗患屡禁不止,中西客商遭此骚扰。南澳轮船由港启行不过50英里,强盗数十人先伪搭客,约于午餐遥见贼船接应,举行暗号,枪毙船主,严守吊桥,挟制车房,捆绑搭客,搜刮一空,船遂驶回香港。⑤ 1891年,粤港两地捕海盗,受制于各自管控范围,效果不甚好。⑥ 1897年,香港名比古轮船在新加坡相近地方被盗匪抢劫,共失去价值洋18000元,船主被杀,大副、水手14名均受重伤。⑦ 该阶段香港附近盗匪活动猖獗,抢劫的方式呈现多样化,各种花样层出不穷,盗匪穷凶极恶,十分凶残,烧杀抢掠,严重影响香港航运业和经济贸易的发展,粤港合力打击盗匪势在必行。

第三阶段(1898—1911年),清末香港海盗逐渐式微阶段,由于粤港政府加强整顿,时有派兵船保护航道,香港海盗走向内地或散居华南地区,开始分散各地作案,内河航道影响甚巨。西江航线屡屡遭到盗匪袭击。1891年,南澳轮船被盗,盗匪团伙已被中国兵船在澳门附近地方拿获3人,其余仍在追捕中。⑧ 1900年,江门轮船近日遭到劫掠,实属防不胜

---

① 《港中多盗》,《申报》1883年1月17日,第2版。
② 《追获盗船》,《申报》1884年5月25日,第2版。
③ 《渡船遇盗》,《申报》1888年2月24日,第1版。
④ 《整顿兵船议》,《申报》1890年12月23日,第1版。
⑤ 陈镪勋:《香港杂记(外二种)》,莫世祥校注,暨南大学出版社1996年版,第44页。
⑥ 《论香港会捕盗匪事》,《申报》1891年9月,广东省档案馆藏,档号:G2013 - 申报 - 0243。
⑦ 《轮船遇盗》,《新闻报》1897年7月14日,第2版。
⑧ 《劫盗就禽》,《申报》1891年1月31日,第2版。

防，以洋人 2 名冒充查货为由，实施抢劫。① 华南地区的海盗出没，势必会骚扰过往香港的船货。1906 年 3 月，美孚煤油公司货船航抵广东附近洋面，被海盗登船抢掠一空，该盗等保身有快枪四杆，子弹千余发，美炮艇高劳号闻警实时航赴该处救援。② 8 月 24 日，轮船遭海盗攻劫，受伤者共有 20 人，盗首在船内四处搜掠既毕，即运入停傍候之两小船内而离去，谣传盗党抢去之财物值银 6000 两。③ 1906 年港梧线西南号轮船在西江遇盗，英籍传教士 11 人被杀。④ 8 月 10 日，英船在广东拔锚向香港行驶，近西岛天将暮，突然遭到海盗 17 名洗劫，或举刀斩之，或举铳射杀之，惨虐无状，船中人无一敢反抗，将其商船中搭载 10 万两掠夺而去。⑤ 9 月 16 日，省港客轮汉江号抵港时遭火焚，烧死及溺死乘客 111 人。海盗出没无常，地方官不能认真缉捕，以致屡屡扰及外商。⑥ 8 月 28 日，英商轮船施南号在三水县被劫一案，至今尚未缉获。香港保安公司所属小蒸汽船永发号，自吴州搭载旅客及邮物，向江口启帆，不曾悬灯，以全速力进行，在距吴州 40 里遭到 9 名盗匪袭击，杀死警官 2 名，另外 3 名负重伤，小蒸汽船内所载银七百，阿片三箱被劫，然后下船逃逸。⑦ 1909 年，广东西路盗风猖獗，西江一带时常有搜劫拔船之事，附近地区调拨兵勇进行防范。⑧ 西江航线盗贼如此猖獗，势必对香港航运业与贸易产生影响。盗贼的作案方式如此隐蔽，手段多样化，轮船防不胜防，而且作案越来越频繁。盗贼作案的恶劣后果足以引起港英政府切实关注。这些零星的报导，盗匪活动危害很大，不仅劫掠财产，而且伤人性命。

因此，近代华南地区盗匪常有发生，袭击船舶和劫杀船员时有发生，如此猖獗的盗匪行径势必引起当局的重视。近代早期政府治盗不力是纵容海盗活动猖獗的要因。村上卫认为该时期广东海盗扩张与欧美人有关，利用与清朝关系且有勾结情形存在。⑨ 总之，随着盗匪活动严重影响航运与

---

① 《粤事二则》，《日新报》（新加坡）1900 年 4 月 7 日。
② 《译报》，《大公报》（天津）1906 年 3 月 31 日，第 3 版。
③ 《西江盗风日甚》，《申报》1906 年 8 月 24 日，第 2 版。
④ 陈昕、郭志坤主编：《香港全纪录》第 1 卷，上海人民出版社 1997 年版，第 132 页。
⑤ 《南清沿海之大海贼》，《台湾日日新报》1906 年 8 月 10 日，第 5 版。
⑥ 《严捕海盗之照会》，《台湾日日新报》1906 年 9 月 16 日，第 1 版。
⑦ 《广东附近海贼》，《台湾日日新报》1906 年 8 月 28 日，第 2 版。
⑧ 《扒船亦被贼劫》，《星洲晨报》（新加坡）1909 年 9 月 4 日，第 3 页。
⑨ 参见［日］村上卫《海洋史上的近代中国：福建人的活动与英国、清朝的因应》，王诗伦译，社会科学文献出版社 2016 年版，第 213—216 页。

贸易发展，政府开始发力治理海盗问题。

(二) 严厉打击盗匪

港英政府针对香港附近经常游弋的海盗屡次骚扰或劫持沿途航行船舶，妨碍船只的正常航行，采取相应措施进行整顿。18世纪末华南海盗船主要有8种：1. 齐桅海盗匪船；2. 大钓艚船，在广东沿海，艚船指一种货船，明代以后这类大船多在香港海湾避风；3. 白艚船和乌艚船，因船壳而得名，主要航行于福建地区，运输木材，经常去上海，又称上海船；4. 料船，可能是一种用于运送当地农产品的小船；5. 捞缯船和刘缯船，一种用于偷袭的箭船；6. 快船，当地普通的双桅船，用于捕鱼和验货商品买卖；7. 大开波船，可能与海波船相似，后者主要系潮州开往海南和安南做生意的货船，平均载重350吨，也可载重1000吨，有点像广东的开浪船；8. 双桅船。① 海盗船基本上还是属于木帆船范畴，历经半个世纪，海盗船整体呈现何种面貌，值得研究。尽管19世纪中后期开始盛行轮船，但从后来《申报》记载来看，大多数海盗船仍系木帆船。

港英政府是如何打击与整治海盗问题呢？一方面是寻求清政府的合作，共同打击海盗行径；另外一方面，是加强海上巡逻制度。

首先，粤港澳政府联合整治海盗问题，共同打击海盗行径，加强海上巡逻制度。1867年，香港为了消除海盗匪患，新设查船章程，赫德咨令粤督支持，按照嘉庆十五年定例，商船在洋面往来贸易，梁头在一丈三尺以上者带炮1门，其炮不得超过250觔，梁头超过一丈五尺以上者带炮2门，加一门以次递加，至多不得超过4门，每船携带鸟枪不得超过6杆，腰刀不得超过10把，均需呈请官府制给，回港缴官存库，再次出口再行请领。由于赴香港的华艇多系闽粤船只，各税务司请领取专牌出口，有此准单者视为良民，无此准单，则是违章行驶，便可查究。② 广东巡抚函称英国新设香港查船章程，请中国各口仿造办理，加强缉私缉匪，粤省政府认为设巡船缉私缉匪作为两用，即使另设巡船，也非税务司所能干预。如今广东租用缉私船4只，均用英人管带，安置18磅炮，以便缉盗，若将缉私与缉

---

① 参见 [美] 穆黛安《华南海盗 (1790—1810年)》，刘平译，中国社会科学出版社1997年版，第174—177页。

② 《申复香港查船办理情形由》，1867年4月22日，台湾"中央研究院"近代史研究所档案馆藏，档号：01-13-024-02-001，第1—6页。

盗分作两事，中外不能合作，日久必导致滋事，必牵涉衅端。①

粤港澳联合剿盗的实际行动。1854年，中国师船在九州洋面捕获盗船2只，驻澳门西洋师船捕获2只，尚有2盗船正在追捕之际，窜逃无踪。② 1862年10月，英舰"恩康脱"号、其他英国舰艇和法国军舰及清军士兵共同攻击集结在舟山的广东海盗，烧毁了200艘戎克船，尔后广东海盗受到压制，沿海并未有大规模活动。③ 1881年，香港巡捕在船捉获盗匪6名，缴获赃物数件。④ 1886年，香港天祥洋行之格来红轮船被劫，各国报刊公布盗匪，该盗先逃广州后，官宪通缉后，逃遁澳门，澳门巡捕密访严查，又逃逸入中国地界，粤政府派员悬缉，被获后，就地正法。⑤ 1888年，海盗在中国地方行劫，将当铺中伙计杀毙数名，载赃物逃去，中途遇中国官船1艘，盗船与之攻击，官船寡不敌众，致兵丁为盗所伤害，华官亦被戕害，因盗船开往澳门，经巡捕侦知踪迹，拿获盗船，海盗13人。⑥ 1890年，江广轮船由香港开赴广东，当该盗由香港搭船时已被侦知，赶发电信通报，等轮船行至黄埔，缉盗官兵先上船，官兵在该轮搭客中擒获盗犯11人，其中10男1女，皆携带枪刀。⑦

1891年南澳轮船被劫案经过省港通力协作成功破获后，省港两宪严办此案，获盗数名，询问时，供称7年前曾经劫忌厘巧者，遂正法于九龙城。⑧ 实际上，南澳轮船案被中国兵轮在澳门附近地方拿获3人，今后中国水师可助力剿盗贼，兵轮捕盗，起到震慑作用。⑨ 英轮在西江遇盗，已乘炮舰摩痕号前往梧州，粤督特电致该领事道歉，所有外国船只派华兵在船究察搭客行李，以资保卫。⑩ 1906年，英国商会因西南轮船被劫案，严厉诋毁粤督所行政策，英商通过外交部向清政府施压，要求华官迅速将此

---

① 《详论香港查船章程宜交总税务司兼理由》，1867年5月5日，台湾"中央研究院"近代史研究所档案馆藏，档号：01-13-024-02-002，第7—8页。
② 《近日杂报》，《遐迩贯珍》1854年7月1日第7号，香港英华书院印刷，第8页。
③ [日]村上卫：《海洋史上的近代中国：福建人的活动与英国、清朝的因应》，王诗伦译，社会科学文献出版社2016年版，第226页。
④ 《捕获盗犯》，《申报》1881年12月30日，第1版。
⑤ 《盗首就擒》，《申报》1886年1月19日，第1版。
⑥ 《巡捕获盗》，《申报》1888年3月20日，第2版。
⑦ 《盗党被擒》，《申报》1890年12月20日，第2版。
⑧ 陈镳勋：《香港杂记（外二种）》，莫世祥校注，暨南大学出版社1996年版，第44页。
⑨ 《论兵船拿获盗犯事》，《星报》（新加坡）1891年2月28日。
⑩ 《粤督以英轮遇盗与英领事电商善后之策》，《申报》1906年7月20日，第2版。

种海盗剿灭。① 粤港澳合力治理海盗问题，取得显著效果，但这仅是事后补救之举措，防患海盗问题，更应该制定相应的制度保障。

其次，港英政府建立海上安保机构，负责海上安全事务，香港除了海上警察区组织之外，有侦察队、水上警察、后备队、刑事支局、警察教练所等。水上警察，全体255人，尽为华人。② 水上警察负责管理水上安全事务，从1845年开始，港英政府依靠中国商人出资，装备了两艘巡逻艇在香港海面巡逻，并于1874年成立了水警。③ 香港水上警察负责香港海事安全，尽管其只有一艘船，但说明港英政府意识到了航运安全的问题。香港把这艘旧船粉饰一新，作为新成立的水上警察的总部。1884年2月26号，约翰·亚当号突然发生火灾，船上人员慌忙撤离，全船葬身火海。这样水警总部只得上岸，在尖沙咀九龙山上一幢古老的建筑物里重新设立。④ 香港水上巡警，负责附近海域巡逻任务，对附近海盗起到一定震慑作用。

再次，港英政府加强海上巡逻制度，制定相关举措确保航运的安全。香港派水师进行缉盗活动。1854年4月，英师船赴虎门外一带洋面巡缉海盗匪踪。⑤ 8月，英公局派火轮船配以水师兵，前赴伶仃洋捕获贼船1只和盗匪40名，当解交政府审办，各匪都是累犯重犯。⑥ 1855年，英人及花旗两相联合以防盗匪，设立船只守御珠江，不准红白兵在此相战，拟派英国战船4只及花旗战船2只湾泊广州，其威声大震可见。⑦ 1856年，香港开始加强海盗治理，定于每年冬春两季，即英（历）11月1日起，至4月1日止，每年朔日由江苏省吴淞派出水师船1只南驶沿海经宁波、福州、厦门、香港、黄埔各处；其夏秋两季，即英（历）4月1日起，至11月1日止，每月朔日，由粤省黄埔一律派出师船1只，北驶途经香港、厦门、福州、宁波、吴淞各口，饬令该师船，凡有途遇无论何国商船往来各港，对

---

① 《香港英商会筹议西南轮船被劫案之办法》，《时报》1906年7月24日，第2版。
② 参见谭炳训《香港纪略（外二种）·香港市政考察记》，李龙潜点校，暨南大学出版社1997年版，第176页。
③ 陈昕、郭志坤主编：《香港全纪录》第1卷，上海人民出版社1997年版，第36页。
④ 同上书，第94页。注：约翰·亚当号原是一艘大型货船，1834年起航行于印度和中国之间，专门运输鸦片。大概是载运量大，往返频繁，这艘船不久就被认为不宜于再做远洋航行，便卖给港英政府。
⑤ 《近日杂报》，《遐迩贯珍》1854年4月1日第4号，香港英华书院印刷，第11页。
⑥ 《近日杂报》，《遐迩贯珍》1854年8月1日第8号，香港英华书院印刷，第7页。
⑦ 《近日杂报》，《遐迩贯珍》1855年1月1日第1号，香港英华书院印刷，第10页。

请护送者即应如所请，妥为保护，不准海盗损害。① 香港水师开始投入海盗巡逻中。政府劝旅港各外国商人，为团练操演，添派兵役巡缉，以资护卫，由于经费繁多，告知商民凡铺屋租项每100元抽收3元，添募外国丁壮兵役，在东西两路建置炮台，海面设艇查缉，虽有土匪数万之众，无能为害，确保香港安全。② 海盗潜踞聚匿，扰害往来商船，特派师船到各海岛屿查缉盗匪，严行剿洗。凡有伏匿军械，形迹可疑者，必将其人船捕获，交政府从重惩办，以期肃清。③ 1856年，香港总督计划在海边筑一大路，接连上环直至兵房，方便客商出行，有助于夜间巡缉海盗。④ 火船拖兵船1只往担杆头捕贼获得贼船3只，击沉2只，被逃脱4只。香港往厦门货艇1只，在香港附近被贼掳，艇内货物值银30000员，遂向香港兵船求救，在其带领下前往缉捕，将所掳之艇夺回，获船2只，盗匪9人。⑤ 另外，由香港巡捕官所发，实行奖励制度，刺激民众参与打击海盗行动中。

> 照得本月二十四日，有匪党在扫秆浦东头明火打劫曾庆之铺，不但劫去家财，且将渣颠公司看更人杀毙一名，重伤两名。兹特谕尔等知悉，凡有知匪藏匪之处，亲赴大馆禀报，以便饬差拿获，果匪破获，每名即赏花红银五十大员，为此特示。⑥

香港主张用轮船剿灭海盗帆船，商船须结伴而行，船只须配置火炮，船员均须熟练操纵，同时采用兵船护送商船，虽说需要大量人力物力支撑，但是为了维持正常航行，长远来看还是值得的。1873年8月，香港附近有五六艘匪船敢于白昼抢劫，出海商帆船防贼炮械，船中水手都习练炮械，均能施用，仍旧有盗贼横行之害，可见粤东民性强悍，盗贼之炽，习惯自成，一时实难以剿灭。用轮船以捕盗，而盗犹往往为轮船所捕，盗匪

---

① 《香港大宪办理海盗示》，《遐迩贯珍》1856年2月1日第2号，香港英华书院印刷，第12页。
② 《近日杂报》，《遐迩贯珍》1854年7月1日第7号，香港英华书院印刷，第9—10页。
③ 《香港大宪办理海盗示》，《遐迩贯珍》1856年2月1日第2号，香港英华书院印刷，第13页。
④ 《大宪议筑海傍大路事》，《遐迩贯珍》1856年1月1日第1号，香港英华书院印刷，第5页。
⑤ 《近日杂报》，《遐迩贯珍》1856年3月1日第3号，香港英华书院印刷，第15页。
⑥ 《香港大宪办理海盗示》，《遐迩贯珍》1856年2月1日第2号，香港英华书院印刷，第13页。

所用帆船固难以避轮船锋芒，轮船既设武装，似可以奏效。商船航行宜设护商队，如上海至宁波和由宁波至福建以及各路商船视为畏途，非但结队而行，而且另有兵船护送，有船只单独冒险，幸有轮船护航，而海盗渐次肃清。① 实际上，海盗伴随着航运贸易事业发展而滋生，多种原因导致海盗的兴起，香港地区自不例外，附近海域时常有海盗出没，威胁航运安全，不利于维持正常航运秩序。

总之，近代早期香港附近海域海盗兴起与猖獗是多方面原因造成的，港英政府支持、贸易发展、动乱的局势、沿海海盗积习等因素。随着海盗影响附近海域航行秩序，扰乱贸易发展，粤港澳政府通力合作治理海盗，遏制海盗猖獗发展之势，但仍旧无法根绝海盗活动。

二、其他风险

除了海盗问题，还有其他危害轮船航运的事情，诸如船员内讧、轮船相撞、火灾等问题。第一类风险，船员内讧或相撞导致灾难性结果。1879年，香港英船由港出海开往福州，装茶叶而往澳斯的里亚，竟然失踪，船主及大副都被水手所杀，将该船挖一大孔，沉到大海，其余细情则不得而知。② 1884年，英国和路士加苏帆船由港启行往小吕宋埠，驶至中途，猝不及防，致与西班牙棉拿轮船相撞，轮船受损严重，返港修葺。③ 1904年，香港电称阿尔哥马轮船在唐薇鱼失事，全船沉没。④ 1908年，省港保安轮船搭客181人，由港开行，约3点钟后，忽闻倾覆，机师再行前进不料触礁，船只沉没，粤商自治会、方便医院和东华医院闻讯后，派轮船前往事发地进行救助，张督得知后派兵轮前往援助，此次事件溺毙数十人，大部分人被救起。⑤ 1909年，东方轮船公司西南号往来香港、新加坡一带，忽与英印公司轮船翁大号，相撞于利粤海峡处，西南轮船于10分钟沉没，船主、大副和医士各1人，搭客9人，华客84人，均沉溺于水而不得救。⑥

---

① 《拟请用轮船捕剿香港海盗说》，《申报》1873年8月26日，第1版。
② 《水手逞凶》，《申报》1879年2月19日，第2版。
③ 《两船相撞》，《循环日报》1884年3月7日，第2版。
④ 《轮船失事》，《新闻报》1904年7月9日，第4版。
⑤ 《保安夜轮沉没记》，《中兴日报》（新加坡）1908年6月19日，第4版；另见《香港士蔑西报言保安轮失事之异同》《香港保安轮失事续述》《香港保安轮失事三述》，《叻报》（新加坡）1908年6月22、23和24日。
⑥ 《轮船沉没》，《台湾日日新报》1909年12月11日，第1版。

第二类风险，轮船相撞造成海难事件。1883年，番禺黄埔海口为省港轮船必经之地，其附近乡人多有附搭火船或往香港，登岸时火船随即被潮浪所影响，小艇把握不定，被卷入水中，死伤未知。① 1885年，怡和洋行轮船装茶叶开赴外洋，启轮之际，与别轮船相撞，遂致将格楞富鲁音左边船撞开一孔，计上至下长十一尺，上边阔三尺下边阔五尺，船主将船驶至滩边，船尾已沉入海中，船头则尚在滩上，急忙令人搬卸货物，而茶叶已有被水浸者，加马答则船头亦遭撞坏，船中系装糖包，损在船头，尚可行驶，现已驶入船坞修理。② 1889年，招商局拱北轮船与英国轮船洪加纳者相撞，洪加纳轮船由香港出口，拱北轮船由牛庄驶往，正在进口，忽然相碰，拱北船头受伤，洪加纳船也有损坏。③ 1902年，德国轮船名格辣拉专门行驶香港与海防一带，在海口附近撞沉，搭客及水手已被救到法国轮船，仍有14人尚无下落。④ 1909年，黄沙龙船在鹅潭附近沙面航行，突遭到某小轮相撞，导致轮船倾覆，多人落水，幸得广东赤十字社派船救助。⑤

第三类风险，轮船搁浅事故也是时有发生，危害不小。1904年，香港电得知阿夫老尔特轮船在海南的南京岛沙滩搁浅，搭客只好改乘其他轮船前往目的地。⑥ 10月，马泰尔轮船于海口搁浅，所有搭客货物等均已由驳船载运登岸。⑦ 1909年，德兴轮船在江门北海地方搁浅。⑧

由此可知，除了海盗等人为风险外，轮船航行中存在偶然性人为风险，比如操作不当导致火灾或相撞，这些均需轮船船主加强安全意识。

第三节　非正当贸易及其打击

如何打击走私、鸦片贸易等非正当贸易，以保护正常贸易，香港自由港形成之后，随着贸易与航运的繁荣这些问题逐渐提上议事日程，是港英

---

① 《撞沉小艇》，《循环日报》1883年7月6日，第2版。
② 《撞船近闻》，《申报》1885年10月25日，第1版。
③ 《碰船述闻》，《申报》1889年12月5日，第1版。
④ 《轮船失事两志》，《新闻报》1902年1月1日，第2版。
⑤ 《黄沙龙船沉没纪闻》，《南洋总汇新报》（新加坡）1909年7月2日，第5版。注：广东赤十字社，近代广州成立的慈善组织。
⑥ 《轮船搁浅》，《新闻报》1904年8月10日，第4版。
⑦ 《轮船搁浅》，《新闻报》1908年10月14日，第11版。
⑧ 《德兴轮船搁浅》，《新闻报》1909年10月24日，第14版。

政府迫切需要解决的问题。

一 走私贸易

由于香港实施自由港政策，以促贸易繁盛，导致往来省港贸易货船时常偷税漏税，甚至有些船只经常走私。香港与广州海程相距400余里，货物云集，帆樯辐辏，商旅往来频繁，而走私漏税之风由此而起。1874年，海关设专人管理进出香港船只，设立巡舶无非防走私漏税，广州设缉私船，以防偷漏，香港市面西人因之大减。① 1874年6月，粤省政府派巡船以炮船稽查海面，查税和缉盗，5年中走私被缉获者，不下300艘，货物尽数充公，偷漏商人多被捕。② 香港贩私盐者，以私禁甚严，改而为盗，凡见有船只人手无多者，就索取银洋，不从则扣船勒赎，无恶不作。③ 1880年，香港轮船抵达广州，税关巡役在搭客中搜出洋布半匹中藏烟土，并有碧犀玉器数件，数日以来，凡是船载属行李物件，莫不盘查遍搜，即书信箱亦开行检查，以示缉私。④ 1883年3月，补用县道李家焯向督宪报告，在汲水门拿获私盐7000余斤和船2只。针对省港往来走私货物之便利，常有附带货物瞒税走私，希图获免而志存侥幸，每因小失大，致为关役查知，对没收货物进行开投。⑤ 粤港之间走私贸易虽然存在，但还不能与鸦片贸易相提并论。

二 鸦片贸易

(一) 鸦片贸易概况

近代中国鸦片研究，法国学者包利威对鸦片研究最为代表，深入地探究鸦片在中国的复杂演变，以小鸦片窥大中国，解构中国近代社会的巨变。⑥ 近代早期香港鸦片贸易比较具有争议性，港英政府经常在禁止与弛禁之间摇摆。关于是否禁止鸦片贸易远远比打击走私漏税和海盗要复杂，其中涉及各个阶层的利害关系，关系港英政府的财政收入、烟民的消费和外商的利润。

---

① 《西人论粤垣巡船之非》，《申报》1874年8月15日，第1版。
② 《论香港缉私事》，《申报》1874年6月24日，第1版。
③ 《盗党被获》，《申报》1886年1月29日，第1版。
④ 《严缉走私》，《循环日报》1880年4月20日，第2版。
⑤ 《督抚宪辕报》，《开投货物》，《循环日报》1883年3月30日，第2版。
⑥ [法] 包利威：《中国鸦片史（1750—1950）》，袁俊生译，中国画报出版社2019年版。

近代早期香港鸦片贸易的概况。1854年7月12日,火船名主山由加尔各答抵港,载来烟土1525箱;7月17日,英国公局称火轮船名儺拿由孟买抵港,载来烟土1075箱;7月27日英国公局下火轮邸船名加尼士,由孟买到港载来麻华烟土34箱半。① 1855年,香港政令报所载东西火船运入香港的鸦片箱如下:癸丑年鸦片箱36499箱,甲寅年鸦片箱46765箱。② 1856年,那拿火船到港载有鸦片土2012箱。③ 1873年4月,青囊室药局有新到外国包戒洋烟断瘾白药出售,此药在中国若广东香港、福建厦门、浙江宁波、江苏上海均行之已久,凡吃烟想戒者服此白药,屡见奇效。④ 由此间接反映了吸烟人数众多,危害极大。11月,粤港相连河道有走私船数艘,共装烟土100箱,为缉捕者侦知,炮船多只前去截堵,两船形成对垒,火炮轰天,私船实属劲敌,不能取胜,乘隙逃逸。⑤ 1885年,有华船十数艘载送洋药火油等私货,由香港出口,当有中国轮船4艘侦知该船载有私货,因尾随之,然后相互鏖战一昼夜之久,有数船被轮船击沉,另有小船数艘被轮船夺去,有10人为轮船生擒,其余落水及毙于炮火者不少,轮船上亦有数人被贩私船打伤。⑥

由于鸦片属香港专卖品,1901年后不列于海关贸易报告中,但有其他数据可以引证,在20世纪头十余年间,香港年均输出鸦片值在300万英镑以上。1911年中英签订关于鸦片的协议,香港鸦片输出明显减少。⑦ 以1904年输入九龙关的鸦片为例,主要是输入贝拿勒斯、马尔瓦、巴特那和波斯的生鸦片,总计达到629.08担。⑧ 另据推算1895—1931年间鸦片输入,包括正式报关进口和走私进口(1914—1931年进口未计)在内共计99.8万担,价值达8亿海关两。⑨ 1905年,香港实行鸦片烟制度,将熟制

---

① 《近日杂报》,《遐迩贯珍》1854年10月1日第10号,香港英华书院印刷,第9页。
② 《近日杂报》,《遐迩贯珍》1855年7月1日第7号,香港英华书院印刷,第12页。
③ 《近日杂报》,《遐迩贯珍》1856年1月1日第1号,香港英华书院印刷,第5页。
④ 《发卖专戒洋烟白药》,《申报》1873年4月17日,第6版。
⑤ 《广东私土船拒捕脱逃》,《申报》1873年11月5日,第2版。
⑥ 《贩私拒捕》,《申报》1885年12月1日,第2版。
⑦ 参见张晓辉《香港与近代中国对外贸易》,中国华侨出版社2000年版,第149页。
⑧ 中国第二历史档案馆、中国海关总署办公厅编:《中国旧海关史料(1859—1948)》第40册,京华出版社2001年版,第798页,根据表格整理所得。
⑨ 张晓辉:《香港近代经济史(1840—1949)》,广东人民出版社2001年版,第286页。

鸦片成烟，设置代理商，在指定烟馆实行专卖，收取鸦片税。① 1904年通过九龙输往各地的鸦片如表3-1所示。

表3-1②   1904年通过九龙输往各地的鸦片   （单位：担）

地区分布	地区	马尔瓦	巴特那	贝拿勒斯	波斯	生鸦片总计	熟鸦片总计
归善县③	凹头	—	2.10	—	—	2.10	
	龙岗	—	16.46	—	—	16.46	
	平海	—	53.00	—	—	53.00	
	淡水	—	219.58	1.25	1.21	222.04	
香山县	南萌	—	—	43.58	—	43.58	
新安县④	南头	—	—	28.67	—	28.67	
	深圳	—	35.03	29.73	—	64.76	
	沙头角	—	10.26	—	—	10.26	
	沙鱼涌	—	11.43	—	—	11.43	
	大鹏	—	23.96	—	—	23.96	
	大铲	—	1.53	19.77	—	21.30	
开平县	长沙	—	—	—	—	9.88	
	白沙	—	—	—	—	1.23	
	水口	—	—	—	—	17.36	
新宁县⑤	广海	—	—	40.29	—	40.29	
	新昌	—	—	60.54	—	60.54	
电白县	水东	—	—	—	0.98	0.98	
会同县	嘉积	—	—	1.24	—	1.24	
	总计	—	373.35	253.54	2.19	629.08	—

---

① 《香港鸦片烟制度》，《农学报》1905年第1期（上），第1页。该条例详细记载香港鸦片烟制度各项规定。
② 中国第二历史档案馆、中国海关总署办公厅编：《中国旧海关史料（1859—1948）》第40册，京华出版社2001年版，第798页。
③ 归善县，今广东省惠州市惠阳区。
④ 新安县，今广东省深圳市。
⑤ 新宁县，今广东省台山市。

(二) 各方舆论反响

对鸦片危害的认识，从民众的言论、报导和公文，都可以觉察一二。首先来考察民众的心理以及民众希望如何处理鸦片贸易；其次，探讨政府是如何认知和处理鸦片贸易的。

先从报刊时论入手。自道光以降，鸦片流毒散漫清朝神州大地，直至光绪年间，仍屡屡大行其道，中外民间对此多有批评。1890年，西方人士认为鸦片危害极大，掌控别人生死大权，外洋开始禁止鸦片，但对中国施以隐忍，坐视不理，应为中国力请禁止鸦片烟。① 1892年，时人总结吸食鸦片的五十大危害，并编成俚语，例如：三十四害，购买烟具不惜重价，导致家贫，兄弟亲友惨如刀割；三十五害，疏漫亲友，往来不答；三十六害，外出未携带烟具，不择地不择人，卑鄙下流皆可互换烟杆，自失身份；三十七害，亲朋好友苦口婆心劝诫，反成仇隙；四十害，常伴随灯具睡，偶有失慎，延烧帐被，遂及屋宇身体性命；四十一害，诱导兄弟子女吸烟，危害子嗣后代；四十二害，群居烟馆，穷极无聊，小则行窃，大则行劫身陷刑罪；四十四害，吸烟众多导致民穷民困，盗贼烽火频兴；四十七害，吸烟导致白银大量外流；四十八害，洋人收鸦片重利，有助于洋人建造洋楼造火船，铸铁路，富国强兵。② 由于吸烟流毒甚广，上危及国家财政军力，下伤害黎民百姓的身心健康，于是民众禁烟呼声非常高。鸦片流毒中国，耗费资财，令人痛恨，中国利源外流数千万元，英商输入中国鸦片明目张胆，源源不断，导致国库损失，造成国民吸烟众多，危害极大。③ 1904年，南洋报纸论述鸦片问题，呼吁中国国民宜戒鸦片，增强国力，振兴艺学，最后才能国强民富。④ 1905年，时论中称吸烟危害很大，吸烟人数众多，提出戒烟办法，分析三不戒的现象。⑤ 1906年，烟毒流行中国数十年，屡禁而终不能绝，鸦片归政府专卖之说起，于是吸烟者亟谋所以戒除之道，友朋亲戚互相劝诫或立社以资提倡，或者论以广劝诫，以渐除烟毒。沉溺吸烟大抵因心未坚而志未定，如今上有强迫之令，下有互劝之法。从今以后，未吸者当不致再犯，既吸者当可以日渐减少，中国由

---

① 《风闻西员请禁鸦片论》，《星报》（新加坡）1890年7月2日。
② 《续鸦片五十害俚言》，《星报》（新加坡）1892年9月20日。
③ 《鸦片利害说》，《星报》（新加坡）1892年10月21日。
④ 《论中国民宜戒鸦片以图强兴艺学以图富》，《天南日报》（新加坡）1904年3月7日。
⑤ 《戒烟说》，《天南日报》（新加坡）1905年2月11日。

贫弱而转富强。① 鸦片之危害，认识到其危害者不下千百人，振武宗社发起禁烟乡风，实行戒烟政策，然而痼习甚深，挽回不易，一纸空文，恐难振刷全国之精神，而唯一宗旨在根源上杜绝源流，仍难免于流之横溢。② 1907年，时人认为鸦片导致社会乌烟瘴气，沉溺鸦片，造成国民体弱，国库空虚，战斗力急剧下降，于国于民均伤害极大。③

尽管民众认识到鸦片极具危害性，似乎有积重难返之势，更不应忽视当时吸食鸦片成瘾者的心态。1907年，广东何必名先生认为吸烟系济世益人好物件，各地吸烟者均系神清气爽，若能找出一个不适者，即可反驳。④ 何先生认为西人吸烟日益昌明，鸦片又极香，吸一口，无论五脏六腑，三焦八脉十二经十二络，五大穴位，八万四千毛孔，外而五官四肢，每吸一支，均可感觉到畅快，由于只图畅快，导致损身体耗资财，甚至到积弱国危，都系自己的事，与鸦片无关，西人将鸦片制成药就可以治疾病。⑤ 当时烟民吸烟上瘾后，居然认为不但无损身体，而且有益，这种人不在少数。时人将吸食鸦片者进行分类，第一类大思想家食烟，大文豪家食烟，大富豪家食烟；第二类山林隐逸之士，如僧尼道士，富家寡妇。因此可将烟民划分上中下三等人，因为品类不齐，断不可吸烟，现在国库空虚，戒烟则要中英两国合力举办，各限10年禁绝，逐年减种。⑥ 英绅向《泰晤士报》称香港不查核鸦片事宜，竟将鸦片馆禁止，于理不合，即竭力驳诘。⑦ 因此，虽然民众知道鸦片危害性，但亦未能尽改变吸烟者心态，他们抱着自己舒服、无关他者的心理，甚至找出合理理由为其辩解，从而促使吸烟合法化。由此可知历史真实面貌有时出于后来者所料，由于各自所持立场不一，形成不同的观念看法，负面的东西不一定就会遭到时人的否决，相反正能量的事情未必得到所有人的支持，无疑影响了某些举措的实效。

随着烟毒不断被诟病，还是有民众对禁烟举措建言献策，有人提出自己的主张与建议。1891年，时人提议禁烟，有人说设立重典，有人说课以

---

① 《戒烟说》，《申报》1906年3月23日，第2版。
② 参见《论禁烟机会不可失》，《申报》1906年6月11日，第2版。
③ 尹：《禁烟后之希望》，《申报》1907年6月12日，第2版。
④ 《纪粤东何必名先生醉登发言台演奉旨戒烟说》，《叻报》（新加坡）1907年1月21日。
⑤ 《续纪何必名先生演奉旨戒烟说》，《叻报》（新加坡）1907年1月23日。
⑥ 《三续何必名先生演奉旨戒烟说》，《叻报》（新加坡）1907年2月4日。
⑦ 《英绅论香港禁烟吃亏事》，《顺天时报》1908年7月11日，第2版。

重税，有人说持之以恒，有人说宜行逐渐论等等。① 时人请清政府因势利导，且与商人合力禁止烟土入口，英国多数议员表示赞同禁烟，如今救亡之道，莫不呼喊禁止烟土，借此机让华人脱离苦海，此番禁绝烟土机不可失。② 若想要堵塞其源而绝其根源的话：一是在于禁止布种；二是在于禁止输入，权衡其难易，禁布种则有完全控制权利，但是输入则没有。于是时人提出禁烟具体方法：一、宜用西法；二、烟丸只能代不吸烟之瘾，不能治不吸烟时之病；三、戒烟丸断不能无鸦片；四、戒烟丸宜用鸦片不能用吗啡；五、戒烟丸内不能杂以补药；六、戒烟不能无毛病；七、戒烟之病；八、戒烟宜忌。③ 1909年2月，万国禁烟会议召开，讨论了鸦片的毒害及其控制办法，决议逐步禁止鸦片，拟定防止滥用鸦片办法，敦请各国重新制定检查措施，并控制吗啡制造、销售和运输。④ 1909年，中外各国代表在上海召开万国禁烟会议，奉旨禁烟，以10年为限，据称各省土药均已减种，江南地区减少80%，绅商多提倡劝诫之举。⑤ 3月，万国禁烟公会颁布9款条例，中国政府以禁除全国鸦片烟出产行销之视为重大实力，施行日渐进步，得到其余会员国的承认。⑥

清政府层面上，官绅对鸦片贸易危害的认识十分透彻，从其举措行事，可以了解其禁烟的决心。蒋廷黻认为当时人对禁烟问题都带了几分客气，在他们私函中承认禁烟困难，在奏章上却是迎合皇上的旨意，唱高调，其实禁烟是个极复杂和极困难的问题。⑦ 1908年5月，总理禁烟大臣等奏请禁烟事务，暂租借房屋为公所，设立禁烟所，专司查验，以便迅速开办，并刊用关防。⑧ 7月2日，清政府要求开办禁烟公所，责令各部院属员戒烟限令6月底截止。⑨ 9日，清朝王族大臣会议筹办禁烟事宜，奏定章程后，责令各属知照，切实查禁，不可稍形懈怠，如有未能遵章戒净者，无论王公、贝子、贝勒及京外诸大臣及各属员，据实奏案查办，绝不徇

---

① 《烟禁探源说》，《星报》（新加坡）1891年8月29日。
② 《论中国禁烟机会不可失》，《叻报》（新加坡）1906年6月23日。
③ 参见《戒鸦片微言》，《申报》1907年4月26日，第5版。
④ 中国革命博物馆编：《近代中国报道：插图本（1839—1919）》，首都师范大学出版社2000年版，第645页。
⑤ 《初记万国禁烟会议》，《南洋总汇新报》（新加坡）1909年2月20日，第3版。
⑥ 《万国禁烟会公决九款》，《南洋总汇新报》（新加坡）1909年3月23日，第3版。
⑦ 蒋廷黻：《中国近代史》，武汉出版社2012年版，第10页。
⑧ 《禁烟大臣奏开办禁烟事务折》，《叻报》（新加坡）1908年5月19日。
⑨ 《禁烟近闻》，《南洋总汇新报》（新加坡）1908年7月2日，第1版。

隐，以肃禁令。① 22日，政府颁布奏定禁烟查验章程，拟请分别查验禁烟事宜，责令在京各堂官、大臣、在外监司以上大员切实办理，凡有查验确认者，将送至禁烟所诊治，各直省应一律设所查验，以期达到与京城通力合作，而收实效，并且颁发表式填注，以昭核实，同时拟请申儆严禁种烟，戒烟医药拟向民政部筹办，官民分别对待处理，对各戒烟局办理得力者，给予奖励。② 9月，根据江苏省实情，都察院许珏请变通禁烟期限，栽种、贩卖、吸食均宜限制，因地制宜，长淮以北以限制栽种为主，以年为限，大江以南以限制贩卖为急。③ 清政府责令粤执行奏定禁烟章程10条，广东各县乡烟土店概由登记查明，方可出售。④ 12月，晋抚宝棻奏陈禁烟办法，主张禁烟两法"禁种"和"禁食"，根据各地实情禁止种植和严格禁止各阶层吸食鸦片，两者互为表里。⑤ 由此可知中央和地方等高层官员赞成禁止鸦片，并提出切实可行的举措。此外，英国政府开始行动，禁止英国各殖民地鸦片贸易政策，迫令香港政府禁绝。香港烟馆1910年均将闭尽。⑥

政府不仅是停留在政策上，而且是落到实处。1897年，清政府效仿西方，拟在各省设戒烟戒酒等会，然后全国推广，渐次剔除烟酒危害。⑦ 政府通过设立禁止鸦片烟会，逐渐剔除鸦片危害。根据戒鸦片烟会章程规定，凡是入会将登记姓名、籍贯、住所以备刊登会籍之用，同时入会者不得吸烟，若入会后吸烟者，该会将其除名，并登报章以示鸣鼓，内不得备吸烟器具，违例者则受到严惩。⑧ 1906年9月20日，政府颁布上谕，限令于10年之内，将洋药和土药在中国的流毒完全肃清。这自然使得中国政府方面必须对取缔土鸦片生产和吸食采取强迫手段，且必须逐渐削减印度鸦片的出口，应和英国政府达成协议。⑨ 由此谕可看出清政府禁绝鸦片之决

---

① 《会议访察禁烟之严厉》，《南洋总汇新报》（新加坡）1908年7月9日，第1版。
② 《禁烟大臣奏定禁烟查验章程》，《叻报》（新加坡）1908年7月22日；《续禁烟大臣奏定禁烟查验章程》，《叻报》（新加坡）1908年7月23日。
③ 《许珏呈请变通禁烟期限》，《叻报》（新加坡）1908年9月28日。
④ 《九月朔日实行禁烟新章》，《叻报》（新加坡）1908年9月29日。
⑤ 《晋抚宝棻奏陈禁烟办法》，《叻报》（新加坡）1908年12月7日。
⑥ 《英国政府实力禁烟》，《申报》1909年7月30日，第2张第2版。
⑦ 《论中国宜仿西俗设戒酒戒烟等会》，《星报》（新加坡）1897年9月18日。
⑧ 《戒鸦片烟会序》，《星报》（新加坡）1898年4月23日。
⑨ ［英］莱特：《中国关税沿革史》，姚曾廙译，生活·读书·新知三联书店1958年版，第408—409页。

心,但真正禁烟成功需要各方面势力的配合。于是中英政府和粤港之间相互配合禁烟。1906年,光绪皇帝下令开始整顿鸦片,严禁鸦片种植、吸食与销运,全国内地开展禁烟活动。为此,九龙关与香港政府商定,逐年减少鸦片进口。每年进口数量由海关核定,凭海关发票报关进口,预定于1916年完全禁止进口。① 清政府指令赫德向英国提出保护中国在港税收的建议,保留并正式承认中国海关在香港设立办事处,承认九龙税务司为中国的正式官员;保留设在长洲、汲水门、佛头洲等地的中国海关分站;中国有权在新界修建检查货物的专用码头;中国管海关缉私船有权继续在租借地水域活动;未经香港当局允许而进行买卖的鸦片一律没收;加强对鸦片、军火武器和其他违禁品的管理。② 清廷诏禁鸦片,定限10年以内除尽,将洋土药之害一律革除,并令议订严禁吸食,禁种罂粟章程。如此具体的禁烟措施可见政府禁烟之决心。1906年,清廷出使英国大臣汪大燮奏称罂粟流毒日深,设法铲除,其条陈办法是稽查、限种、戒瘾和专卖,其中最重要的是用人。③ 就禁止鸦片及减少洋药入口一事,北京外务部与英使商议以10年太久,不免发生他变,致其达不到目的,莫若5年为期,较为妥当。④ 北京自开办禁烟所,王大臣毫无布置,拟请速办,上谕严催禁烟事。农工商部内诸多官员确无烟癖,而具结禁绝。⑤ 1908年,都察院许珏呈请变通禁烟期限,光绪初年设立禁烟公会,广劝禁止栽种贩卖,迄今30余年,旅告我国驻英使臣,赞助中国熄灭此害,分年减运,而以10年之期似有些不妥,以3年或2年内禁绝栽种与贩卖两项似可行。⑥ 12月7日,某督抚奏请禁烟办法,认为各省情形不一,应根据各地民情,统辖利害,根治,不畏艰难,首先实行禁种,实行分年减少,专以查私为要领;其次禁食禁烟一事,本相表里,严禁吸烟,尤以官员为齐民表率。⑦ 9月3日,江苏、广东、云南督抚各奏报该省饬令民间不得种植罂粟,云南督抚通告中国办理禁烟情形,并告知各国大使,希望与各国政府同心合力禁

---

① 九龙海关编志办公室编:《九龙海关志(1887—1990)》,广东人民出版社1993年版,第25页。
② 陈昕、郭志坤主编:《香港全纪录》,上海人民出版社1997年版,第117页。
③ 李允俊编:《晚清经济史事编年》,上海古籍出版社2000年版,第985页。
④ 《请减年限》,《叻报》(新加坡)1907年2月6日。
⑤ 《禁烟汇闻》,《叻报》(新加坡)1908年5月14日。
⑥ 《禁烟余议》,《叻报》(新加坡)1908年10月1日。
⑦ 《晋抚宝棻奏陈禁烟办法》,《叻报》(新加坡)1908年12月7日。

烟，尤其粤、江、滇尽力10年内清除烟毒。① 慈禧太后对于禁烟一事极为留意，计划拨内帑银10万两，交御药房配制良药发交禁烟大臣转发京外各戒烟处所，赏给戒烟之人服用。② 18日，禁烟大臣与民政部尚书等会同议定编查烟户办法，调查各药铺和烟户，以备查核。③ 29日，禁烟大臣已编订禁鸦片条例，这些编订禁烟新律不久将奏明颁布。④ 10月，两广总督因广东领事公会抗议，已将近颁之禁烟章程撤销。⑤ 总之，中央与地方督抚之间频繁就禁烟互动，均表示限期禁绝鸦片，消除烟毒流害。

从地方角度看，广东省为推行禁烟举措实行禁烟总会制度。广东禁烟会设立宗旨是协助政府实行禁烟，第一级，极具烟瘾者，无吃烟之所，当禁烟馆之初，无戒烟所，容易产生暴动，戒烟时赠送戒烟丸，发挥慈善劝导主义；第二级，极贯戒烟者，多已断引，上流社会稍知自爱者，多已切实戒烟，此时采用清压主义，按照禁烟章程第五条清查地方烟膏店数，立案调查，以备随时换牌，并制定专卖及限期禁绝办法；第三级，参用干涉主义，凡是有瘾烟戒者，一律转换新牌，按照戒烟章程注册姓名、住所、年岁、籍贯、住所和门牌，由本人签字，核定每日吃烟数目，牌内写上联卖月日，私自吸烟者，一经察觉，罚以本人所有财产十分之一；第四级，实行干涉主义，凡是有引尚未戒断者，一律给换牌照，注明详细资料，限定吸烟住所，查到在别处吸食者罚款财产十五分之一；第五级，实行强迫主义，凡领牌期满，或仍吸烟，则再授新牌；第六级，实行干涉兼参限制主义，其映相换牌，核减吃烟数及各例照前办理；第七级，实行限制主义，除前例外，一律核定断引日期，尚未戒断者，一律编列烟户。⑥ 1908年1月，广东省戒烟总会集会讨论详订戒烟总会办事职任规则，笃定各职员切实办事，并宣布侦察员职权问题，清查吸烟人数，设法整顿烟馆。⑦ 吏部准民政部奏请酌拟禁烟稽严章程，严定考成办法，将拟定各款通令各

---

① 《各督抚禁烟之实心》，《南洋总汇新报》（新加坡）1908年9月3日，第1版。
② 《慈宫注意禁烟》，《南洋总汇新报》（新加坡）1908年9月15日，第2版。
③ 《恭肃二邸议编查吸烟之户口》，《南洋总汇新报》（新加坡）1908年9月18日，第1版。
④ 《禁烟律之颁布》，《南洋总汇新报》（新加坡）1908年9月29日，第1版。
⑤ 《粤督撤销禁烟新章》，《申报》1908年10月4日，第2张第3版。
⑥ 《广东戒烟会定禁烟阶级表》，《中兴日报》（新加坡）1908年1月22日，第6版。
⑦ 《粤省戒烟总会议案》，《中兴日报》（新加坡）1908年1月22日，第2版。

省遵照实行，各省地方于章程内造册上报，每三年对其考成，照例给予奖惩。① 9月，清政府将奏定禁烟章程10条，随后咨令广东省实行劝谕禁止吸食鸦片，查明各城镇卖烟店铺，只有得到政府执照才可售卖，违者处以重罚。② 10月，戒烟总会到警局发交老新城西关、东南关吸烟册百数十部，查明甲乙两牌，函请从速汇缴，警局拟10月实行换木牌。③ 1909年3月，粤港签订互不输入洋膏私运条例，但广州英领事称仍查处私运烟膏赴港73起，足见该条例仍有未尽善之处，英领事督促粤省改进。④ 6月，禁烟总会劝导地方士绅，代为向各地方府州劝导戒烟，各地设立戒烟会社，刊布戒烟书报，进行宣传。⑤

(三) 香港应对鸦片贸易

实际上，香港成为世界上最大的鸦片走私存储窝点和中转枢纽，延续了相当长一段时间。这个地位前后保持达数十年之久，这说明当时香港附近水域已经成为贩卖鸦片的主要据点，多数鸦片趸船云集在维多利亚港内。⑥ 1907年，香港仍旧作为鸦片重要转运地，香港向为洋药膏之地，运销中国境内者，实属不少，因此清政府请港督协助严禁洋药熟膏，并规定若发现从香港运入内地鸦片，则任由中国处置。⑦ 同时清政府邀请各国大使调查鸦片，各国协助中国禁除烟害及减除鸦片。⑧

1. "摇摆"的鸦片政策

港英政府实施鸦片政策，主要受制于英国政府政策影响，英国议会在对待香港禁烟问题上存在两派，徘徊不定。在一定程度上，香港对鸦片问题表现出类似的窘境。1882年，香港往来旧金山的轮船，私载烟膏被海关搜获3880罐，经查获之后，该公司船上有人作弊。⑨ 1891年，英国下议院

---

① 《吏部奏定禁烟考成议叙议处条款》，《南洋总汇新报》（新加坡）1908年9月14日，第3版。
② 《九月朔日实行禁烟新章》，《南洋总汇新报》（新加坡）1908年9月24日，第4版。
③ 《吸烟将改换木牌》，《南洋总汇新报》（新加坡）1908年10月17日，第5版。
④ 《张督准咨饬严禁烟膏运港》，《南洋总汇新报》（新加坡）1909年3月4日，第4版。
⑤ 《禁烟总会劝谕士绅助除烟》，《中兴日报》（新加坡）1909年6月14日，第2版。
⑥ 夏巨富：《浅析晚清香港轮船航运业肇兴缘由》，《历史档案》2016年第2期，第114页；张晓辉：《香港近代经济史（1840—1949）》，广东人民出版社2001年版，第61—63页。
⑦ 《外务部与各国妥商禁烟办法节略》，《叻报》（新加坡）1907年2月4日。
⑧ 《协查禁烟》，《叻报》（新加坡）1907年8月31日。
⑨ 《私运烟膏》，《申报》1882年5月20日，第1版。

通过了商会主张禁烟的提议，西例从众，此议似可有效。① 1892年，香港鸦片利权承充饷已经数次变更，办理之法则前后不同，10年前承租公司，但私烟犯查搜尚未得法。② 1893年，针对鸦片流毒中国，西方人均已洞悉，英国联设禁除鸦片会，并查明鸦片如何危害身体之处，并遍告全国，并使之废除，设法禁种，将查办情形发送港督，请其答复如下十七款情形：1. 吸食鸦片是否外埠人多于亚洲人；2. 是否妇女和少年吸食鸦片；3. 吸烟者品行和身体有无损失；4. 吸烟者能否自己戒断；5. 吸烟者是否喝烈酒等等。③ 随后英国议员将在印度调查17款呈交英国理藩院，并分寄庇能、香港、新加坡等埠，将伤害身体具体情形告知，政府拟彻底查究，并制定办法禁止鸦片。④ 尽管英国设立禁烟会，劝导港督设法禁烟。但是港督认为英国禁绝，不必使中国禁烟，认为香港每年烟饷甚巨，港督认为不宜禁烟。⑤ 鸦片产于印度，总汇于香港，随着香港近年来吸烟者众多，偷漏税众多，杜绝其弊，香港拟设立鸦片总司，由其总理衙门移交英国驻京公使。⑥ 1898年，香港商务局聚会商议九龙华人税关一事，各局员纷纷发表其说，倘若允许将关厂及缉私船一概撤去，则港英政府妥筹善法保护中国税饷，并于鸦片走私一事，必格外提防，不准其由港运入中国内地。⑦

1905年，赫德致电各税务司，关于《中英续议通商行船条约》第十一款禁止吗啡进口之规定（医用特许除外），但此项禁令迄今仅在近日签订于上海之中英、中美商约中有所新规定。⑧ 1906年，赫德痛斥吸食鸦片恶习，严禁吸食鸦片，钦命10年之内革除此害，同时责令政务处拟严禁种罂粟和议奏禁烟章程，获得政府批准。⑨ 1906年，港英政府制定鸦片吗啡特

---

① 《阅禁烟中梗电报书后》《阅禁烟中梗电报书后续录》，《星报》（新加坡）1891年4月20、21日。
② 《论香港查搜私烟法仍未善》，《星报》（新加坡）1892年4月19日。
③ 《查办鸦片》，《星报》（新加坡）1893年12月27日，注：原文涉及调查有17条。
④ 《书英国委员查办鸦片事宜后》，《星报》（新加坡）1893年12月28日。
⑤ 《译前任港督传制论鸦片不宜禁说》，《星报》（新加坡）1894年3月22日。
⑥ 《拟设鸦片总司议》，《星报》（新加坡）1896年1月18日。
⑦ 《请移税关》，《申报》1898年10月13日，第2版。
⑧ 海关总署《旧中国海关总税务司署通令选编》编译委员会：《旧中国海关总税务司署通令选编》第一卷（1861—1910年），中国海关出版社2003年版，第543页。
⑨ 海关总署《旧中国海关总税务司署通令选编》编译委员会：《旧中国海关总税务司署通令选编》第一卷（1861—1910年），中国海关出版社2003年版，第583页。

别两款，限制印度烟土的供求。① 1908年5月，英国在下议院论及批评政府处置香港鸦片问题之举动，认为政府尽力迎合港督意见，而前香港总督武烈克氏致政府斥论闭锁烟馆文书，大斥政府当局者曾无考究实地情况，漫然下命闭锁香港烟馆之事，有损财政收入。② 9月，英国政府对于中国禁烟之举表示同情，并派员前往远东调查鸦片烟之害及华人有无禁烟之真心，并布告香港政府着手停闭各烟馆，实行禁烟之举，但实际上港英政府及商会认为英国政府事先并未通知禁烟举措，因此广九铁路筹款较难实现。③ 1909年，英国伦敦禁烟总会特派委员希利拉来香港调查鸦片情况。希氏返英后，向英国议会提出报告，提出立即实行禁烟，他说："我在远东时，曾与各领事教士及各朋友见过面，他们都说鸦片流毒中国极惨。如果英国不禁止鸦片输入中国，则英国之罪千秋万世后都无法磨灭。"④ 英国国务大臣颁发训条，将香港烟馆一律禁闭，英商以封禁烟馆关系财政，该大臣事前既未咨问港地议政局，又未先行通知众人，似有不合，商务会代表施德华拟定办法，特于29日开会集议，认为英国国会训条在香港断难实行，一面将预算财政表告知英政府，并由议政局商议整顿税项之法。⑤ 1908年5月，英国驻华使臣告知将会减少印度输华鸦片，唐绍仪回国陈请鸦片问题，英国外部已经颁布与中国订立禁止鸦片问题，英使朱尔典指出尽量减少印度鸦片输入中国，英国使臣将清朝禁烟章程及其谕令传达回英政府，让其知晓清政府禁烟之决心。印度自1908年起每年减少5100箱鸦片输华。⑥ 实际上，英国政府真正厉行禁烟吗？其实也不尽然，虽然英政府知道清政府禁烟之决心，但英国下议院并未充分预备，且认为香港禁烟有难行之处，港督将此意见复函总理衙门称，香港定例局将调查烟馆后再行禁止闭馆。⑦ 10月，粤督接准外务部称商禁香港烟膏，中英两国彼此不得出境入境，外务部通过英国朱大使转港督襄助办理。⑧

---

① 《香港政府对烟侩之特别条款》，《槟城新报》1906年9月13日。
② 《香港禁烟问题》，《斥论闭锁烟馆》，《台湾日日新报》1908年8月18日，第1版。
③ 《香港英商反对禁烟》，《申报》1908年5月31日，第1张，第5版。
④ 陈昕、郭志坤主编：《香港全纪录》，上海人民出版社1997年版，第137页。
⑤ 《西电》，《南洋总汇新报》（新加坡）1908年9月2日，第2版。
⑥ 《禁烟函牍》，《叻报》（新加坡）1908年5月15日。
⑦ 《香港定例局为开灯烟馆事聚会》，《叻报》（新加坡）1908年5月28日。
⑧ 《外部咨报港督允准襄办禁烟》，《南洋总汇新报》（新加坡）1908年10月8日，第5版。

世界各国同意，从1909年10月开始禁止吗啡及制造器具输入中国。①总税务司致电各海关，自该年起限制非印度鸦片进口，禁止自中国向香港出口熟膏，港督亦同样禁止此等物品出口中国及法属印度支那、安南、真腊、老挝等地，违者将从重罚处。由此可知，中国与香港间同样禁止进出口熟膏，两地政府应各自采取措施防止走私，上述禁令应立即执行，各关税务司应严令所属关员不遗余力侦查，并制止熟膏自香港入境及出境之走私行径。②随后英国政府专员提议禁止将鸦片输入中国，以赞助中国政府禁烟之举，得到英国上议院的认可。③3月，香港烟馆关闭76家，烟公司不向政府索要补偿，港英政府感谢烟公司的深明大义，足见英国政府禁绝鸦片烟之决心。④英国后来进一步制定相关规定减少输华的鸦片。7月，英国禁止各殖民地鸦片贸易政策，并请以压力迫令香港政府禁绝，殖民部次官西莱中佐答称，香港烟馆明年均将闭尽，中国扫除烟害，在各殖民地减少鸦片销数。⑤香港殖民地对鸦片贸易制定法规。⑥8月英国礼落罗代议士在议会甚希望各英领东洋殖民地，采用统一制度，且主张须迅闭香港烟馆，后经由殖民省次官札饬香港政厅，限明年2月香港烟馆一律闭歇。⑦9月，英国理藩部大臣西里中佐称英国实欲助中国禁烟，希望香港各土行能顾念时局，不致害其宗旨及功效，至于禁止土行订新约运土经香港，政府实无法禁止。⑧香港鸦片投标所开最高数，较现在包税人，每年报效款少大洋267000元。⑨1911年1月20日，最后直接禁止鸦片输华（除医用外），香港政府建议澳门吗啡的进口仅用于医用，不得出口，澳门政府继续向不禁止此物国家出口，对此物的规定类同香港的有关规定。⑩

---

① 《西电》，《南洋总汇新报》（新加坡）1908年10月5日，第2版。
② 海关总署《旧中国海关总税务司署通令选编》编译委员会：《旧中国海关总税务司署通令选编》第一卷（1861—1910年），中国海关出版社2003年版，第625页。
③ 《本馆特电》，《南洋总汇新报》（新加坡）1909年2月22日，第1版。
④ 观潮生：《论香港禁烟事》，《南洋总汇新报》（新加坡）1909年3月4日，第1版。
⑤ 《英国政府实力禁烟》，《申报》1909年7月30日，第2张，第2版。
⑥ ［葡］施白蒂：《澳门编年史（1900—1949）》，金国平译，澳门基金会1999年版，第35页。
⑦ 《闭歇烟馆之问题》，《台湾日日新报》1909年8月29日，第4版。
⑧ 《英论烟禁》，《台湾日日新报》1909年9月17日，第3版。
⑨ 《香港鸦片投标续闻》，《申报》1909年10月3日，第4张，第2版。
⑩ ［葡］施白蒂：《澳门编年史（1900—1949）》，金国平译，澳门基金会1999年版，第51页。

总之，香港对禁止与弛禁鸦片态度徘徊不定，对应采取措施处于摇摆两难的窘境，政府要员要在利益与道义中抉择，其背后透出清政府管控鸦片弱权化和被动性的面相。

2. 管控鸦片贸易

中英合力禁烟，真正禁绝必须加强双方通力合作，签订条约，制定相关举措。于是1886年签订中英《鸦片贸易协议》，其内容要点如下：

一、禁止一箱以下鸦片进口。

二、除鸦片包买商外，不准占有生鸦片，亦不得存储或控制一箱以下之鸦片。

三、鸦片运至香港，应即报知港长，非经港长准许并通知鸦片包商，不得转运，或存栈，或由此栈搬至彼栈，或再出口。

四、进出口商人及栈主应有记簿，按督宪所定格式，载明鸦片情况。

五、清点存栈数目，查究鸦片缺额，提供港长以栈存报告。

六、修正华船夜间出港规章。兹商定提交条例时之条件如下：一、中国与澳门商议，采取同样举措。二、香港政府如认为有损税收或香港正常贸易，有权废止该条例。三、中国九龙方面之适宜地方应在税务司下设官一名，发卖中国鸦片税单，不论何人并不论其所需鸦片数量若干，概行照发。四、具有税单之鸦片，每百觔不过超过一百一十两者，无论何项税厘不重征，一切均照烟台续增专条办理，与通商口岸厘税并征之鸦片无异，并准商人任便将洋药分为大小包裹封固前往。五、华船往来香港者，其货物应纳税厘，不得较往来澳门之数加多；其自中国赴香港或由香港赴中国之华船，不得与应完之出口、进口各税厘外，另有征收。六、税务司官员负责管理九龙局，倘有往来香港之华船禀报被附近开卡或巡船骚扰等事，应查明定断；香港督宪亦可随时派员随同审办。倘彼此意见不合，可请京宪会定。①

《鸦片贸易协议》的签订确实有一定的成效。1907年，中英禁烟交涉条约：（1）印度洋药以运往各国之全数为限制，以印度出口51000箱之时

---

① 王铁崖编：《中外旧约章汇编》第一册，生活·读书·新知三联书店1957版，第487—488页。

为定额，按年运减5100箱。自1908年为实行之始，10年锐减；（2）派员前往印度之戛里古监视拍卖打包，声明该员只查发运洋药实数，并不干预他权；（3）洋药税厘征收加倍以土药统捐及土药价值并非一时所能调查明，确有加征税厘之议稍缓续商；（4）各口岸租界内禁止烟馆及吸烟处所，并不得售卖烟具，如华官在各项租界外实行照办，各该处工部局自行设法办理；（5）禁止任便运入吗啡及吗啡针，有约各国全无允即应照行。①1908年中英议禁止香港烟膏办法，经过双方议定，彼此两国不得出入境，香港定例局废止烟膏由港输入境内，及法国所属之安南等处兼立重大刑罚处置违法者，得到港督允准。②外务部咨照各省商禁香港烟膏，中英不得出入境一事已经奏明通行，并照请英大使转行港督办理，以资襄助。③港督关于鸦片问题正在切实研讨利害。④同年，由香港禁止烟膏运入中国内地及法属各地，言外之意就是香港中转贸易可以转运去其他地方。1909年，港督批评中国禁烟不力，认为各口岸输入香港鸦片仍不见减少，但港督又认为禁止鸦片影响港府财政收入。⑤6月，外务部以粤港互禁烟膏，经英使召回缉获入港私烟，请粤政府认真办理，以杜绝弊害。⑥

禁止烟膏由香港运入中国及法属支那之命令条款：

一、此项条款嗣合即名为一千九百八年续增条款应即附入一千八九十一年烟膏条款（此后名为正条款）暨一千九百六年续增烟膏条款之内总名之为一千八九十一年至一千九百八年烟膏条款。

二、自此项条款施行之日起，凡种鸦片或不论何项人等由本属地贩运烟膏出口至中国或法属印度支那即系违背律例，犯此条者应援照条款载之罪惩办，惟轮船搭客由香港赴中国或法属支那，随身携带烟膏为行路自用，且按路程日期计算每人所带之膏每日不逾五钱，即不得援引本条办理。

三、正条款第三十五条第二行内鸦片字下添入或为贩运烟膏出口

---

① 于恩德著：《中国禁烟法令变迁史》，载沈云龙主编《近代中国史料丛刊》第八十八辑，台北文海出版有限公司2006年版，第120—121页。
② 《中英筹议禁香港输入烟膏条例》，《顺天时报》1908年7月26日，第7版。
③ 《商禁香港烟膏入口条款》，《顺天时报》1908年8月24日，第2版。
④ 《英督讨究香港鸦片事宜》，《顺天时报》1908年9月28日，第2版。
⑤ 《香港总督诋中国禁烟之不力》，《顺天时报》1909年2月30日，第7版。
⑥ 《咨行设法严禁入口私烟》，《南洋总汇新报》（新加坡）1909年6月10日，第5版。

至中国或法属印度支那等字。

四、正条款第十一条第一行即行删应将下列一段添入

凡赴广东省城或澳门船只或已驶行在船之人携带烟土若非载在船货单内者不准逾二两之数,又凡赴澳门船只或已驶行或试将驶行在船之人携带烟膏若非载在船货单内者不准逾二两之数。

五、正条款第五十三条末尾添入或如审明种鸦片者贩运或试将贩运药膏由香港出口至中国或印度支那等字。此项条款于本年六月初四日经香港定例局议定六月初五经港督允许准颁行。①

1911年5月8日,中英签订的《限制印度鸦片输入中国协议》规定逐年减少鸦片进口,至1917年完全禁绝。自是日起,每箱鸦片的进口税与厘金,由110两增至350两。② 这两个条约对约束以香港为中转站来华鸦片贸易,起到一定抵制作用,至于完全禁绝有待商榷。

当时海关颁发一系列通令,以1908年这则通令为例,英印政府已商定各口岸输入中国之鸦片,将逐年递减以期自1908年起10年内净尽。为确保非印度鸦片之进口,如印度鸦片同样逐年减少直至净尽,特制定三项规定并于1909年1月1日生效实行。特令九龙关税务司作出必要安排,并提供实行上述规定需要使用之单据式样。除印度鸦片外,各种鸦片商应于翌年初向九龙关税务司申明,拟请领准单进口鸦片约有若干箱若干担,以便对所申请适当比例之份额进行分配。③ 从这则通令中可以看出英国海关仍然在维护自己利益,禁止非印度产土鸦片输入中国,虽然一定程度上减少了鸦片输入量,但是这样也刺激了印度的生产量扩大,最终还是会通过香港输往中国各地。下面这则通令也是在保护英国在香港的鸦片专卖特权。自1909年1月1日起,凡商人从波斯、土耳其运往中国通商口岸,先向九龙关税务司请领特准单,每箱一单道内注明,无论运往中国通商何口,均可到后即按章完纳税厘,如有运进中国各处之波斯、土耳其鸦片并无此特

---

① 海关总署《旧中国海关总税务司署通令选编》编译委员会:《旧中国海关总税务司署通令选编(1861—1910年)》第一卷,中国海关出版社2003年版,第625—628页。

② 九龙海关编志办公室编:《九龙海关志(1887—1990)》,广东人民出版社1993年版,第26页。

③ 海关总署《旧中国海关总税务司署通令选编》编译委员会:《旧中国海关总税务司署通令选编(1861—1910年)》第一卷,中国海关出版社2003年版,第609页。

准单，验者将所运之货充公。① 1907年，《中英禁烟交涉条约》规定：香港所熬之烟膏禁止运入中国境内，两国各行设法自防在本境私入之弊，声明港膏禁止出口入华，并禁止烟膏由华人港之贸易。② 赫德认可英国公使的建议，于是在鸦片船管制的专门规定以外，建议：

（一）中国海关在香港设立办事处的权利应该被正式承认，海关税务司的中国官员的身份也应该被正式承认，并且现有各关卡，虽然在新租界地范围内，仍旧应该继续维持；

（二）中国海关应该有权在香港对往来中国的一般货载和鸦片抽收捐税，并且为了管理沙船，中国海关应该在沙船停泊所有一处或几处码头；

（三）缉私巡艇应该在租借地海面上继续活动；

（四）没有中国海关签发或副署的准单，枪械、子弹，或违禁品一律不得在香港装上任何开往中国口岸船只；

（五）香港政府应制定为实施这些规定所必需的法律。③

以上中英一系列的条例或者交涉条约，对抑制鸦片贸易起到了一定作用，鸦片输入量的减少和关闭一些烟馆，并没有从根本上杜绝鸦片的输入。1909年3月1日，香港政府在各方面压力下，终于同意废除熟泥（经提炼的鸦片）出口的许可，同时关闭26家烟馆，作为香港禁烟的初步措施。香港开埠以来，鸦片收入一直是港府的一项重大收入。1886年香港的鸦片走私活动，遭到伦敦正义人士的谴责，组成"禁止鸦片贸易会"，力促英国议会通过一项谴责法案，要求管制香港烟馆的数目。但当时香港总督威廉·罗便臣反对废除鸦片专卖制度，认为专卖可以提高鸦片的售价，还可限制鸦片的销售以及遏制走私。④ 清政府禁烟举措取得初步成效。1908年，鉴于鸦片的收入逐年减少，香港政府决定开征酒类税，需要九龙

---

① 海关总署《旧中国海关总税务司署通令选编》编译委员会：《旧中国海关总税务司署通令选编（1861—1910年）》第一卷，中国海关出版社2003年版，第611页。

② 参见于恩德《中国禁烟法令变迁史》，载沈云龙主编《近代中国史料丛刊》第八十八辑，台湾文海出版有限公司2006年版，第120—121页。

③ ［英］莱特：《中国关税沿革史》，姚曾廙译，生活·读书·新知三联书店1958年版，第309页。

④ 参见陈昕、郭志坤主编《香港全纪录》，上海人民出版社1997年版，第138页。

关协助控制民船载运酒类进入香港,对此,税务司巴尔给予配合。①

总之,近代前期鸦片流毒深广,侵袭全国,粤港澳地区无一幸免,从中央和民间的舆论均可得知鸦片的巨大危害性,粤港澳合力禁烟取得明显成效,但是限于种种原因,未能完全根绝鸦片贸易的流毒。

小　结

近代香港轮船航运业快速发展,迅速走向崛起,但是实际上也面临着困境,抑或是阻碍因素。通过本章的梳理,可知该时期香港轮船航运业遭遇自然因素和人文因素所带来的双重航行风险,无疑阻碍航运业的发展,影响了轮船正常航行秩序,挑战了政府的管控。通常而言,自然航行风险表现为飓风、台风、大雾、触礁等灾害,因轮船航行中遭受极端天气、不明地形等因素的影响,导致轮船遭遇重大损失,经常造成船沉人亡,尤其是台风造成大量船只倾覆,人员伤亡极为惨重,财产损失巨大。人为航行风险表现为海盗侵扰、轮船相撞、火灾、操作不当、走私贸易、鸦片贩卖等,都对轮船造成潜在威胁。在这些灾难当中,尤以海盗风险影响船只航行显著,海盗经常抢劫过往香港附近海域船只,常常导致人货船三空的现象。该时期香港附近海域海盗发展所呈现出的特点：1. 海盗出没不固定性,作案地域时间不确定性；2. 早期香港附近海域海盗受到英国军方暗中支持,出现官匪勾结的迹象；3. 海盗侵扰手段多样化,时有海盗乔装船员,时有海盗乔装求助的现象,时有海盗伪装运货；4. 海盗极具隐蔽性和突发性,随时可能发生；5. 海盗骚扰具有突发性,给政府及时应对造成极大困难。

针对香港轮船航运业发展中所面临的困难,粤港政府都采取相应举措予以应对。针对航行自然风险,政府加强了基础设施建设,例如港英政府设立报风台、气象台、电报、避风塘、灯塔等,同时加强港口航道的疏通建设。民间人士则成立救助基金,帮助遭遇灾害船只尽快恢复原貌,船员加强航海安全意识,及时发布和关注极端天气资讯。这些针对性的举措应

---

① 九龙海关编志办公室编:《九龙海关志(1887—1990)》,广东人民出版社1993年版,第26页。

对自然灾害非常有效，极大地降低了轮船航行中所遭遇的自然风险，但不可否认的是仍旧无法避免遭遇突发自然灾害。尽管政府日益完善相关举措，但是仍时常见报章刊载遇难新闻，也就不足为奇，自然灾害具有不可抗拒性和不确定性，不以人的意志为转移，即使采取应对举措，也只能是降低风险，无法根绝风险所带来的损失。

针对人为航行风险，首先，面对海盗纷扰问题，从政府角度而言，港英政府与清政府加强合作，共同打击海盗行径，采取严厉缉盗举措，成立水上警察，实施定期水上巡逻制度；间或派水师前往剿灭盗匪；实施严厉惩戒制度，对抓获的海盗实行严惩，以儆效尤。从船员角度而言，加强船员安全保障制度和自我防卫意识，轮船装备定量武器枪械，以备不时之需。从海盗发展史角度而言，早期海盗得到港英政府暗中支持，发展日益猖獗，随着香港逐渐恢复正常经济贸易，海盗面临无靠山的情形，另外中英政府联合剿灭和采取高压举措，海盗势力逐渐式微，但并未覆灭，只是其活跃程度降低不少。

其次，面对火灾、轮船相撞等困难，主要还是加强船员的安全意识和合理操作，规范航海秩序和航道建设，加强跨海域航线之间的合作，船员及时沟通与应对。

再次，不正当贸易主要指以香港为中心的走私贸易和鸦片贩卖，港英政府打击走私颇为积极，及时与清政府加强合作，采取高压严厉举措，辅助海关缉私活动，得以有效控制和减少。而港英政府对鸦片贸易问题采取的相应举措，个中缘由值得玩味。该时期港英政府针对鸦片贸易问题，政策摇摆不定，常在严禁与弛禁间徘徊。一方面来自清政府禁烟的压力；一方面来自社会各界道德指责，此外来自英国本土议员主张禁烟呼声。即便是面对如此多方面压力，英国政府政策仍旧徘徊不定，受制于英帝国管控的香港，与英国政府所实施政策关联性极高。那么英国政府和港英政府为何采取如此徘徊的政策，原因如下：1. 中英政府不对等地位，英国自恃实力雄厚，采取强权政治，所采取举措不完全顾及他国和社会各界舆论压力；2. 英国根据其根本利益，制定贸易政策，鸦片贸易虽然危害极大，但是其利润丰厚，鸦片占据香港早期财政收入极大比重；3. 英国后来与清政府合作禁烟，一定程度上是顾及香港各界议员和清政府官商民界的非议，但是直到1941年才真正意义禁绝鸦片，鸦片贸易前后持续百余年时间；4. 鸦片贸易有助于英帝国主义实施东亚经济扩张，尤其是维持东印度公司运营；5. 有助于早期英国资本家攫取暴利，时常看到英国议会中关于鸦片贸易利弊争论，常有议员为鸦片贸易辩护，认为利大于弊。由此可知，鸦片贸易牵涉各方各阶层的利益，香港完全采取禁绝之举短期内较难实现。

总体而言，针对轮船航行所遇到的各类风险，政府均能及时采取相应举措，尽可能降低风险，为香港轮船航运尽力肃清阻碍。作为航运业发展的外部因素，粤港澳政府的合作表现可圈可点，促使香港轮船航运业朝着有利的方向发展。

第四章　香港轮船航运业的萌发阶段：1840—1898

香港开埠后，随之轮船航运事业开始初兴，直到1898年新界被占领为止，视为香港轮船航运业的萌发阶段。香港轮船航运业主要是外资占据主体地位，而传统的民族木帆业始终处于从属地位。这种双轨发展模式表现为外资轮船航运业作为"一轨"独自坐大，一枝独秀；而作为并存的另"一轨"华资航运业在此时处于劣势。同时，作为华资轮船航运业内部也存在双轨发展模式：一是传统木帆业[①]发展缓慢，不断走向衰落；二是华商采用机器为动力的轮船逐渐走向强盛。在新式轮船面前，木帆业不停地走向衰落。华资轮船航运业暂未登上历史舞台，并未形成"气候"。历史的"号角"已经吹响，但是难以短期唤醒华资轮船航运业。清政府开始认识到问题所在，但是并没有引起足够的反应。陈真等学者认为航运业在交通事业上占主要的地位，故各国皆甚重视之，唯中国航运业薄弱，无论远洋航运业无中国之地位，即沿海与内河航运业，都相形见绌，主要原因在于中国沿海与内河航行权之丧失，外轮依据不平等条约，凡是沿海内河各口岸，轮船所到者，都有外轮之踪迹，并可自由停泊和起卸货物。[②]

从近代香港造船厂和航运公司、船只数、吨位数、航期和贸易的程度等因素，对其进行分析，以期能了解香港航运业发展的基本情况。从以上几个因素探讨近代香港轮船航运业的发展概况。

[①] 木帆船，就是木质结构的船，主要有桅、帆、舵、桨、橹、碇及绳索等。木帆船唯一的助航设备就是一个小罗盘。木帆船主要是借助风力来前进，船上虽然有"橹"，但主要作用是调整方向。因为一切只能靠风，所以顺风时，船就比较好走，速度也较快。偏顺风时，则需要调整帆的方向。而逆风时，就比较麻烦了，船只就得根据潮水流向走S形了。近代木帆船包括官僚资本投资从事漕运的木船业或沙船业和民间的木船共同组成木帆业。资料来源：http://baike.baidu.com/view/4019886.htm。

[②] 陈真、姚洛、逄先知合编：《中国近代工业史资料》第二辑，生活·读书·新知三联书店1958年版，第5页。

第一节 造船厂和轮船公司的发展

首先，从宏观上总体考察香港外资造船厂和航运公司的情形。早期香港创办的轮船公司如表 4-1 和 4-2 所示，主要是英商旗下的轮船公司。

表 4-1　　　　香港早期创办的轮船公司（1842—1860）

年份	船厂名	隶属	资料来源
1845	中国航业公司	太古	赖连三《香港记略（外二种）》
	中国印度航业公司	怡和	
	日清轮船公社	日本	
1847	省港快轮公司	英国	张晓辉《香港近代经济史》
1848	省港小轮公司	外商	
1857	香港仔船造船厂建立	香港	刘蜀永《香港历史图说》

表 4-2①　　　　香港英商主要企业统计（1835—1898）

行业	企业名称	资本总额（港币万元）	设立年份	投资系统（洋行）
航运	中国航业公司	100	1873	太古
	中国印度航运公司	120（万英镑）	1881	怡和
	德忌利士轮船公司	100	1883	德忌利士
	省港澳轮船代理洋行	100	1865	怡和
	麦氏轮船代理洋行	100	1883	仁记
	联合汽船公司		1889	天祥
	天星轮渡公司	100	1898	天祥
造船	香港黄浦船坞公司	1000	1865	太古、德忌利士、天祥

从表 4-2 统计来看，英商占据着香港航运业的龙头地位，且英商还逐渐发展了与航运业相关的产业，更好地促进了航运业的发展。同时可以看出航运业与洋行的密切关系，早期轮船航运业和公司大多由各国洋行投资

---

① 陈真等编：《中国近代工业史资料》第二辑，第 256—258、19—26 页统计及相关资料整合，转引自方志钦、蒋祖缘主编《广东通史（近代史下册）》，广东高等教育出版社 2010 年版，第 721—723 页，根据表 5-12 "1835—1909 年香港英商主要企业统计表"改制。

筹办。在巨大利益刺激下，各国洋行纷至沓来，或直接投资设厂，或在香港设立代理机构，客观上推动了香港轮船航运业的发展。

其次，微观上按照时间序列，选择该时期香港典型的航运公司稍作总结，以期了解香港航运业发展基本概况。1843年2月7日，英国林蒙船厂（Captain John Lamout）利用开设在香港东角地方的林蒙船坞建造了一艘80吨小轮船"中国号"，林蒙船厂可算是外资在华地区经营的第一个工业企业。① 同年有一个叫榄文的苏格兰船长（Captain J. Lamout）就曾在香港的东边山，创设了一个小船坞，并在当年装成了一艘载重80吨的轮船"中国号"，获得很大的利润。其后在1846—1851年，先后有巴登诺奇公司（P. Badencoch, 1846）、杨赫士板公司（Young Husband & CO., 1846）和帕金斯·安德生公司（Perkins & Anderson, 1851）等三个小船厂的出现。1857年德忌利士火轮公司又串同榄文在香港南端的押巴颠（Aberdeen）地方着手建造一个以英国侵略头子阿伯（James Hope）命名的大型船坞。这是一个用石英筑成的大石坞，长335呎、宽78呎、深22呎，另外还有各种大小的车床和最新式的钻孔机、剪裁机所组成的车间；还有一个大的铸工场、锯木场和一个大型气锤以及修理轮船的仝套设备。几年之间，押巴颠就成了香港船舶修造业的一个中心。② 英国一家报纸说："再没有别的东西比得上兴建干船坞那样能增进这个港口的繁荣。"因为船坞不仅日益增加了停泊船只服务，而且为船舶提供修造方面的服务。船舶所需要的木料、钢铁、防水材料、沥青、焦油以及数以千计的辅助材料都被带到这里来，在这做买卖交易，从而大大地扩充了香港的港口贸易。③ 1845年，英国轮船公司由伦敦经意大利过南洋而抵我国。自此轮船在我国沿海一带航行，于是有英人组织之太古洋行（即中国航业公司）和怡和洋行（即中国印度航业公司）。同年，日本有日清轮船社之创办。④

1848年，香港英商创办了第一家往来省港之间的"省港小轮公司"，拥有两艘新造的轮船，开辟了定期航班。第二次鸦片战争以后，行驶省港

---

① 席龙飞、杨熺、唐锡仁主编：《中国科学技术史·交通卷》，科学出版社2004年版，第234页。
② 参见汪敬虞《十九世纪西方资本主义对中国的经济侵略》，人民出版社1983年版，第342页，注：呎，同"尺"，原引文如此。
③ 同上书，第341—342页。
④ 赖连三：《香港纪略（外二种）》，李龙潜点校，暨南大学出版社1997年版，第12页。

线的外国航商不顾一切章程，他们高兴行驶轮船多少次，就多少次，无论是在日落之后，或日出之前。他们为中外人士装卸货物，并且载运大量的旅客。有时1艘驶来轮船载有1万件包裹。①

1865年，道格拉斯轮船公司创立，又名省港澳轮船公司，以下简要探讨公司的发展基本概况。首先，省港澳轮船公司专营香港、广东省和澳门地区航线，轮船公司经常与太古轮船竞争贸易。② 公司属下第二大轮船"鲍威尔号"，注册吨位为2339，编号1H72。③ 公司各轮船互相争夺粤港航线的游客，导致水脚极廉，各船定水脚为各价，以上年12月24日为限，此后方可涨价，过年之时以致旅客都争先恐后地乘船，或上省城或赴香港，导致各船在开行之前，座位都坐满，几不能再容一客。④ 随着公司船运业务扩大，公司订购新轮船，以备所需。1882年6月，省港澳轮船公司在忌理地船厂所购造之火船经已竣工，进水试行，甚为灵巧便捷，取名为河南。⑤ 9月，省港澳轮船公司在英国定制新火船名河南，已装造竣工，晚间抵港，经入澳洗刷船身，即将用以往来省港，可以装客2000名。⑥ 随即公司将河南轮船进行试航，拟于八点钟载人前往澳门游行，以试其机器之灵，行动之捷，拟于晚九点返航。⑦ 1883年，公司由于常川往来省澳之轮船亟须修葺，现拟将琼州夜火船暂往来省澳，故以琼州船暂代替其行驶。⑧ 公司以银42000元从华芳店购得海南轮船，该公司将用作夜火船，以来往省港。⑨ 1884年，公司以保安、琼州轮船或海南轮船夜行省港航线，凡是遇到来往省港同行轮船者，则水脚减价，大舱每位收银一毫，楼上每位收取银5毫，如无别的轮船同行者，则水脚每客位照旧。于11日晚又用琼州轮船专门在夜间来往省港之间，至于往来省澳轮船只有江平一艘，粤西轮

---

① 交通部珠江航务管理局编：《珠江航运史》，人民交通出版社1998年版，第189页。
② 聂宝璋：《中国近代航运史资料》第一辑（上），上海人民出版社1983年版，第516页。该资料认为公司成立于1871年，根据Hong Kong Daily Press和表1（本书表4-2）记载，其实际成立于1865年。
③ *The Straits Times* (Singapore), 1908-6-9, p. 7.
④ 《省港火船情形》，《申报》1875年2月12日，第2版。注：水脚是指船运中乘客所需费用，即船票价格。
⑤ 《轮船进水》，《循环日报》1882年6月1日，第2版。
⑥ 《新船到港》，《循环日报》1882年9月18日，第2版。
⑦ 《火船游行》，《循环日报》1883年8月16日，第3版。
⑧ 《轮船往澳》，《循环日报》1883年11月16日，第2版。
⑨ 《轮船易主》，《循环日报》1884年3月7日，第2版。

船数日复航。① 公司由于白云轮船需船工修葺，到周一始能竣工，九江轮船于初二日替白云轮船由港前赴澳门。② 公司发布通知，从此日起至下个通知为止，广州夜间船只出发时间为下午5时30分和下午6时。③ 公司有往来省港夜火船复照常开行，唯由香港到虎门，停轮湾泊待至天明，然后进羊城。④ 1887年，公司的新轮船昨日启用。⑤ 1890年，船公司新推出的轮船，由 Messrs 公司建造。⑥ 1906年，隋安等轮船被卖给省港澳公司后，几艘船只可以满足公司运输，但9月台风时毁了一只，另一只在汉口毁于火灾。⑦ 由此可知，省港澳轮船公司船运业务繁忙，不断增购新轮船，应对客运需求，同时及时修缮损坏的船舶，足见公司对粤港澳航线相当重视。

其次，省港澳轮船公司的经营管理模式，采取股份合作制度，由各大股东联合负责公司发展、运营和决策，每年都召开股东会议，讨论重要事宜及其决策。1868年1月，公司召开股东会议，讨论公司财政收支，并选举产生主席。⑧ 7月，公司召开股东会议，报告半年轮船航运的收益。⑨ 1870年，公司召开每年例会，公布公司报告和总代理行。⑩ 1871年，公司股东会议披露过去三年利润，每年净利润达到66512.36美元。过去半年的利润已经超过平均数。⑪ 1883年，公司士迫轮船拍卖，经海防某公司出银13000元购得，交易后拟驶回海防。⑫ 1875年，公司集议分派利息，尚存1525元归为盈余，现在积项88100余元，数月以来有汉阳夜火船与相角尚

---

① 《船复夜行》，《循环日报》1884年1月9日，第2版；《省港澳轮船公司告白》，《循环日报》1884年3月19日，第3版。

② 《轮船替换》，《循环日报》1884年4月26日，第2版。

③ Hong Kong Canton and Macao Steamboat Company, *The China Mail*, 1884 – 5 – 2, p. 2.

④ 《夜船复行》，《循环日报》1884年8月30日，第2版。

⑤ Hong Kong Canton and Macao Steamboat Company, *The China Mail*, 1887 – 3 – 22, p. 2.

⑥ Hong Kong Canton and Macao Steamboat Company, *The Hong Kong Telegraph*, 1890 – 5 – 22, p. 2.

⑦ *The Straits Times*（Singapore），1906-12-18, p. 6.

⑧ Hong Kong Canton and Macao Steamboat Company, *Hong Kong Daily Press*, 1868 – 1 – 17, p. 2.

⑨ Hong Kong Canton and Macao Steamboat Company, *The China Mail*, 1868 – 7 – 11, p. 5.

⑩ Hong Kong Canton and Macao Steamboat Company Meeting of Shareholders, *Hong Kong Daily Press*, 1870 – 7 – 18, p. 2.

⑪ To the Shareholders of the Hong Kong, Canton and Macao Steamboat Company Limited, *The North-China Herald and Supreme Court & Consular Gazette*（1870 – 1941），1871 – 6 – 9, p. 18.

⑫ 《轮船拍卖》，《循环日报》1883年7月2日，第2版。

能获利，凡属股份中人均可参与分红，令以 36000 元为其均派，首事俸金 2500 元，结存 19601 元，士迫火船出虎门为贼所劫，悬赏金 2000 元，白云火船值银 71000 两，保险则仅 3 万元，取回机器水甑仅值万元，实亏本 3 万元，承接制造火船 5 万元，船中设机器大约 5 万，可仿效招商公局之设，所有厘定章程均需完善，如举办银肆、开矿和保险制船。① 随着粤港澳夜船汉阳轮改为日行，故公司随即跌价，汉阳船复归夜行，公司之价仍行裁减，恐有别火船乘虚而入。② 1877 年，公司与国内资本家进行激烈竞争时，通过提高航行内地的水脚费，与内地航行公司进行竞争。③ 1878 年，公司会议报告令人很惊讶，董事们继续"自信地期待有利的答复"。④ 1881 年，公司将航行省港金山轮船予以拍卖，因无人过问，最后自行承受。⑤ 1882 年，公司认为股东有充分的理由表示祝贺，目前公司占有率非常满意。⑥ 公司常年股东会议，主要讨论议案及其发展计划，不定期地载于 *The China Mail* 和 *Hong Kong Daily Press*，从这两份报纸可知该公司发展演变的情形。

省港澳轮船公司日常事务的管理与盈亏状况。公司航行实行指令接收制度，类似航行记录记载制度。⑦ 公司的日常支出，1883 年公司股东大会报告称，半年支出薪水、保险、损耗和其他等项目共计 12601.85 美元，总计收入 95070.95 美元。⑧ 1884 年，公司粤西轮船，经暗士郎当拍卖，卖得回银 555 元。⑨ 同年，公司值理召开股东会议，欲将公司及所有之轮船转售与渣甸洋行，拟取回银 96 万元。⑩ 1885 年，公司照例每届半年将所有出入各项数目清算，前中历 5 月 18 日适届期计算至今，除开支各项费用溢银约 109033 元，上届拨下银约 4593 元，各值理议定分回老本息 7 厘应支银 42000 元，保险坏船预费应支银 55000 元，货艇一只应支银 1000 元，各值

---

① 《火轮公司议章》，《申报》1875 年 1 月 29 日，第 4 版。
② 《汉阳火船仍归夜行》，《申报》1875 年 2 月 11 日，第 2 版。
③ *The China Mail*, 1877-9-28, p. 2.
④ *The China Mail*, 1878-1-23, p. 2.
⑤ 《轮船拍卖》，《循环日报》1881 年 5 月 2 日，第 3 版。
⑥ *The Hong Kong Telegraph*, 1882-7-31, p. 2.
⑦ *The China Mail*, 1879-2-27, p. 2.
⑧ Hong Kong Canton and Macao Steamboat Company Meeting of Shareholders, *Hong Kong Daily Press*, 1883-7-27, p. 2.
⑨ 《拍卖烂船》，《循环日报》1884 年 3 月 12 日，第 2 版。
⑩ 《拟售轮船》，《循环日报》1884 年 3 月 19 日，第 3 版。

事司事薪金应支银 2750 元，除去支出外，尚存 8283 元作为下届盈余。①
1889 年，公司收益能力早已得到认可和欣赏，尽管在本地企业历史上存在
严重的混乱和管理不善。②公司截至 1888 年 6 月 30 日的半年报告，修理船
舶底部的费用远高于预期。③ 1908 年，公司召开股东会议，讨论发行每股
1.25 美元，同时 12500 美元作为保险，除基金报销轮船损耗 3600 美元。④
此外，公司与太古洋行合作，某些业务交给太古洋行代理。1886 年，太古
洋行与省港澳公司议定代理协议，太古洋行要求省港水脚费涨价一倍问
题，导致省港澳公司收回成议。⑤

其次，由于省港澳轮船时常遇到不同风险，公司注意适时提升安全意识和
举措。1880 年，救生会同仁在公司埠头实行操练救生器具的演习，其中有十余
人系初入会者，亦有条不紊地进行操作。⑥ 1884 年，公司的粤西轮船因修葺完
竣，进水试行于 1 点钟时由港开往澳门，以便照常来往省澳，忽然发现气管
有水滴，机器突然爆炸，造成相关人员伤亡，幸得渔船救起。⑦

由此可知省港澳轮船公司属于英资控制股份合作公司，主要经营省港
澳之间航线，实行董事会制度，明确规定轮船公司航行各种制度，并遵从
各地相关航行规定，收益颇为显著。

太古轮船公司，1872 年由 J. M. 施怀雅在中国创办，自 20 世纪 50 年
代初期起，施怀雅洋行将英国毛棉制品自利物浦运至中国，委托琼记洋行
及普莱斯敦·布莱涅尔洋行的佣金代理行号销售。霍尔特先生⑧由于急于
扩充他的中国海洋轮船公司的船队，以便能插手沿海运输，同时，又鉴于
他对巴利洋行不满，要求在香港开业。⑨太古轮船公司通过第四次齐价合

---

① 《股份摊数》，《循环日报》1885 年 7 月 23 日，第 3 版。
② Hong Kong Canton and Macao Steamboat Company, *The Hong Kong Telegraph*, 1889 - 7 - 20, p. 2.
③ Hong Kong Canton and Macao Steamboat Company, *The Hong Kong Telegraph*, 1889 - 8 - 20, p. 2.
④ Hong Kong Canton and Macao Steamboat Company, *Hong Kong Daily Press*, 1908 - 7 - 29, p. 2.
⑤ 《改回成议》，《循环日报》1886 年 1 月 25 日，第 3 版。
⑥ 《操演救生器具》，《循环日报》1880 年 7 月 2 日，第 3 版。
⑦ 《轮船失事》，《循环日报》1884 年 2 月 26 日，第 2 版。
⑧ 霍尔特先生投资了蓝烟囱分公司的长江轮船公司，此时他开始承购太古轮船公司的股份，他也是太古公司一个股东。
⑨ 参见聂宝璋编《中国近代航运史资料》第一辑（上），上海人民出版社 1983 年版，第 511 页。

约签订，1894年又缔结了太古轮船公司、省港澳轮船公司等4家公司的广州内河航运联营协议，以及香港—马尼拉之间的航运和日本—澳大利亚之间装运大米的协议，于19世纪90年代利润剧增。1893年太古轮船公司的结余仅有98023英镑，1894年就达到219647英镑，增加一倍以上。1894—1895年，虽因中日战争而导致各方混乱，但太古轮船公司的利润仍继续上升。1896年由于中国各埠商务"清淡"，沿海运价暴跌，太古利润暂时下跌，甲午中日战争之后很快恢复上升趋势。①

德忌利士轮船公司，是香港一位从事钟表珠宝业的商人德忌利士·拉普赖克于1883年7月28日所创办。他认为在中国沿岸贸易，一定会获致利润，于是他就联合一些朋友购买了几条小轮，并开始经营。他死后经商用的七条船让给他的侄子约翰·史蒂威·拉普赖克。自此以后，公司与中国沿海及台湾的贸易，显著增加。它的沿海班轮，航行于香港、汕头、厦门、福州之间，还有台湾港口支线，业务情况与1885年相同，太古轮船在上海、厦门、汕头的航线几乎全年都维持定期航行。②

当时轮船的买卖出售转让情况。1895年，香港胜记轮船公司有轮船1只，（英尺）长九十八尺，阔十六尺四寸，深八尺六寸，而机器甚为坚固，每点钟能行十余英里，货仓客位，俱皆齐备，或租或买，价颇相宜，如官商合意者，请移步至虹口广成合面议。③

由此可知，该时期香港造船厂和航运公司基本由洋行外资所控制，而华商投资公司和造船厂比较微弱，因此香港早期工业化由英资发挥引领示范作用，而香港华商轮船航运业仍需努力追击。

第二节　吞吐量的扩增

该时期香港轮船进出吨位数和船只数，从两个阶段进行考察，以1887年九龙设关为界限划分为前后两个阶段。前一个阶段依据零散资料考察，

---

① 参见张仲礼、陈曾年、姚欣荣《太古集团在旧中国》，上海人民出版社1991年版，第86—87页。
② 参见聂宝璋编《中国近代航运史资料》第一辑（上），上海人民出版社1983年版，第525—526页。
③ 《轮船出售》，《申报》1895年2月17日，第6版。

似乎不甚准确，仅供参考；后一个阶段有系统完整的海关资料，较之前一阶段，能完整反映该时期香港轮船航运业发展基本面貌。

第一阶段，1840—1887年，从时人记载可以看出香港航运业是很有起色的。据陈镛勋所记，回首看香港之北，　　连四英里之遥，由海面计六百英尺高，又见楼阁参差，连云比屋，疑为海上三神山。再看海中，至英商九龙而止，则见各国轮船货积如山，或起或落。轮船可以一望而知，则有昌兴公司、花旗轮船公司、法兰西轮船公司、铁行轮船公司、押家轮船等公司，别的公司轮船也不少，但看通过轮船旗号和烟囱推知船舶公司，如蓝烟囱，则知其为澳国轮船；红烟囱则知其为轩度毡拿轮船。① 由轮船烟囱的颜色判断船只所属公司，而客运和货运轮船连云比屋，货物堆积如山，轮船公司林立，这样的描述足见当时香港航运业的繁荣情形。据赖连三记载香港各处所艚渔等船，如艚船，裙带路18只；货船，裙带路53只；石排湾3只；杉船，裙带路21只，柴湾2只；渡船，裙带路37只，石排湾8只，赤柱2只，柴湾2只；盐船，裙带路80只，排湾1只；华艇，裙带路29只。运货艇，裙带路51只；渔船，裙带路342只，石排湾132只，赤柱72只，柴湾与筲箕湾73只，石澳1只；虾苟等，裙带路1/1只；卖饭食船，石排湾1只。运水艇，裙带路20只。三板等，裙带路1842只，石排湾469只，赤柱62只，柴湾3只，石澳3只；石船，裙带路25只；火食艇，裙带路87只，以上各船艇共计3632只。② 这是早期游记中所见香港各处停泊帆船和轮船，其繁荣之景象尤为可观。"泊舟驻香港，屈指两番经；一水开明镜，群山列翠屏；樯帆丛列戟，灯火乱繁星；夜静登楼望，披衣晓露零。"③ 香港轮船贸易还是挺繁忙的，"往来于九龙对岸，或载运货，则有小汽轮，川走如梭也"④。虽然这里描述相对静态和有限，但是侧面反映了当时航业概况，"并有小轮船者来往香港、九龙、油麻地、筲箕湾、尖沙咀、红磡等处，若男若女、若老若少、若商若贾、不绝如

---

① 陈镛勋：《香港杂记（外二种）》，莫世祥校注，暨南大学出版社1996年版，第8页，注：轩度毡拿轮船为印度支那轮船航运公司。

② 《近日杂报》，《遐迩贯珍》1855年5月1日第5号，香港英华书院印刷，第8页。

③ 钟叔河主编：《西海纪游草·乘槎笔记·诗二种·初使泰西记·航海述奇·欧美环游记》，钟叔河、杨国桢、左步青校点，岳麓书社1985年版，第201页。

④ 赖连三：《香港纪略（外二种）》，李龙潜点校，暨南大学出版社1997年版，第46页。

蚁，诚为别埠所无"①。香港早期航运的繁荣景象，"平水绿色，卯正一刻至香港，入口过九龙峪，山青水碧，船集如蚁"②。以上这些主要体现了早期香港航运景象。

通过梳理现存零散资料，借以考察香港船运概况。1847年，据陈镠勋统计西人之船出入口不过694艘，载货不过229465吨，此后年年续有增加，据说统计轮船之数在内，直到1891年时，轮船出口27157艘，载货6773243吨，每百艘有53艘是英商，31艘属华商，16艘属各处洋人。③ 1854年，进出口香港的船只如此之多，上年底共计停泊有船艇1868只，有客计13119名。④ 直到1891年时，每十年来港船只作出统计如下：

> 查公历1847年前，计西人之船出入不过694艘，载货不过229465墩。
>
> 至1861年时，是年出口轮船有1259艘，载货658196墩；入口轮船有1286艘，载货652187墩。
>
> 至1871年时，轮船出口有34550艘，载货3360622吨；入口轮船有28635艘，载货3158519墩。
>
> 至1881年，是年出口轮船有27553艘，载货4533304墩；入口轮船是年27051艘，载货4475820墩。
>
> 至1891年时，是年轮船出口有27157艘，载货6773243墩；是年入口轮船26953艘，载货6768918墩。⑤

这就是在香港开埠之后，每十年进出香港轮船和吨位的初步记载，展现了香港早期轮船航运业的发展面貌。以上就是该时期香港航运业的发展大致概况，兹以表4-3作为互证，1860—1891年停泊香港船舶只数在逐年增加，过往船只所载的吨位数在逐渐上涨。从表4-3可以看出，1860—1900年停泊在香港的船只数和吨位数基本上在增长（除了个别年份有所下降）。同时，就停泊在香港船只数而言，这30年间翻了将近4番，而停泊

---

① 陈镠勋：《香港杂记（外二种）》，莫世祥校注，暨南大学出版社1996年版，第9页。
② 陈镠勋：《香港杂记（外二种）》，莫世祥校注，暨南大学出版社1996年版，第212页。
③ 陈镠勋：《香港杂记（外二种）》，莫世祥校注，暨南大学出版社1996年版，第59页；陈谦：《香港旧事见闻录》，广东人民出版社1989年版，第57—59页。
④ 《近日杂报》，《遐迩贯珍》1854年7月1日第7号，香港英华书院印刷，第6页。
⑤ 陈镠勋：《香港杂记（外二种）》，莫世祥校注，暨南大学出版社1996年版，第59页。

在香港的轮船吨位数增长了9倍。因此这期间香港轮船航运业的实力与规模在逐渐发展壮大。

表4-3[①]　　　　通过香港港口轮船和吨位统计（1860—1900）

年份	船只艘次	载重吨位	年份	船只艘次	载重吨位
1860	2888	1555445	1881	6412	5686488
1861	2545	1310383	1882	6880	6337024
1862	2720	1344710	1883	6785	6882381
1863	3657	1806881	1884	6601	6961758
1864	4558	2046572	1885	6827	7699099
1865	4445	2134164	1886	8448	9080390
1866	3783	1891281	1887	8152	9169534
1867	4879	2376320	1888	7581	9006677
1868	4095	1874299	1889	7588	8971990
1869	4426	2256049	1890	8219	9771743
1870	4791	2640347	1891	8707	10279043
1871	不详	3235701	1892	8974	10294132
1872	6099	3795566	1893	8758	10537859
1873	4675	3273119	1894	8452	10469232
1874	4356	3034036	1895	9089	11525586
1875	5201	3893687	1896	9352	12333396
1876	5751	4359616	1897	9944	12124599
1877	5701	6850896	1898	11058	13252733
1878	6131	5209437	1899	10905	13437147
1879	5503	4964339	1900	10940	14022167
1880	5775	5078868			

第二阶段，1887—1898年，自1887年九龙关设立，海关保存大量一手资料，基于此可以初步分析该时期进出香港轮船船只和吨位数，直接反映轮船航运业发展的情况。由于海关统计存有丰富来往九龙关的数据，选

---

① 《历年商业贸易统计表》，载汇丰银行编《百年商业》，转引自张晓辉《香港近代经济史（1840—1949）》，广东人民出版社2001年版，根据第151页和第158页改编而制成该表。

取 1889—1898 年，每年度各季度进出九龙数据统计，有些年份是一个季度，有些季度是全部数据，摘录统计表 4-4 至表 4-30，可以概括出该时期轮船航运业发展的大概情形。

1. 从 1889 年到 1898 年间，以香港为中心进出港澳及中国船只，包括轮船和帆船，由于缺乏准确数据，难以对它们各自所占比例作出分析，但是仍旧存在相当多过往帆船的史实，且占据不小的比重。同时，香港航运业，除了延续过往发展外，有些年份新增船只开通去香港航线，这是促使香港航运业发展的直接助力。

2. 港澳之间船只往来频繁程度虽不及粤港之间，但都是香港航运发展的组成部分，呈现发展趋势，除了港澳经济繁荣因素外，也要考虑到地理区位因素。

3. 1889—1898 年，香港船只数进口均大于出口，除了 1895 年和 1896 年，这两年极有可能与甲午中日战争影响有关，其余年份基本反映本地船只数小于外来船只数，相差不是特别大，间接凸显其转口港地位和作用。1890 年开通香港到新加坡的航线，1891 年开通香港到安南的航线。

4. 1889—1898 年 10 年间，选取每年第四季度九龙四个分关进出船只统计（其中 1892 年选取第二季度数据），测算这些数据，可以发现这 10 年间从中国进香港船只数年均保持 7847 只，由香港去内地出口船只数年均保持 7810 只，反映出内地和香港之间进出船只数基本上保持均衡状态。在 1895 年中，进出香港船只数达到顶峰，均在 9200 只左右。港澳间的船只年均保持 396 只，基本每天至少一趟船航行港澳之间。

5. 九龙四个分关中，进出汲水门的船只数在总和中占据绝对地位，足见其是九龙重要分关。

由上可知，虽然仅仅依据海关所记载航运资料，但亦可反映出该时期香港轮船航运业的概况，中国作为香港轮船航运的腹地，占据绝对重要的地位。不管是粤港还是香港与内地之间船舶往来，都可以反映出该时期香港轮船航运业逐渐走向繁荣，进一步凸显了香港中转贸易的作用，这种交通枢纽地位的日益增强，为即将到来的转口港地位形成奠定了坚实的物质基础。值得注意的是，海关统计固然准确，但是或走私或者不经过海关的逃税情形也是存在的，因此实际上香港轮船航运业发展数据大于海关所载。

表 4-4　　1889 年第四季度九龙四个分关进出船只精确统计　　（单位：只）

进口/分关	汲水门	长洲	佛头洲	九龙分关	总计
经过香港到内地	3821	308	998		5127
经过内地到内地	281	7	509		797
从香港进入内地	21	127		699	847
从内地进入内地	38	31		105	174
总计	4161	473	1507	804	6945
轮船从香港到内地				834	834
出口					
经过香港到内地	3738	242	989		4969
经过内地到内地	288	3	514		805
从香港进入内地	27	139		685	851
从内地进入内地	43	20		116	179
总计	4096	404	1503	801	6804
轮船从香港到内地				834	834
香港和澳门往来					
从香港到澳门	67	174			241
从澳门到香港	55	145			200
总计	122	319			1275

资料来源：吴松弟整理：《美国哈佛大学图书馆藏未刊中国旧海关史料（1860—1949）》第 59 册，广西师范大学出版社 2014 年版，第 631 页。

表 4-5　　1890 年第一季度九龙四个分关进出船只精确统计　　（单位：只）

进口/分关	汲水门	长洲	佛头洲	九龙分关	总计
经过香港到内地	3210	277	977		4464
经过内地到内地	290	3	575		868
经过澳门到内地			1		1
从香港进入内地	199	107		725	1031
从内地进入内地	28	31		66	125
总计	3727	419	1552	791	6489
轮船从香港到内地				883	883

续表

进口/分关	汲水门	长洲	佛头洲	九龙分关	总计
出口					
经过香港到内地	3143	243	999		4385
经过内地到内地	274	2	529		805
从香港进入内地	208	111		731	1050
从内地进入内地	26	30		60	116
总计	3651	386	1528	791	6356
轮船从香港到内地				883	883
香港和澳门往来					
从香港到澳门	60	122			182
从澳门到香港	65	105			170
总计	125	227			352
从安南到香港		1			1
从香港到新加坡		2			2

资料来源：吴松弟整理：《美国哈佛大学图书馆藏未刊中国旧海关史料（1860—1949）》第60册，广西师范大学出版社2014年版，第203页。

表4-6　1892年第二季度九龙四个分关进出船只精确统计　　（单位：只）

进口/分关	汲水门	长洲	佛头洲	九龙分关	总计
经过香港到内地	3629	461	1398		5488
经过内地到内地	238	11	213		462
从澳门进入内地		1			1
从香港进入内地	227	135		687	1049
从内地到内地	31	39		81	151
从澳门到内地		2			2
总计	4125	649	1611	768	7153
轮船从香港到内地				1357	1357
出口					
经过香港到内地	3584	444	1323		5351
经过内地到内地	258	11	245		514
从香港进入内地	192	131		677	1000
从内地进入内地	49	54		90	193
从澳门进入内地		2			2
总计	4083	642	1568	767	7060

续表

进口/分关	汲水门	长洲	佛头洲	九龙分关	总计
轮船从香港到内地				1357	1357
从香港到澳门	64	123			187
从澳门到香港	70	132			202
总计	134	255			389
从安南到香港		1			1

资料来源：吴松弟整理：《美国哈佛大学图书馆藏未刊中国旧海关史料（1860—1949）》第63册，广西师范大学出版社2014年版，第630页。

表4-7　1893年第一季度九龙四个分关进出船只精确统计　（单位：只）

进口/分关	汲水门	长洲	佛头洲	九龙分关	总计
经过香港到内地	3902	405	2093		6400
经过内地到内地	264	10	287		561
从香港进入内地	264	89		712	1065
从内地到内地	41	31		66	138
从澳门到内地		1			1
总计	4471	536	2380	778	8165
轮船从香港到内地				2483	2483
出口					
经过香港到内地	3878	363	2137		6378
经过内地到内地	291	9	228		528
从香港进入内地	259	101		708	1068
从内地进入内地	50	21		78	149
从澳门进入内地		1			1
总计	4878	495	2365	786	8124
轮船从香港到内地				2483	2483
从香港到澳门	67	115			182
从澳门到香港	97	116			213
总计	164	231			395
从安南到香港		1			1
从新加坡到香港		2			2

资料来源：吴松弟整理：《美国哈佛大学图书馆藏未刊中国旧海关史料（1860—1949）》第64册，广西师范大学出版社2014年版，第624页。

表 4-8　　1893 年第二季度九龙四个分关进出船只精确统计　（单位：只）

进口/分关	汲水门	长洲	佛头洲	九龙分关	总计
经过香港到内地	4363	533	1887	3	6786
经过内地到内地	268	4	188		460
经过澳门到内地			2		2
从香港进入内地	360	176		692	1228
从内地到内地	45	55		93	193
总计	5036	768	2077	788	8669
轮船从香港到内地				4047	4047
出口					
经过内地到香港	4409	509	1756		6674
经过内地到内地*	294	1	175		470
从香港进入内地	357	192		687	1236
从内地进入内地	44	45		93	182
总计	5104	747	1931	780	8562
轮船从香港到内地				4047	4047
从香港到澳门	78	137			215
从澳门到香港	91	148			239
总计	169	285			454

注：* 包括帆船运输货物到香港。

资料来源：吴松弟整理：《美国哈佛大学图书馆藏未刊中国旧海关史料（1860—1949）》第 65 册，广西师范大学出版社 2014 年版，第 195 页。

表 4-9　　1893 年第三季度九龙四个分关进出船只精确统计　（单位：只）

进口/分关	汲水门	长洲	佛头洲	九龙分关	总计
经过香港到内地	3395	495	1122		5012
经过内地到内地*	196	8	153		357
经过澳门到内地			1		1
从香港进入内地	294	144		659	1097
从内地到内地	33	49		66	148
总计	3918	696	1276	725	6615
轮船从香港到内地				4137	4137
出口					
经过内地到香港	3419	465	1110		4994

续表

进口/分关	汲水门	长洲	佛头洲	九龙分关	总计
经过内地到内地*	224	13	138		375
经过澳门到内地			1		1
从香港进入内地	285	150		673	1108
从内地进入内地	35	43		57	135
总计	3963	672	1249	730	6614
轮船从香港到内地				4137	4137
从香港到澳门	70	148			218
从澳门到香港	63	142			205
总计	133	290			423

注：*包括帆船运输货物到香港。

资料来源：吴松弟整理：《美国哈佛大学图书馆藏未刊中国旧海关史料（1860—1949）》第65册，广西师范大学出版社2014年版，第417页。

表4-10　1893年第四季度九龙四个分关进出船只精确统计　　　（单位：只）

进口/分关	汲水门	长洲	佛头洲	九龙分关	总计
经过香港到内地	3416	347	1800		5563
经过内地到内地*	235	17	215		467
从香港进入内地	283	189		997	1469
从内地到内地	51	34		91	176
总计	3985	587	2015	1088	7675
轮船从香港到内地				3479	3479
出口					
经过内地到香港	3402	319	2009		5730
经过内地到内地*	251	17	200		468
经过澳门到内地	1		2		3
从香港进入内地	290	184		988	1462
从内地进入内地	60	28		101	189
总计	4004	548	2211	1089	7852
轮船从香港到内地				3479	3479
从香港到澳门	63	146			209
从澳门到香港	71	150			221
总计	134	296			430

续表

进口/分关	汲水门	长洲	佛头洲	九龙分关	总计
从香港到安南		1			1
从香港到新加坡		1			1

注：*包括帆船运输货物到香港。

资料来源：吴松弟整理：《美国哈佛大学图书馆藏未刊中国旧海关史料（1860—1949）》第65册，广西师范大学出版社2014年版，第633页。

表4-11　1894年第一季度九龙四个分关进出船只精确统计　（单位：只）

进口/分关	汲水门	长洲	佛头洲	九龙分关	总计
经过香港到内地	3449	484	2127		6060
经过内地到内地*	322	14	299		635
经过澳门到内地	1				1
从香港进入内地	337	156		740	1233
从内地到内地	43	54		83	180
从澳门到内地		1			1
总计	4152	709	2426	823	8110
轮船从香港到内地				3869	3869
出口					
经过内地到香港	3505	469	2128		6102
经过内地到内地*	360	14	238		612
经过澳门到内地	1	1	2		4
从香港进入内地	330	159		741	1230
从内地进入内地	45	55		84	184
总计	4241	698	2368	825	8132
轮船从香港到内地				3869	3869
从香港到澳门	88	129			217
从澳门到香港	93	127			220
总计	181	256			437
从香港到安南		1			1
从香港到新加坡		1			1

注：*包括帆船运输货物到香港。

资料来源：吴松弟整理：《美国哈佛大学图书馆藏未刊中国旧海关史料（1860—1949）》第66册，广西师范大学出版社2014年版，第187页。

表 4-12　　1894 年第二季度九龙四个分关进出船只精确统计　　（单位：只）

进口/分关	汲水门	长洲	佛头洲	九龙分关	总计
经过香港到内地	3739	570	1339		5648
经过内地到内地*	283	7	170		460
经过澳门到香港	297	143		813	1253
从香港进入内地	58	50		56	164
从澳门到内地		2			2
总计	4377	772	1509	869	7527
轮船从香港到内地				3383	3383
出口					
经过内地到香港	3650	528	1270		5448
经过内地到内地*	280	11	162		453
经过澳门到内地			1		1
从香港进入内地	303	150		818	1271
从内地进入内地	33	42		60	135
从内地到澳门		1			1
总计	4266	732	1433	878	7309
轮船从香港到内地				3383	3383
从香港到澳门	160	120			280
从澳门到香港	155	120			275
总计	315	240			555

注：* 包括帆船运输货物到香港。

资料来源：吴松弟整理：《美国哈佛大学图书馆藏未刊中国旧海关史料（1860—1949）》第 66 册，广西师范大学出版社 2014 年版，第 405 页。

表 4-13　　1894 年第三季度九龙四个分关进出船只精确统计　　（单位：只）

进口/分关	汲水门	长洲	佛头洲	九龙分关	总计
经过香港到内地	3005	389	985		4379
经过内地到内地*	225	6	164		395
经过澳门到香港	1	1	1		3
从香港进入内地	278	156		922	1356
从内地到内地	31	51		47	129
总计	3540	603	1150	969	6262
轮船从香港到内地				2021	2021

续表

进口/分关	汲水门	长洲	佛头洲	九龙分关	总计
出口					
经过内地到香港	3028	366	1009		4403
经过内地到内地*	290	18	121		429
从香港进入内地	275	156		912	1343
从内地进入内地	35	43		54	132
总计	3628	583	1130	966	6307
轮船从香港到内地				2021	2021
从香港到澳门	86	130			216
从澳门到香港	105	124			229
总计	191	254			445
从暹罗到香港		1			1

注：* 包括帆船运输货物到香港。

资料来源：吴松弟整理：《美国哈佛大学图书馆藏未刊中国旧海关史料（1860—1949）》第66册，广西师范大学出版社2014年版，第622页。

表4-14　　1894年第四季度九龙四个分关进出船只精确统计　　（单位：只）

进口/分关	汲水门	长洲	佛头洲	九龙分关	总计
经过香港到内地	3465	376	2292		6133
经过内地到内地*	345	22	281		648
经过澳门到香港		1			1
从香港进入内地	282	173		1125	1580
从内地到内地	41	29		75	145
总计	4133	601	2573	1200	8507
轮船从香港到内地				1250	1250
出口					
经过内地到香港	3422	335	2320		6077
经过内地到内地*	379	22	263		664
经过内地到澳门		2	1		3
从香港进入内地	272	172		1130	1574
从内地进入内地	40	35		75	150
总计	4113	566	2584	1205	8468
轮船从香港到内地				1250	1250

进口/分关	汲水门	长洲	佛头洲	九龙分关	总计
从香港到澳门	54	119			173
从澳门到香港	81	112			193
总计	135	231			366
从香港到安南		1			1
从安南到香港		1			1
从香港到新加坡		3			3

注：*包括帆船运输货物到香港。

资料来源：吴松弟整理：《美国哈佛大学图书馆藏未刊中国旧海关史料（1860—1949）》第67册，广西师范大学出版社2014年版，第194页。

表4-15　1895年第一季度九龙四个分关进出船只精确统计　（单位：只）

进口/分关	汲水门	长洲	佛头洲	九龙分关	总计
经过香港到内地	3661	576	2180	3	6420
经过内地到内地*	341	23	285		649
从香港进入内地	293	145		1105	1543
从内地到内地	32	69		148	249
总计	4327	813	2465	1256	8861
轮船从香港到内地				2246	2246
出口					
经过内地到香港	3691	515	2235		6441
经过内地到内地*	424	23	226		673
经过内地到澳门			1		1
从香港进入内地	280	148		1050	1478
从内地进入内地	34	61		172	267
总计	4429	747	2462	1222	8860
轮船从香港到内地				2246	2246
从香港到澳门	99	84			183
从澳门到香港	135	75			210
总计	234	159			393
从香港到安南		1			1
从香港到新加坡		3			3

注：*包括帆船运输货物到香港。

资料来源：吴松弟整理：《美国哈佛大学图书馆藏未刊中国旧海关史料（1860—1949）》第67册，广西师范大学出版社2014年版，第396页。

表4-16　1895年第二季度九龙四个分关进出船只精确统计　（单位：只）

进口/分关	汲水门	长洲	佛头洲	九龙分关	总计
经过香港到内地	4571	710	1731		7012
经过内地到内地*	361	18	169		548
经过澳门到香港			1		1
从香港进入内地	281	168		1170	1619
从内地到内地	25	66		132	223
总计	5238	962	1901	1302	9403
轮船从香港到内地				1549	1549
出口					
经过内地到香港	4565	611	1620		6796
经过内地到内地*	339	18	220		577
从内地到香港	272	157		1148	1577
从内地到内地	26	77		143	246
从内地到澳门	1				1
总计	5203	863	1840	1291	9197
轮船从香港到内地				1549	1250
从香港到澳门	147	73			220
从澳门到香港	170	75			245
总计	317	148			465
从香港到安南		1			1
从安南到香港		1			1

注：*包括帆船运输货物到香港。
资料来源：吴松弟整理：《美国哈佛大学图书馆藏未刊中国旧海关史料（1860—1949）》第67册，广西师范大学出版社2014年版，第602页。

表4-17　1895年第三季度九龙四个分关进出船只精确统计　（单位：只）

进口/分关	汲水门	长洲	佛头洲	九龙分关	总计
经过香港到内地	3540	569	1209		5318
经过内地到内地*	240	3	187		430
从香港进入内地	256	151		1101	1508
从内地进入内地	18	61		109	188
从澳门进入内地				1	1
总计	4054	784	1396	1211	7445

续表

进口/分关	汲水门	长洲	佛头洲	九龙分关	总计
轮船从香港到内地				1795	1795
出口					
经过内地到香港	3644	498	1191		5333
经过内地到内地*	307	6	144		457
从香港进入内地	253	150			403
从内地进入内地	18	58			76
总计	4222	712	1335	1194	6269
轮船从香港到内地				1795	1795
从香港到澳门	79	103			182
从澳门到香港	87	109			196
总计	166	212			378
从香港到安南		1			1
从香港到新加坡		1			1

注：*包括帆船运输货物到香港。

资料来源：吴松弟整理：《美国哈佛大学图书馆藏未刊中国旧海关史料（1860—1949）》第68册，广西师范大学出版社2014年版，第164页。

表4-18　　1895年第四季度九龙四个分关进出船只精确统计　　（单位：只）

进口/分关	汲水门	长洲	佛头洲	九龙分关	总计
经过香港到内地	3827	470	2099		6396
经过内地到内地*	315	11	262		588
经过澳门到香港		1	1		2
从香港进入内地	234	170		1509	1913
从内地到内地	38	47		240	325
总计	4414	699	2362	1749	9224
轮船从香港到内地				1778	1778
出口					
经过内地到香港	3944	347	2133		6424
经过内地到内地*	345	6	258		609
经过内地到澳门	2		1		3
从香港进入内地	224	171		1484	1879
从内地进入内地	49	47		238	334

续表

进口/分关	汲水门	长洲	佛头洲	九龙分关	总计
从澳门进入内地	1				1
总计	4565	571	2392	1722	9250
轮船从香港到内地				1778	1778
从香港到澳门	91	101			192
从澳门到香港	110	103			213
总计	201	204			405

注：*包括帆船运输货物到香港。

资料来源：吴松弟整理：《美国哈佛大学图书馆藏未刊中国旧海关史料（1860—1949）》第68册，广西师范大学出版社2014年版，第354页。

表4-19　1896年第一季度九龙四个分关进出船只精确统计　（单位：只）

进口/分关	汲水门	长洲	佛头洲	九龙分关	总计
经过香港到内地	3932	545	1983		6460
经过内地到内地*	258	7	228		493
从香港进入内地	291	170		1257	1718
从内地到内地	38	68		160	266
总计	4519	790	2211	1417	8973
轮船从香港到内地				1204	1204
出口					
经过内地到香港	3864	435	1990		6289
经过内地到内地*	313	16	178		507
从香港进入内地	272	170		1259	1701
从内地进入内地	43	64		195	302
总计	4492	685	2168	1454	8799
轮船从香港到内地				1204	1204
从香港到澳门	127	79			206
从澳门到香港	164	95			259
总计	291	174			465
从香港到安南		1			1
从香港到新加坡		1			1

注：*包括帆船运输货物到香港。

资料来源：吴松弟整理：《美国哈佛大学图书馆藏未刊中国旧海关史料（1860—1949）》第68册，广西师范大学出版社2014年版，第540页。

表 4-20　　1896 年第二季度九龙四个分关进出船只精确统计　　（单位：只）

进口/分关	汲水门	长洲	佛头洲	九龙分关	总计
经过香港到内地	4409	747	1410		6566
经过内地到内地*	303	16	164		483
从香港进入内地	329	202		1333	1864
从内地到内地	24	58		184	266
从澳门到内地		1			1
总计	5065	1024	1574	1517	9180
轮船从香港到内地				1052	1052
出口					
经过内地到香港	4573	590	1332		6495
经过内地到内地*	294	11	208		513
经过内地到澳门			1		1
从香港进入内地	297	189		1297	1783
从内地进入内地	33	70		208	311
从澳门进入内地		2			2
总计	5197	862	1541	1505	9105
轮船从香港到内地				1052	1052
从香港到澳门	136	119			255
从澳门到香港	168	119			287
总计	304	238			542
从台湾到香港		1			1
从香港到安南		1			1
从安南到香港		1			1
总计		2			2

注：* 包括帆船运输货物到香港。
资料来源：吴松弟整理：《美国哈佛大学图书馆藏未刊中国旧海关史料（1860—1949）》第 69 册，广西师范大学出版社 2014 年版，第 169 页。

表 4-21　　1896 年第三季度九龙四个分关进出船只精确统计　　（单位：只）

进口/分关	汲水门	长洲	佛头洲	九龙分关	总计
经过香港到内地	2927	502	1094		4523
经过内地到内地*	222	10	204		436
经过澳门到内地		1			1

续表

进口/分关	汲水门	长洲	佛头洲	九龙分关	总计
从香港进入内地	354	154		1260	1768
从内地到内地	37	52		114	203
总计	3540	719	1298	1374	6931
轮船从香港到内地				1099	1099
出口					
经过内地到香港	3008	392	1103		4503
经过内地到内地*	295	6	171		472
从香港进入内地	321	147		1244	1712
从内地进入内地	36	57		132	225
总计	3660	602	1274	1376	6912
轮船从香港到内地				1099	1099
从香港到澳门	69	107			176
从澳门到香港	99	95			194
总计	168	202			370
从香港到安南		1			1
从安南到香港		3			3
总计		4			4
从暹罗到香港		1			1

注：*包括帆船运输货物到香港。
资料来源：吴松弟整理：《美国哈佛大学图书馆藏未刊中国旧海关史料（1860—1949）》第69册，广西师范大学出版社2014年版，第369页。

表4-22　　　1896年第四季度九龙四个分关进出船只精确统计　　（单位：只）

进口/分关	汲水门	长洲	佛头洲	九龙分关	总计
经过香港到内地	3108	407	1948		5463
经过内地到内地*	333	27	343		703
经过澳门到内地		1			1
从香港进入内地	299	146		1633	2078
从内地到内地	33	51		225	309
总计	3773	632	2291	1858	8554
轮船从香港到内地				1083	1083
出口					

续表

进口/分关	汲水门	长洲	佛头洲	九龙分关	总计
经过内地到香港	3192	280	1982		5454
经过内地到内地*	412	19	335		766
经过内地到澳门	1		1		2
从香港进入内地	268	142		1624	2034
从内地进入内地	36	57		220	313
总计	3909	498	2318	1844	8569
轮船从香港到内地				1083	1083
从香港到澳门	100	99			199
从澳门到香港	113	89			202
总计	213	188			401
从安南到香港		1			1

注：* 包括帆船运输货物到香港。

资料来源：吴松弟整理：《美国哈佛大学图书馆藏未刊中国旧海关史料（1860—1949）》第69册，广西师范大学出版社2014年版，第579页。

表4-23　1897年第一季度九龙四个分关进出船只精确统计　（单位：只）

进口/分关	汲水门	长洲	佛头洲	九龙分关	总计
经过香港到内地	3003	442	1856		5301
经过内地到内地*	328	23	258		609
经过澳门到内地			1		1
从香港进入内地	284	169		1298	1751
从内地到内地	33	64		135	232
总计	3648	698	2115	1433	7894
轮船从香港到内地				915	915
出口					
经过内地到香港	3155	353	1829		5337
经过内地到内地*	384	13	226		623
经过内地到澳门	1		1		2
从香港进入内地	251	162		1339	1752
从内地进入内地	32	69		166	267
总计	3823	597	2056	1505	7981
轮船从香港到内地				915	915

续表

进口/分关	汲水门	长洲	佛头洲	九龙分关	总计
从香港到澳门	107	106			213
从澳门到香港	141	84			225
总计	248	190			438
从香港到安南		1			1
从香港到新加坡		1			1

注：*包括帆船运输货物到香港。

资料来源：吴松弟整理：《美国哈佛大学图书馆藏未刊中国旧海关史料（1860—1949）》第70册，广西师范大学出版社2014年版，第177页。

表4-24　　1897年第二季度九龙四个分关进出船只精确统计　　（单位：只）

进口/分关	汲水门	长洲	佛头洲	九龙分关	总计
经过香港到内地	3520	621	1333		5474
经过内地到内地*	374	16	203		593
从香港进入内地	273	160		1150	1583
从内地到内地	32	60		106	198
总计	4199	857	1536	1256	7848
轮船从香港到内地				1134	1134
出口					
经过内地到香港	3571	495	1342		5408
经过内地到内地*	339	14	232		585
经过澳门到内地	1		2	1	4
从香港进入内地	265	150		1155	1570
从内地进入内地	33	64		195	292
总计	4209	723	1576	1275	7783
轮船从香港到内地				1134	1134
从香港到澳门	107	119			226
从澳门到香港	121	97			218
总计	228	216			444

注：*包括帆船运输货物到香港。

资料来源：吴松弟整理：《美国哈佛大学图书馆藏未刊中国旧海关史料（1860—1949）》第70册，广西师范大学出版社2014年版，第401页。

表 4-25　　1897 年第三季度九龙四个分关进出船只精确统计　　（单位：只）

进口/分关	汲水门	长洲	佛头洲	九龙分关	总计
经过香港到内地	3094	486	1044		4624
经过内地到内地*	221	4	170		395
经过澳门到内地	1	2			3
从香港进入内地	291	120		1224	1635
从内地到内地	32	61		108	201
总计	3639	671	1216	1332	6858
轮船从香港到内地				952	952
出口					
经过内地到香港	3169	377	1031		4577
经过内地到内地*	260	8	141		409
经过澳门到内地	1			2	3
从香港进入内地	288	130		1184	1602
从内地进入内地	56	51		146	253
从澳门进入内地	1			1	2
总计	3775	566	1174	1331	6846
轮船从香港到内地				952	952
从香港到澳门	90	109			199
从澳门到香港	102	106			208
总计	192	215			407
从台湾到香港		1			1
从香港到安南		3			3
从安南到香港		1			1
总计		4			4
从暹罗到香港		2			2

注：*包括帆船运输货物到香港。

资料来源：吴松弟整理：《美国哈佛大学图书馆藏未刊中国旧海关史料（1860—1949）》第 70 册，广西师范大学出版社 2014 年版，第 634 页。

表 4-26　　1898 年第一季度九龙四个分关进出船只精确统计　　（单位：只）

进口/分关	汲水门	长洲	佛头洲	九龙分关	总计
经过香港到内地	3116	392	1573		5081
经过内地到内地*	343	16	283		642
从香港进入内地	259	116		1119	1494

续表

进口/分关	汲水门	长洲	佛头洲	九龙分关	总计
从内地到内地	36	77		173	286
从澳门到内地		1			1
总计	3754	602	1856	1292	7504
轮船从香港到内地				647	647
出口					
经过内地到香港	3180	333	1599	1	5113
经过内地到内地*	381	28	231		640
开通从香港进入内地	253	117		1153	1523
开通从内地进入内地	39	81		176	296
总计	3853	559	1830	1330	7572
轮船从香港到内地				647	647
从香港到澳门	123	81			204
从澳门到香港	144	79			223
总计	267	160			427
从台湾到香港			1		1
从香港到安南		1			1
从安南到香港		2			2
合计		3			3
从香港到新加坡		2			2

注：*包括帆船运输货物到香港。
资料来源：吴松弟整理：《美国哈佛大学图书馆藏未刊中国旧海关史料（1860—1949）》第71册，广西师范大学出版社2014年版，第437页。

表4-27　1898年第二季度九龙四个分关进出船只精确统计　（单位：只）

进口/分关	汲水门	长洲	佛头洲	九龙分关	总计
经过香港到内地	3477	591	1240		5308
经过内地到内地*	333	19	195		547
从香港进入内地	241	125		1231	1597
从内地到内地	28	61		168	257
总计	4079	796	1435	1399	7709
轮船从香港到内地				704	704
出口					

续表

进口/分关	汲水门	长洲	佛头洲	九龙分关	总计
经过内地到香港	3544	443	1240	1	5227
经过内地到内地*	317	28	226		571
经过澳门到内地	1				1
从香港进入内地	227	114		1242	1583
从内地进入内地	25	73		171	269
从澳门到内地				1	1
总计	4114	658	1466	1415	7652
轮船从香港到内地				704	704
从香港到澳门	94	70			164
从澳门到香港	109	63			172
总计	203	133			336
从香港到台湾			11		11
从台湾到香港			10		10
总计			21		21
从香港到安南		2			2
从安南到香港		1			1
总计		3			3

注：*包括帆船运输货物到香港。

资料来源：吴松弟整理：《美国哈佛大学图书馆藏未刊中国旧海关史料（1860—1949）》第72册，广西师范大学出版社2014年版，第208页。

表4-28　　1898年第三季度九龙四个分关进出船只精确统计　　（单位：只）

进口/分关	汲水门	长洲	佛头洲	九龙分关	总计
经过香港到内地	2992	503	1112		4607
经过内地到内地*	251	5	201		457
经过澳门到内地			1		1
从香港进入内地	272	87		1151	1510
从内地到内地	19	52		317	388
总计	3534	647	1314	1468	6963
轮船从香港到内地				572	572
出口					
经过内地到香港	3140	330	1073		4543
经过内地到内地*	304	10	170		484

续表

进口/分关	汲水门	长洲	佛头洲	九龙分关	总计
从香港进入内地	264	86		1162	1512
从内地进入内地	34	32		318	384
从澳门到内地	2				2
总计	3744	458	1243	1480	6925
轮船从香港到内地				572	572
从香港到澳门	93	98			191
从澳门到香港	99	86			185
总计	192	184			376
从香港到安南		2			2
从安南到香港		1			1
总计		3			3
从暹罗到香港		2			2
从新加坡到香港		1			1

注：* 包括帆船运输货物到香港。
资料来源：吴松弟整理：《美国哈佛大学图书馆藏未刊中国旧海关史料（1860—1949）》第72册，广西师范大学出版社2014年版，第451页。

表4-29　1898年第四季度九龙四个分关进出船只精确统计　（单位：只）

进口/分关	汲水门	长洲	佛头洲	九龙分关	总计
经过香港到内地	3136	371	1609		5116
经过内地到内地*	332	14	265		611
经过澳门到内地			1		1
从香港进入内地	284	135		1314	1733
从内地到内地	29	71		480	580
总计	3781	591	1875	1794	8041
轮船从香港到内地				399	399
出口					
经过内地到香港	3191	326	1654		5171
经过内地到内地*	368	19	222		609
经过澳门到内地	1		1		2
从香港进入内地	267	142		1301	1710
从内地进入内地	39	48		484	571

续表

进口/分关	汲水门	长洲	佛头洲	九龙分关	总计
总计	3866	535	1877	1785	8063
轮船从香港到内地				399	399
从香港到澳门	77	98			175
从澳门到香港	82	101			183
总计	159	199			358
从安南到香港		2			2
从香港到安南		1			1
总计		3			3
从台湾到香港		1			1

注：＊包括帆船运输货物到香港。
资料来源：吴松弟整理：《美国哈佛大学图书馆藏未刊中国旧海关史料（1860—1949）》第73册，广西师范大学出版社2014年版，第210页。

第三节 航线的繁荣

香港开埠后，商务仍以船业为大宗，航线分为远洋和沿海内河，香港远洋航线非常繁忙。由此可从外洋航线和沿海内河航线两个方面对该时期开通至香港的航线进行考察。香港远洋航线始自1869年苏伊士运河通航，因欧亚间海运航程缩短不少，有利于香港的航业。1872年，香港电报局由香港与欧洲各埠的海底电线竣工，更使香港的航业日有起色。① 欧亚交通航路，以香港为终点，作为修整船舶和购置用品的航业要道，从香港北行，经上海至日本，或经太平洋经檀香山，到达旧金山，作为远洋航线。从香港南行，经新加坡，过亚丁湾，经过苏伊士运河，入地中海，到马赛（法国口岸），北至伦敦，这是两条南北最大的航线。香港南下航线如暹罗曼谷、安南西贡、菲律宾小吕宋、澳洲新金山、北（婆）罗仙打根、爪哇岛吧城等，以及近邻如台湾、海防、汕头、厦门、海口、北海、梧州、广州、澳门及广属各地等，都有轮舶航行。②

---

① 陈谦：《香港旧事见闻录》，广东人民出版社1989年版，第57页。
② 赖连三：《香港纪略（外二种）》，李龙潜点校，暨南大学出版社1997年版，第11页。

一 远洋航线

19世纪英国号称"海上霸王",英国至香港航线即由英国利物浦南行入直布罗陀海峡,经地中海,至塞浦路斯岛,经塞得港入苏伊士运河,经亚丁湾出红海,经印度洋至印度加尔各答,过马六甲海峡,抵达新加坡,入南海而至香港。作为欧亚往来的主要航道,在百年前每星期都有邮船通航一次。英国铁行轮船公司所经营邮船称为"租家船"。法国邮船入地中海后,驶至汉堡,荷兰邮船则驶至鹿特丹,这些邮船,称为"杂港船"。至于香港航行至北美洲的轮船,则英国船由香港至上海,经日本、檀香山、以加拿大温哥华为终点,为英国昌兴轮船公司"皇后船"的路线;香港至檀香山后,驶泊旧金山,为美国邮船公司"总统船"的路线。[1]

从宏观上看,通过表4-30香港航线总结概况,也可以看出香港远洋航线的繁荣。

表4-30[2]　　　　　　香港航线总结概况(1847—1895)

年份	公司名称	航线
1847	香港广州轮船公司	香港—广州
1860	美国邮轮公司	香港—新加坡
1863	法国邮轮公司	香港—欧洲(定期航班)
1867	不详	香港—旧金山(常设航班)
1870	旗昌轮船公司, 太古洋行,怡和洋行	香港—马尼拉(定期航班)
1873	中国泛太平洋轮船公司	香港—旧金山
1875	东西洋轮船公司 太平洋轮船公司	香港—旧金山 香港—旧金山
1880	意大利邮轮公司	香港—意大利
1881	加拿大兴昌轮船公司	香港—日本—温哥华
1881	太古洋行,怡和洋行	福州—香港—马尼拉—澳洲(定期航班)
1895	捷成洋行	香港—印度、海峡殖民地等

---

[1] 陈谦:《香港旧事见闻录》,广东人民出版社1989年版,第59页;陈昕、郭志坤主编:《香港全纪录》,上海人民出版社1997年版,第124页。

[2] 郑德华编著:《历史追索与方法探求香港历史文化考察之二》,香港三联书店1999年版,第35页。

从表4-30可以看出，除了香港广州轮船公司航行香港广州间的内河航线外，其余轮船公司皆是开辟的远洋航线，以航行于美国、旧金山、香港间的公司最多，正是那里出现淘金热潮，劳工输出数量激增，该航线相对比较繁忙；其次香港去往英属殖民地的方向比较多，如澳洲、印度等。香港外洋线轮船，除了德忌利士轮船公司，大阪商船会社在中环干诺道有专用码头外，其余都停泊海面，以电船或小汽船驳接上海。外国商人经营航业，有部分是轮船公司委托香港洋行办理客货等，如天祥洋行，新旗昌洋行，旧沙宜洋行，等等，都特设"船务部"，专人负责他们受委托的轮船公司办理客货事宜。至于德辅道中南泰船务行，是专办太古洋行出入口轮船的客票货运，扣取佣金。包办一切干诺道中船务，是陈捷生、伟生兄弟开设，也办理代客订票等业务。来往上海、天津、大连及南洋各埠，新加坡的旅客，每由干诺道中开设的客栈代买船票，照顾行李，提供住宿。① 此外，航行于澳洲新金山与纽西兰，则有太古洋行代理的蓝烟英国船，航行菲律宾马尼拉则有美国总统船，航行印度尼西亚则有荷兰船，航行日本及台湾则有日本邮船公司及大阪商船会社的日本船，每日出入络绎如鱼鲫，至于太古洋行的黑烟囱船及渣甸洋行红烟囱船，则是向北航行香港、上海、青岛、天津、大连等地；向南航行则是往安南西贡、泰国曼谷、缅甸仰光，经新加坡而至印度加尔各答等地，则以荷兰渣华轮船公司的船为多，专走香港、汕头、厦门和福州航线，是英国德忌利士公司轮船。②

从微观上看，据 The North-China Herald 和 The North-China Daily News (1864—1951) 相关记载，其中欧美及内地过往香港轮船信息，涵盖与香港进行贸易、中转和停泊的情形，通过梳理可以发现香港开埠之后，关于香港轮船事业发展的初步情形。

1852年，船只自香港前往马尼拉。③ 大英轮船公司（P. & O. 公司）即将在马尼拉和香港之间建立邮件连线。④ 1857年，P. & O. S. N. 公司的 Norna 轮船于5月26日离开香港。⑤ 1889年大英轮船公司轮船于6点30分

---

① 陈谦：《香港旧事见闻录》，广东人民出版社1989年版，第61页。
② 同上书，第60页。
③ The North-China Herald (1850—1866), 1852-4-3, p.2.
④ The North-China Herald (1850—1866), 1857-11-28, p.3.
⑤ The North-China Herald (1850—1866), 1857-6-6, p.3.

离开香港前往上海。①

1856年，轮船恒河号从孟买到香港，带来1600箱鸦片和924箱价值130万美元的宝石。②

1862年，法兰西火轮公司把轮船航线延伸到中国，而1867年太平洋邮轮公司的第一艘轮船从旧金山驶抵香港。从此大批环球游览者纷纷出现。③ 1863年12月，香港与北婆罗洲之间有了定期的航运，由于从北婆罗洲的拉布安进口煤炭，香港在这方面做了一些生意。④

1874年8月，船只从香港离开前往伦敦。⑤

1879年，三菱轮船公司开辟日本与香港间新航线。⑥

1884年，美国山伯劳轮船到港，属于铁行租赁，往来香港旧金山，重2113吨。⑦

1888年，英国政府与加拿大太平洋公司签订合同，要求在温哥华和香港之间建立一个一流的轮船线。⑧

太古轮船在港代理轮船公司，其所代理之蓝烟囱轮船，为海洋轮船公司及中国互助轮船公司所共同经营。蓝烟囱码头即该公司之产业，由太古洋行经理，所经历之航线为：1. 利物浦东洋线海洋及互助两家之船；2. 中美线蓝烟囱代理他家及自有之船；3. 香港—新加坡线；4. 香港—盘谷线；5. 上海—新金山线；6. 香港—海防线；7. 上海—天津线；8. 上海—安东线；9. 上海—青岛线；10. 上海—大连线；11. 上海—宁波线；12. 上海—广东线；13. 广东—青岛线；14. 广东—牛庄线；15. 广东—天津线；16. 上海—汉口线；17. 汉口—宜昌线；18. 汉口—湘潭线；19. 汉口—常德线；20. 其他航线。⑨

怡和轮船公司开辟的与香港有关的航线：1. 甲谷陀经香港、汕头、上海

---

① *The North-China Daily News*（1864–1951），1889-12-10，p. 4.
② *The North-China Herald*（1850–1866），1856-5-10，p. 2.
③ 聂宝璋编：《中国近代航运史资料》第一辑（上）上海人民出版社1983年版，第308—309页。
④ 同上书，第309页。
⑤ *The North-China Herald and Supreme Court & Consular Gazette*（1870–1941），1874-10-22，p. 20.
⑥ 陈昕、郭志坤主编：《香港全纪录》第一卷，上海人民出版社1997年版，第92页。
⑦ 《轮船到港》，《述报》1884年第2卷，第5页。
⑧ *The North-China Daily News*（1864–1951），1888-11-14，p. 3.
⑨ 参见张心澂《中国现代交通史》，良友图书印刷公司1931年版，第298—299页。

至神户线；2. 上海、伦敦线；3. 欧美线由纽约、温哥华、日本经上海至欧洲，以美满之船航行；4. 纽约—远东线，爱拉曼之船航行；5. 香港—海防线；6. 香港—曼谷线；7. 婆罗洲线；8. 上海—天津线；9. 上海—广东线；10. 广东—天津线；11. 广东—青岛线；12. 上海—营口线；13. 上海—汉口线；14. 汉口—宜昌线；15. 宜昌—重庆线；16. 汉口—湘潭线。①

以上零散记载开辟至香港航线情形，余绳武和刘存宽总结该时期香港航线如下。1863 年，法国邮船公司在香港开业，开辟香港欧洲间的常川航班，同时设立北婆罗洲分公司；1867 年，香港和旧金山开辟定期航班，轮船除载货外，可载客 1400 人；1870 年后，马尼拉和香港有定期航班，由太古、怡和和旗昌三家合力，票价低廉，航运迅速，大大便利苦力外运。中国泛太平洋轮船公司成立（1873 年 12 月 30 日），太平洋邮轮公司（万昌邮轮公司，1875 年 3 月 25 日）和东西洋轮船公司（1875 年 5 月 27 日）的设立，使香港和旧金山往来更频繁了。1881 年，加拿大昌兴轮船公司的轮船起航，行驶于中国香港、日本、温哥华间；同年，太古、怡和协议开辟中澳航线，定期航行于福州、香港、马尼拉和澳洲各港口；1885 年，北德意志路易公司成立，在香港设有特别监督机构，1886 年该公司的轮船行驶于德、英、西、意、新加坡、中国香港、日本等处。②

卢受采和卢冬青总结该时期香港航线的情况，设在香港的，以中国各大口岸为主要目的地的远洋轮船公司或其代理机构已经超过 10 家，经营者主要是英商，也有美、日、德、意、法等国的商人。有一些外国航运公司将其业务扩展到香港，或经营对华与香港之间的航线。这些公司包括：东方澳洲轮船公司，从 1873 年起经营日本横滨、神户到香港、马尼拉、墨尔本的航线；意大利邮船公司，1880 年由意大利取道加尔各答、新加坡首航香港；1886 年，北德意志公司由汉堡经新加坡抵香港；1887 年加拿大昌兴轮船公司首航中国；1891 年设定期航线，行驶于温哥华—日本—香港之间；日本邮船株式会社，1893 年设神户—上海—香港—孟买航线。19 世纪 70 年代，美国泛太平洋轮船公司、东西洋轮船公司，曾经营旧金山到香港的航线，但为时不久就被太平洋邮船公司兼并。1895 年以后的航线：日本邮船株式会社、大阪商船株式会社和东洋汽船株式会社以刚刚侵占的台湾

---

① 参见张心澂《中国现代交通史》，良友图书印刷公司 1931 年版，第 301—302 页。
② 余绳武、刘存宽主编：《19 世纪的香港》，中华书局 1994 年版，第 273—274 页。

为基地，增辟中国华南沿海、北美航线，都以香港为主要停泊点或发船地。1871年，在汉堡组成的轮船业局经营金星线，以禅臣洋行为在华代理，1872年，开通汉堡—香港—上海航线；1873年，有轮船往来于上海、香港、广州间，成为上海和广州之间开设最早的定期航线。1898年，金星线为德国亨宝轮船公司合并。此后，这家公司不断扩大经营，在香港设立分公司，其实力可与日本同业相匹敌。1895年，香港成立的德商捷成洋行经营远东航运，所属轮船往来于香港、苏门答腊、新加坡和华南各口岸。香港以西经琼州、北海至越南海防的航线也被它一手控制。19世纪末，华资开始进军航运业，香港最早的华人航运知名人士是郭松，1887年，拥有汽轮13艘，往返于香港与中国内地，以及新加坡、菲律宾之间。1886年，以陈兆和为首的港澳华商收购了一批外轮，开设香港、广州、澳门之间的航线。1872年，中国轮船招商局在上海成立，1873年在香港设立分局，招商局香港分局从1874年起经营省港澳航线，以后又陆续开辟远洋航线。①

二 沿海内河航线

1850年大英轮船公司轮船航线延伸到上海，经营香港、广州和上海间的航行业务；直到蓝烟囱公司成立，大英公司拥有垄断地位，利润优厚，蓝烟囱轮船公司从利物浦至远东各口，1860年延伸到上海，1865年以海洋轮船公司登记经营上海至香港各港口航运，后又增辟中美航线，其业务由太平洋洋行代理。1862年，法国火轮公司将航线延伸到上海，次年航行香港，与大英轮船公司展开竞争。1867年，太平洋邮船公司亦称万昌轮船公司，由美国国会通过给予450万美元补助费成立，经营加利福尼亚至上海和横滨航线，是年有船抵香港。②

1857年，美国开始有轮船定期航行在香港和澳门之间。③

1872年，法国轮船公司亚法轮船来沪，拟21日开往香港。④

限于资料，仅仅统计几年香港开辟内河航线的情形。

---

① 参见卢受采、卢冬青《香港经济史》，人民出版社2004年版，第113—115页。
② 参见许涤新、吴承明主编《中国资本主义发展史》第二卷，社会科学文献出版社2007年版，第81页。注：蓝烟囱公司，原称霍尔特洋行，以船烟囱涂蓝色故名。
③ *The North-China Herald* (1850–1866), 1857-4-18, p. 2.
④ 《亚法轮船往香港》，《上海新报》1872年5月2日，第2版。

第四节　航期的增多

航期可作为反映某一时期的航运业发展的重要指标，因此有必要考察以香港为中心的船期表概况，借以考察香港航运业发展。

一　沿海内河航期

沿海内河航期，近则指省港澳等华南地区航期概况，远则指北中国诸如宁波、上海、天津等地区。首先考察粤港澳地区轮船航期的情况。

华南航期方面，轮船航行于广州、香港、澳门、汕头、厦门、福州等地。新设火船两艘于夜间往来省港，搭客纷纷，价格便宜，是日行航价10%~20%，但汉阳火船抵广州，无埠可停泊，搭客须由海面自雇小船，登岸白云火船则有公司埠头停泊，搭客登岸较为便捷，粤海关宪以夜行火船恐多有走漏，严行查搜，不准停泊埠头，故汉阳及白云两船抵广州，停泊海面，以便易于盘查。① 火船争夺生意，自香港赴省城的轮船，彼此角胜，先从船价两元减至一元，一元而减至半元，半元而减至二角半，尔后则各不取值，一任搭客附之而已，以为未足，有火船分文不取，另外添设点心一顿，以便搭客充饥。虽然搭客回程，都称火船未免亏损。太古行宜昌火船往来省港，特雇吹鼓手作乐，大舱内则弹唱，女客房则令盲婆平话杂之，以此吸引顾客。② 有一个时期，各公司纷纷降低客费价格，互相招徕生意排挤对方。从香港至广州票价最低时，降到每客只收二毫，途中还由船上免费供应大包。③ 粤港澳往来客旅甚多，因此催生客栈生意。福利源客栈承办往来各港轮船、夹板船，代客附货，并接往来官商到栈居住，栈中有男客房女眷房，其房宽广，房火饮膳，甚是相宜。④ 太古洋行的宜昌火船，专走粤港两处，生意颇佳，在粤省尚未建筑码头，渡船以驳人货，代理火船西人恐未臻美善，特禀请驻省之英国罗领事，于新基渡头的

---

① 《节录香港近事》，《申报》1874年9月24日，第3、4版。
② 《轮船奏乐》，《申报》1875年8月31日，第1版。
③ 全国政协文史资料委员会编：《淘金旧梦：在华洋商纪实》，中国文史出版社2001年版，第50页。大包：广东茶楼常见的一种点心，一件头大，价格低廉而受茶客欢迎。
④ 《香港客栈告白》，《申报》1875年10月7、13、15日，第6版。

西汇关前建一码头，以便往来诸客。① 1876年9月，粤港轮船水脚大为便宜，上客5角，下客1角，因此往来之船客位俱满。即如宜昌火船，搭客几无隙地，下层舱面不能容足，都挤至上层。② 粤港火船前因争夺生意，以致下舱每客座位只须价银1角，均称便宜，搭船客颇众，据香港报称凡广州中之无业流氓，都到港狱中，已新增75人。③ 由此可知省港澳之间航线竞争之激烈，侧面反映了粤港之间航线繁忙。

香港至汕头、厦门、福州等地船期发展情况。1874年5月，旗昌洋行有轮船从新加坡到香港后，开往汕头、宁波和厦门。德忌利士洋行旗下有火船名德忌利士前往汕头、厦门、福州等埠，另外轮船名雅素定期开行，如有搭客附货，可到该行面议。④

香港至上海航期非常多，来往频繁，多见于报纸登载的航期广告。在 The North-China Daily News 报纸几乎每天都刊登船舶航期资讯，《申报》《循环日报》等报刊时有登载相关广告，其中大量涵盖上海到香港的来往航期信息。1872年5月23日，法国公司轮船配华、北河号前往香港。5月24日，禅臣属下的生富号，由上海前往香港。5月25日，配华早上由上海航行到香港。5月28日，禅臣属下的百党号，由上海前往香港，法国公司属下的美江轮船，由上海航行到香港。6月3日，同孚属下的阿坚达，由香港到上海。6月21日，法国公司爱拨轮船从上海开往香港。6月22日，同孚公司属下的亚坚达，由上海开往香港。6月25日，禅臣属下的轮船从香港开往上海，同孚公司的轮船阿坚达由上海开往香港。6月27日，怡和轮船沙司彼里和登白，由香港到达上海，英国公司华拖华轮船由上海开往香港。7月2日，琼记的轮船由香港到达上海，禅臣轮船毡拿从上海到香港和广州。7月10日，太古轮船纳司脱由上海开往香港。7月26日，英国公司音地司轮船由香港到上海，英国公司华拖华轮船和禅臣亚架烂轮船，从上海前往香港。8月8日，英国公司轮船由香港到达上海，禅臣洋行培来司、昔的夫格司脱和英国公司爱庭轮船由上海开往香港。8月14日，同孚亚坚达轮船和怡和忌连山铎晚由上海到香港。8月29日，禅臣属下思丹

---

① 《渡船聚议》，《申报》1875年12月31日，第2版。
② 《船价便宜》，《申报》1876年9月16日，第2版。
③ 《莠民赴港》，《申报》1876年9月30日，第1版。
④ 《火船前往汕头厦门宁波等埠》，《火船往汕头等埠》，《循环日报》1874年5月19日，第4版。

号由香港到达上海，晚间琼记倍脱何特由上海到香港。太古轮船了则士也由上海前往香港。10月11日，英公司西台轮船由上海往厦门、汕头、香港，密特司由上海前往香港，同孚行依浔由上海前往香港。① 1873年2月6日，禅臣属下的轮船由香港到上海，法国公司属下北河出上海到香港，即日禅臣属下考奎脱和拿轮船由上海开往香港、广州。4月28日，禅臣属下的毡拿轮船，从香港到达上海，马立师属下沙司彼里和太古亚故孖麻轮船由上海开往香港，即日英国公司休苗轮船和禅臣毡拿由上海开往香港。8月28日，英国公司属下的轮船爱服克由香港到上海，太古了则士轮船和禅臣洋子轮船由上海开往香港，招商局永清轮船由上海到香港。10月17日，禅臣属下洋子和招商局属下永清轮船由上海开往香港。② 12月，某人到沪数载，因营谋艰难，与胞弟及妾氏由禅臣洋行镇江轮船返粤，适轮船航行未及一日，妾氏偶染急症身亡，料其将尸弃葬鱼腹，幸得该船买办谭桂生代为恳请船主暂为收殓，到香港换船即承金惠赠，以助返里途费，登报鸣谢。③ 1874年9月1日，禅臣洋行镇江轮船由香港到达上海；23日，该船由上海开往香港；怡和洋行铅沙力兴轮船20日晚由上海开往香港；25日，英国公司唛席波轮船由上海开往香港。11月26日，禅臣洋行轮船厦门号从香港到达上海，招商局富有轮船、法国公司轮船和禅臣洋行富有轮船从上海开往香港。禅臣洋行有爱脱勒轮船从上海开往香港。④ 禅臣洋行轮船对具体客运中突发事故的处理，得到顾客赞赏。1874年1月7日，怡和洋行新南陞由香港到上海，美记洋行属下新到轮船由上海开往香港。1月17日，太古洋行29日扒爹礼士轮船由上海到香港。3月9日禅臣毡拿轮船晚由上海到香港省城，次日太古班督碌架士轮船和外英公司亚力色由

---

① 《今将即日出口各船列左》，《申报》1872年5月23日，第8版；《申报》1872年5月24日，第8版；注：配华、北河24、25日又有一班到香港；《申报》1872年5月25日，第8版；《申报》1872年5月28日，第8版；《申报》1872年6月3日，第8版；《申报》1872年6月21、22日，第6版；《申报》1872年6月25日，第8版；《申报》1872年6月27日，第8版；《申报》1872年7月2日，第8版；《申报》1872年7月10日，第8版；《申报》1872年7月26日，第8版；《申报》1872年8月8日，第8版；《申报》1872年8月14日，第8版；《申报》1872年8月29日，第8版；《申报》1872年10月11日，第8版。《申报》中诸如此类广告甚多，不一一列举。

② 《申报》1873年2月6日，第8版；《申报》1873年4月28日，第8版；《申报》1873年8月28日，第8版；《申报》1873年10月17日，第8版。

③ 《扬名报恩》，《申报》1873年12月1日，第6版。

④ 《申报》1874年9月1日，第8版；《申报》1874年11月26日，第8版。

上海开往香港，即日禅臣毡拿轮船由上海开往香港省城。① 1875年6月，法国公司受拿轮船和招商局富有轮船从上海到香港，老太古亚基厘士轮船由上海到香港。② 1877年4月，法国公司立帝华轮地船由香港到上海，周三招商局富有轮船由上海到厦门、香港，周四由英法公司泉姆纳轮船由上海到香港，周六有英国公司鸡笼轮船晚由上海到香港。10月，招商局厚生轮船和英国公司基和轮船由上海开往香港。③ 1881年，招商局怀远和厦门轮船及法国公司晏拿里轮船从香港到上海，禅臣洋行厦门轮船由上海开往香港。④ 1882年9月17日，禅臣洋行央思和怡和宝生轮船由上海开往香港。⑤ 1885年，船舶从香港离开前往上海。⑥ 1898年，招商局福顺轮船由香港到达上海，株式会社仙台丸轮船由上海开往福州、厦门、香港，怡和洋行永生轮船由上海到汕头、香港、广州。⑦ 由此可知香港和上海有定期航行船只，航期甚多，频次较密，反映了两地之间贸易频繁和客流量之多。此外，上海与香港之间航船频繁，遭遇风险的概率自然增加。香港至上海往来海道近来华船屡有遭风覆溺之事，有轮船名另勿来斯者，见有华船18只翻溺海内，又有轮船名安吉斯见有中国派人前往救助。⑧

基于香港与上海航线业务繁忙，有利可图，各国洋行陆续开通上海与香港的航线，遂在《申报》登载航期广告，招揽客货生意，都打着水脚费（运费）低廉的旗号，吸引商旅。1872年，禅臣洋行将有大火轮船四对到中国来往香港、上海等处，一切客位水脚格外便宜，望贵客赐顾。⑨ 禅臣洋行为其即将开通的航线宣传，通过低廉的水脚费，即客运费等方式，招揽更多顾客，连续登报刊载广告。1873年，花旗公司万昌行有大轮船名广西向行驶金山，定于18日开往香港，此船极大和坚快，另有客房吸烟茶水

---

① 《申报》1874年1月10日，第8版；《申报》1874年1月17日，第8版。《申报》1874年3月9日，第8版；注：文中所载日期为农历，而申报日期为公历，故有差异，下文同。
② 《申报》1875年6月5日，第8版。
③ 《申报》1877年4月11日，第8版；《申报》1877年10月4日，第8版。
④ 《申报》1881年4月30日，第8版。
⑤ 《申报》1882年9月17日，第8版。
⑥ The Kwonglee left Hongkong on Monday for Shanghai, *The North-China Daily News* (1864 - 1951), 1885 - 12 - 23, p. 3. 注：类似信息非常多，不一一列举。
⑦ 《申报》1898年5月24日，第8版。
⑧ 《航海遭风》，《申报》1876年5月17日，第2版。
⑨ 《轮船告白》，《申报》1872年7月18、29、30日，第7、7、7版。

饭菜一切，供足舱位，因初次往香港，水脚格外便宜，请各商号赐顾者到店面议。① 1874年，美记洋行有轮船一只，准于明日出口开往香港，倘贵客欲搭船，或有货装者，请来店面议。元亨本行哑臣拿轮船，准予24日和25日开往香港省城等埠，望各商号赐顾。② 9月，太平洋洋行火船名巴利士，定于周日晨开往香港，若有贵客欲装货者，请来该行面议即可。③ 12月，华记洋行火轮船1只，准定本月15日开往香港，倘各宝行装货搭客水脚，价格格外公道。④ 1875年，老沙逊洋行有轮船名罗打士准，于3月18日晚往香港，如贵客有货及搭客者，请至该行面议。⑤ 6月，会德丰洋行有火轮一只，船身极其坚固，准于21日早晨开往香港，搭客请来账房面议即可。⑥ 德洋行有轮船名科么沙准于8月28日早开往香港，水脚格外相宜，搭客每位洋5元，倘各宝号有货物及搭客者，请至账房面议即可。⑦ 8月，省港澳轮船公司火船名金山者与太古洋行宜昌轮，从香港同时开往广州，计金山船早到一点钟二刻七分，17日两船由省回港，金山船又早到一点钟一刻五分，18日复由港进省金山则早到三刻，19日加港金山到时在三点二刻五分，香港轮船往来之迟速，固在机器之精粗，抑由道途之生熟，宜昌初次驶行省港，海程尚不深悉，故节次留意而稍致稽迟。⑧ 1876年，亨利洋行有二枝半桅夹板船1只名安脱买准于本月21至22日开往香港，如各宝号装货搭客水脚格外公道，请至小行账房面议可。⑨ 1877年，礼和洋行向在粤东省城香港等埠贸易多年，请富商赐顾，新开上海贸易出口入口等货，请移至北京路大英书信馆斜对门。⑩ 公道洋行有轮船往香港黄埔，该轮船准于十五日开往香港黄埔，倘贵客欲搭客装货者，请至本行订定。⑪ 1880年，天祥洋行飞连丝也轮船，准于廿五日开往香港，倘各贵客如欲装

---

① 《轮船往香港》，《申报》1873年4月10、11、12日，第5、7、6版。
② 《轮船往香港》，《轮船往香港省城》，《申报》1874年1月9、10日，第6、6版。
③ 《火船往香港》，《申报》1874年9月16、17日，第5、7版。
④ 《轮船往香港》，《申报》1874年12月22日，第6版。
⑤ 《轮船往香港》，《申报》1875年3月22、23、24、25日，第6、7、6、6版。
⑥ 《轮船往香港》，《申报》1875年6月22日，第6版。
⑦ 《轮船往香港》，《申报》1875年8月26日，第6版。
⑧ 《轮船争捷情形》，《申报》1875年8月28日，第2版。
⑨ 《夹板船往香港》，《申报》1876年11月3日，第6版。
⑩ 《架罗威士公司》，《申报》1877年4月5日，第8版。
⑪ 《轮船往香港黄埔》，《申报》1877年12月19日，第7版。

载搭客者,请来面议,载脚客位,格外相宜。① 1881 年,太古轮船公司向仅往来天津、长江、宁波数处,而香港未经行驶,该行拟欲添设轮船由香港至福州沿途口岸顺路湾泊迤至沪。② 8 月,禅臣洋行新造北京轮船往来香港,日间可到香港,尚上海轮船 1 只,月内亦可到港,乃是常走上海、香港和广州,搭客载货其船,该行新由英国船厂加工制造,坚固快捷,搭客舱位宽大,每小时能行 40 里,管船人妥当照应,搭客茶水饭,食货物周全。③ 1891 年,德国公司轮船名泼罗生,准于 8 月 21 日开往香港,如欲装货者,祈请至本账房面议,水脚格外公道,此布美最时经理。④ 老沙逊洋行有轮船准于 11 月 30 日早开往香港、新加坡、庇能等埠。⑤ 德国公司船往香港有船名澳甸北,准于 30 日早开往香港,船坚快捷,客位宽厂,行李上落,招呼妥当。⑥ 老沙逊洋行芝些喇轮船准于 11 月 14 日下午开往神户、香港、新加坡、庇能等埠,如各商行装货搭客,请到该行面议。⑦ 1900 年,禅臣洋行新到轮船,来往香港、广东及中国南方各口岸将近 40 年,素蒙贵客赐顾,将旧船归元亨洋行经理,另建新船数艘,异常坚捷,两月间即可告竣,唯交替之际,暂雇他船照常来往,尚祈贵客格外赐顾。⑧ 综上,通过报刊简要对香港与上海之间航期的梳理可知,上海到香港往返客货生意相对较为繁荣,因此陆续有洋行投资船只航行该条线路,加剧了各大轮船运输的竞争。

由香港轮船开往其他各地的航期情形。1874 年 3 月,陈星海将《香港华字日报》由怡和洋行分送,凡轮船到日,续有寄上海,不取信资,价洋 4 元,请贵客赐顾,请至怡和行内问陈星海签名,以便到期分派。⑨ 由此可知,早期轮船主要系各国洋行投资开办,华资投资招商局,其最初属于官督商办性质。

---

① 《火轮往香港》,《申报》1880 年 8 月 26、27 日,第 5、5 版。
② 《增船近信》,《申报》1881 年 3 月 31 日,第 1 版。
③ 《新造轮船往来香港》,《申报》1881 年 8 月 19 日,第 5 版。
④ 《轮船往香港》,《申报》1891 年 8 月 23 日,第 6 版。
⑤ 《出口轮船》,《申报》1893 年 1 月 8 日,第 8 版。
⑥ 《德公司船往香港》,《申报》1893 年 12 月 4 日,第 8 版。
⑦ 《轮船往神户香港》,《申报》1893 年 12 月 13 日,第 6 版。
⑧ 《禅臣洋行新到轮船告白》,《申报》1900 年 12 月 17 日,第 11 版。
⑨ 《招看香港华字日报》,《申报》1874 年 3 月 11 日,第 6 版。

二 远洋航期

香港开埠后，逐渐形成以香港为中心港口向海内外海域的航期。香港轮船奔赴远洋航期概况，陈镳勋在其杂记中曾论述到，香港水道为各埠通津，去厦门280英里，行船36小时。去槟角1450英里，行船8天。去新金山（今墨尔本）之鼻厘士滨（今译布里斯班）有5360英里，行船30天。去省城（广州）80英里，行船6小时。去日本之神户1219英里，行船9天。去小吕宋620英里，行船3天。去澳门40英里，行船3.5小时。去北京1615英里，行船10天。去西贡910英里，行船3天。去上海800英里，行船4天。去新加坡1500英里，行船29天。去新金山之雪梨（今译悉尼）埠5700英里，行船29天。去旧金山6480英里，行船37天。去珲春1900英里，行船10天。去日本横滨1620英里，行船7天。[①] 陈镳勋不仅阐述沿海内河航线的航程和所需时间，而且涉及一些远洋航线的航程和所需时间，这里是以当时的航运时间、条件和地点为参照物的。因此，陈所记的航行里程和时间基本上较为客观。可以从当时的史料得到佐证，如1854年，小吕宋设立火轮邮船，自彼达香港，每月　次，两地商民深感便利。[②] 陈所记载由香港为中心前往欧洲和南洋等地航程及其所需时间，很遗憾并未明确说明究竟是帆船航行还是轮船航行，但是仍旧具有很大的参考价值。

香港为中心远洋航期的发展概况。《循环日报》第三、四版面中，经常登载各洋行旗下轮船公司轮船出发公告，其中涵盖轮船经营范围、内容、航线和价格等重要信息，具有很强的参考价值。以某一天记载为例分析，具体参考表4-31，可以得知，该时期香港远洋航期的媒介主要是帆船与火船，且火船的频次明显高于帆船。航线方面主要以旧金山为主，有一些南洋地区和日本的航线，旧金山航线如此繁忙，主要原因是这里发现了金矿，大量华南地区劳工通过香港转运到旧金山，进行开采劳动，这在第一章已经有详细分析。轮船公司仍以洋行为主，尤其是太古和科古洋行占有极高的份额，前者以经营轮船为主，后者以经营帆船贸易为主。

---

① 陈镳勋：《香港杂记（外二种）》，莫世祥校注，暨南大学出版社1996年版，第59—60页。

② 《近日杂报》，《遐迩贯珍》1854年4月1日第4号，香港英华书院印刷，第14页。

表 4-31　　　　　　　　香港黄埔澳门等处落货往各埠之船期开列

公司或洋行名称	船名	开行时间	去往地
搬鸟公司	二枝半桅英国船衣连老士	即日扬帆	往拿搬
太古洋行	火船沙必顿	约初十	往上海、汉口、宁坡及日本等埠
广兴宝行	火船亚西士	约初八	往新加坡及宾角
旧沙宣行	渣班	约初五	往上海
廉未地行	鸡和打士	早日扬帆	往衣路衣路
法国公司	胡路架	初四早八点	往横滨
法国公司	亚华	初四十一点	往上海
铁行公司	火船三卑诗	英国祖家火船到后二十四点	往上海、长崎、希澳歌
铁行公司	孟米	祖家火船到后二十四点	往横滨
布士兜行	二枝桅日耳曼船加老连拿	即日扬帆	往西贡
唐人行	二枝桅暹国船结亭加	即日扬帆	往宾角
太古洋行	李士多	约四月初四日	往上海、汉口、宁波、日本等
德忌利士	德忌利士	早日动轮	往汕头、厦门及福州
科古洋行	帆船云活	早日扬帆	往旧金山
旗昌公司	帆船澳拿高路	早日扬帆	往旧金山
素些厘行	帆船巴顿士凸打	初四十二点	往美利滨及雪梨
科古洋行	帆船士巴律乔	早日扬帆	往旧金山
科古洋行	骆阿夫埃路士	约四月初五启行	往旧金山
科古洋行	二枝半桅非利高老士	早日扬帆	往鸟约
科古洋行	二枝半桅船奥沙加	早日扬帆	往英国
花旗公司	火亚㠀士加	四月十二日三点启行	往旧金山
旗昌洋行	三枝桅船礼亭哥路	早日扬帆	往旧金山
广兴宝行	火船高边吴	约初五启行	往西贡
科古洋行	三枝桅船恶加士颠拿	早日扬帆	往旧金山
科古洋行	二枝半桅船么糜安	早日扬帆	往旧金山

资料来源：《循环日报》(香港)1874年5月19日，第3版。

总之，从香港为中心的内外洋航期，可以得知香港与广州、上海、厦门等城市往来比较频繁，对外与英国、新加坡、美国、日本等相对比较频繁。

小　结

从外资造船厂和航运公司、停泊香港船只数和吨位数、航线的繁荣和航期的增多等三个方面去衡量1840—1898年香港轮船航运业发展的概况，虽不能说十分精确和全面，但是基本可以考察其具体发展实貌，这几个参数均是直接反映轮船发展与否的重要指标。该时期香港造船厂和航运公司基本由外资所把控，其中以英资最为雄厚，此时华资投资轮船实力十分弱小，某种程度而言是依附外资轮船经营而谋生，通常是投资开辟于香港繁忙航线。但是即便开通几条热门航线，仍旧丝毫不惧怕与外资轮船相竞争，民族航运公司表现出极为高昂的民族主义，其表现可圈可点。

该时期停泊香港轮船船只数与吨位数，以1887年九龙设关为界限，1887年前由于缺乏系统资料，所论均是依据当时人记录和报刊等资料，这些资料十分零散，缺乏连续性，且十分不全面，外加这些作者所载资料肯定有所遴选，因此该部分所论只能是"管中窥豹"，简略地考察，粗略地"素描"，不能进一步地深入研究，颇为遗憾。历史研究，因缺乏资料而遭遇的困境比比皆是，无法避免。1887年九龙设关后负责管理进出船只，因此保留了大量海关资料，其中涵盖大量船运资料。1899年英国从清政府手中抢占九龙关管理权，1887—1899年，实际上由清政府所管理，但是所统计资料可能因为管理者不同产生差异，但是实际上差别不会太大，因为各地均需遵照赫德制定的海关规制编制海关报告、报表和总结，因此借九龙关所载轮船航运资料可考察香港轮船航运发展的面貌，就其资料而言，进出香港船只数和吨位数在逐年上升（1895年和1896年除外）。轮船对应的是帆船，如何权衡香港两者之间此起彼伏的发展态势，考察两者之间的比例关系，实际上较难把握，但需说明该时期香港帆船业也是十分繁荣的，并未随着轮船的兴盛而迅速走向衰亡。近代中国帆船与轮船之间比例关系研究，似乎存在较大空间，其背后透露着民族资本主义与外资资本主义的正面较量与碰撞，是一个非常值得研究的学术课题，但是实际操作难度极大，因此该领域尚具有较大研究空间。

该时期香港航线的繁荣和航期的增多，都是反映香港轮船航运发展的重要参数，航线和航期相互辅助，某条航线确定，随之而来的就是航期的确定。实际上，一般报刊所登载航船广告或船期表，都会涉及航线情况、出发地与到达地的航期情形。某条航线繁荣，随之航期也是非常多，两者之间形成正相关的关系。香港地区自不例外，通过分析所开辟远洋和沿海内河航线得知，去往南洋、日本和美国等地主要城市居多，这些地区远洋航期随之增多，去往广州、海口、海防、广州湾、汕头、厦门、福州和上海等地的航线非常多，相应地这些地区航期非常多，以此基本上就可以勾勒出香港为出发点的轮船全球航行地图。

尚需指出的是，很多造船厂和航运公司仅仅是在香港设立分公司或代理公司，其总部实际并不在香港，尤其是实力雄厚的洋行投资轮船，某种程度上可视为一种集团，全世界或全中国设立分公司或代理处，为其扩充业务，追逐资本回报率。事实上，由于香港中转港的地位日渐凸显，不论是实力雄厚的洋行投资的轮船公司，还是实力较弱的洋行投资的轮船公司，纷纷在港设立分处或分公司，无疑是看到香港独特的区位优势，作为南北东西远洋航线的枢纽。随着经济规律发挥作用，这些企业纷纷到香港，市场作用明显，其中香港与上海间航线聚集了当时非常多的轮船公司。

另外需要说明的是，衡量某地轮船业发展繁荣与否，不仅仅所依据以上几个直接参数，实际上与轮船所载区域贸易、附带产业和配套措施等间接性参数，都可以反映轮船航运业发展情况。因此，通过直接参数与间接参数两个层面，去考察某地航运业发展更趋客观与准确，但是前文已经论述香港轮船航运业配套举措，附带产业和区域贸易后文有专章论述，在此不再赘述。

总之，通过诸多史实，表明该时期香港轮船航运业确实得到充分发展，提高了香港区域经济贸易的活跃度，提升了香港城市的区域地位，为日后香港转口港地位的形成奠定了充实的物质基础。

第五章　香港轮船航运业的繁荣阶段：1898—1911

在 19 世纪香港轮船航运业发展的基础上，清末香港轮船航运业的发展再进一个台阶，表现更加繁荣，首先主要表现在香港造船厂的兴建；其次，香港轮船远洋航线和内河航线的繁荣发展；再次，以香港轮船为载体的贸易繁荣，形成了轮船与贸易的二维体系。

第一节　造船厂与航运公司的兴盛

一　外资造船厂的创建与发展

通过香港外资轮船公司和造船厂的发展，探讨香港轮船航运业的发展。清末香港轮船业发展情况，从外资航运业和华资航运业两个方面来研究，在香港的外资航运业有两种：在香港注册的并且成立公司的和在香港设立代理商的轮船公司。由于数量较多，选取较为典型的公司作为探讨对象。

历经半个世纪的经营，太古轮船公司在航运领域占据重要的市场份额，到 19 世纪后期，已成为在华航运业中实力最强的一家企业。到 1900 年猛增到 306221 英镑，以特大成绩迎接 20 世纪的来临。但 1873 年至 1900 年之间，该公司在建造新船方面共计耗用了将近 200 万英镑的资金。根据郑观应的说法是"岁添二千数百吨之船"。事实上，太古轮船公司的船队 1894 年已经达到了 29 艘和 34543 吨的实力。这时招商局的船队是 26 艘和 23284 吨，怡和轮船公司是 22 艘和 23953 吨，太古船队的实力远远超过其他两家公司。1900 年前后，太古船队更增加至 50 艘。此外，太古公司还花费了50多万英镑资金，用于购买土地、码头、仓库和其他资产。1896年前后，太古公司各项准备金，折旧、锅炉基金及保险账户共计1086645英镑，1899年底已增至150万英镑左右。① 1900年，太古洋行在香港设立太古船坞机器有限公司，修理本公司船只与建造轮船。② 1901年，太古洋行投资80万英镑（相当于1280万元左右），向港府请求批准租52.5英亩土地，建造太古船厂和机器公司。在香港鲗鱼涌太古糖厂附近，兴建了太古船坞。坞内的设备，不仅可以担负维修两三万吨轮船的任务，而且可以建造万吨级的轮船，生产引擎等多种机器设备。坞内所雇用的固定和临时工约有5000人。太古船坞建立后，不仅解决了各轮船公司和驻港英国海军的船舰维修问题，而且包揽了中国特别是华南各地的不少造船业务，大大提高了轮船航运业的发展运作效率。③ 太古船坞的创立，是经过深思熟虑的。

德忌利士轮船公司，于1883年创办。④ 1895年净利255327.09元，利润率25.53，股息120000元；1896年净利193540.30元，利润率19.35，股息120000元；1896年净利102936.06元，利润率10.29，股息60000元；1906年，净利61809.45元，利润率6.18，股息5000元。⑤

1903年12月24日，法国人在香港设立中法轮船公司，轮船由香港出发，经沿海各口到汕头，经中国批准即可开办。⑥

外资轮船航运业在香港的发展情况，如表5-1统计所示，英国、日本和德国实力占据优势，日本后来居上，造船公司仍旧以太古占据比较大的份额。就在香港设立公司代理业而言，该时期香港华资轮船航运业表现相当的亮眼。20世纪初各国主要轮船公司及其代理业如表5-2所示。

---

① 参见张仲礼、陈曾年、姚欣荣《太古集团在旧中国》，上海人民出版社1991年版，第87页。
② 李允俊主编：《晚清经济史事编年》，上海古籍出版社2000年版，第797页。
③ 参见陈昕、郭志坤主编《香港全纪录》，上海人民出版社1997年版，第127页。
④ 参见聂宝璋编《中国近代航运史资料》第一辑（上），上海人民出版社1983年版，第525页。
⑤ 聂宝璋、朱荫贵编：《中国近代航运史资料》第二辑（上），中国社会科学出版社2002年版，第507页。注：利润率是额定100万元计算。
⑥ 同上书，第170页。

表5-1① 香港英商主要企业统计（1898—1909）

行业	企业名称	资本总额（港币万元）	设立年份	投资系统（洋行）
	天星轮渡公司	100	1898	天祥
	香港黄浦船坞公司	1000	1865	怡和、德忌利士、天祥
	太古船坞机器公司		1908	太古
	白利船坞	50	1909	太古
仓库码头	九龙码头仓库公司	400		怡和、沙逊、天祥、仁记
	中国安全保险	450	1898	
	荷尔特码头			太古

表5-2② 各国主要轮船公司及其代理业（20世纪初）

国别	轮船公司	船舶代理业	国别	轮船公司	船舶代理业
日本	4	8	美国	1	1
德国	2	5	英美合资	1	1
英国	8	6	中国	17	13
法国	2	1	合计	36	35
荷兰	1	—			

由表5-2可知，中国轮船公司在香港逐渐打破了外资轮运业的垄断地位，中国轮船公司占各国轮船总和的47.2%，英国轮船公司由最初53%下降到如今的22.2%，由此看出英资在香港的轮运业已经丧失了垄断地位，中国船舶代理业务占各国船舶业务的37.1%。据冯邦彦统计，1900年香港的船舶进出口吨位数达到1402万吨，比5年前增加了一倍。1913年船舶进出口总吨位增加到2300万吨，比1900年增加64%。③ 据聂宝璋所整理资料统计，1900年香港进出口轮船10940只，总吨数14022167吨，英国7511只，吨位数9155198吨；1905年，总计16303只，吨位数19706728吨，英国11483只，13226346吨；1913年总计17293只，吨位数22750131吨，英国

---

① 陈真等编：《中国近代工业史资料》第二辑，第256—258、19—26页统计及相关资料整合，转引自方志钦、蒋祖缘主编《广东通史（近代史下册）》，广东高等教育出版社2010年版，第721—723页。根据表5-12，"1835—1909年香港英商主要企业统计表"而改制。

② [日] 前田宝治郎：《香港概观》，香港三井洋行（大正四年）编印，第345页，转引自张晓辉《香港近代经济史（1840—1949）》，广东人民出版社2001年版，第292页。

③ 冯邦彦：《香港华资财团（1841—1997）》，东方出版中心2008年版，第37页。

10834只，吨位数12528168吨。① 1900年，英国进出口香港的船只数占总进出口香港航运的68.6%；1905年，英国进出口香港的船只数占进出口香港航运船只总数的70.4%；1913年，英国进出口香港的船只数占进出口香港航运的船只总数的62.6%。1900年，英国进出口香港的吨位数占总进出口香港航运吨位数的65.2%；1905年，英国进出口香港的吨位数占总进出口香港航运吨位数的67.1%；1913年，英国进出口香港的吨位数占总进出口香港航运吨位数的55.1%。从中可以得出结论，1900—1905年，英国进出香港的船只和吨位是逐渐增长的，直到1913年，英国进出的船只和吨位数才略有下降。

综上可知，清末香港造船厂仍以英资所占比重最大，英资轮船航运公司及代理公司比重在下降，日本所占比重在上升，但是华资轮船逐渐打破外资对香港轮船航运业的垄断地位。

二 华资轮船造船厂的创建与发展

考察清末在香港创办的华资轮船公司和造船厂，总体而言可参考表5-3，初步了解通过拱北关进出香港华船的情况。

表5-3　　　　　　　1892—1901年华船进出本关统计

年份	前往内地		来自内地		前往香港		来自香港		前往外国		来自外国		合计	
	船只	吨位	船只	吨位	船只	吨位	船只	吨位	船只	吨位	船只	吨位	船只	吨位
1892	9005	427273	9086	429937	760	113993	809	115299	7	1902	8	953	19675	1089357
1893	10030	410496	10146	416849	797	111776	806	110582	4	792	4	269	21787	1050764
1894	9246	413684	9348	411023	805	111097	860	114138	3	600	3	195	20265	1050737
1895	7703	378579	8132	382331	693	81504	751	90532	2	420	4	1044	17285	934410
1896	7170	345854	7406	369777	717	89443	811	93914	4	744	1	300	16109	900032
1897	7170	341585	7205	357768	722	92669	776	97115	4	484	2	408	15879	890029
1898	7074	331143	7132	348340	585	80188	651	87659	1	120	2	84	15445	847534
1899	6876	317512	6778	337006	618	82721	679	86978	9	1591	2	395	149962	826203

---

① 聂宝璋、朱荫贵编：《中国近代航运史资料》第二辑（上），中国社会科学出版社2002年版，第126页。

续表

年份	前往内地		来自内地		前往香港		来自香港		前往外国		来自外国		合计	
	船只	吨位	船只	吨位	船只	吨位	船只	吨位	船只	吨位	船只	吨位	船只	吨位
1900	7324	391771	6970	376066	621	75923	598	70750	9	1557	6	1048	15328	917115
1901	7947	417606	7592	416910	438	58960	563	70441	18	1585	43	1215	16601	966717

资料来源：莫世祥、虞和平、陈奕平编译：《近代拱北海关报告汇编》，澳门基金会1998年版，第77页。

香港华资轮船航运业的逐渐兴盛与创立。1900年后，香港地区的华资轮船公司逐渐增多。香港的渡海小轮业早在1842年初由英商经营。直到1898年，由华商投资天星小轮有限公司成立（翌年改名为香港小轮集团有限公司），共开有三条航线，为港岛至九龙间提供相应的轮渡服务。1901年，省港轮船公司招商股银100万元成立，购有"珠江号"轮船，往来于省港间。同年，由港商赵新基等人招股银50万元（其中包括外商投资）创办北安轮船公司，购置千吨级的"广西号"轮船开夜航，盈利后，再集资购"广东号"轮，成立源安轮船公司。两船实为统一经营，每晚从省港两地对开，成为这航线上最早的夜班定期轮船。此外，香江轮船公司，以"香江号""江门号"两轮川走于香港至江门、甘竹、三水等埠，不久又添省港线航班。1903年，元安轮船公司创办，有资本25万元，轮船2艘。1903年，广运轮船公司成立，有"北江号"轮船行驶与香港至广州、江门、甘竹、三水航线。1904年，成立了好几家轮船公司，如毓安轮船公司经营省港线，顺安轮船公司以"东京号"开行广州至江会线。同益、同和轮船公司，经营太平洋至香港的轮船生意。和顺、顺泰轮船公司，以"海河""顺利"二轮往来于香港、江门、甘竹、九江等埠。顺泰轮船公司由兰氏兄弟所创设，租船行驶，由1船增至5船，后复自购船，航线越来越长，公司的规模也愈益扩大。1910年，志和公司（挂英旗）由陈某商人投资16万元设立，"海明"和"海通"两轮定期航行省港间。港、九两地，一衣带水，渡轮是很便利又有特色的公共交通，人称"水上巴士"。① 张晓辉认为1900年以后香港华资轮船公司逐渐增多，创于1901—1904年，有香港兆安、长安、香江、香港、四邑、广运、和顺、顺泰、毓安、顺安、泉安、同益、同和等轮船公司。它们经营比较集中于以珠江口附近为中心

---

① 以上内容详情，全部参考张晓辉《香港华商史》，香港明报出版社1998年版，第43—44页。

的内河航线，元安、北安轮船公司规模小，较早在省港航线上开辟夜航。与外资轮船公司相比，华资轮船资本少，一般只有几艘船，甚至有的以一艘轮船为一家航业公司。①

除了张晓辉系统梳理香港华资轮船公司外，通过搜集其他资料，笔者进一步对清末华资轮船公司稍作进一步补充。

1901年，北安轮船公司和元安轮船公司是香港华商先后集资在香港注册创办的，悬挂英旗，以1艘1309吨的"广西号"及1艘12180吨的"广东号"行驶香港、广州间。白天避开与英商省港澳轮船公司竞争而行驶夜班轮船。1902年，长安轮船公司由华商在香港注册创办，是悬挂英旗的轮船公司，拥有新局（629吨）、英京（678吨）两艘轮船，也是夜班船航行于香港与广州之间。②

1902年，四邑轮船公司由侨商联合创立，行驶于香港至江门航线，为定期货客轮航班。江门是广东著名侨乡——台山、开平、恩平、新会、赤溪的门户，香港至江门航线的客货运极为繁忙。早在1890年，太古洋行即已派出两艘铁壳轮船航行于江港之间。但因这两艘船的职工，特别是外籍船员，对旅客态度不善，诸多留难，引起五邑一带民众的极大不满。他们遂自行集资，组建四邑轮船公司，凭借华侨、侨眷和广大同胞的支持，战胜了在设备及资金两方面均处于绝对优势的太古洋行。太古洋行在与四邑轮船公司经过数年较量后，无力支撑，不得不退出香港至江门航线，四邑公司在中国航运史上写下了光辉的一页。③ 1911年，四邑轮船公司兴和轮每周六下午两点往澳门，周日12点返港，上午8点由港开行，下午两点由澳返港，大舱每位收银一毫半，尾楼每位收银三毫，官舱每位收银四毫，头等舱房每位收银一员，来回收银一员五毫。旗下的安利轮船实行减价促销，上午九点由港到澳，下午五点由港返港，头等舱每位收银一员二毫，来回二员，二等每位收银七毫，来回一员二毫，后尾楼每位收银四毫，大舱每位收银二毫，香港泊平安码头，澳门泊海利码头。④

---

① 参见张晓辉《香港近代经济史（1840—1949）》，广东人民出版社2001年版，第293页。
② 参见彭德清主编《中国航海史（近代航海史）》，人民交通出版社1989年版，第159页。
③ 参见陈昕、郭志坤主编《香港全纪录》，上海人民出版社1997年版，第135页；另见林金枝、庄为玑主编《近代华侨投资国内企业史料选辑》（广东卷），福建人民出版社1989年版，第527页。
④ 《兴和轮船来往港澳大减价》，《安利轮船礼拜往澳又再减价》，《香港华字日报》1911年5月10日，第9版。

1904年,广东澳门轮船有限公司在香港设立,股东半年集会期间,公布公司半年利息,除去薪水保险费外,旧款尚余25552元,交盘平分之铸积银50000元,亏折与得利扯算盈余160000元。①

1905年,广东华商创行港秘轮船,已禀由陈领事详请梁星使咨行粤督查照立案,岑督以此事前据驻秘鲁利马嘉里约领事陈始昌具禀,当以侨寓外洋华商,多因本微力薄,众情涣散,不能自结团体,以致商务利权尽为外人攘夺,此次华商创办为联络秘国与香港之间船运,不附洋股,以图挽回利权。②

1908年5月,中国邮船会社即为兴商力和争国权而起见,现收股日多,内外各埠华商都很积极,并望早日开办,现各商以香港一埠已设有写字楼分理各事,遂于5月25日在港政府注册。③

1908年11月,香港黄浦船渠公司,掌理华南地方所有各种舰船之制造及修理,该社所属船渠,大小共有八处,营业极其繁盛,虽在香港所属船渠,尚未完成,太古洋行所属船渠修建完成,规模极其宏大,计自该港东端,至稽里湾处,其建设船渠,长有787呎,上部润120呎,下部润约78呎,入口上部88呎,下部82呎,入水需要45分钟,排水需160分钟,且设有最新式之各种机器,今后香港黄浦船渠会社,与东洋各地之造船业者,必有大影响。④

进一步可资补充,参考樊百川梳理的香港兴办华资轮船企业,可见表5－4。

表5－4⑤　　　　香港兴办的华资轮船企业(1901—1907)

企业名	设立年	经营者	资本或船本	轮船只数	轮船吨位
兆安轮船公司	1901		300000	1	1309
源安轮船公司	1903		250000	1	1218
志和公司	1910		160000	2	1650
长安轮船公司	1902		120000	1	629

---

① 《香港设立广东澳门轮船有限公司之禀报》,《南洋官报》1904年第29期,第18页。
② 《港秘轮船先准立案》,《大公报》(天津)1905年2月27日,第3版。
③ 《广东轮船会社在港政府注册》,《大公报》1908年6月17日,第6版。
④ 《船渠竣成》,《台湾日日新报》1908年11月5日,第1版。
⑤ 樊百川:《中国轮船航运业的兴起》,四川人民出版社1985年版,第614页,根据附录"1911年华资轮船企业统计表"改编而成。

续表

企业名	设立年	经营者	资本或船本	轮船只数	轮船吨数
仁和洋行和顺公司	1908		100000	3	600
志安轮船公司	1906	陈丽生 陈硕臣	100000	2	312
大益公司	1910		25000	1	207
荣发公司	1910		60000	1	299
海平轮船公司	1910		10000	1	133

从表5-4可以看出，清末香港华资轮船创办进入一个高潮期，1901—1910年，华商共创办9家轮船公司。他们拥有的资本不是很雄厚，大多数公司只有一艘船，个别有两三艘，吨位也不大。

清末香港华资轮船航运业大发展的原因是清政府被迫解除华商行驶轮船的禁令。由于甲午中日战争，清政府战败，签订中日《马关条约》，列强开始掀起了瓜分中国的狂潮，面临国家被瓜分的危机，大大刺激了中国人民救亡图存的斗争。其中一部分人把兴办实业和实行资产阶级的某些改良，作为解救国家和民族危亡的"灵丹妙药"。同时清政府某些官吏支持兴办实业，促使清政府作出某些让步和改革。在此背景下，香港的民族航运业也在艰难中寻找契机以谋发展。华洋轮船驶赴中国内港章程，"内地通行小轮船，取费既廉，行驶亦捷，绅商士庶皆乐出于其途……小轮船则为地无多，所恃者拖带民船耳，多者十余艘，少亦五六艘，翩翩联联，如鸦衔尾，舟人危坐鹢首，不复知篙楫之劳"①。时人主张修船政，过去华商买雇轮船，除招商局外，无一人入厂购船，源于船价太昂，成本重大，海域又有风险。如今商务畅通，凡是富商招集股份造船出洋，船价与洋丁等，且照军功例，酌赏职衔，行驶三年获利甚厚者，更加优赏，如此名利兼收。② 政府鼓励商人投资创办轮船，通过行政手段刺激轮船航运事业发展。

清政府逐渐放松了对华商投资轮船航运业的限制。由于清政府对内河行轮的解禁，中国轮船航运业的兴办有了合法身份。但是中国民族资本轮

---

① 《防内河小轮失事说》，《申报》1899年8月4日，第1版；樊百川：《中国轮船航运业的兴起》，四川人民出版社1985年版，第335页。

② 王之春：《清朝柔远记》，赵春晨点校，中华书局1989年版，第376—377页。

船航运业生长环境依然荆棘丛生,障碍重重。华商在兴办小轮公司的过程中,经常碰到地方政府的种种刁难和限制。1898年,广州海关报告中说:新章程行内河轮船后,每船初次赴关领牌缴银10两,以后每年换牌1次,缴银2两,但如系华商,则每船每月另须缴纳官饷洋50元,即专行搭客之轮,亦不能免。① 足见内河航运的发展仍存在诸多掣肘。外商在华轮运势力的发展,客观上为华籍轮船船商的出现创造了某些条件和可能,也是造成帆船业衰败的条件之一。在通商口岸所涌现的一批人才和技术力量,同样有利于华资轮船航运业的发展。但在清朝政府的压抑、限制政策下,使早期轮船航运业资本只能假借洋商名义进行经营。②

由此可见,1900年前后是香港华资轮船航运业初步发展阶段,不少著名企业都于此时期创办,他们的经营集中于华南内河航线。与同期外国轮船公司相比,华资企业规模小,资本少,有些华商联合投资,有些华商独资,一般仅有几艘船,甚至有的一条船为一家航业公司。然而,华资轮船公司毕竟成长起来,打破了外商对粤港轮船航运业的绝对垄断地位,分取了省河航运的巨大利润。就中外轮船数目的比例来看,19世纪90年代,大致是英商占53%,华商占31%,其他外商占16%。③

随着香港航运业的发展,香港出现轮船租赁业务。1882年,同文街兴利店出租数只坚固快捷火船,出入各河道方便,价格合理。④ 间接反映了清末香港轮船航运业的繁荣发展。总之,直至清末香港中外资轮船航运业进入繁荣发展的阶段,促使香港转口港地位确立。清末香港航运业的发展对于香港转口港地位的确立扮演了"助推器"的角色。⑤

第二节 吞吐量的猛增

上节侧重从香港创办的轮船公司和造船厂角度去考察。那么该节将从

---

① 汪敬虞主编:《中国近代经济史》(下),人民出版社2000年版,第2037页。
② 张晓辉:《香港华商史》,香港明报出版社1998年版,第41页。
③ 同上书,第44页。
④ 《小火船仔出赁》,《循环日报》1882年8月18日,第1版。
⑤ 夏巨富:《清末香港航运业与其转口港地位的关系(1898—1911)》,《世界海运》2014年第10期,第60页。

香港的轮船船只数和吨位数来考察香港轮船航运业发展，即香港轮船航运业吞吐量的激增，主要表现是进出香港的船只、吨位和客运量大幅增长。

从停泊香港的历年船只数和吨位数，可以略知香港轮船航运业的发展基本概况。从当时地位而言，该时期香港转口贸易可称极盛。1900年进出香港船只吨位数达到14022167吨，15年中增加了1倍，航运业牢固地掌握在英国资本家手中，在香港占65%，在中国各港口占59%。① 英国垄断香港航运业，1907年，香港进出口的轮船、木船的总货运量为3600万吨，比1881年增长了三倍。② 轮船和帆船在香港都有着重要的地位，1887年进出香港、澳门木船分别为29193艘和8032艘，1896年分别增至66987艘和16109艘。1897—1898年由于内河对外开放，轮船航运业兴起，使木船航运走向衰退，船只减少50%。③ 这里仅仅是描初步概述香港轮船与木船业的发展情况。

从表5-5可以看出，1900—1910年，进出港船舶总数和进出港船舶总吨位总体呈增长趋势，除了个别年份略有波动，进出港船舶总数10年间增长了5.6倍，而进出港船舶总吨位几乎翻了一番。王赓武统计中指出，1881年进出香港的船只数为27051艘，吨位4475820吨，1891年进出香港的船只26953艘，吨位6768918吨，1913年船只达到21867艘，吨位达到22939134吨，足以印证。④ 卢受采和卢冬青统计英占香港时期进出香港的船只及其吨位，1861年1286艘，吨位652187吨，1871年28635艘，吨位3158519吨，1881年27051艘，吨位4475820吨，1891年26953艘，吨位6768918吨，1913年船只26953艘，吨位数22939134吨。⑤ 如表5-6所示，1895—1911年，停泊香港的船只艘次几乎翻了1.2番，载重的吨位数几乎翻了一番。表5-5也可以证明这10年间船舶数和吨位数的增长。由于不同机构汇总肯定有出入，故他们统计有些差异，但不会差距太大。1906年，进入九龙通商口岸未领取新关牌照的华船4602只，出口内地口岸4743只，共计9345只，大小轮渡船进出内地口岸陆672只，出内地口

---

① 邹元涛、金雨雁、金冬雁整理：《金应熙香港今昔谈》，龙门书局1996年版，第34页。
② 方志钦、蒋祖缘主编：《广东通史（近代史下册）》，广东人民出版社2010年版，第734页。
③ 同上。
④ 王赓武主编：《香港史新编》上册，香港三联书店1997年版，第291页。
⑤ 卢受采、卢冬青：《香港经济史》，人民出版社2004年版，第116页。

岸 671 只，领有内港专照之托渡小火轮往来大陆进口 92 只。① 足见海关统计进出香港船只和吨位数存在一定的偏差。

表 5–5②   1900—1910 年进出香港船只统计

年份	进出港船舶总数	进出港船舶总吨位	年份	进出港船舶总数	进出港船舶总吨位
1900	82546	18445134	1906	429726	32747268
1901	90520	19325384	1907	507634	36028310
1902	103089	21528780	1908	532078	34614335
1903	108000	24039862	1909	527280	34830845
1904	116192	24754042	1910	547164	36534361
1905	452758	34185091			

表 5–6③   停泊香港港口轮船和吨位统计

年份	船只艘次	载重吨位	年份	船只艘次	载重吨位
1895	9089	11525586	1904	16976	19333096
1896	9352	12333396	1905	18103	19778176
1897	9944	12124599	1906	16397	19833666
1898	11058	13252733	1907	18096	20381421
1899	10905	13437147	1908	19604	20104795
1900	10940	14022167	1909	18714	20171755
1901	10807	14599141	1910	17557	20966504
1902	12461	16275998	1911	19644	20490520
1903	14489	19018411			

以上是总体对香港航运的考察，那么 10 年间进出香港九龙关的轮船及帆船的船只和吨位数，从内港航行章程下进港的船只和吨位数、在一般规则下进港的船只和吨位数等两方面来考察香港轮船的发展。首先通过对进

---

① 中国第一历史档案馆主编：《明清宫藏中西贸易档案（八）》，中国档案出版社 2010 年版，第 4917 页。
② 张俊义：《1900—1941 年香港航运发展概述》，载中国社会科学院近代史所编《近代中国与世界》第二卷，社会科学文献出版社 2005 年版，第 326 页。
③ 《历年商业贸易统计表》，载汇丰银行编《百年商业》，根据张晓辉《香港近代经济史（1840—1949）》第 158 页和第 274 页、张晓辉《香港与近代中国对外贸易》（中国华侨出版社 2000 年版）第 138 页的统计表改制而成。

出九龙关的轮船和帆船船只和吨位数进行分析，选取1900—1904年这5年的资料统计（表5-7、表5-8、表5-9、表5-10、表5-11）。

表5-7①　　　1900年12月31日止进出九龙的船只数量统计　　（单位：只）

旗帜	去中国										
	轮船（蒸汽动力）										
	经过大铲、伶仃和深圳			经过三门			进入沙鱼涌			总计		
	货船	空船	总计	货船	空船	总计	货船	空船	总计	货船	空船	总计
中国	—	1091	1091	—	257	257	—	584	584	—	1932	1932
	帆船											
中国	13784	2568	16352	2533	1584	4117	1178	519	1697	17495	4671	22166
总计	13784	3659	17443	2533	1841	4374	1178	1103	2281	17495	6603	24098
	来自中国											
	轮船（蒸汽动力）											
	经过大铲、伶仃和深圳			经过三门			进入沙鱼涌			总计		
	货船	空船	总计	货船	空船	总计	货船	空船	总计	货船	空船	总计
中国	—	1091	1091	—	250	250	—	584	584	—	1925	1925
	帆船											
中国	10295	6131	16426	3997	137	4134	913	618	1531	15205	6886	22091
总计	10295	7222	17517	3997	387	4384	913	1202	2115	15205	8811	24016
进出轮船和帆船总计	24079	10881	34960	6530	2228	8758	2091	2305	4396	32700	15414	48114

表5-8②　　　1901年12月31日止进出九龙的船只数量统计　　（单位：只）

旗帜	进口（去中国）											
	轮船（蒸汽动力）											
	经过大铲、伶仃和深圳			经过三门			进入沙鱼涌和沙头角			总计		
	货船	空船	总计	货船	空船	总计	货船	空船	总计	货船	空船	总计
中国	—	1248	1248	—	316	316	—	654	654	—	2218	2218

---

① 中国第二历史档案馆、中国海关总署办公厅编：《中国旧海关史料（1859—1948）》第32册，京华出版社2001年版，第585页。
② 中国第二历史档案馆、中国海关总署办公厅编：《中国旧海关史料（1859—1948）》第34册，京华出版社2001年版，第565页。

续表

旗帜	进口（去中国）											
	经过大铲、伶仃和深圳			经过三门			进入沙鱼涌和沙头角			总计		
	货船	空船	总计	货船	空船	总计	货船	空船	总计	货船	空船	总计
帆船												
中国	12004	3532	15536	2762	1935	4697	1991	588	2579	16757	6055	22812
总计	12004	4780	16784	2762	2251	5013	1991	1242	3233	16757	8273	25030
出口（来自中国）												
轮船（蒸汽动力）												
	经过大铲、伶仃和深圳			经过三门			进入沙鱼涌和沙头角			总计		
	货船	空船	总计	货船	空船	总计	货船	空船	总计	货船	空船	总计
中国	—	1249	1249	—	310	310	—	654	654	—	2213	2213
帆船												
中国	11934	3748	15682	4598	76	4674	1264	945	2209	17796	4769	22565
总计	11934	4997	16931	4598	386	4984	1264	1599	2863	17796	6982	24778
进出轮船和帆船总计	23938	9777	33715	7360	2637	9997	3255	2841	6096	34553	15255	49808

表5-9①   **1902年12月31日止进出九龙的船只数量统计**   （单位：只）

旗帜	去中国											
	轮船（蒸汽动力）											
	经过大铲、伶仃和深圳			经过三门			进入沙鱼涌和沙头角			总计		
	货船	空船	总计	货船	空船	总计	货船	空船	总计	货船	空船	总计
中国	—	1369	1369	—	399	399	—	733	733	—	2501	2501
帆船												
中国	11962	3265	15227	3199	2505	5704	1303	626	1929	16464	6396	22860
总计	11962	4634	16596	3199	2904	6103	1303	1359	2662	16464	8897	25361

---

① 中国第二历史档案馆、中国海关总署办公厅编：《中国旧海关史料（1859—1948）》第36册，京华出版社2001年版，第649页。

续表

	来自中国											
	轮船（蒸汽动力）											
	经过大铲、伶仃和深圳			经过三门			进入沙鱼涌和沙头角			总计		
	货船	空船	总计	货船	空船	总计	货船	空船	总计	货船	空船	总计
中国	—	1361	1361	—	391	391	—	733	733	—	2485	2485
	帆船											
中国	10961	4213	15174	5625	130	5755	1131	715	1846	17717	5058	22775
总计	10961	5574	16535	5625	521	6146	1131	1448	2579	17717	7543	25260
进出轮船和帆船总计	22923	10208	33131	8824	3425	12249	2434	2807	5241	34181	16440	50621

表5-10① **1903年12月31日止进出九龙的船只数量统计** （单位：只）

	去中国											
	轮船（蒸汽动力）											
旗帜	经过大铲、伶仃和深圳			经过三门			进入沙鱼涌和沙头角			总计		
	货船	空船	总计	货船	空船	总计	货船	空船	总计	货船	空船	总计
中国	—	1169	1169	—	394	394	—	714	714	—	2227	2227
	帆船											
中国	11508	2237	13745	2637	1902	4539	1296	587	1883	15441	4726	20167
总计	11508	3406	14914	2637	2296	4933	1296	1301	2597	15441	7003	22444
	来自中国											
	轮船（蒸汽动力）											
	经过大铲、伶仃和深圳			经过三门			进入沙鱼涌和沙头角			总计		
	货船	空船	总计	货船	空船	总计	货船	空船	总计	货船	空船	总计
中国	—	1165	1165	—	393	393	—	714	714	—	2272	2272
	帆船											
中国	9918	3831	13649	4427	95	4522	1149	601	1750	15394	4527	19921
总计	9918	4996	14814	4427	488	4915	1149	1315	2464	15394	6799	22193
进出轮船和帆船总计	21326	8402	29728	7064	2784	9848	2445	2616	5061	30835	13752	44587

---

① 中国第二历史档案馆、中国海关总署办公厅编：《中国旧海关史料（1859—1948）》第38册，京华出版社2001年版，第703页。

表5-11[①] **1904年12月31日止进出九龙的船只数量统计**

（单位：只）

旗帜	经过大鹏、佟汀和深圳			经过三门			进入沙鱼涌和沙头角			总计					
	货船	空船	总计	货船	空船	总计	货船	空船	总计	货船		空船		总计	
去中国轮船（蒸汽动力）															
中国	—	1108	1108	—	422	422	—	476	476	—	—	2006	47950	2006	47950
帆船															
中国	11228	2652	13880	1959	812	2771	1334	447	1771	14511	1213922	3911	175675	18422	1389597
总计	11228	3760	14988	1959	1234	3193	1334	923	2247	14511	1213922	5917	223625	20428	1437547
来自中国 轮船（蒸汽动力）															
中国	—	1108	1108	—	418	418	—	476	476	—	—	2002	47924	2002	47924
帆船															
中国	9910	4091	14001	2556	132	2688	1028	446	1474	13494	1041258	4699	342908	18163	1384166
总计	9910	5199	15109	2556	550	3106	1028	922	1950	13494	1041258	6671	390832	20165	1432090
进出轮船和帆船总计	21138	8959	30097	4515	1784	6299	2362	1845	4197	28005	2255180	12588	614457	40593	2869637

① 中国第二历史档案馆、中国海关总署办公厅编：《中国旧海关史料（1859—1948）》第40册，京华出版社2001年版，第759页。

从表 5-7、表 5-8、表 5-9、表 5-10 和表 5-11 分析可以看出，1900—1904 年，横向看，去往香港九龙的船只和货物是经过大铲、伶仃、深圳、三门、沙鱼涌和沙头角这些站，占据比较大的份额是大铲、伶仃和深圳；从九龙去往中国的轮船比来自中国的帆船去往九龙的要多，但是也没有绝对优势，说明外国经过九龙来中国的主要贸易工具是轮船，来自中国经过香港的主要是通过帆船运输，这也是中西之间的差距表现；通往香港贸易的主要媒介是轮船和帆船。

纵向分析看，1900—1904 年通过轮船和帆船往九龙的船只和货物在逐年增长（除了 1902 年略有下降），5 年间几乎增长了 1.8 倍；计算进出香港九龙的轮船货物总计、压舱物总计以及进出香港全部总计的百分比，如表 5-12 所示。

表 5-12　　　　进出香港的轮船和帆船货船和空船比例　　　　（单位:%）

年份	船型	货船	空船	总计
1900	轮船	53.5	42.8	50.1
	帆船	46.5	57.2	49.9
1901	轮船	48.5	54.2	39.4
	帆船	51.5	45.8	60.6
1902	轮船	48.1	54.1	50.1
	帆船	51.9	45.9	49.9
1903	轮船	50.1	50.8	51.3
	帆船	49.9	49.2	49.7
1904	轮船	36.4	50.8	44.3
	帆船	63.6	49.2	55.7

从表 5-12 中可以看出 1900—1904 年这 5 年间轮船运输的货物往九龙均占 47.32%，而帆船运输往九龙均占 52.68%；空置轮船往九龙均占 50.4%，空置帆船往九龙均占 49.6%；轮船往九龙总计均占 47.04%，帆船往九龙总计均占 52.96%。由此得出结论：一是进出香港九龙的货船、空船和总计比例中，轮船和帆船比例相对比较均衡；二是纠正帆船在 19 世纪末 20 世纪初消退或者衰落的悲观论调，相反，至少在香港九龙关，帆船和轮船是可以相媲美的，实力相当，对于研究其他地区的帆船与轮船的比

例有借鉴意义。

分析进出香港九龙关的船只和吨位数。由于1898年《内港航行章程》的颁布,对于航运业的影响比较大,于是存在两种不同的统计资料,即在《内港航行章程》下过往九龙关的船只和吨位数,和在以一般规则下通过香港的船只和吨位数。下面先来分析《内港航行章程》下进出九龙关的船只和吨位数,统计如表5–13所示。

表5–13[①]　　在内港航行章程下进出九龙关的船只数（1904—1911）

（单位：只，吨）

年份	登记进关		办理出关		进出关总计	
	船只	吨位	船只	吨位	船只	吨位
1904*	143	3200	143	3200	286	6400
1905	336	6625	336	6525	672	13050
1906	506	11042	507	11062	1013	22104
1907	553	13476	553	13504	1106	26980
1908	585	14017	585	14017	1170	28034
1909	516	12966	516	12965	1032	25931
1910	524	13118	524	13119	1048	26237
1911	516	12932	517	12591	1033	25883

从表5–13可以看出,1904—1911年在《内港航行章程》下进出香港九龙关的船只和吨位在逐年增长（除了1909年和1911年略有下降）；8年间进出香港九龙关的船只从1904年的286只增至1911年1033只,几乎增长了2.6倍,而吨位数从1904年的6400吨增至1911年25883吨,几乎翻了3番。

首先,将表5–13和表5–14相比发现,无论是轮船还是帆船,几乎每年在一般规则下进出九龙关的船只都比在《内港航行章程》下的多,其中1904年两者相差70倍有余,而1911年两者相差17倍,而吨位数1904年两者相差22倍,到1911年相差48倍,足见《内港航行章程》对香港航运业的影响是十分显著的。其次,1895—1911年,登记进九龙关的轮船船

---

① 中国第二历史档案馆、中国海关总署办公厅编：《中国旧海关史料（1859—1948）》第56册,京华出版社2001年版,第697页。*指7月到12月31日。

第五章 香港轮船航运业的繁荣阶段：1898—1911　　209

只数均值在2849只，办理出九龙关的船只数均值在2841只，而登记进九龙关的帆船均值在22418只，几乎是登记进关轮船的7.9倍，办理出九龙关的帆船均值在22043只，是办理出关轮船的7.8倍，从中可以得出结论，进出香港的帆船远远大于轮船的数量；1904—1911年，登记进关的轮船的吨位数均值在94320.13吨，办理出关的轮船吨位数均值在1406471吨，登记进关的帆船的吨位数均值在1311893吨，办理出关（九龙关，下同）的帆船吨位数均值在94096吨，登记进关的帆船吨位数大约是登记进关轮船吨位数的13.9倍，而办理出关的轮船吨位数大约是办理出关的帆船吨位数的14.9倍，由此可以得出结论：从中国输往香港的货物大都是通过帆船运输的，而从香港输运世界各地的货物主要是通过轮船输送的。从同期的其他开放口岸可以看出香港轮运的船只数和吨位数的发展概况也可以得知。

1887年，九龙正式设关，但是自从1899年香港租"新界"之后，九龙关就是归港英政府所管辖。由表5-15可以看出，从1895年到1904年，停泊在九龙的船只数和吨位数逐年下降，除了个别年份略有上涨之外，尽管如此，大多数年份是同时期拱北关的船只数3倍有余，较之其他口岸，则更多。

除此之外，海关统计数据中分别以一般规则和《内陆航行章程》统计，可能是两种不同的统计方式，也有可能是中外记载进出口统计路径不一，可以分别从这两个方面考察。

在一般规则统计下，以表5-16为例，1900—1911年，进入香港轮船船只数年均保持2497艘，帆船船只数则保持18689艘，登记经香港出口轮船年均保持2487艘，帆船则保持18581艘，年均进出口船只数21076艘。由此得知，无论是轮船还是帆船，进入香港船只数年均略大于出口数，另外帆船船只数进出口均是轮船7倍之多，该现象值得深思。在《内陆航行章程》的统计口径下，以表5-17为例，1902—1911年，进入香港船只数年均保持459艘，吨位数年均保持10909吨；经香港出口船只数年均保持460艘，船只吨位数保持10872吨；年均进出口船只数920艘，年均进出口船只吨位数21824吨。这两种统计路径依据标准不一，所检测出数据不一，前者可以反映轮船和帆船之间比例差异，后者更加直观反映进出口船只和吞吐量，各有侧重，难分利弊，相互补充。

表 5-14[①]　在一般规则下九龙船只航行比较（1895—1900）

(单位：只，吨)

年份	登记进关						办理出关					
	轮船		帆船		总计		轮船		帆船		总计	
	船只	吨位	船只	吨位	船只	吨位	船只	吨位	船只	吨位	船只	吨位
1895	7368	—	34933	—	42301	—	7368	—	34770	—	42138	—
1896	4438	—	33602	—	38040	—	4438	—	33385	—	37823	—
1897	3713	—	30660	—	34373	—	3713	—	30530	—	34243	—
1898	2322	—	30217	—	32539	—	2322	—	30212	—	32534	—
1899	620	—	22838	—	23458	—	620	—	22774	—	23394	—
1900	1932	—	22166	—	24098	—	1925	—	22091	—	24016	—
1901	2218	—	22812	—	25030	—	2213	—	22565	—	24778	—
1902	2501	—	22860	—	25361	—	2485	—	22775	—	25250	—
1903	2277	—	20167	—	22444	—	2272	—	19921	—	22193	—
1904	2006	47950	18422	1389597	20428	1437547	2002	47924	18163	1384166	20165	1432090
1905	2453	134967	17422	1325889	19895	1460856	2450	135332	17350	1305253	19800	1440585
1906	2518	99111	16566	1258999	19084	1358110	2516	99288	16712	1255888	19228	1355176
1907	2988	112139	17671	1420831	20659	1532970	2985	111656	17700	1426968	20685	1538624
1908	2705	94783	16474	1329939	19179	1424722	2686	95350	16605	1337549	19291	1432899
1909	2790	97536	15786	1265930	18576	1363466	2765	96074	15932	1262240	18697	1538314
1910	2900	89099	17666	1340331	20566	1429430	2884	88663	17853	1334974	20737	1423637
1911	2687	79042	15259	1163627	17946	1244669	2663	78481	15403	1169330	18056	1247811

[①] 中国第二历史档案馆、中国海关总署办公厅编：《中国旧海关史料（1859—1948）》第40、56册，京华出版社2001年版，第797、697页。

表 5-15　中国开放口岸进出港船数及吨数（1895—1904） （单位：只，吨）

年份 开放口岸	1895 船数	1895 吨数	1896 船数	1896 吨数	1897 船数	1897 吨数	1898 船数	1898 吨数	1899 船数	1899 吨数	1900 船数	1900 吨数	1901 船数	1901 吨数	1902 船数	1902 吨数	1903 船数	1903 吨数	1904 船数	1904 吨数
九龙	84439	—	75863	—	68616	—	65073	—	46852	—	48114	—	49808	—	50621	—	44637	—	40593	2870
广东	4268	3633	4550	3697	6101	3718	7291	3676	7235	3741	7181	3525	6068	3766	7583	4292	8627	5230	7447	5731
拱北	17258	—	11609	—	15879	—	15445	—	14962	—	15528	—	16601	—	16610	964	15317	874	14746	866
梧州					826	52	1945	117	3014	187	2439	174	2088	226	2451	228	3339	344	2029	357
琼州	633	389	758	538	856	548	732	462	850	541	880	587	1012	704	1013	742	963	727	850	626
北海	204	101	330	186	214	114	210	108	196	114	222	126	311	197	326	208	329	212	243	153

[日] 滨下武志：《中国近代经济史研究：清末海关财政与通口岸市场圈》，高淑娟、孙彬译，江苏人民出版社 2006 年版，第 445—446 页，根据 1－1－b "中国开放口岸进出港船数及吨数表"改编而成。

表 5-16　1900—1911 年在一般航行规则下九龙进出船只数和吨位数

（单位：只，吨）

年份	登记进入						办理出口					
	轮船		帆船		总计		轮船		帆船		总计	
	船只	吨位	船只	吨位	船只	吨位	船只	吨位	船只	吨位	船只	吨位
1900	1932	—	22166	—	24098	—	1925	—	22091	—	24016	—
1901	2218	—	22812	—	25030	—	2213	—	22565	—	24778	—
1902	2501	—	22860	—	25361	—	2485	—	22775	—	25260	—
1903	2277	—	20167	—	22444	—	2272	—	19921	—	22193	—
1904	2006	47950	18422	1389597	20428	1437547	2002	47924	18163	1384166	20165	1432090
1905	2453	134907	17422	1325889	19875	1460796	2450	135332	17350	1305253	19800	1440585
1906	2518	99111	16566	1258999	19084	1358110	2516	99288	16712	1255888	19228	1355176
1907	2988	112139	17671	1420831	20659	1532970	2985	111656	17700	1426968	20685	1538624
1908	2705	94783	17474	1329939	20179	1424722	2686	95350	16605	1337549	19291	1432899
1909	2790	97536	15786	1265930	18576	1363456	2765	96074	15932	1262240	18697	1358314
1910	2900	89099	17666	1340331	20566	1429430	2884	88663	17853	1334974	20737	1423637
1911	2687	79042	15259	1163627	17946	1242669	2663	78481	15403	1169330	18066	1247811

资料来源：中国第二历史档案馆、中国海关总署办公厅编：《中国旧海关史料（1859—1948）》第 50 册，京华出版社 2001 年版，根据第 50 册第 630 页、第 53 册第 667 页和第 56 册第 697 页改编而成。

表 5-17　在《内陆航行章程》下 1902—1911 年进出九龙船只数统计

(单位：只，吨)

年份	登记进关		办理出关		进出关总计	
	船只	吨位	船只	吨位	船只	吨位
1902	—	—	—	—	—	—
1903	—	—	—	—	—	—
1904*	143	3200	143	3200	286	6400
1905	336	6525	336	6525	672	13050
1906	506	11042	507	11062	1013	22104
1907	553	13476	553	13504	1106	26980
1908	585	14017	585	14017	1170	28034
1909	516	12966	516	12965	1032	25931
1910	524	13118	524	13119	1048	26237
1911	516	12932	517	12951	1033	25883

*指7月到12月31日。

资料来源：中国第二历史档案馆、中国海关总署办公厅编：《中国旧海关史料（1859—1948）》第56册，京华出版社2001年版，第697页。

其次，以新近吴松弟先生领衔整理的哈佛未刊海关资料作为辅助材料，补充九龙关统计 1899—1911 年以取各年份第一季度（1903 年为第二季度）为例进行分析，当然该期间其余季度报表可以参见原资料。通过对该时期进出口轮船详细考察对比分析后，亦可反映清末香港轮船航运业的繁荣。由表 5-18 到表 5-30 中，可以得出以下几点看法。

1. 九龙关所设分关，有所变更，1900 年之前由汲水门、长洲、佛头洲和九龙分站四个分站共同统计过往香港的船只，自 1901 年统计分关由大铲、伶仃、深圳、三门、沙鱼涌和沙头角等关作统计，分站数增多，势必适应航运业日益扩大发展的需要。1899 年有记载南洋船舶过往香港，后面资料均没有相关记载。1905 年九龙分站便开始统计进出香港船只数和吨位数。

2. 根据统计资料，1906 年以前，经过香港进口船只数略大于出口船只数，之后，经过香港船只数小于出口船只数；另外港澳间船舶往来自 1899—1909 年年均保持 606 艘。

3. 经过内地到内地、经过澳门到中国、从香港进入内地、从内地到内地和从澳门到中国，第一季度平均保持 4921 艘船只，几乎每天 54 艘船舶；出口第一季度保持 4926 艘，几乎每天 54 艘船舶。1905—1911 年从以上四个方向统计路径显示第一季度保持进口吞吐量在 259692.57 吨，出口则保持 259033.57 吨，进出口相对保持均衡状态。

4. 自 1899—1909 年，经过香港进出口轮船数第一季度平均进口保持 4240 艘，出口保持 4163 艘，分别占据总进口数的 86.2%，总出口数的 84.5%，足见清末香港逐渐形成转口地位。

表 5-18　　1899 年第一季度九龙四个分关进出船只精确统计　　（单位：只）

	汲水门	长洲	佛头洲	九龙分关	总计
1. 进入					
经过香港到内地	3610	400	1979		5989
经过内地到内地*	329	13	216		558
经过澳门到内地	2		2		4
从香港进入内地	269	137		1098	1504
从内地到内地	32	80		390	502
从澳门到内地	1				1
总计	4243	630	2197	1488	8558
轮船从香港到内地				386	386
2. 出去					
经过内地到香港	3562	348	1996		5906
经过内地到内地*	365	27	183		575
经过澳门到内地	1		1		2
从香港进入内地	261	139		1096	1496
从内地进入内地	31	58		400	489
从澳门进入内地	4				4
总计	4224	572	2180	1496	8472
轮船从香港到内地				386	386
3. 从香港到澳门	110	79			189
从澳门到香港	174	72			246
总计	284	151			435
4. 从香港到安南		2			2
从安南到香港		1			1
总计		3			3
5. 从香港到新加坡		1			1

注：*包括帆船运输货物到香港。
资料来源：吴松弟整理：《美国哈佛大学图书馆藏未刊中国旧海关史料（1860—1949）》第 73 册，广西师范大学出版社 2014 年版，第 452 页。

表 5-19　　1900 年第一季度九龙三个分关进出船只精确统计　　（单位：只）

	汲水门	长洲	佛头洲	总计
1. 进入				
经过香港到内地	3240	812	256	4308
经过内地到内地*	563	165	53	781
经过澳门到内地	48			48
从香港进入内地	52	13		65
从内地进入内地	56	4		60
从中国进入澳门	8			8
总计	3967	994	309	5270
轮船从香港到内地	181	51	170	402
2. 出去				
经过内地到香港	3185	823	241	4249
经过内地到内地*	638	127	50	815
经过澳门到内地	54			54
从内地到香港	39	14		53
从内地到内地	59	4		63
从澳门到内地	9			9
总计	3984	968	291	5243
轮船从内地到香港	181	44	170	395

注：* 包括帆船运输货物到香港。
资料来源：吴松弟整理：《美国哈佛大学图书馆藏未刊中国旧海关史料（1860—1949）》第 75 册，广西师范大学出版社 2014 年版，第 484 页。

表 5-20　　1901 年第一季度九龙进出船只精确统计　　（单位：只）

	大铲、伶仃、深圳	三门	沙鱼涌、沙头角	总计
1. 进入				
经过香港到内地	3010	851		3861
经过内地到内地*	516	361		877
经过澳门到内地	39	2		41
从香港进入内地	150	7	393	550
从内地进入内地	264	23	82	369
从澳门到内地	18			18
总计	3997	1244	475	5716
轮船从香港到内地	323	69	176	568
2. 出去				

续表

	大铲、伶仃、深圳	三门	沙鱼涌、沙头角	总计
经过内地到香港	3059	945		4004
经过内地到内地*	554	262		816
经过澳门到内地	40	1		41
从内地到香港	143	4	376	523
从内地到内地	271	18	80	369
从澳门到内地	22			22
总计	4089	1230	456	5775
轮船从内地到香港	323	69	176	568

注：*包括帆船运输货物到香港。

资料来源：吴松弟整理：《美国哈佛大学图书馆藏未刊中国旧海关史料（1860—1949）》第77册，广西师范大学出版社2014年版，第512页。

表5-21　　1902年第一季度九龙进出船只精确统计　　（单位：只）

	大铲、伶仃、深圳	三门	沙鱼涌、沙头角	总计
1. 进入				
经过香港到内地	3256	1087		4343
经过内地到内地*	548	384		932
经过澳门到内地	42	1		43
从香港进入内地	154	7	371	532
从内地进入内地	246	1	111	358
从澳门到内地	11			11
总计	4257	1480	482	6219
轮船从香港到内地	337	90	235	662
2. 出去				
经过内地到香港	3252	1226		4478
经过内地到内地*	572	308		880
经过澳门到内地	38	1		39
从内地到香港	141	3	382	526
从内地到内地	276	1	114	391
从澳门到内地	9			9
总计	4288	1539	496	6323
轮船从内地到香港	337	88	235	660

注：*包括帆船运输货物到香港。

资料来源：吴松弟整理：《美国哈佛大学图书馆藏未刊中国旧海关史料（1860—1949）》第79册，广西师范大学出版社2014年版，第512页。

表 5-22　　　　1903 年第二季度九龙进出船只精确统计　　　（单位：只）

	大铲、伶仃、深圳	三门	沙鱼涌、沙头角	总计
1. 进入				
经过香港到内地	2748	840		3588
经过内地到内地*	444	308		752
经过澳门到内地	20			20
从香港进入内地	165		339	504
从内地进入内地	115	2	76	193
从澳门到内地	16			16
总计	3508	1159	415	5082
轮船从香港到内地	275	89	167	531
2. 出去				
经过内地到香港	2688	828		3516
经过内地到内地*	417	280		697
经过澳门到内地	20	1		21
从内地到香港	144	4	312	460
从内地到内地	119	2	84	205
从澳门到内地	14			14
总计	3402	1115	396	4913
轮船从内地到香港	274	89	167	530

注：*包括帆船运输货物到香港。

资料来源：吴松弟整理：《美国哈佛大学图书馆藏未刊中国旧海关史料（1860—1949）》第 82 册，广西师范大学出版社 2014 年版，第 264 页。

表 5-23　　　　1904 年第一季度九龙进出船只精确统计　　　（单位：只）

	大铲、伶仃、深圳	三门	沙鱼涌、沙头角	总计
1. 进入				
经过香港到内地	2887	728		3615
经过内地到内地*	406	261		667
经过澳门到内地	31			31
从香港进入内地	135	5	390	530
从内地进入内地	215	11	102	328
从澳门到内地	7	1		8
总计	3681	1006	492	5179
轮船从香港到内地	254	126	194	574
2. 出去				

续表

	大铲、伶仃、深圳	三门	沙鱼涌、沙头角	总计
经过内地到香港	2895	692		3587
经过内地到内地*	455	277		732
经过澳门到内地	30			30
从内地到香港	125	2	358	485
从内地到内地	208	7	92	307
从澳门到内地	10	1		11
总计	3723	979	450	5152
轮船从内地到香港	254	125	194	573

注：*包括帆船运输货物到香港。

资料来源：吴松弟整理：《美国哈佛大学图书馆藏未刊中国旧海关史料（1860—1949）》第83册，广西师范大学出版社2014年版，第602页。

表5-24　1905年第一季度九龙进出船只和吨位数精确统计　（单位：只，吨）

	大铲、伶仃、深圳		三门		沙鱼涌、沙头角		总计	
	船只	吨位	船只	吨位	船只	吨位	船只	吨位
1. 进入								
经香港到内地	2431	210669	501	13898			2932	224567
经内地到内地*	494	48702	193	32868			687	81570
经澳门到内地	27	836					27	836
从香港到内地	139	4369	7	58	311	2188	457	6615
从内地到内地	281	7209	7	40	67	805	355	8054
从澳门到内地	10	125					10	125
总计	3382	271910	708	46864	378	2993	4468	321767
轮船从香港到内地	310	8868	143	9067	140	19082	593	36817
2. 出去								
经内地到香港	2417	204023	518	11193			2935	215216
经内地到内地*	536	49918	193	30454			729	80372
经澳门到内地	26	1093					26	1093
从内地到香港	144	4476	3	32	269	2147	416	6655
从内地到内地	283	7403	10	90	50	458	343	7951
从内地到澳门	11	123					11	123
总计	3417	267036	724	41769	319	2605	4460	311410
轮船从内地到香港	310	8679	142	9035	140	19082	592	36796

注：*包括帆船运输货物到香港。

资料来源：吴松弟整理：《美国哈佛大学图书馆藏未刊中国旧海关史料（1860—1949）》第86册，广西师范大学出版社2014年版，第34页。

表 5-25　　1906 年第一季度九龙进出船只和吨位数精确统计　（单位：只，吨）

	大铲、伶仃、深圳		三门		沙鱼涌、沙头角		总计	
1. 进入	船只	吨位	船只	吨位	船只	吨位	船只	吨位
经香港到内地	2519	206714	524	11489	55	291	3098	218494
经内地到内地*	445	39040	180	28187	1	11	626	67238
经澳门到内地	14	566	3	60			17	626
从香港到内地	127	4265	4	98	145	909	276	5272
从内地到内地	226	5022	4	25	72	748	302	5795
从澳门到内地	13	171					13	171
总计	3344	255778	715	39859	273	1959	4332	297596
轮船从香港到内地	411	12553	109	4102	83	6656	603	23311
2. 出去								
经内地到香港	2504	206318	543	10033	43	263	3090	216614
经内地到内地*	481	43015	170	25831	3	43	654	68889
经澳门到内地	13	664	1	12			14	676
从内地到香港	126	4170	5	137	136	987	267	5294
从内地到内地	239	5290	8	252	69	563	316	6105
从内地到澳门	10	132	1	20			11	152
总计	3373	259589	728	36285	251	1856	4352	297730
轮船从内地到香港	409	12488	109	4094	83	6656	601	23238

注：*包括帆船运输货物到香港。

资料来源：吴松弟整理：《美国哈佛大学图书馆藏未刊中国旧海关史料（1860—1949）》第 88 册，广西师范大学出版社 2014 年版，第 40 页。

表 5-26　　1907 年第四季度九龙进出船只和吨位数精确统计

	大铲、伶仃、深圳		三门		沙鱼涌、沙头角		总计	
1. 进入	船只	吨位	船只	吨位	船只	吨位	船只	吨位
经香港到内地	2317	230563	490	14349	62	600	2869	245512
经内地到内地*	333	42172	169	34211	14	281	516	76664
经澳门到内地	7	343	1	42			8	385
从香港到内地	299	5625			143	961	442	6586
从内地到内地	183	4957	1	11	18	554	202	5522
从澳门到内地	30	409					30	409
总计	3169	284069	661	48613	237	2396	4067	335078
轮船从香港到内地	489	14521	156	6837	83	6083	728	27441
2. 出去								

续表

2. 出去	大铲、伶仃、深圳		三门		沙鱼涌、沙头角		总计	
	船只	吨位	船只	吨位	船只	吨位	船只	吨位
经内地到香港	2304	230298	496	11990	68	895	2868	243183
经内地到内地*	369	46824	180	37393	4	40	553	84257
经澳门到内地	2	114	2	84			4	198
从内地到香港	276	5753			143	953	419	6706
从内地到内地	222	5160	1	11	10	402	233	5573
从内地到澳门	36	461					36	461
总计	3209	288610	679	49478	225	2290	4113	340378
从内地到香港	488	14497	155	6804	83	6083	726	27384

注：*包括帆船运输货物到香港。

资料来源：吴松弟整理：《美国哈佛大学图书馆藏未刊中国旧海关史料（1860—1949）》第92册，广西师范大学出版社2014年版，第297页。

表5-27　1908年第一季度九龙进出船只和吨位数精确统计　（单位：只，吨）

1. 进入	大铲、伶仃、深圳		三门		沙鱼涌、沙头角		总计	
	船只	吨位	船只	吨位	船只	吨位	船只	吨位
经香港到内地	2803	264560	584	15774	107	842	3494	281176
经内地到内地*	414	20899	126	19983	8	181	548	41063
经澳门到内地	6	103	4	198			10	301
从香港到内地	98	2650	1	5	226	1739	325	4394
从内地到内地	285	5473			49	618	334	6091
从澳门到内地	27	349					27	349
总计	3633	294034	715	35960	390	3380	4738	333374
从香港到内地	485	13950	154	6248	90	6294	729	26492
2. 出去								
经内地到香港	2833	265772	590	13681	130	1388	3553	280841
经内地到内地*	487	29155	100	13327	10	116	597	42598
经澳门到内地	8	392	3	88			11	480
从内地到香港	108	2294	2	12	206	1419	316	4355
从内地到内地	279	5230	1	61	34	295	314	5586
从内地到澳门	28	326					28	326
总计	3743	303799	696	27169	380	3218	4819	334186
从内地到香港	484	13941	147	6060	90	6294	721	26295

注：*包括帆船运输货物到香港。

资料来源：吴松弟整理：《美国哈佛大学图书馆藏未刊中国旧海关史料（1860—1949）》第93册，广西师范大学出版社2014年版，第45页。

表 5-28　　　1909 年第一季度九龙进出船只和吨位数精确统计　（单位：只，吨）

	大铲、伶仃、深圳		三门		沙鱼涌、沙头角		总计	
1. 进入	船只	吨位	船只	吨位	船只	吨位	船只	吨位
经香港到内地	2428	229453	441	10158	104	825	2973	240436
经内地到内地*	414	25080	117	15565	16	199	547	40844
经澳门到内地	5	88					5	88
从香港到内地	155	2892			234	1373	389	4265
从内地到内地	274	4915	6	109	51	650	331	5674
从澳门到内地	16	170					16	170
总计	3292	262598	564	25832	405	3047	4261	291477
从香港到内地	479	13266	144	5893	76	5942	699	25101
2. 出去								
经内地到香港	2393	225959	470	11173	114	1067	2977	238199
经内地到内地*	493	28669	102	13617	7	57	602	42343
经澳门到内地	5	64					5	64
从内地到香港	143	2845	3	61	235	1633	381	4539
从内地到内地	284	5124	5	96	44	263	333	5483
从内地到澳门	20	172					20	172
总计	3338	262833	580	24947	400	3020	4318	290800
从内地到香港	474	13160	145	5122	76	5942	695	24224

注：* 包括帆船运输货物到香港。

资料来源：吴松弟整理：《美国哈佛大学图书馆藏未刊中国旧海关史料（1860—1949）》第 95 册，广西师范大学出版社 2014 年版，第 444 页。

表 5-29　　　1910 年第一季度九龙轮船进出船只和吨位数统计　（单位：只，吨）

进入	1 月		2 月		3 月		总计	
外地	船只	吨位	船只	吨位	船只	吨位	船只	吨位
河轮	75	28407	50	18846	54	19594	179	66847
帆船	9	1309	3	526	8	1156	20	2991
汽轮	1	26	1	26	1	26	3	78
内河轮	26	1984	15	1257	12	1044	53	4285
中国地								
河轮								
汽轮	9	169	3	49	7	186	19	404

续表

进入	1月		2月		3月		总计	
中国地	船只	吨位	船只	吨位	船只	吨位	船只	吨位
内河轮	1023	16202	762	12032	959	15431	2744	43665
总计	1143	48097	834	32736	1041	37437	3018	118270
1909年同季	974	38521	930	44669	1046	48004	2950	131194
出去	1月		2月		3月		总计	
外地	船只	吨位	船只	吨位	船只	吨位	船只	吨位
河轮	75	28407	50	18846	54	19594	179	66847
帆船	9	1309	3	526	8	1156	20	2991
汽轮	1	26	1	26	1	26	3	78
内河轮	26	1984	15	1257	12	1044	53	4285
内陆								
河轮								
汽轮	9	169	3	49	7	186	19	404
内河轮	1028	16263	763	12037	958	15465	2749	43765
总计	1148	48158	835	32741	1040	37471	3023	118370
1909年同季	976	28544	930	44465	1048	48242	2954	131251

注：汽轮，蒸汽为动力的轮船；河轮，应指江河航行的轮船；内河轮，主要航行内陆河上的轮船。

资料来源：吴松弟整理：《美国哈佛大学图书馆藏未刊中国旧海关史料（1860—1949）》第98册，广西师范大学出版社2014年版，第210页。

表 5-30　　　　1911年第一季度九龙轮船进出船只统计

进入	1月		2月		3月		总计	
外地	船只	吨位	船只	吨位	船只	吨位	船只	吨位
河轮	52	18195	55	18104	81	22796	188	59095
帆船	6	1033	4	906	6	1216	16	3155
汽轮	1	26	1	26	2	52	4	104
内河轮	10	1245	16	2043	38	4690	64	7978
中国地								
河轮								

续表

进入中国地	1月		2月		3月		总计	
	船只	吨位	船只	吨位	船只	吨位	船只	吨位
汽轮	5	87	4	69	4	72	13	228
内河轮	965	16831	884	15653	934	17242	2783	49726
总计	1039	37417	964	36801	1065	46068	3068	120286
1910年同季	1143	48097	834	32736	1041	37437	3018	118270
出去外地	1月		2月		3月		总计	
	船只	吨位	船只	吨位	船只	吨位	船只	吨位
河轮	52	18195	55	18104	81	22796	188	59095
帆船	6	1033	4	906	6	1216	16	3155
汽轮	1	26	1	26	2	52	4	104
内河轮	10	1245	16	2043	38	4690	64	7978
内陆								
河轮								
汽轮	5	87	4	69	4	72	13	228
内河轮	967	16865	885	15650	938	17286	2790	49801
总计	1041	37451	965	36798	1069	46112	3075	120361
1910年同季	1148	48158	835	32741	1040	37471	3023	118370

注：汽轮，蒸汽为动力的轮船；河轮，应指江河航行的轮船；内河轮，主要航行内陆河上的轮船。

资料来源：吴松弟整理：《美国哈佛大学图书馆藏未刊中国旧海关史料（1860—1949）》第101册，广西师范大学出版社2014年版，第259页。

清末香港轮船客运发展情况，也可作为考察香港轮船航运业发展的重要指标。实际上早在1900年以前时人就有记载香港渡船发展情形：

> 唐人渡船出入口，每年约有2万余艘，载货不止150余万墩。在港渡船，都是往来省、澳及各处内地。
>
> 小轮船约有100只，其47只曾经领照，载客往来；其余53只是私家，其5只是皇家，5只是兵家。
>
> 凡唐人出洋，必先在船政厅点名，总计往新加坡、庇能居多。公历1886年，有64522人。1887年，有82897人。1888年，有96195

人。1889年，有47849人。1890年，有42066人。其出口人数所以少之故，缘新、旧金山及檀香山不准人往，且新加坡、庇能锡务日低，是以不无今昔之殊云。①

从表5-31可以看出，在1889—1898年，1.进出香港客流通过汲水门站进入的年均104276人，出关的客流年均105532人；2.通过长洲站进入九龙关的客流年均23844人，出关的客流年均16594人，通过佛头洲站再进入九龙关的客流年均12684人，出关的客流年均13337人，进入九龙关的客流年均是255345人，出九龙关客流年均是237348人，由此得出结论：1.进出入香港的客流主要是通过汲水门站、长洲站和佛头洲站；2.10年间进出香港九龙的年均客流量768964人，比1886—1890年的年均客流量的66706人增长了11倍，足见轮船航运业发展之快。

表5-31② 客运的比较统计（1889—1898）

年份	进入客流					外出客流				
	经过汲水门站	经过长洲站	经过佛头洲站	去九龙	总计	经过汲水门站	经过长洲站	经过佛头洲站	去九龙	总计
1889	90360	25925	20924	172316	300525	89033	16579	25048	163488	294448
1890	99232	21393	12605	195527	328757	97436	13290	14572	186900	312198
1891	95671	19022	9326	237509	361528	92027	10011	10561	220046	332645
1892	102974	19108	8083	331876	462041	111229	11845	7374	311174	441622
1893	95582	21467	18991	618299	754339	101044	13622	19558	603974	738198
1894	112407	22336	16242	438382	589367	113756	15918	15115	415053	559842
1895	109769	23394	8793	219868	361824	113703	18045	10636	189957	332341
1896	105037	23756	9878	129948	268619	104593	17741	10367	114226	246927
1897	116637	26134	11312	121846	275929	117434	18552	10972	101890	248848
1898	115095	35908	10686	87886	249575	115073	30343	8876	66779	221071

以上是香港以轮船为载体的客运发展情况，需要明确说明几点：一是香港管理水运的机构就是船政局；二是过往香港的客源主要是港澳和内地，而出港目的地主要是新加坡、庇能和新、旧金山等地；三是1886—

---

① 陈镗勋：《香港杂记（外二种）》，莫世祥校注，暨南大学出版社1996年版，第60—61页。
② 中国第二历史档案馆、中国海关总署办公厅编：《中国旧海关史料（1859—1948）》第28册，京华出版社2001年版，第587页。

1890 年香港船只载客年均 66706 人，是较为繁荣的。

1900 年以后香港轮船客运情形。从宏观初步考察其客运情形。由表 5-32 可以看出，1901—1911 年，进出九龙口的客运流量年均 289258 人次，是 1886—1890 年客运人均流量的 66706 人次的 4.3 倍，相对 1890—1900 年的客运流量 738477 人次却相差 2.5 倍，由此得出结论：19 世纪末（1890—1900）是进出香港客运流量的一次高潮。从这 11 年进出香港的年均客运流量的增幅来看，以 1907 年为界限，1901—1907 年，进出香港的客运流量年均增长 13390 人次；1907—1911 年，进出香港的客运流量年均递减 25409 人次，出现了负增长的趋势。究其原因，是天气的影响，尤其是受台风的影响，不仅轮船出海班次减少，出行客运为自身安全也会选择避开该时间段。另外一个可能比较重要的原因是英国出资清政府修建广九铁路中九龙至深圳段，1910 年 10 月 1 日通车①广九铁路供给旅客多种选择。故有可能大量旅客选择乘坐火车，分走了香港轮船船运的客流量。

表 5-32②   **进出九龙口客运统计（1901—1911）**   （单位：人）

年份	进口者	出口者	总计	增幅（加减）
1901	151696	153027	301023	34891
1902	171721	170209	341930	39970
1903	—	—	312475	-29455
1904	—	—	242475	-70000
1905	164211	159229	323440	80594
1906	150153	147428	297581	-25859
1907	—	—	311107	13526

---

① 许锡辉、陈丽君、朱德新：《香港跨世纪的沧桑》，广东人民出版社 1995 年版，第 148 页。
② 根据中国第二历史档案馆和中国海关总署办公厅编《中国旧海关史料（1859—1948）》第 34 册第 259 页的《光绪二十七年九龙口华洋贸易情形论略》记载，第 36 册第 270 页的《光绪二十八年九龙口华洋贸易情形论略》记载，第 38 册第 287 页的《光绪二十九年九龙口华洋贸易情形论略》记载，第 40 册第 310 页的《光绪三十年九龙口华洋贸易情形论略》记载，第 42 册第 358 页的《光绪三十一年九龙口华洋贸易情形论略》记载，第 44 册第 354 页的《光绪三十二年九龙口华洋贸易情形论略》记载，第 46 册第 377 页的《光绪三十三年九龙口华洋贸易情形论略》记载，第 48 册 381 页的《光绪三十四年九龙口华洋贸易情形论略》记载，第 51 册第 406 页的《宣统元年九龙口华洋贸易情形论略》记载，第 54 册第 431 页的《宣统二年九龙口华洋贸易情形论略》和第 57 册第 399 页的《宣统三年九龙口华洋贸易情形论略》记载，改编而成。京华出版社 2001 年版。
注：＊代表该年份进出口者统计是大约人数，不是精确人数。

续表

年份	进口者	出口者	总计	增幅（加减）
1908*	—	—	269100	-42000
1909*	—	—	257980	-11120
1910	—	—	247030	-10000
1911	—	—	208597	-38433

从微观考察，进一步补充分析香港轮船客运情形。1908 年，旅客经过本关各厂进出者共计约 269100 人，较去年少 42000 人，石岐来往香港轮拖因办理不得其法，已于去年停歇。① 1909 年，九龙客运统计中经过珠江口站进口的乘客 86641 人，出口 78390 人，经过东海岸站进口的乘客 23383 人，出口的乘客 26022 人，经过大鹏湾进口的乘客 21798 人，出口的乘客 21753 人，总计进入九龙 131822 人，出口的乘客 126165 人。② 1910 年，经过本关各厂来往香港的中国人，共 24730 人，较去年少 1 万人。永源公司与小轮仍常载客，拖带民船来往三门、澳头、沙湖等处，海宁、海波两小轮由香港行走汕尾等处，似觉有利可赚，太平轮拖行走如旧，其来往香港大铲之义和小轮，行走大铲太平之礼和小轮，所载之客很畅旺。③ 1911 年，按册所载，经过本关界各厂来往香港和内地者，共计 208597 名，去年则有 27030 名，其由广九铁路出入者不在此内。④

粤港之间客运航行具体情形。由香港前往广州，若雇小艇，每半点钟载客 2 位，则需银 1 毫；1 点钟载客 2 位，则需银 2 毫；半点钟内多加 1 客，则加钱 5 仙士；1 点钟内多加一客，则需加银 1 毫。夜行每客加钱 5 仙士。头等货艇可以载货 800 担以上者，或每日或每夜以 12 点钟计，艇银 10 元。⑤

---

① 中国第二历史档案馆、中国海关总署办公厅编：《中国旧海关史料（1859—1948）》第 48 册，京华出版社 2001 年版，第 381 页。
② 中国第二历史档案馆、中国海关总署办公厅编：《中国旧海关史料（1859—1948）》，第 50 册，京华出版社 2001 年版，第 638 页。注：1904 年，香港进出客运流量减少到了 12 万人次。
③ 中国第二历史档案馆、中国海关总署办公厅编：《中国旧海关史料（1859—1948）》，第 54 册，京华出版社 2001 年版，第 431 页。
④ 中国第二历史档案馆、中国海关总署办公厅编：《中国旧海关史料（1859—1948）》，第 57 册，京华出版社 2001 年版，第 399 页。
⑤ 陈镛勋：《香港杂记（外二种）》，莫世祥校注，暨南大学出版社 1996 年版，第 90 页。

港澳之间客运情形。1907年,10月13、14、15、16等日为澳门赛会之期,轮船来往港澳每天有三四艘,现哈德安、播宝两轮于是日来往港澳。① 1909年,香港长安轮船公司发布新昌轮船大减价的布告,适合官商各客货,且轮船坚固快捷,该公司的利济轮遭受飓风仍平安,人所共见,餐房每位收银3元,餐楼每位收银一员二,楼上每位收银八毫,大舱每位收银四毫,价格公道合理。法华邮船公司夜轮航行省港,哈德安礼拜一、三和五上省城,礼拜二、四和六返港,楼上每位一员二毫,大舱每位五毫,播宝礼拜二和四上省城,礼拜一、三和五返港,楼上每位一员,大舱每位四毫,在香港泊杨泰码头,每晚十点开行,省河沙基口每日五点一刻开行,请需要者到店垂询。省港澳轮船公司、渣甸洋行和太古洋行联合对粤港澳线进行相应宣传,以期招揽客源。公司有轮船河南号(2363吨)、佛山号(2260吨)、金生号(1995吨)和香山号(1998吨),往省船期,除了礼拜日不计,每日早八点船由港咨行往省,除礼拜六不计,每晚十点有夜船咨行往省,来港船期,除了礼拜日不计,每早八点船由港咨行来港,每晚五点半有船咨行来港。瑞安轮船每日早八点往澳门下午两点返港,瑞泰轮船每日早七点半由澳来港,下午二点由港返澳,大餐楼四员,来回票七员,二等位一员五毫,三等男客六毫,三等女客五毫,大舱每位四毫。省澳船期,海生轮船每逢礼拜一、三和五上省城,礼拜二、四和六返澳,省城梧州轮船公司有西南号(588吨)和南宁号(569吨),每逢礼拜一、三、五上午8点由省城前往梧州,同日上午8点半由梧州来省往返。②

香港内航行的小轮船恶意竞争,常常自伤元气。1907年,内河小轮拖渡由香山县属石岐地方载客来往香港,极便行旅,生意日隆,由石岐来港人客必须乘坐华船,先至澳门,然后始能附搭轮船到港。③ 1908年,石岐来往香港轮拖因办理不得其法,去年停歇,太平来往大铲轮拖略沾微利,大铲来往香港小轮,虽声称亏本,但仍照常行驶,两小轮船公司皆因互相

---

① 《往澳须知》,《香港华字日报》1907年10月19日,第3版。
② 《省港搭客须知》《省港夜船告白》《省港澳轮船公司船期告白》《港澳船期》《省澳船期》《省港夜船告白》,《香港华字日报》1909年1月27日、2月13日、2月17日,第9版。
③ 中国第二历史档案馆、中国海关总署办公厅编:《中国旧海关史料(1859—1948)》第46册,京华出版社2001年版,第377页。

抢夺生意，以致两败俱伤。① 有些轮船不能准点开航，影响其信誉。

综上所述，清末香港轮船船只数、吨位数和客运量呈现大发展趋势，反映了香港轮船航运业的发展。但随着广九铁路开通，粤港之间船运客流量受到影响，分散了船运客流量。轮船相互恶意竞争，阻碍了香港轮船客运业的发展，扰乱了正常的轮船客运市场。

第三节　航运业利润的暴涨

清末在港外商航运业仍处于主导地位，垄断着主要航线，但其垄断地位逐渐开始动摇，受到华资航运业的冲击。英国在香港航运业竞争中仍居首位。在远洋航线方面，英国的大英轮船公司、蓝烟囱公司、太古轮船公司等几乎独占了欧亚之间的航运，并在中国的长江和沿海远洋航运势力仍极其强盛，但是与以往相比，已受到华资轮船航运业的挑战。1896年和1897年，英国旗下轮船进出口中国通商口岸的船舶比重跌至70%。1900年又跌至58.69%。过了三年，1903年又跌至48.2%。再过三年，至1906年跌至39.23%，到1913年只占35.73%了。十多年期间几乎降了一半。②

华资航运业利润并没有外商轮船公司那么多。从表5-33可以看出1894—1900年支付全部费用年均189211英镑，利息分配数年均65000英镑，转入准备金和折旧数年均111365.3英镑。

从表5-34可看出1901—1912年（除了1907—1910年4年）太古轮船公司都有较大的利润，这8年年均利润达到123688.1英镑，除了1907—1910年存在亏损现象，太古轮船公司的股息年均在10.9%，已是非常高的利润了，从这些可以看出太古轮船在华利润是巨大的。

---

① 中国第二历史档案馆、中国海关总署办公厅编：《中国旧海关史料（1859—1948）》，第48册，京华出版社2001年版，第381页。

② 参见彭德清主编《中国航海史（近代史部分）》，人民交通出版社1898年版，第204—205页。

表 5-33① 太古轮船公司利润情况（1894—1900） （单位：英镑）

年份	支付全部费用（包括保险后结余）	股息分配数	转入准备金和折旧数
1894	219647	75000	144647
1895	230942	80000	150942
1896	98140	50000	48140
1897	115666	60000	55666
1898	186016	80000	106016
1899	167925	100000	67925
1900	306221	100000	206221

表 5-34② 太古轮船公司利润、亏损和股息（1901—1913） （单位：英镑）

年份	利润（在折旧之后）盈余	亏损（在折旧之后）	股息（%）
1901	163273		20（从公积金提取 60725 英镑）
1902	15891		10（从公积金提取 19529 英镑）
1903	30672		15
1904	151199		15
1905	117390		15
1906	10206		5
1907		90390	无
1908		51279	无
1909		24137	无
1910		3327	2.5（从保险账户提取 13769 英镑）
1911	69295		6
1912	155579		10
1913	123907		10

从表 5-35 分析可以看出，怡和轮船公司 1895—1906 年（除了 1897 和 1898 年没有数据），船舶净利年均 100248.3 英镑，1895—1913 年（除了 1897 年、1898 年和 1901 年没有资料）盈利额年均 96716.93 英镑，盈

---

① 张仲礼、陈曾年、姚欣荣：《太古集团在旧中国》，上海人民出版社 1991 年版，第 86 页。
② 同上书，第 100 页。

利对资本年均占 8.72%。从这些数据中可以发现怡和赚取的利益丝毫不逊于太古轮船公司。从表中还可以看出，怡和轮船公司除了没有资料的年份外，是不存在亏损现象的。

表5-35[①] 怡和轮船公司的利润率（1895—1913） （单位：英镑）

年份	所有船舶（总吨）	船舶等值（a）	船舶净利	(3)对(2)的%	盈利额	盈利对资本的%（资本=495890）	分配红利（%）
	(1)	(2)	(3)	(4)	(5)	(6)	(7)
1895					45737	9.22	8 (a)
1896		714994	28956	4.05	1380	0.28	—
	(1)	(2)	(3)	(4)	(5)	(6)	(7)
1899		713524	104792	14.69	67259	13.56	8 (c)
1900	66191	774651	188817	24.37	83171 (b)	16.77	20 (d)
1901	75000		148061				10 (e)
1902	80355	984249	59913	6.09	30174	6.08	5
1903		1018414	38017	3.73	30647	6.18	5
1904		1001954	120492	12.03	34189	6.89	
1905		1114197	106051	9.52	27247	5.49	5
1906		1135817	107136	9.43	16091	3.24	2.5
1907	97260	1006258			24226	4.89	9（优）
1908	95294	952696			7489	1.51	—
1909	95294	877331			66565	13.42	—
1910	90428	808636			88852	17.92	12（优）
1911	90428	764208			82469	16.63	6（优）

从表 5-36 可以看出，1909—1912 年德忌利士轮船公司的毛利年均 41667.75 元，净利年均 24112 元，利润率年均达到 4.17%；怡和轮船公司的毛利年均 48100.75 元，净利年均 67555.5 元，股息年均 10%，利润率年均达到 19.4%；省港澳轮船公司的毛利年均 288830.25 元，净利年均

[①] 聂宝璋、朱荫贵编：《中国近代航运史资料》第二辑（上），中国社会科学出版社 2002 年版，第 508—509 页。注：(a) 尚未减除折旧之数字；(b) 未去除分红的盈余；(c) 包括 2% 的额外股息；(d) 包括 10% 的临时股息及 4% 的额外股息；(e) 无额外股息。

190790.3元,股息年均16.25%,利润率年均达到24.07%;会德丰拖驳公司的毛利年均112623元,净利年均65328元,股息年均6.67%,利润率年均11.26%;天星小轮公司的毛利年均54757元,净利年均38150.5元,股息年均8.25%,利润率年均18.25%;大沽拖驳公司的毛利年均159019.8元,净利年均63193.5元,股息年均4.88%,利润率年均13.33%。从中可以看出,省港澳轮船公司的利润率是最高的(24.07%),其次是怡和轮船公司(19.4%),可以得出结论:省港澳轮船公司在港赚的钱是最多的,这些外资轮船的利润远在华商利润之上。

表5-36① 六家外轮公司盈利统计(1909—1912)

年份		1909	1910	1911	1912
德忌利士火轮公司 成立年:1883年 额定及实缴资本1000000元	毛利(元)	25716	17344	69245	54366
	净利(元)	1311	110	53261	41766
	股息			5%	3%
	利润率	2.57	1.73	6.92	5.44
怡和轮船公司 成立年:1882年 实缴资本:495890英镑	毛利			83412	108991
	净利(元)	66565	88852	82469	32336
	股息		12%	6%	12%
	利润率			16.82	21.98
省港澳轮公司 成立年:1871年 实缴资本:1200000元	毛利(元)	387055	308200	298891	161175
	净利	316795	209356	153985	83025
	股息	16 2/3%	16 2/3%	15%	6 2/3%
	利润率	32.25	25.68	24.91	13.43
会德丰拖驳公司 成立年:1903年 资本:1000000两	毛利(元)	122314	101074	89503	137601
	净利	92314	63574	35923	69501
	股息	5%	10%	—	5%
	利润率	12.23	10.11	8.95	13.76

---

① 聂宝璋、朱荫贵编:《中国近代航运史资料》第二辑(上),中国社会科学出版社2002年版,第510—511页。

续表

年份		1909	1910	1911	1912
天星小轮公司 成立年：1898年 资本：300000元（1908）	毛利（元）	46340	50092	56184	66412
	净利（元）	28022	33037	41130	50413
	股息	10%	7%	7%	9%
	利润率	15.45	16.70	18.73	22.14
大沽拖驳公司 成立年：1888年 资本：1290000两（1908）	毛利（元）	209161	136745	183245	106928
	净利（元）	99171	30382	81341	41880
	股息	6 1/2%	4	6	3
	利润率	16.21	10.60	14.21	8.29

第四节　航线的繁荣

　　航线被视为轮船航运的"血液"，是其"生命线"，是其得以存在的物质基础。根据到香港航程的远近，可以划分为沿海内河航线和远洋航线。张晓辉认为开埠之初香港商务以船业为大宗，航线大致分为两部分：一是外洋航线，由于近代中国民族航运界无力开辟远洋航路，故此领域内的航业被英、美、日等外国轮船公司垄断；二是港粤沿海内河线，主要利用珠江水系尤其是三角洲省港线来沟通，包括省港、港梧、港江（门）等水路；再者是华南沿海各通商口岸至香港的近海航线，如港汕、港湛、港廉（广州府合浦县）、港琼、港澳等水路。各线航班频繁，来往船只不仅有传统的木帆船，也有先进的轮船和拖渡。① 接下来就对清末香港轮船航线进行系统爬梳，作出初步探讨。

一　沿海内河航线

　　以香港为中心的沿海内河航线，以轮船公司为主线，主要考察这些轮船公司或代理商开辟到香港的航线。

---

① 张晓辉：《香港华商史》，香港明报出版社1998年版，第39页。

从宏观整体考察香港航线的发展情况，如表 5-37 所示，益安公司、四邑轮船公司、绍舆公司、志和号、孖地公司、捷成洋行和志安洋行等，这些公司主要是英商建立。开辟香港航线的公司一般经营规模不是很大，只有一两艘轮船，多的如捷成洋行也不过 8 艘；他们的船舶总吨位一般稳定在 800 吨左右，个别如捷成洋行达到 10984 吨。

表 5-37① 各国轮船航线

公司	西江轮船公司	天河洋行	和顺公司	港澳轮船公司	普安轮船公司	四邑轮船公司	益安公司	绍舆公司	志和号	广顺公司	孖地公司	捷成洋行	志安洋行	渣把洋行
国籍	英	英	英	英	英	英	英	英	英	法	法	德	德	荷
船数	2	5	6	2	2	2	1	1	1	1	3	8	1	1
总吨数	1045	646	979	715	159	775	438	228	284	149	2004	10984	282	2923
航路	梧州三水香港间	同前	同前	梧州三水及广州间	同前	香港江门间	同前	同前	同前	梧州三水广州间	北海香港广州间	同前	梧州三水香港间	爪哇中国各海日本间

此外，通过对本章第四节表 5-38 到表 5-48 所有统计国内香港入口航期的分析中，可以得知以下诸多特点。

1. 就货物方面而言，通过轮船输入香港杂货地区主要有广州、汕头、海防、海口、福州、厦门、淡水、上海、芜湖、镇江、烟台、天津等城市，其中以华南地区城市运载杂货船只频率最高，而广州又处于华南城市领先地位。其实也不难理解，省港之间有地缘优势，且饮食习惯和民俗习惯保持高度一致性，两地之间货物流动频繁也很合理。

2. 就邮船方面而言，内地与香港频繁有着邮船往来的城市主要是香港和上海两地，此外就是与外国。

3. 就国内航线方面而言，可以进行简单分区考察，基本概况如下：

---

① 王洸：《中国航业》，商务印书馆 1929 年版，第 91—93 页，原文年份不详，据笔者推测为 1929 年前香港航线。

(一) 华南航线

香港—澳门线，主要经营公司有天兴公司（瑞安）①、启兴公司（恒安）。

香港—江门—甘州—三水线，主要经营公司有广运公司（东江、长江、全利、恒心、恒安）和香江公司（香江、江门）。

香港—海防线，香港—北海—海防或海口线，香港—广州湾—海防线，香港—海防—海口线，需要指出的是以下有些是到海防或者海口或者几个城市都到，主要经营公司有源昌利（亚边律、加大利臣、大利金、加刺拿捷臣、亚美高、勿爹路打、新咪忌接臣、爹路打、得利臣）、孖地洋行（海南、香港、于爱、海口、河内、店廉、士度路符）、太古洋行（北海、西安、惠州、直隶、琼州、湖北、松江）、法国公司（万治）和万隆船务（西江）。

香港—广州湾—雷州—赤坎—硇洲线，主要经营公司有开平港局（马交）、兴路公司（海甸）、广福祥（得美）、合记公司（海晴）、孖地洋行（于爱、河内）、法国公司（万治）、万隆船务（西江）和顺安公行（瑞昌）。

香港—汕头—厦门—福州线，主要经营公司有三井洋行（大义丸）、德忌利士（海坛、海龙、爹利士、虎门、邦臣、海门、海澄）、元和公司（大毡拿，途经汕头）、大阪公司（安平丸、抚顺丸、长春丸、苏州丸）、华商（丰远，经厦门）、源昌利（喜连利、得利臣、陞安，仅行驶香港—汕头线）、铁行公司（尼晏沙，仅行驶香港—汕头线）和鸿发公司（高比连士）。

香港—汕头—厦门—淡水线，主要经营公司为大阪公司（大仁丸、舞鹤丸、大义丸、加刺拿捷臣、非利佐乎、左仙丸、城津丸、漳州丸、拿打丸）、德忌利士（海门）和铁行公司（天津）。

(二) 长江中下游航线

香港—上海线，主要经营公司有招商总局（泰顺、美富、广利、广大）、开平港局（伊利打那沙基）、岐连洋行（岐连佳路）、渣甸公司（太生、乐生、财生、谏富、合生、恒生、大生、和生）、太古洋行（四川、

---

① 括号内为该公司在该航线的轮船名称，下同。

台湾、汉阳、岳州、肇庆、临安、安徽、金华、天津、镇安、四川、宁波)、铁行公司（苏罗剌安、巴林勿打、宝哥路、益生、班嘉、爹路打、他利、亚细意）、禅臣洋行（福安、协和、龙门）、昌兴公司（他打）、勿者士行（西甸）、山打洋行（加连地、马利亚华剌杞）、源昌利（加大利臣）、东洋汽船（罗希剌）和渣甸公司（日陛、威陛）。

此外，公司或洋行旗下轮船经过上海，天祥洋行（建德）、咸北公司（苏路北、思利士亚）、好时洋行（之班拿士）、法国公司（布利尼顺、奥顺年）、大阪公司（加剌拿捷臣、安平丸）、铁行公司（间富、间地亚、巴剌摩、披剌摩、亚加地亚、尼晏沙、苏门答腊、苏高打、巴剌湾、新打、那利）、鸿发公司（芝波打士）、旧沙宣行（执班、亚鸭加）、法公司（加利当年、保利尼禅、也剌）、日本邮船（金州丸、加宝丸、若官丸、美利泰丸、魔岛丸、择捉丸、抚顺丸、因幡丸、古伦母丸、加高丸、丹波丸、士佐）、勿者士行（布老仙、巴仁、鲁域、其利士）、昌兴公司（毡拿皇后、亚甸仁、千拿皇后、印度皇后、日本皇后、中国皇后）、顺昌公司（亚厘沙）、亨宝公司（奄比利亚、士坚地亚、昔臣尼亚、士路司亚、晏比利亚）、渣甸公司（福生、吉生）、源昌利（勿爹路打）和纶安公司（士巴）。可知清末香港—上海航线异常繁忙，大部分洋行或公司开辟了专线或者选择途经上海，这 11 年间，虽然有招商局、开平港局等民族资本轮船公司经营该条航线，但是总体而言仍旧被外国资本垄断，尤其是英国和日本，英国以太古洋行为主导，日本则以日本邮船和大阪公司为主，香港到日本的航线几乎均选择停泊上海，以期招揽生意。

香港—镇江—芜湖线，主要经营的公司有禅臣洋行（北洋、九龙、希剌士）、太古洋行（保定、西山、九江、芜湖、天津）、宣公司（北连时也）、永成公司（那地）和咸北公司（九龙）。

（三）北方航线

香港—烟台— 牛庄线，主要经营的公司有南和公司（亚美高）、元和公司（地亚）、源昌利（衣利士，只到烟台）、太古洋行（直隶、徽州、湖北，途经烟台）、广茂泰（加路）和纶安公司（士巴）。

香港—天津线，主要经营的公司有太古洋行（直隶、贵州、夔州、徽州）和渣甸公司（和生、捷升）。

香港—青岛线，主要经营的公司有咸北公司（八甸尼亚、得富利、勿爹路打千拿)、太古洋行（直隶、湖北、青岛）、亨宝公司（亚士间地亚）、渣甸公司（捷陞）和鸿发公司（亚细亚）。

由此可知，以香港为中心开辟的国内航线，主要集中在华南和上海地区之间，尤其是香港与上海两地的航线最为繁忙，而熟知的省港澳线却不及该航线繁忙，值得深思，其背后实质是上海与广州两地经济中心的转换。

从微观上考察香港航线发展情形。1872年，在李鸿章支持下，朱其昂、郑观应、唐廷枢等在上海创办轮船招商局，1873年在香港设立分局，从1874年起经营省港澳航线，以后又陆续开辟远洋航线。① 轮船招商局本是与日本日清邮船公司同时创立，但由于近代轮船招商局的行政权攥于官僚买办阶级手里，极端腐败，船只陈旧失修，新船无力购置，行驶于上海、香港、广州间的"广大""广利"号等船，行速迟缓，设备简陋，多供货运，旅客不多，未能与太古、渣甸等轮船公司船舶相竞争。② 太古洋行所经营的内河航运，华南方面主要是省港（广州至香港）及江门至香港两条航线。太古洋行对省港线，最初只派佛山号航行。在这条航线的中外轮船很多，首推英商经营的省港澳轮船公司船只最多，拥有旧金山、河南、香山三条客货轮，后因河南号超龄，又新造了泰山和龙山两轮（泰山轮后来被调往行走香港—澳门航线）。中国人经营的有广东、广西、大利、天一等轮。③ 省港澳轮船公司在香港至广州有两艘，太古保持一艘，同时小轮船"火花"号仍航行广州至澳门线。④ 太古洋行在与四邑轮船公司经过数年较量后无力支撑，不得不退出香港至江门航线。⑤ 四邑轮船公司的成功，在中国近代航运史上写下浓墨重彩的一笔。

1905年，中华轮船公司有坚固快捷轮船名卡付，准于5月13日由香港开往墨西哥，请有搭客附货的顾客，到公司登记办理相关事宜。⑥

---

① 参见卢受采、卢冬青《香港经济史》，人民出版社2004年版，第114页。
② 参见陈谦《香港旧事见闻录》，广东人民出版社1989年版，第60页。
③ 全国政协文史资料委员会编：《淘金旧梦：在华洋商纪实》，中国文史出版社2001年版，第50页。
④ 广州市地方志编纂委员会办公室、广州海关志编纂委员会编译：《近代广州口岸经济社会概况——粤海关报告汇集》，暨南大学出版社1996年版，第220页。
⑤ 陈昕、郭志坤主编：《香港全纪录》，上海人民出版社1997年版，第135页。
⑥ 《轮船往大吕宋》，《香港华字日报》1905年5月20日，第10版。

1909年，安平出入香港的轮船，航行厦门、汕头、香港等地，每月有两班，定期周六抵达香港，自前礼拜六来苏州丸，因豪雨连日，风浪太高，乘客积货都不能上陆，9日暂避难于澎湖岛，11和12日再航行回来，波浪依旧大，再入澎湖岛避难，直到13日天气恢复，停滞五六天，才航行至香港。①

1865年，省港澳轮船公司成立，是粤港航线中实力占优者，专行香港—广州线、香港—澳门线、广州—澳门线和广州—梧州线。天和洋行航行梧州—柳州线，梧州—南宁线，南宁—百邑线，梧州—香港线。西江航业公司航行梧州—南通线，梧州—香港线。②德忌利士轮船公司，开辟香港—南洋线、香港—福州线和香港—汕头线，它在华航行比较早。德忌利士洋行各轮船往来台厦及香港、汕头、福州五口，独擅利权，无人与之争夺。与日本三井公司争先贬价，凡遇两公司轮船同时在港开行，则不收水脚，每客仅取饭菜资小洋银一角，以广招徕。③

禅臣洋行代理香港轮船公司。自从公正轮船公司倒闭以来，宁波与上海的航线就几乎全靠香港的禅臣洋行来维持，有的挂英国国旗，有的挂德国国旗。1879年，该行的轮船航行了21趟，其中15趟是由618吨的"中国号"完成的，在21趟中，有2趟分别是在1月和10月从上海开来，为把棉花、垫子等运往香港和广州。其他19趟是从广州和香港开往上海的。④

1898年，天星轮渡有限公司成立，资金100000元，分为10000股，每股10元，在香港、九龙间行驶轮渡。⑤

日本轮船公司开辟到香港航线的概况。1902年，三井洋行有日本新船，坚固特快，直名罗薛打，从常川往来香港、小吕宋等埠，改期十二月初五启航，如若搭客附货，请到本行办理。⑥

---

① 《期船停滞》，《台湾日日新报》1909年8月18日，第4版。
② 参见张心澂《中国现代交通史》，良友图书印刷公司1931年版，第315页。
③ 参见聂宝璋、朱荫贵编《中国近代航运史资料》第二辑（上），中国社会科学出版社2002年版，第168—169页。
④ 参见聂宝璋编《中国近代航运史资料》第一辑（上），上海人民出版社1983年版，第384—386页。
⑤ 聂宝璋、朱荫贵编：《中国近代航运史资料》第二辑（上），中国社会科学出版社2002年版，第168页。
⑥ 《日本新船直往小吕宋埠》，《香港华字日报》1902年1月14日，第6版。

日本邮船株式会社开辟香港的相关航线。1897年，日本邮船株式会社开辟行驶福州、厦门、香港兼泊基隆、淡水、打狗的新航线。① 由此日本轮船公司打破英国轮船公司数十年独占该航路的垄断地位。1906年5月，日本邮船株式会社自本月中旬起，在香港、汕头、曼谷间开定期航路，以汽船定期往复。② 由于该会社尚无适当之汽船，故暂雇挪威国汽船以代航海之用，定期航行汕头、香港和曼谷之间，其雇用期限为6个月，事务员仍用日本人，约两星期航行一次，自香港抵达汕头，汕头抵达曼谷，自曼谷抵达香港。其航海如今日午后启航，至第2天午后抵汕头，停泊3天，第5天午后自汕头启航，第13天午后抵曼谷，停泊4天半，第17天中午后，出发香港，又向汕头，次第航行。③ 该社派定轮船5艘来往横滨、香港、孟买等处，每月一次，如今改为两月一次，到日本大阪止，不再航往横滨。④

大阪商船会社经营香港相关航线。松浦章认为大阪商船会社于1884年在大阪创立，主要经营驶往大阪以西的濑户内海及九州航线，之后延伸到朝鲜半岛釜山和仁川，1896年开设台湾航线。⑤ 1901年，日本大阪商船公司经营香港、福州定期航线，经过厦门、汕头，每礼拜二往返两港间，福州和香港初航海轮明石号9月14日自香港入港赴福州，一等乘客45元，二等乘客28元，三等乘客14元，贵重物品每百元38钱，一等品每吨3.8元，二等品每吨3元。⑥ 该商船航线由三井洋行代理香港的相关业务，曾在香港刊载广告，号称公司船只专为中国南方及台湾沿海各口岸商务配备，采取新式机器，内设有头等客位和住房，铺陈华丽，船内配有名医，且日本皇家定期验船，可保船只平安行驶。⑦ 1906年4月，日本大阪商船会社设立福州、香港、上海间航线。⑧ 大阪商船会社规定淡香线的定期轮船使用大仁丸和大义丸，已差派往大连的航路，其订购的轮船有城津丸和

---

① 李允俊主编：《晚清经济史事编年》，上海古籍出版社2000年版，第699页。
② 《邮船新航路》，《台湾日日新报》1906年5月6日，第1版。
③ 《邮船之曼谷线》，《台湾日日新报》1906年5月20日，第3版。
④ 《轮船改期》，《香港华字日报》1906年1月11日，第3版。
⑤ [日]松浦章：《20世纪前叶之大阪商船公司的〈台湾航线指南〉》，（台湾）《海洋文化学刊》2016年第19期。
⑥ 《福州香港间日本轮船定期航路》，《湖北商务报》1901年第64期，第13—15页。
⑦ 《大阪商船公司代理人三井洋行启》，《香港华字日报》1902年1月14日，第6版。
⑧ 《南清航路之状况（一）》，《台湾日日新报》1906年4月24日，第2版。

马山丸，城津丸本年4月和马山丸则同年5月在长崎造船所初次进水，同种同塑之姊妹船，其吨数共2440吨，速力12海里，客室一等12名，二等22名，三等170名，其容积虽比大仁丸和大义丸较劣，各种设备都是最新式，有利于船客方面。① 针对香港德忌利士设想恢复淡水与香港间的航海权，使其所属船海门号航行淡水，大阪商船会社为竞争作充分准备。② 日本商船较上一年多151艘，其航行汕头、厦门、淡水之大阪商船会社与香港德忌利士公司，全年仍彼此竞争，其航行香港、厦门、台南与德忌利士公司的香港、厦门、福州航线相竞争。③ 1908年，天洋丸船航行香港桑港间，第一回满载旅客和货物，香港搭载数位旅客与货物共2000余吨，载乌龙茶850吨，回航上海，经寄神户、清水、横滨等，载容旅客及货物，总吨数13454吨，其航海速度每时17海里半，临时尚得增减，该船的吨数、速度及构造等，在香港桑港间航海以来，其影响为同航路的其他会社轮船之所不及。④ 1909年，大阪商船会社为载运乌龙茶，令香港与他科马间航船寄入基隆，此次议定他科马、思滔拉思、丝野滔吕3艘，特新造船，总吨数6178吨，有15.5海里的速力。⑤ 大阪商船会社的他科马丸，装载乌龙茶自香港入口基隆。⑥ 由此可知，清末日本大阪商船会社属下比较多轮船开辟到或经停香港的航线，不定期在报刊登载广告，招揽生意。

1905年，台湾淡水大稻汽船公司轮船航行西沿岸，往来船只载内地及香港杂货等。⑦ 1907年，台湾当局命令轮船定期航行，沿岸航线轮船1艘，每月航行3次淡水，香港线轮船2艘，每月往复4次。⑧

1909年，由于法属海防、海南至香港及广州，向无航路，中法商会海防定议，合资购置1200吨轮船1艘，每半月来往于前揭的港湾，已禀海防法总督，准办专利15年。⑨

---

① 《淡香线之定期船》，《台湾日日新报》1906年7月14日，第3版。
② 《对岸航路之竞争》，《台湾日日新报》1906年7月4日，第2版。
③ 参见聂宝璋、朱荫贵《中国近代航运史资料》第二辑（上），中国社会科学出版社2002年版，第169页。
④ 《轮船摭闻》，《台湾日日新报》1908年8月23日，第4版。
⑤ 《寄港船只》，《台湾日日新报》1909年5月13日，第5版。
⑥ 《轮船终航》，《台湾日日新报》1909年9月30日，第3版。
⑦ 《西沿岸航路之近况》，《台湾日日新报》1905年8月15日，第3版。
⑧ 李允俊主编：《晚清经济史事编年》，上海古籍出版社2000年版，第1007—1008页。
⑨ 《新兴航路》，《台湾日日新报》1909年12月10日，第1版。

二 远洋航线

香港远洋航线的目的地主要是东南亚及欧美国家。香港作为交通枢纽的位置逐渐在轮船航运中凸显出来。香港的外洋航线主要指香港开辟的欧、美、日航线，主要是香港与美国之间的航线。The North-China Daily News（1864—1951）每日登载经过香港到上海再到他国的轮船航程表，可以从中得知其中香港远洋航运信息。另外可参考《香港华字日报》，一般刊载在第五、六、九、十版，刊载各大洋行旗下的轮船入香港时间表，何时由何地到达香港的船期信息，可以基本反映香港轮船每日的进出港情形。还有该刊的《船头电音》栏，专门预告各洋行即将到港的轮船信息，有广告宣传的作用，也有发布船舶航行信息，以备各客货早作准备，在本书第九章有详细分析船头电音的情况。

选取1901—1911年香港入口船期的统计表如表5-38至表5-48所示，通过11年间香港船期可以大概窥测轮船航运业发展的基本情况。由于1901—1911年每天都有专版记载香港入口船期统计，每年以365天计算，共有4015个统计表，全部统计分析，似乎不太可能，且前后连续几日船期表，存在许多时刻重复刊载的情形。这里船期主要是起到广告和宣传的作用，那么极有可能是轮船公司给广告费，或者轮船公司与报纸合作刊载，否则清末香港报纸不会如此每日留给一个版面刊载船期信息。那么本书选取11年中每一年某月中的某一天，尽量选取不同的月份，尽量保持数据的多样性和代表性。另外一个需要考虑的实际情况，针对现存某日刊载信息的清晰度，虽说每天记载，但有些记载由于破损或者缺漏无法弥补，因此只能选取完整和清晰度很高的部分进行摘录统计。那么接下来所统计的11天香港入口船期，根据以上诸多因素综合考虑进行摘录。其中地名均采用原报刊所载，与现在同地地名有所差异，某些地名可能是报刊直接英译的，名字很奇怪，也就不足为奇了。

表5-38　　　　　　　　1901年3月26日香港入口船期

所属公司或洋行	国籍和轮船（火船）船名	时刻	由何地来港或由港前往何地
捷成洋行	德国亚美高		由西贡载米来
招商港局	美国泰顺		由羊城载来杂货

第五章　香港轮船航运业的繁荣阶段：1898—1911

续表

所属公司或洋行	国籍和轮船（火船）船名	时刻	由何地来港或由港前往何地
渣甸公司	英国乐生		由羊城载来杂货
渣甸公司	英国永生		由汕头载来杂货
	美国沙顿		由小吕宋载来煤
法国公司	法国奥顺年		由时路、西贡载来杂货
铁行公司	英国间常		由英京、新加坡载来杂货
勿者士行	德国十匿士北		由咸北、新加坡载来杂货
孖地洋行	法国香港		由海防、海口载来杂货
咪也洋行	德国大利		由西贡载来杂货
美国邮船	日本丸	准二月初九日正午开行	往上海、日本、檀香山、旧金山等埠
英国邮船	布刺诗	准二月十一日正午开行	往新加坡、庇能、哥林保、孟米等埠
德国邮船	士得吉	准二月十五日正午开行	往庇能、哥林保、孟米、德国等
美国邮船	急狄	准期二月二十五日正午开行	前往日本、檀香山、旧金山等埠
美国邮船	美国丸	准三月初三五日正午开行	往上海、日本、檀香山、旧金山等
美国邮船	薛地北京	准二月十二日正午开行	往上海、日本、檀香山、旧金山等埠
美国邮船	加力	准期三月十九日正午开行	往上海、日本、檀香山、旧金山等埠
美国邮船	香港丸	准三月二十八日正午开行	往上海、日本、檀香山、旧金山等埠
广运公司	东江	每逢单日往	往江门、甘竹、三水
广运公司	全利	每逢双日往，单日回	往江门、甘竹、三水
广运公司	恒心	每逢双日往，单日回	往江门、甘竹、三水
启兴公司	恒安	晨早七点开，下午一点回	往来香港、澳门
源昌利	得利臣	初七早开行	往海口、海防
元发行	姜维	初七早开行	往汕头、新加坡、暹罗
德忌利士	科麽沙	初七早开行	往汕头、厦门、淡水
招商总局	泰顺	初七上午开行	往上海
渣甸公司	吉生	初七上午开行	往鸿基
德忌利士	海龙	初七上午开行	往海防
岐连洋行	岐连佳路	初七上午开行	往上海
禅臣洋行	北洋	初七正午开行	往芜湖、镇江

续表

所属公司或洋行	国籍和轮船（火船）船名	时刻	由何地来港或由港前往何地
南和公司	的诗马	初七正午开行	往汕头、西贡
日本邮船	山口丸	初七正午开行	往神户、横滨
太古洋行	海口	初七下午三点开行	往台湾府
渣甸公司	瑞生	初七下午四点开行	往新加坡、庇能、卡剌吉打
麦边洋行	西咸	初七日下午开行	直往新加坡、庇能
法国公司	奥顺年	初七日下午开行	往上海、日本
孖地洋行	海口	初七日开行	往海口、海防
渣甸公司	乐生	初七日开行	往上海
太古洋行	四川	初七日开行	往上海
南和公司	布伦杜	初七日开行	往衣路衣路
德龙洋行	北山	初七日开行	往汕头
铁行公司	孖沙于	初七日开行	往新加坡、哥林保、孟米
三井洋行	安平丸	初八日开行	往汕头、福州、厦门
开平港局	伊利打那沙基	初八日下午三点开行	往上海
旗昌洋行	伊士马利打	初八日下午三点开行	往小吕宋
德忌利士	海壇	初八日下午四点开行	往汕头、福州、厦门
渣甸公司	财生	初八日开行	往上海
渣甸公司	谏富	初八日开行	往宁坡、上海
铁行公司	间富	初八日开行	往上海、日本
礼和洋行	马北	初八日开行	往新加坡、布利文、咸北
太古洋行	松江	初九正午日开行	直往小吕宋
太古洋行	开封	初九日下午开行	往伊路宿务
禅臣洋行	福安	初九日开行	往上海
利生公司	帆船□安	初九日开行	往梧州
南和公司	亚美高	初九日开行	往烟台、牛庄
渣甸公司	安生	初九日开行	往新加坡、三孖冷、四厘歪
日本邮船	罗涉地	初十正午	往他士爹岛、杨士威路、庇厘士滨、雪梨美利畔

续表

所属公司或洋行	国籍和轮船（火船）船名	时刻	由何地来港或由港前往何地
日本邮船	三池丸	初十日正午开行	往新加坡、哥林保、孟米
日本邮船	阿波丸	初十日正午开行	往横滨、神户
太古洋行	周泰	初十日下午开行	直往新加坡
禅臣洋行	协和	初十日开行	往上海
太古洋行	比剌士	初十日开行	往李华保
振兴发	西山	初十日开行	往汕头、西贡
天祥洋行	坤黑列	初十日开行	往日本域多、利打、甘蔗
广发公司	柯路士甸	十一日开行	往安南、西贡
太古洋行	士多乎佳路	十一日开行	往日本、汕爹古、旧金山
铁行公司	比剌师	十一日开行	往石叻、庇能、孟米、英京
铁行公司	苏罗剌安	十一日开行	往上海
三井洋行	大人丸	十二日早开行	往汕头、厦门、淡水
南和公司	虎门	十二日开行	往安南、西贡
天祥洋行	沽孖力	约十二日开行	往岛约
太古洋行	士甸多	十四日开行	往新加坡、英京
三井洋行	明石丸	十五日早开行	往汕头、厦门、台湾府
昌兴公司	毡拿皇后	十五日正午开行	往上海、日本、温哥华
山打洋行	美路布文	十五日下午开行	往新加坡、孟米
礼和洋行	沙和	十六日开行	往夏威布利文、咸北
银行公司	孟米	十八日开行	往英京
天祥洋行	忌连澳告	十八日开行	往日本域多、利打、甘蔗
太古洋行	太原	二十一日开行	往小吕宋、新金山
昌兴公司	他打	二十二日开行	往上海、日本域多、温哥华
劫行	奥斯利仁	二十三日正午开行	往新金山
天祥洋行	奇剌化灵	二十四日正午开行	往日本域多、利打、甘蔗
日本邮船	和泉丸	二十五日	往神户、横滨、域多、厘些路、砵富驳入花旗内地
太古洋行	丹打剌士	二十七日开行	往李华保
太古洋行	埃都洄丫士	二十八日开行	往新加坡、英京

续表

所属公司或洋行	国籍和轮船（火船）船名	时刻	由何地来港或由港前往何地
天祥洋行	柯廉披	三月初八日正午开行	往日本域多、利打、甘蔗
昌兴公司	亚甸仁	十三日开行	往日本域利多、温哥华

资料来源：《辛丑年二月初六日礼拜一入口船头列左》，《香港华字日报》1901年3月26日，第5版。注：原文载新加坡写作星架坡，原文大阪写作大版，温哥华写作云哥华，诸如类似很多，不一一说明，可能由于当时翻译或者当时实际名称，而如今演变成现在名字，下同，不再一一说明。

表5-39　　　　　　　　1902年1月7日香港入口船期

所属公司或洋行	国籍和轮船（火船）船名	时刻	由何地来港或由港前往何地
巴冷丁行	美国麦资		由伊路载来杂货
渣甸公司	英国宜生		由镇江载来杂货
三井洋行	日本基奥杜丸		由加辣苏载来煤
太古洋行	英国南昌		由羊城载来杂货
太古洋行	英国刁加利仁		由福州载来杂货
三井洋行	日本舞鹤丸		由安平、厦门、汕头载来杂货
孖地洋行	法国于爱		由海防、广州湾载来米糖
源昌利	德国丫边律		由海防、海口载来米
	奥国丫士般		由上海到
德国邮船	比连士伊连	十一月二十九日开行	往新加坡、庇能、哥林保、孟米、德国
美国邮船	多力	十一月三十日正午开	前往上海、日本、檀香山、旧金山等埠
法国邮船	烟打士	十二月初四日正午开行	往西贡、石叻、庇能、哥林保、孟米时等埠
美国邮船	日本丸	十二月初九日正午开行	往上海、日本、檀香山、旧金山等埠
英国邮船	边哥路	准十二月初九日正午开行	往新加坡、庇能、哥林保、孟米等
美国邮船	秘鲁	准十二月十六日正午开行	往上海、日本、檀香山、旧金山等埠
美国邮船	急狄	准期十二月二十六日正午开行	往上海、日本、檀香山、旧金山等埠
广运公司	东江	每逢单日往	往江门、甘竹、三水
广运公司	长江	每逢单日往，双日回	往江门、甘竹、三水

续表

所属公司或洋行	国籍和轮船（火船）船名	时刻	由何地来港或由港前往何地
香江公司	香江	逢单日由港开行，双日返港	往江门、甘竹、三水
香江公司	江门	逢双日由港开行，单日返港	往江门、甘竹、三水
天兴公司	瑞安	晨早七点开，下午一点回	来往澳门、香港
孖地洋行	店廉	二十八日早开行	往海防
三井洋行	基奥杜孖路	二十八日早开行	往武治
元发行	大州	二十八日早开行	往汕头、暹罗
德忌利士	海壇	二十八日明开行	往汕头、厦门、福州
南和公司	虎门	二十八日正午开行	往安南、西贡，生菓搭客
源昌利	得利臣	二十八日下午开行	往海口
源昌利	亚边律	二十八日下午开行	往北海、海防
德记洋行	西山	二十八日下午开行	往汕头、厦门
渣甸公司	隆生	二十八日下午三点开行	往小吕宋
旧沙宣行	礼宁	二十八日下午三点开行	往新加坡、庇能、卡剌吉打
孖地洋行	海南	二十八日下午四点开行	往海口、北海
太古洋行	刁加利仁	二十八日开行	往英京
华商	保路加士	二十八日开行	往会安、新洲
孖地洋行	于爱	二十八日开行	往广州湾、海口、北海、海防
孖地洋行	香港	二十八日开行	往海防
渣甸公司	太生	二十八日开行	往上海
同记公司	大毡拿	二十八日开行	往安南、西贡
宜公司	披剌	二十九日上午开行	往小吕宋
恒盛昌	福同安	二十九日开行	往厦门、石叻、庇能、直透、仰江
天祥洋行	建德	二十九日开行	往上海、日本
太古洋行	漳州	二十九日开行	往厦门、上海
咸北公司	和士北	二十九日开行	往横滨、神户
勿者士行	布老仙	二十九日开行	往上海、日本
三井洋行	舞鹤丸	二十九日开行	往汕头、厦门、安平
广发公司	柯路士甸	三十日开行	往安南、西贡

续表

所属公司或洋行	国籍和轮船（火船）船名	时刻	由何地来港或由港前往何地
合发公司	伊利沙	三十日开行	往安南、西贡
南和公司	亚美高	三十日开行	往安南、西贡
南和公司	的诗马	十二月初一日开行	往新加坡、庇能
太古洋行	北海	初一日开行	往厦门、上海
劫行	丫利	初一日开行	往新金山
日本邮船	神奈川丸	初一天明	往新加坡、哥林步、砵息、马些路、伦敦、晏滑
咸北公司	和士北	初二日开行	往横滨、神户
勿者士行	山打根	初二日正午开行	往山打根、古远
同记公司	泰孚	初二日开行	往暹罗
太古洋行	开封	初二日开行	往宿务伊路
三井洋行	大义丸	初三日开行	往汕头、厦门、淡水
日本邮船	金州丸	初四日下午开行	往上海、武治、神户、横滨、域多、利些路
天祥洋行	柯林卑	初四日开行	往日本域多、利打、甘蔗
山打洋行	加连地	初四日开行	往上海
永大公司	烟地边顿	初四日开行	往西贡
恒盛昌	建远	初四日开行	往厦门、石叻、庇能
岐连洋行	岐连诗路	初五日开行	往英京
昌兴公司	毡拿皇后	初六日正午开行	往日本、汕爹古、旧金山（准搭客）
山打洋行	孖华剌利	初六日开行	往新加坡、庇能、哥林保、孟米、奥国
昌兴公司	毡拿	初六日开行	往域多厘、温哥华
太古洋行	黄埔	初六日开行	往神户
铁行公司	班嘉	初七日开行	往上海、日本
日本邮船	丹波丸	初八日天明开行	往神户、横滨
太古洋行	长沙	初八日开行	往神户
太古洋行	成都	初八日开行	往小吕宋、新金山
日本邮船	春日丸	初八日正午开行	往长崎、神户、横滨

续表

所属公司或洋行	国籍和轮船（火船）船名	时刻	由何地来港或由港前往何地
铁行公司	巴林勿打	初九日开行	往上海
永大公司	多德安士	初十日开行	往沙剌域
太古洋行	杜加士	十一日开行	往李华保
太古洋行	松江	十二日开行	往小吕宋
铁行公司	马勒甲	十六日开行	往孟米、英京
昌兴公司	他打	二十日正午开行	往日本域多利、温哥华
天祥洋行	忌连澳高	二十九日开行	往日本域多、利打、甘蔗

资料来源：《辛丑年十一月二十七日礼拜一入口船头列左》，《香港华字日报》1902年1月7日，第5版。

表5-40　　　　　　　1903年7月20日香港入口船期

所属公司或洋行	国籍和轮船（火船）船名	时刻	由何地来港或由港前往何地
咸北洋行	德国沙路北		由汕头载来杂货
华商	那国博		由宾角载来米
天祥洋行	英国皮廉蔴		由新加坡载来杂货
山打洋行	奥国厘士地		由神户、上海载来杂货
三井洋行	日本有明丸		由吉迁奴苏载来糖
山打洋行	德国地禅马		由泗利歪载来糖
勿者士行	德国孔明		由宾角载来米
太古洋行	德国青岛		由高西昌载来米
德忌利士	英国海壇		由福州、厦门、汕头载来杂货
源昌利	德国加大利臣		由海口载来杂货
捷成洋行	德国渣文呢		由三孖冷载来糖
孖地洋行	法国于爱		由海防载来杂货
招商港局	中国图南		由上海载来杂货
东洋汽船	日本劳打薛丸		由小吕宋载来杂货
大阪公司	日本安平丸		由福州、厦门、汕头载来杂货
德忌利士	英国海门		由上海载来杂货
劫行	英国火船安利		由古治、武治载来煤

续表

所属公司或洋行	国籍和轮船（火船）船名	时刻	由何地来港或由港前往何地
太古洋行	英国吴淞		由羊城载来杂货
写载	美国英加刺士		由小吕宋载来杂货
写载	拿国梳路域		由加地载来煤
元和公司	那国他也		由羊城到
太古洋行	德国加思亚士		由羊城到
	思年		由新加坡到
	深马		由小吕宋到
美国邮船	美国丸	准闰五月二十七日上午开行	前往上海、日本、檀香山、旧金山埠
德国邮船	咸北	准闰五月二十八日开行	往新加坡、庇能、渣甸、哥林保、孟米、德国等埠
英国邮船	西冷	准六月初一日正午开行	往石叻、庇能、哥林保、孖时路、英京
法国邮船	保路尼士安	准于六月初五日早开行	前往西贡、新加坡、庇能、哥林保埠
美国邮船	高丽	准六月初五日正午开行	前往上海、日本、檀香山、旧金山等埠
美国邮船	加力	准六月十二日正午开行	前往上海、日本、檀香山、旧金山埠
美国邮船	香港丸	准六月二十日正午开行	前往日本、檀香山、旧金山埠
美国邮船	毡拿	准于六月三十日正午开行	前往上海、日本、檀香山、旧金山埠
太古洋行	太原	六月初四日开行	往新金山各埠
太古洋行	济南	六月十八日开行	往新金山各埠
孖地洋行	于爱	二十六日下午开行	往广州湾、海口、北海、海防
源昌利	加大利臣	二十六日下午开行	往海口、海防
孖地洋行	海口	二十六日下午开行	往海口、北海
渣甸公司	茂生	二十六日开行	往山打根
咸北公司	苏路北	二十六日开行	往旅顺、仁川
禅臣洋行	龙门	二十六日开行	往上海
太古洋行	卑利亚士	二十六日开行	往马些、伦敦、晏滑
禅臣洋行	九龙	二十日开行	往镇江、芜湖
山打洋行	地利士地	二十七日开行	往石叻、庇能、哥林保、孟米、砵昔、德国

续表

所属公司或洋行	国籍和轮船（火船）船名	时刻	由何地来港或由港前往何地
和发行	旧虎门	二十七日开行	往安南、西贡
元发行	鲁肃	二十七日开行	往暹罗
德忌利士	海门	二十七日开行	往厦门、淡水
德忌利士	海壇	二十七日开行	往汕头、厦门、福州
太古洋行	保老勿打士	二十七日开行	往石叻
渣甸公司	金生	二十七日开行	往新加坡、庇能、卡剌吉打
鸿发公司	根呢北	二十八日正午开行	往岛约
日本邮船	魔岛丸	二十八日正午开行	往神户
昌兴公司	他打	二十八日正午开行	往上海、域多利、日本、温哥华
明顺常记	亚仆	二十八日正午开行	往暹罗
巨福洋行	镇江	二十八日正午开行	往广州湾、雷州、赤磡、硇洲
元和公司	大毡拿	二十八日开行	往汕头、西贡
大阪公司	安平丸	二十八日开行	往汕头、厦门、福州
东洋汽船	罗薛打丸	二十九日上午开行	往小吕宋
吴源兴	建望安	二十九日开行	往厦门、石叻、八打威、三孖冷、泗水
太古洋行	武昌	二十九日开行	往衣路宿务
铁行公司	马沙干	六月初一日开行	往新加坡、哥林保、孟米
大阪公司	大仁丸	初一日开行	往汕头、厦门、淡水
太古洋行	保定	初一日开行	往镇江
铁行公司	间地亚	初一日开行	往上海、武治、神户、横滨
日本邮船	丹波丸	初二日早开行	往新加坡、哥林保、砵息、马些路、伦敦、晏滑
天祥洋行	山必地	初二日开行	往岛约
元和公司	地亚	初二日开行	往烟台、牛庄
宜公司	沙飞路	初二日开行	往小吕宋
宜公司	华伦拿	初二日开行	往岛约
三达公司	乾尼北	初二日开行	往岛约
太古洋行	济南	初二日开行	往神户

所属公司或洋行	国籍和轮船（火船）船名	时刻	由何地来港或由港前往何地
大阪公司	舞鹤丸	初三日开行	往汕头、厦门、安平
劫行	边列地	初三日开行	往伦敦
日本邮船	金州丸	初四日正午开行	往新加坡、哥林保、孟米
太古洋行	开封	初四日开行	往衣路宿务
日本邮船	旅顺丸	初五日正午开行	往神户、横滨、域多、厘些路
太古洋行	松江	初六日开行	往小吕宋
咸北公司	华北	初六日开行	往新加坡、哥林保、厦威、咸北
劫行	奥斯利仁	初六日开行	往雪梨利畔
日本邮船	镰仓丸	初八日天明开行	往神户、横滨
天祥洋行	戚多利	初九日开行	往日本、域多、利打、甘蔗
昌兴公司	毡拿皇后	十三日开行	往上海、日本、温哥华
中华公司	镜湖	十三日开行	往武治、神户、横滨、檀香山、旧金山
太古洋行	宁州	十八日开行	往日本、域多、厘打、金蔴
天祥洋行	皮豫亚地士	二十二日开行	往域多、利打、金蔴
宜公司	巴伦地厘臣	二十八日开行	往岛约
天祥洋行	柯廉披	七月十九日开行	往日本、域多、利打、金蔴
天祥洋行	打甘马	八月初五日开行	往域多、利打、金马

资料来源：《癸卯年闰月初二十四日礼拜六入口船头列左》，《香港华字日报》1903年7月20日，第5版。

表5-41　　　　1904年1月1日香港入口船期

所属公司或洋行	国籍和轮船（火船）船名	时刻	由何地来港或由港前往何地
德记洋行	英国南山		由武治载来煤
山打洋行	德国必打剌治		由南洲载来盐
德忌利士	英国海龙		由汕头载来杂货
大阪公司	日本大义丸		由汕头、厦门、淡水载来杂货
勿者士行	英国宾角		由上海载来杂货
德忌利士	英国海门		由汕头、厦门、淡水载来杂货
渣甸公司	英国巴沙		由渣华载来糖

第五章　香港轮船航运业的繁荣阶段：1898—1911　　251

续表

所属公司或洋行	国籍和轮船（火船）船名	时刻	由何地来港或由港前往何地
宜公司	英国科美刺		由福州载来杂货
铁行公司	英国巴刺廖		由伦敦、新加坡载来杂货
禅臣洋行	德国刁杜刺士		由羊城载来杂货
禅臣洋行	德国龙门		由羊城载来杂货
招商港局	中国美富		由羊城载来杂货
源昌行	德国衣利士		由羊城载来杂货
英国邮船	禅刺	准十一月十五日正午开行	往石叻、庇能、哥林保、孖些路、英京
美国邮船	加力	准十一月十五日正午开行	往上海、日本、檀香山、旧金山等埠
德国邮船	胶州	准期十一月十九日开行	往新加坡、庇能、哥林保、孟米、德国埠
美国邮船	香港丸	准十一月二十二日正午开行	前往上海、日本、檀香山、旧金山等埠
法国邮船	安南	准十一月二十五开行	往西贡、新加坡、庇能、哥林保、法国
美国邮船	毡拿	准十二月初三日正午开行	往上海、日本、檀香山、旧金山等埠
美国邮船	多利	准十二月十三正午开行	往上海、日本、檀香山、旧金山等埠
日本邮船	日本丸	准十二月十七正午开行	往上海、日本、檀香山、旧金山等埠
太古洋行	太原	十二月初七日开行	往新金山各埠
开平港局	马交	十四早开行	往广州湾、雷州、赤磡、硇洲
源昌利	勿爹路打	十四日下午开行	往海口、会安、新州
咸北公司	华士北	十四日开行	往横滨
遮富利士	大冶丸	十四日开行	往长崎
宜公司	沙非路	十四日开行	往小吕宋
三达公司	坚马利	十四日开行	往长崎
山打洋行	地思马	十四日开行	往西贡
太古洋行	台湾	十四日开行	往上海
铁行公司	巴刺摩	十四日开行	往上海、门司、神户、横滨
太古洋行	汉阳	十四日开行	往上海
太古洋行	岳州	十四日开行	往上海
和发成	西贡	十四日开行	往安南、西贡
渣甸公司	乐生	十四日开行	往上海

续表

所属公司或洋行	国籍和轮船（火船）船名	时刻	由何地来港或由港前往何地
源昌利	衣利士	十四日开行	往胶州、烟台
源昌利	加大利臣	十四日开行	往海防
禅臣洋行	龙门	十四日开行	往上海
太古洋行	武昌	十四日开行	往衣路
咸北公司	八甸尼亚	十四日开行	往横滨、神户、青岛
锦德泰	威和胜	十四日开行	往海口、石叻、吉隆、庇能
德忌利士	海龙	十四日开行	往汕头
华商	丰远	十四日开行	往厦门、石叻、庇能
东洋汽船	罗希剌	十五日上午十点开行	往小吕宋
孖地洋行	士度路符	十五日下午七点开行	往海防
孖地洋行	海南	十五日下午七点开行	往海口、北海
孖地洋行	香港	十五日下午七点开行	往海防
招商港局	美富	十五日下午开行	往上海
元和公司	大毡拿	十五日开行	往安南、西贡
德忌利士	海门	十五日开行	往汕头、厦门、淡水
和顺公司	镇安	十五日开行	往梧州
铁行公司	宾哥路	十五日开行	往上海
渣甸公司	财生	十五日开行	往上海
渣甸公司	顾生	十五日开行	直往泗利歪
源昌利	大利金	十六日下午开行	往海防
太古洋行	西山	十六日开行	往镇江
德忌利士	爹利士	十六日开行	往汕头、厦门、福州
大阪公司	舞鹤丸	十六日开行	往汕头、厦门、安平
太古洋行	甘肃	十七日开行	往伦敦、咸北
宣公司	北连时也	十七日开行	往镇江
宣公司	谦米剌	十七日开行	往岛约
大阪公司	大义丸	十七日开行	往汕头、厦门、淡水
太古洋行	太原	十八日开行	往神户

第五章 香港轮船航运业的繁荣阶段：1898—1911

续表

所属公司或洋行	国籍和轮船（火船）船名	时刻	由何地来港或由港前往何地
渣甸公司	茂生	十八日开行	往山打根
咸北公司	亚利士亚	十八日开行	往横滨、神户
咸北公司	岛北亚	约十八日开行	往岛约
日本邮船	金洲丸	十九日正午开行	往新加坡、哥林保、孟米
太古洋行	松江	十九日开行	往小吕宋
铁行公司	天津	十九日开行	往汕头、厦门、淡水
铁行公司	兰锡	二十日开行	往新加坡、庇能、伦敦、晏滑
山打洋行	马利亚华剌杞	二十一日开行	往上海
咸北公司	沙和亚	二十一日开行	往新加坡、咸北
咸北公司	苏路北	开行	往上海、□川、青泥、窒旅□
日本邮船	丹波丸	二十二日天明开行	往新加坡、哥林保、砵息、些路、伦敦、晏滑
太古洋行	打丹拿士	二十二日开行	往马些、伦敦、晏滑
岐连洋行	岐连花	二十二日开行	往伦敦、晏滑
好时洋行	之班拿士	二十二日开行	往上海、日本
大阪公司	安平丸	二十三日开行	往汕头、厦门、福州
日本邮船	顺旅丸	二十五日正午开行	往神户、横滨、域多利、些路
大阪公司	大仁丸	二十五日开行	往汕头、厦门、淡水
日本邮船	和泉丸	二十六日正午开行	往神户
昌兴公司	毡拿皇后	二十六日开行	往上海、日本、温哥华
劫行	柯士地利安	二十六日开行	往雪梨、顶利滨
山打洋行	云都般拿	二十七日开行	往新加坡、庇能、哥林保
日本邮船	镰仓丸	二十八日天明开行	往神户、横滨
德记洋行	亚文剌治	二十八日开行	往孟米、柯地沙
太古洋行	武昌	十二月初一日开行	往衣路、三波、晏架
天祥洋行	捷剌	初四日开行	往日本域多、利打、甘马
中华公司	路顺	初四日开行	往武治、墨西哥市舜古鲁埠
日本邮船	孟米丸	初五开行	往神户、横滨

续表

所属公司或洋行	国籍和轮船（火船）船名	时刻	由何地来港或由港前往何地
日本邮船	日光丸	初六正午	往他士爹岛、汤士威路、庇厘士滨、雪梨、顶利畔
日本邮船	读口丸	初七早	往新加坡、哥林保、砵昔马、些路、伦敦、晏滑
日本邮船	魔岛丸	初十日正午开行	往新加坡、哥林保、孟米
日本邮船	熊野丸	初十日正午开行	往长崎、横滨、神户
日本邮船	伊豫丸	初十日正午开行	往神户、横滨、域多厘、些路
昌兴公司	亚甸仁	十一日开行	往上海、日本、温哥华
日本邮船	因幡丸	十三日天明开行	往神户、横滨
顺昌洋行	烟打威利	十三日开行	往神户、横滨、域多利、砵仑汕多古、旧金山
日本邮船	安艺丸	二十四日正午开行	往神户、横滨、域多利、些路
天祥洋行	柯林披	二十六日开行	往日本域多、利打、金马

资料来源：《一月十三日礼拜四入口船头列左》，《香港华字日报》1904年1月1日，第5版。

表 5-42　　　　　　　　1905 年 5 月 14 日香港入口船期

所属公司或洋行	国籍和轮船（火船）船名	时刻	由何地来港或由港前往何地
万发号	英国金陵		由西贡载来杂货
双德丰	英国双安		由新加坡载来杂货
德记洋行	那国邦臣		由安平、厦门、汕头载来杂货
招商港局	中国致远		由上海载来杂货
太古洋行	英国肇庆		由上海、汕头载来杂货
天祥洋行	英国施劳高		由武治载来煤
源昌利	德国柯路士甸		由海口载来米糖
十一日礼拜入口船			
元发行	德国甘宁		由宾角载来米
太古洋行	英国四川		由天津、烟台载来杂货
	那国伊顿的路		由新加坡载来杂货

续表

所属公司或洋行	国籍和轮船（火船）船名	时刻	由何地来港或由港前往何地
铁行公司	英国披剌摩		由英京、新加坡载来杂货
德忌利士	德国虎门		由厦门载来杂货
孖地洋行	那国富利		由海防载来杂货
瑞记洋行	英国士丹利多剌士		由武治载来煤
三达公司	英国的近		由岛约载来火油
太古洋行	英国四川		由天津、烟台载来杂货
广茂泰	那国得尼		由羊城载来杂货
招商港局	中国广利		由羊城载来杂货
法国邮船	担比亚	准于四月十三日开	往西贡、新加坡、庇能、孟米、哥林保、法国
英国邮船	焦山	准于四月十七正午开行	往石叻、庇能、哥林保、孟米、英京等
德国邮船	多隆	准于四月二十一日开	往西贡、新加坡、庇能、孟米、哥林保、德国等
英国邮船	多力	准于四月二十一日正午开行	往上海、日本、檀香山、旧金山埠
美国邮船	满洲	准于四月二十七日正午开行	往上海、日本、檀香山、旧金山
美国邮船	高丽	准于五月二十一日开行	往上海、日本各埠、檀香山、旧金山
美国邮船	急狄	准于五月二十四日开行	往上海、日本、檀香山、旧金山等埠
美国邮船	西伯利亚	准于六月初四日开行	往上海、日本、檀香山、旧金山等埠
美国邮船	蒙古	准于六月十六日正午开行	往上海、日本、檀香山、旧金山
美国邮船	毡拿	准于六月二十六日正午开行	往上海、日本、檀香山、旧金山等埠
鸿发公司	比连士昔机士文	四月二十七日正午开行	往雪梨、新金山等
太古洋行	长沙	五月初七日开行	往雪梨、新金山
双德丰	双安	十二日下午开行	往厦门、石叻、庇能、仰光
永成公司	那地	十二日开行	往镇江、芜湖
双德丰	衣颠的路	十二日开行	往石叻、庇能
太古洋行	肇庆	十二日开行	往上海
劫行	边柯打	十二日开行	往英京、晏滑

续表

所属公司或洋行	国籍和轮船（火船）船名	时刻	由何地来港或由港前往何地
源昌利	柯路士甸	十二日开行	往海防，顺搭海口客
法国公司	布利尼顺	约十二日开行	往上海、神户、横滨
大阪公司	加剌拿捷臣	十三日早开行	往汕头、厦门、上海
德忌利士	虎门	十三日上午开行	往汕头、厦门、福州
兴发公司	海甸	十三日上午七点开行	往广州湾、雷州、赤坎、硇洲
日本邮船	普乐士	十三日正午开行	往神户
孖地洋行	富利	十三日下午七点开行	往海口、海防
渣甸公司	合生	十三日下午开行	往上海
招商港局	广利	十三日开行	往上海
元和公司	必大得	十三日开行	往安南、西贡
禅臣洋行	希剌士	十三日开行	往镇江
鸿兴公司	垻岸	十三日开行	往安南、西贡，生果搭客
铁行公司	披剌摩	十三日开行	往上海、日本
顺昌公司	亚剌比	十三日开行	往神户、砵伦、横滨转驳花旗内地
太古洋行	德安	十三日开行	往小吕宋
太古洋行	直隶	十三日开行	往青岛、烟台、天津
万发号	金陵	十三日开行	往安南、西贡
渣甸公司	金生	十三日开行	往石叻、庇能、剌吉打
广福祥	得美	十四日天明开行	往广州湾、雷州、赤坎、硇洲
大阪公司	邦臣	十四日早开行	往汕头、厦门、福州
孖地洋行	海南	十四日下午七点开行	往海口、北海
合记公司	海晴	十四日开行	往广州湾、赤坎
孖地洋行	香港	十五日下午七点开行	往海防
渣甸公司	财生	十五日开行	往上海
渣甸公司	和生	十五日开行	往天津

续表

所属公司或洋行	国籍和轮船（火船）船名	时刻	由何地来港或由港前往何地
宜公司	亚都路	十五日开行	往石叻、岛约
渣甸公司	安生	十六日下午三点开行	往新加坡、泗厘歪、三孖冷
渣甸公司	龙生	十六日下午开行	往小吕宋
南泰合记	剌地士	十六日开行	往新加坡、庇能
太古洋行	四川	十六日开行	往宁波、上海
铁行公司	宾哥路	十六日开行	往上海
宜公司	劳比	十七日正午开行	往小吕宋
太古洋行	剌地士	十七日开行	往坚那亚、孖时路、李保华
大阪公司	非利佐乎	十八日早开行	往汕头、厦门、淡水
顺昌公司	亚笠被	十八日开行	往神户、横滨、砵伦、转驳花旗内地等
铁行公司	般拿	十八日开行	往新加坡、庇能、哥林保、砵伦、英京、晏滑
太古洋行	松江	二十日开行	往宿务衣路
天祥洋行	鞋亚地士	二十日开行	往日本、域多、利打、甘蔗
昌兴公司	亚甸仁	二十一日开行	往上海、日本、温哥华
太古洋行	开封	二十二日开行	往宿务伊路
鸿发公司	支华汁	二十四日开行	往八打威、三孖冷（四厘歪、圣厘间）、孟家室
咸北公司	仙尼金比	二十五日开行	往石叻、哥林保、夏威、咸北
昌兴公司	毡拿皇后	二十八日正午开行	往上海、日本、温哥华
天祥洋行	沙间美	约二十八日开行	往石叻、岛约
山打洋行	利华剌利	二十九日开行	往新加坡、庇能、哥林保、孟米、奥国
劫行	衣士顿	五月初八日开行	往雪梨、新金山
三达公司	坚尼北	约十八日开行	往石叻、岛约
太古洋行	□子	十九日开行	往日本域多、利打、甘蔗

资料来源：《乙巳年四月初十日礼拜六入口船头列左》，《香港华字日报》1905年5月14日，第10版。

表 5-43　　　　　　　　　1906 年 2 月 23 日香港入口船期

所属公司或洋行	国籍和轮船（火船）船名	时刻	由何地来港或由港前往何地
渣甸公司	英国巴盐高打		由仰光、新加坡载来杂货
裕德盛	英国丰茂		由仰江、新加坡载来杂货
太古洋行	德国马超		由宾角载来米
太古洋行	英国地柯勿		由李保华、新加坡载来杂货
源昌利	德国喜连利		由会安、海口载来煤
源昌利	德国渣文耶		由西贡载来米
德忌利士	英国海门		由汕头、厦门载来杂货
日本公司	日本八幡丸		由日本载来杂货
岐连洋行	英国岐连士地利		由上海载来杂货
源昌利	德国加剌拿捷臣		由西贡载来杂货
多利臣	那国夫礼		由烟台载来杂货
大阪公司	德国地思马		由厦门载来丝粉
太古洋行	英国亚甸那		由横滨载来杂货
大阪公司	日本大仁丸		由淡水、厦门、汕头载来杂货
渣甸公司	英国□陞		由芜湖、镇江载来米
太古洋行	英国湖北		由羊城载来杂货
英国邮船	爹路希	准二月初二日正午开行	往石叻、庇能、哥林保、孟米、英京
德国邮船	施甸	准二月初六日正午开行	往新加坡、庇能、孟米、哥林保、德国
美国邮船	西伯利亚	准于二月初八日开行	往上海、日本、檀香山、旧金山等埠
法国邮船	会安	准二月十六日正午开行	往西贡、新加坡、庇能、孟米、哥林保、法国等
美国邮船	美洲丸	准二月十六日正午开行	往上海、日本、檀香山、旧金山等
日本邮船		准二月二十二日开行	往他士爹、汤士威路、雪梨、庇厘士、滨顶利畔、克列等埠
美国邮船	蒙古	准于二月二十三日正午开行	往上海、日本、檀香山、旧金山等埠
太古洋行	济南	二月初六日开行	往新金山
山打洋行	边加利	初一日下午开行	往神户、横滨
渣甸公司	益生	初一日正午开行	往上海

续表

所属公司或洋行	国籍和轮船（火船）船名	时刻	由何地来港或由港前往何地
宜公司	沙非劳	初一日开行	往小吕宋
孖地洋行	于爱	初一日下午七点开行	往广州湾、北海、海防
和发行	堤岸	初一日开行	往安南、西贡
顺昌公司	亚芰波	初一日开行	往神户、砵伦、横滨、岛约、花旗等
源昌利	喜连利	初一日开行	往汕头
万发号	金陵	初一日开行	往安南、西贡
德忌利士	海门	初一日开行	往汕头
铁行公司	柯么沙	初一日开行	往神户、横滨
裕德盛	丰茂	初一日开行	往厦门、石叻、庇能
太古洋行	湖北	初一日开行	往青岛、烟台
铁行公司	爹路打	初一日开行	往上海
日本邮船	八幡丸	初一日开行	往他士爹岛、汤士威路、雪梨（庇厘士滨、顶利畔）
劫行	边剌力	初一日开行	往英京、晏滑
太古洋行	直隶	初一日开行	往天津
太古洋行	周泰	初一日开行	往石叻
渣甸公司	巴林葛打	初二日早开行	往厦门、庇能、石叻、仰江
渣甸公司	隆生	初二日开行	往小吕宋
天祥洋行	圣佐治	初二日开行	往岛约
渣甸公司	安生	初二日开行	往石叻、庇能、剌吉打
太古洋行	贵州	初二日开行	往天津
渣华公司	埋衣	初二日开行	往神户、横滨
宜公司	律那些	初二日开行	往神户、横滨
渣甸公司	恒生	初二日开行	往上海
德忌利士	海坛	初二日开行	往汕头、厦门
大阪公司	大仁丸	初三日开行	往汕头、厦门、淡水
天祥洋行	地理问	初四日开行	往日本域多、利打、甘蔗
源昌利	柯路士甸	初四日开行	往西贡

续表

所属公司或洋行	国籍和轮船（火船）船名	时刻	由何地来港或由港前往何地
太古洋行	山东	初四日开行	往珲春
鸿发公司	支利旺	初四日开行	往八打威、一孖冷（泗水、孟室家）
日本邮船	柯甸乎锦	初五正午开行	往长崎、神户、横滨
瑞记洋行	耶杜	初五日开行	往波士顿、岛约
太古洋行	宁波	初五日开行	往上海
渣甸公司	和生	初五日开行	往天津
咸北公司	士剌云尼亚	初五日开行	往海心威
咸北公司	利卑利亚	初五日开行	往新加坡、咸北
太古洋行	得安	初五日开行	往小吕宋
渣甸公司	春生	初五日开行	往石叻、三孖冷、泗水
万发源	旧虎门	初五日开行	往安南、西贡
劫行	南地士虾文那	初六日开行	往小吕宋
渣甸公司	茂生	初六日开行	往山打根
咸北公司	富得利	初七日开行	往长崎、海参崴
渣甸公司	和生	初七日开行	往天津
勿者士行	巴仁	初八日开行	往上海、日本
劫行	伊士顿	初九日开行	往新金山
大阪公司	大义丸	初十日开行	往汕头、厦门、淡水
铁行公司	苏高打	初七日开行	往上海、日本
山打洋行	奥地利	十一日开行	往新加坡、庇能、仰光、哥林保、孟米、奥国
中华公司	和列治	十二日开行	往墨国市伦打、古鲁埠
天祥洋行	沙间美	十二日开行	往石叻、岛约
鸿发公司	威利乞	十二日开行	往新金山
太古洋行	开封	十二日开行	往务宿衣路
宜公司	司涧路	十二日开行	往日本、旧金山
太古洋行	松江	十三日开行	往务宿衣路
昌兴公司	印度皇后	十三日开行	往日本、砵伦

第五章　香港轮船航运业的繁荣阶段：1898—1911　　　　　　　　　　　　261

续表

所属公司或洋行	国籍和轮船（火船）船名	时刻	由何地来港或由港前往何地
大阪公司	安平丸	十四日开行	往汕头、厦门、福州、上海
顺昌公司	亚剌干那	十七日开行	往日本、砵伦
日本邮船	巴剌郎	十七日开行	往新加坡、庇能、哥林保、砵息（马些路、英京、晏滑）
日本邮船	美利索大	二十二正午开行	往神户、横滨、域多利、些路、经往花旗等埠

资料来源：《丙午年正月二十九日礼拜四入口船头列左》，《香港华字日报》1906年2月23日，第6版。

表 5-44　　　　　　　1907年1月10日香港入口船期

所属公司或洋行	国籍和轮船（火船）船名	时刻	由何地来港或由港前往何地
多善洋行	那国波文年		由南洋载来煤
咸北公司	德国浩轩士道芳		由上海载来杂货
旧沙宣行	英国渣宾		由加剌吉打、新加坡载来杂货
德忌利士	英国海澄		由汕头、厦门、福州载来杂货
渣甸公司	英国恒生		由上海载来杂货
大阪公司	日本佐善丸		由汕头、上海载来杂货
德忌利士	英国海门		由汕头、厦门、淡水载来杂货
日本邮船	日本魔岛丸		由孟米、新加坡载来棉花杂货
大阪公司	日本古素丸		由汕头、厦门、安平载来杂货
太古洋行	英国奥北		由上海吉载
英国邮船	禅剌	十一月二十八日正午开行	往石叻、庇能、哥林保、孟米等埠
美国邮船	西伯利亚	十二月初二日正午开行	往上海、日本、檀香山、旧金山
德国邮船	西地利士	十二月初三日正午开行	往新加坡、庇能、孟米、哥林保等
法国邮船	沙剌	十二月初九日正午开行	往西贡、新加坡、庇能、哥林保
美国邮船	千拿	十二月初九日正午开行	往上海、日本、檀香山、旧金山等
太古洋行	成都	二十六早开行	往小吕宋、新金山等
太古洋行	天津	二十六早开行	往厦门、宁波、上海
咸北公司	思利士亚	二十六早开行	往上海、神户、横滨

续表

所属公司或洋行	国籍和轮船（火船）船名	时刻	由何地来港或由港前往何地
鸿发公司	芝刺执	二十六早开行	往神户、横滨
德忌利士	海澄	二十六早十点开行	往汕头
源昌利	喜运利	二十六日下午开行	往海口、会安、新州
源昌利	大利金	二十六日下午开行	往海防
咸北公司	得富利	二十六日开行	往青岛、海参崴
渣甸公司	大生	二十六日开行	往上海
铁行公司	亚加地亚	二十六日开行	往上海
渣甸公司	福生	二十六日开行	往石叻、庇能、加刺吉打
大阪公司	古素丸	二十七天明开行	往汕头、厦门、安平
德忌利士	海门	二十七日开行	往汕头、厦门、福州
孖地洋行	香港	二十七日下午七点开行	往海口、海防
源昌利	陞安	二十七日下午开行	往汕头、日裡
太古洋行	九江	二十七日开行	往宁波、镇江
太古洋行	芜湖	二十七日开行	往镇江
渣甸公司	隆生	二十七日开行	往小吕宋
裕德盛	丰盛	二十七日开行	往厦门、石叻、庇能
咸北公司	荷轩士多芬	二十七开行	往新加坡、庇能、哥林保、夏威、咸北
日本邮船	魔岛丸	二十八日上午开行	往神户、横滨
日本邮船	佐渡丸	二十八日正午开行	往神户、横滨
瑞记洋行	多喜丸	二十八日开行	往新加坡、庇能、仰光
礼和洋行	衣士之亚	二十八日开行	往新加坡、庇能、孟米
天祥洋行	豫刺	二十八日开行	往日本域多、利打、甘蔗
宣公司	劳比	二十八日开行	往小吕宋
太古洋行	松江	二十八日开行	往宿务衣路
渣甸公司	吉生	二十八日开行	往新加坡、庇能、加刺吉打
大阪公司	左仙丸	二十九日天明开行	往汕头、厦门、淡水
孖地洋行	于爱	二十九日下午七点开行	往广州湾、北海、海防
和发成	提埠	二十九日开行	往西贡

第五章　香港轮船航运业的繁荣阶段：1898—1911

续表

所属公司或洋行	国籍和轮船（火船）船名	时刻	由何地来港或由港前往何地
日森内福生公司	幸运丸	十二月初一日开行	往神户、武治
孖地洋行	报安到	初一日下午七点开行	往海防
孖地洋行	海南	初一日下午七点开行	往海口、北海
顺昌公司	那文士亚	初一日开行	往武治、神户、横滨、砵伦转驳花旗
万发号	金陵	初二日开行	往安南
太古洋行	大名	初二日开行	往小吕宋
日本邮船	锡兰丸	初三日下午开行	往新加坡、哥林保、孟米
顺泰公司	东广丸	初三日开行	往小吕宋新加坡、加剌吉打
铁行公司	鸟比亚	初三日开行	往伦敦、晏滑
昌兴公司	千拿皇后	初四日开行	往上海、日本、温哥华
太古洋行	太原	初六日开行	往横滨、神户
天祥洋行	石苏马	初七日开行	往岛约
铁行公司	尼晏沙	初七日开行	往上海、日本
日本邮船	伊藤丸	初九开行	往神户、横滨、域多利、些路转花旗等
日本邮船	神奈川丸	初十天明开行	往新加坡、砵息、伦敦（哥林保、马些路、晏滑）等
天祥洋行	梳勿	初十日开行	往日本域多利、打干麻
日本邮船	日光丸	十一日正午开行	往长崎、神户、横滨
日本邮船	八幡丸	十二日开行	往他士爹岛汤士威路、雪梨（庇厘士滨、顶利畔）
日本邮船	备后丸	十三日上午开行	往神户、横滨
劫行	奄泒亚	十三日开行	往新金山
日本邮船	远江丸	十八日天明开行	往新加坡、哥林保、孟米

资料来源：《丙午年十一月二十五日礼拜三入口船头列左》，《香港华字日报》1907年1月10日，第6版。

表 5-45　　　　　　　　1908 年 1 月 3 日香港入口船期

所属公司或洋行	国籍和轮船（火船）船名	时刻	由何地来港或由港前往何地
太古洋行	英国宜昌		由上海载来杂货
源昌利	德国亚美高		由海防、海口载来杂货
太古洋行	英国漳州		由镇江载来杂货
德记洋行	英国马打乎		由武治载来煤
勿者士行	德国西旬		由新加坡载来杂货
太古洋行	英国直隶		由海防、海口载来杂货
渣华公司	荷国芝波打士		由孟家室载来杂货
太古洋行	英国清和		由李华保、新加坡载来杂货
美国邮船	香港丸	准于十二月初一日正午开行	往上海、日本、檀香山、旧金山
法国邮船	亚文比益	准于十二月初四日正午开行	往西贡、石叻、新加坡、庇能、哥林保
英国邮船	地利希	准于十二月初八日正午开行	往新加坡、庇能、哥林保、伦敦
美国邮船	美洲丸	准于十二月二十一日正午开行	往上海、日本、檀香山、旧金山
美国邮船	高丽	准于十二月十五日天明开行	往上海、日本、檀香山、旧金山等
鸿发公司	文尼剌	十二月初一上午开行	往小吕宋、新金山
咸北公司	九龙	三十早开行	往镇江
渣甸公司	吉生	三十日下午四点开行	往新加坡、庇能、加剌吉打
太古洋行	九江	三十日下午四点开行	往上海
渣甸公司	隆生	三十日下午四点开行	往小吕宋
太古洋行	开封	三十日下午四点开行	往宿务衣路
源昌利	加剌拿接臣	三十日下午开行	往海防
源昌利	亚美高	三十日下午开行	往海口、海防
源昌利	得利臣	三十日下午开行	往汕头
铁行公司	尼晏沙	三十日下午开行	往汕头
太古洋行	惠州	三十日开行	往海防
太古洋行	西安	三十日开行	往海口、海防
三井洋行	日米丸	三十日开行	往神户
勿者士行	西旬	三十日开行	往上海、日本
和发成	符理佐	三十日开行	往西贡

第五章 香港轮船航运业的繁荣阶段：1898—1911

续表

所属公司或洋行	国籍和轮船（火船）船名	时刻	由何地来港或由港前往何地
天祥洋行	苏化力	十二月初一开行	往日本域多、利打、金孖
日本邮船	高崎丸	初一日上午开行	往新加坡、哥林保、孟米
宜公司	劳比	初一日上午开行	往小吕宋
孖地洋行	香港	初一日下午七点开行	往海防
志安号	广泰	初一日下午开行	往三水、梧州等
源昌利	勿爹路打	初一日下午开行	往海口、海防
鸿发公司	芝波打士	初一日下午开行	往上海、神户、横滨
中华轮船	马利	初一日开行	往墨西哥
招商港局	广大	初一日开行	往上海
□□号	金山	初一日开行	往安南、西贡
渣甸公司	财生	初一日开行	往上海
鸿发公司	芝班拿士	初一日开行	往八打威、三巴冷、四厘歪、孟家室
裕德盛	丰茂	初一日开行	往厦门、石叻、庇能
大阪公司	大仁丸	初二日上午十点开行	往汕头、厦门、淡水
旧沙宣行	执班	初二日正午开行	往上海、横滨、神户、武治
法公司	也剌	初三日开行	往上海、日本
太古洋行	直隶	初三日开行	往海口、海防
日本邮船	加宝丸	初四日开行	往上海、日本域多利、些路
渣甸公司	丽生	初四日下午三点开行	往新加坡、庇能、加剌吉打
太古洋行	大名	初四日下午四点开行	往小吕宋
铁行公司	巴剌湾	初四日开行	往上海、日本
顺昌公司	亚厘沙	初四日开行	往上海、日本、砵息、剌厘近驳入花旗等
日本邮船	若狭丸	初五天明开行	往新加坡、庇能、砵息、伦敦（哥林保、孖些路、晏滑）
孖地洋行	海南	初五日下午七点开行	往海口、北海
太古洋行	北海	初五日开行	往海口、海防
太古洋行	成都	初六日下午四点开行	往横滨、神户
孖地洋行	河内	初六日下午七点开行	往海防

续表

所属公司或洋行	国籍和轮船（火船）船名	时刻	由何地来港或由港前往何地
日本邮船	若官丸	初六下午开行	往上海、神户
岐连洋行	岐连拿旺	初六日开行	往伦敦、晏滑
太古洋行	夔州	初七日开行	往海口、海防
铁行公司	地湾拿	初七日开行	往上海
渣甸公司	源生	初七日开行	往小吕宋
日本邮船	柯内丸	初七日上午开行	往神户、横滨
太古洋行	德安	十一日开行	往小吕宋
日本邮船	连江丸	十二日下午开行	往新加坡、哥林保、孟米
太古洋行	松江	十二日下午四点开行	往宿务衣路
铁行公司	乃路	十二日开行	往伦敦、晏滑
昌兴公司	印度皇后	十三日开行	往上海、日本、温哥华
日本邮船	美利泰丸	十三日开行	顺经上海、神户、长崎、横滨
三达公司	衣罗路	十四日开行	往岛约
日本邮船	士佐丸	十八日上午开行	往日本域多利、些路
日本邮船	魔岛丸	十七日上午开行	往上海、神户
日本邮船	博多丸	十九日天明开行	往新加坡、庇能、碎息、伦敦（哥林保、马些路、晏滑）
日本邮船	熊野丸	十九日正午开行	往长崎、神户、横滨
日本邮船	择口丸	二十一日上午开行	往新加坡、哥林保、孟米

资料来源：《十一月二十九日礼拜三入口船头列左》，《香港华字日报》1908年1月3日，第5版。

表 5-46　　　　　　　1909 年 3 月 11 日香港入口船期

所属公司或洋行	国籍和轮船（火船）船名	时刻	由何地来港或由港前往何地
太古洋行	英国保老勿打士		由厦门载来杂货
源昌利	德国尼士北		由北海、海口载来杂货
宣公司	那国加拿		由海防载来石
礼和洋行	英国柯前北力		由孟米、新加坡载来杂货

第五章　香港轮船航运业的繁荣阶段：1898—1911　　267

续表

所属公司或洋行	国籍和轮船（火船）船名	时刻	由何地来港或由港前往何地
太古洋行	德国徐庶		由宾角载来杂货
麦边洋行	英国士地顿		由新加坡载来煤油
铁行公司	英国那利		由横滨载来杂货
源昌利	德国清勿路打千拿		由衣路载来糖
和发成	英国金边		由西贡载来米杂货
太古洋行	英国金华		由羊城载来杂货
渣甸公司	英国威陞		由羊城载来杂货
渣甸公司	英国财生		由羊城载来杂货
招商港局	英国广利		由羊城载来杂货
美国邮船	亚西亚	准二月二十五正午开行	往上海、日本、檀香山、旧金山
法国邮船	多伦	准于二月二十五正午开行	往西贡、新加坡、哥林保、法国等
英国邮船	马士当尼亚	二月二十九正午开行	往新加坡、庇能、哥林保
德国邮船	奇利士	准于闰二月初三日开行	往新加坡、晏滑、檀香山、旧金山等埠
美国邮船	蒙古	准闰二月初六日正午开行	往上海、日本、檀香山、旧金山
美国邮船	天洋丸	准闰二月十六正午开行	往上海、日本、檀香山、旧金山
鸿发公司	比连士华店蔴	二十日天明开行	往小吕宋、新金山
太古洋行	长沙	闰二月十八日开行	往小吕宋、新金山
铁行公司	船那利	二十日天明开行	往伦敦、晏滑
渣甸公司	日陞	二十日上午开行	往上海
孖地洋行	海南	二十日上午开行	往海口、北海
源昌利	得利臣	二十日上午开行	往汕头
太古洋行	湖北	二十日上午十点开行	往海防
源昌利	陞安	二十日正午开行	往汕头
渣甸公司	威陞	二十日正午开行	往上海
太古洋行	金华	二十日下午四点开行	往上海
渣甸公司	金生	二十日下午四点开行	往新加坡、庇能、加剌吉打
孖地洋行	河内	二十日下午七点开行	往广州湾、北海、海防

续表

所属公司或洋行	国籍和轮船（火船）船名	时刻	由何地来港或由港前往何地
孖地洋行	香港	二十日下午七点开行	往海防
源昌利	尼士北	二十日下午开行	往海口、北海
招商港局	广利	二十日下午开行	往上海
源昌利	勿爹路打千拿	二十日下午开行	往青岛
源昌利	加剌拿接臣	二十日下午开行	往海防
渣甸公司	加剌摩间士亚	二十日开行	往马些、伦敦、晏滑
亨宝公司	奄比利亚	二十日开行	往上海、横滨、神户
鸿发公司	亚细亚	二十日开行	往青岛、海参威
和发成	西贡	二十日开行	往安南、西贡
天祥洋行	兼孖刁	二十日开行	往域多利、打甘蒜
广茂泰	加路	二十日开行	往烟台、牛庄
亨宝公司	罗打担	二十日开行	往新加坡、咸北
德忌利士	海坛	二十一日开行	往汕头、厦门、福州
旧沙宣行	亚鸭加	二十一日正午开行	往上海、横滨、神户、武治
渣甸公司	源生	二十一日下午四点开行	往小吕宋
太古洋行	天津	二十一日下午四点开行	往厦门、上海、镇江
源昌利	亚美高	二十一日下午开行	往海口、海防
鸿发公司	瓜打	二十一日开行	往八打威、三巴冷、泗水、孟家室
裕德盛	丰美	二十一日开行	往厦门、石吶、庇能等
铁行公司	苏门答腊	二十一日开行	往上海、日本
勿者士行	鲁域	二十一日开行	往上海、日本
太古洋行	夔州	二十二日下午四点开行	往天津
源昌利	大利金	二十二日下午开行	往海防
昌兴公司	印度皇后	二十二日开行	往上海、日本、温哥华
宜公司	沙非路	二十二日开行	往小吕宋
太古洋行	镇安	二十三日天明开行	往上海
大阪公司	城津丸	二十三日上午九点开行	往汕头、厦门、淡水
太古洋行	西安	二十五日上午九点开行	往北海、海防

续表

所属公司或洋行	国籍和轮船（火船）船名	时刻	由何地来港或由港前往何地
太古洋行	大名	二十五日下午三点开行	往小吕宋
鸿发公司	域多利	二十五日开行	直往三孖冷、泗厘歪
日本邮船	士佐丸	二十五日开行	往神户、横滨、域多利、些路转驳花旗埠
法公司	加利当年	二十五日开行	往上海、日本
和发成	连金边	二十五日开行	往安南、西贡
亨宝公司	亚士间地亚	二十五日开行	往青岛、海参威
日本邮船	丹波丸	二十六早开行	往新加坡、哥林保、砵息、马些路、伦敦、晏滑
大阪公司	漳州丸	二十六日上午八点开行	往汕头、厦门、安平
日本邮船	熊野丸	二十六日正午开行	往长崎、神户、横滨
日本邮船	鸟帽子丸	二十七日下午开行	往新加坡、哥林保、孟米
南泰合记	亚枝厘士	二十七日开行	往新加坡、庇能、李华保等
日本邮船	日光丸	二十八日正午开行	往他士爹岛、汤士威路、雪梨（庇厘士滨、顶利滨）
铁行公司	他利	二十八日开行	往上海
日本邮船	神奈川丸	二十九日上午开行	往神户、横滨
顺昌公司	亚厘沙	二十九日开行	往神户、横滨、砵伦转驳花旗各埠
天祥洋行	依啰	二十九日开行	往市粦打、古鲁、墨西哥等埠
日本邮船	择捉丸	闰二月初一日下午开行	往上海、神户
渣甸公司	福生	初二日正午开行	往上海、横滨、神户、武治
山打洋行	科发士	初三日开行	往新加坡、庇能等
南泰合记	卑厘罗芬	初四日开行	往域多利、温哥华等埠
日本邮船	信浓丸	初九日开行	往神户、横滨、域多利、舍路转驳花旗等
日本邮船	高崎丸	初九日下午开行	往新加坡、哥林保、孟米
日本邮船	因幡丸	初十早开行	往新加坡、哥林保、砵息、马些路、伦敦、晏滑
昌兴公司	日本皇后	二十二日开行	往上海、日本、温哥华

注：海参威应为海参崴。

资料来源：《宣统元年二月十九日礼拜三入口船头列左》，《香港华字日报》1909年3月11日，第9版。

表 5-47　　　　　　　　1910 年 7 月 9 日香港入口船期

所属公司或洋行	国籍和轮船（火船）船名	时刻	由何地来港或由港前往何地
旧沙宣	英国芝鸭家		由剌吉打、新加坡载来杂货
柯打	德国过士度林马		由上海载来茶
渣华公司	德国龙门		由厦门载来杂货
太古洋行	德国大名		由小吕宋载来杂货
铁行公司	英国坚地亚		由伦敦、新加坡载来杂货
劫行	英国品列地		由武治载来煤
劫行	英国品列誌		由伦敦、新加坡载来杂货
加剌滑治	意大利及比利		由孟米、新加坡载来杂货
铁行公司	英国爹路大		由上海载来米杂货
太古洋行	德国黄海		由宾角载来杂货
太古洋行	英国宁州		由李华保、新加坡、庇能载来杂货
招商港局	中国遇顺		由羊城载来杂货
招商港局	中国泰顺		由羊城载来杂货
广茂泰	那国富利		由羊城载来杂货
英国邮船	爹路打	准于六月初三正午开行	往新加坡、哥林保、英国等埠
美国邮船	天洋丸	准于六月初三正午开行	往上海、檀香山、旧金山等埠
德国邮船	龙	准于六月初七正午开行	前往欧洲英意德国等埠
美国邮船	高丽	准于六月初十正午开行	往上海、檀香山、旧金山等埠
法国邮船	东京	准于六月十三日下午开行	往西贡、哥林保、法国等埠
渣华公司	龙门	初三日开行	往三巴冷
铁行公司	坚地亚	初三日开行	往上海、横滨
太古洋行	夔州	初三下午四点开行	往小吕宋、新金山
源昌利	新咪忌接臣	初三日开行	往海口、海防
招商港局	泰顺	初三日开行	往上海
孖地洋行	香港	初三下午七点开行	往海防
顺昌洋行	些路查	初三下午五点开行	往横滨、神户、武治、保伦
万发号	金洲	初三日开行	往西贡
新旗昌行	沙非路	初三日开行	往小吕宋

续表

所属公司或洋行	国籍和轮船（火船）船名	时刻	由何地来港或由港前往何地
鸿发公司	芝剌执	初三日开行	往八打威、三孖冷、四水
太古洋行	西安	初三上午八点开行	往海防
和发成	金边	初四日开行	往西贡
大阪公司	大仁丸	初四上午十点开行	往汕头、厦门、淡水
太古洋行	临安	初四上午十点开行	往上海
渣甸公司	和生	初四日正午开行	往上海
乾泰隆	陆贾	初四日开行	往海口、暹罗
太古洋行	南昌	初五日下午四点开行	往牛庄
铁行公司	坚地亚	初五日开行	往上海、打鼓、日本
渣甸公司	捷升	初六日下午四点开行	往天津
渣甸公司	金生	初六日开行	往石叻、庇能、加剌吉打
德忌利士	海门	初六上午十点开行	往汕头、厦门、福州
太古洋行	大名	初六下午三点开行	往小吕宋
日本邮船	博多丸	初六日下午开行	往新加坡、哥林保、孟米
源昌利	勿爹路打	初六日下午开行	往海口、海防
大阪公司	些路丸	初七日开行	往武治、神户、横滨、甘打马
勿者士行	其利士	初七日开行	往上海、长崎、神户、横滨
铁行公司	摩路打	初七日开行	往马些路、伦敦、晏滑
瑞记分局	威那力	初七日开行	往鸟约、坡士顿
南泰合记	宁州	初七日开行	往多厘打、甘蔗、温哥华并花旗舍路
铁行公司	新打	初八日开行	往上海、武治、神户、横滨
太古洋行	金华	初八日下午四点开行	往上海
孖地洋行	河内	初八日下午七点开行	往北海、海防
大阪公司	抚顺丸	初八日上午十点开行	往汕头、厦门、福州、上海
亨宝公司	士坚地亚	初八日开行	往上海、日本横滨
亨宝公司	士坚地亚	初八日开行	往上海、神户
旧沙宣行	芝鸭家	初九下午四点开行	往上海、神户、武治
渣甸公司	源生	初九日开行	往小吕宋

续表

所属公司或洋行	国籍和轮船（火船）船名	时刻	由何地来港或由港前往何地
鸿发公司	高比诼十	初九日开行	往新金山
德忌利士	海澄	初九日上午十点开行	往汕头、厦门、福州
新旗昌行	劳比	初十日开行	往小吕宋
昌兴公司	印度皇后	初十日开行	往上海、神户、温哥华
法公司	保利尼禅	十二日开行	往上海、神户、横滨
德忌利士	海壇	十三日上午开行	往汕头、厦门、福州
日本邮船	因幡丸	十三下午开行	往域多厘、顺经上海日本；些路并转驳花旗内地
日本邮船	三岛丸	十四天明开行	往新加坡、砵息、伦敦、哥林保、马些路、晏滑
日本邮船	备后丸	十四日天明开行	往神户、横滨
法国公司	万治	十四日下午开行	往广州湾、海防
大阪公司	城津丸	十四日开行	往汕头、厦门、安平
亨宝公司	阿笠比亚	十四日开行	往夏夫、咸北
劫行	阿典咸	十四日开行	往澳洲
铁行公司	亚细意	十五日开行	往上海
日本邮船	常陆丸	十五日天明开行	往神户、横滨
太古洋行	徽州	十五日下午四点开行	往烟台、天津
亨宝公司	丝都尼亚	十六日开行	往洛打、咸北、晏滑
渣甸公司	隆生	十六日下午四点开行	往小吕宋
勿者士行	比连士和店马	二十日开行	往神户、横滨
渣甸公司	吉生	二十日正午开行	往上海、神户、武治
日本邮船	锡兰丸	二十日下午开行	往新加坡、哥林保、孟米
太古洋行	长沙	二十一日下午四点开行	往小吕宋、新金山
亨宝公司	昔臣尼亚	二十二日开行	往上海、神户、横滨
天祥洋行	衣孖力	二十二日开行	往域多利、温哥华、合路、打甘马
天祥洋行	家斯	二十四日开行	往岛约

资料来源：《初二日礼拜五入口船头列左》，《香港华字日报》1910年7月9日，第10版。

表 5-48　　　　　　　　　　1911 年 7 月 5 日香港入口船期

所属公司或洋行	国籍和轮船（火船）船名	时刻	由何地来港或由港前往何地
旧沙宜	英国诗鸭家		由加剌吉打、新加坡载来杂货
法国邮船	安那大西望	准六月初一十一点开行	往石呦、哥林保、马些路等
英国邮船	爹路打	六月十三正午开行	往新加坡、哥林保、英国等埠
德国邮船	约□	于六月十七正午启行	往新加坡、那部士、德国等埠
美国邮船	蒙古	准于六月二十日开行	往上海、日本、檀香山、旧金山等埠
美国邮船	波斯	闰六月初十日开行	往上海、日本、檀香山、旧金山等埠
日本邮船	美国丸	准六月二十六日下午开行	往上海、日本、檀香山、旧金山等埠
美国邮船	高丽	准闰六月十七正午开行	往上海、日本、檀香山、旧金山等埠
太古洋行	松江	初十正午开行	往海防
源昌利	勿爹路打	初十早开行	往上海、神户
和发司	金边	初十日开行	往安南、西贡
鸿发公司	新昌	初十下午开行	往上海
渣甸公司	恒生	初十正午开行	往上海
日本邮船	熊野丸	初十早开行	往神户、横滨
万隆船务	西江	初十天明开行	往广州湾、海防
太古洋行	德安	初十下午四点开行	往小吕宋、衣路宿务
纶安公司	士巴	初十早开行	往上海、烟台
日本邮船	古伦母丸	初十下午开行	往上海、门司、神户
旧沙宜行	渣班	十一日开行	往新加坡、域多、庇能、剌吉打
铁行公司	亚细意	十一日下午三点开行	往上海
太古洋行	安徽	十一日下午四点开行	往上海
航业公局	□容	十一日开行	往安南
鸿发公司	芝剌执	十一日开行	往八打威、三孖冷
大阪公司	长春丸	十一日上午十点开行	往汕头、厦门、福州
顺安公行	瑞昌	十一日早开行	往广州湾、赤坎、硇洲
源昌利	大利金	十一日下午开行	往汕头
大北公司	美利素大	十一开行	往些路顺经小吕宋、日本、并包转驳美洲内地各埠

续表

所属公司或洋行	国籍和轮船（火船）船名	时刻	由何地来港或由港前往何地
日本邮船	伊豫丸	十一卜午开行	往神户、横滨
日本邮船	日光丸	十二正午开	往新金山汤士威路、雪梨、他士爹岛、厘士滨、顶利畔
太古洋行	长沙	十二日开行	往新金山
协兴公司	日光丸	十二正午开行	往新金山、雪梨、美利滨
德忌利士	海壇	十二上午十一点开行	往汕头、厦门、福州
双德丰	双春	十二日开行	往厦门、新加坡、庇能、仰光
渣甸公司	捷陞	十三正午开行	往青岛、天津
太古洋行	镇安	十三半夜开行	往上海
渣甸公司	源生	十三下午二点启行	往小吕宋
亨宝公司	士丽方尼亚	十三日开行	往夏夫、利咸北
太古洋行	惠州	十三下午四点开行	往天津
太古洋行	山东	十三日开行	往三孖冷、四水
亨宝公司	巴剌司离亚	十四日开行	往劳打顿、咸北
大阪公司	大仁丸	十四上午十点开行	往汕头、厦门、淡水
日本邮船	常陆丸	十四天明开行	往新加坡、砵息、伦敦、哥林保、马些路、晏滑
新旗昌行	劳比	十五下午四点开	往小吕宋、衣路宿务
航业公司	华盖	十五日开行	往安南
瑞记分局	巴斯打拿	十五日开行	往旧金山大埠
德忌利士	海澄	十六日上午十一点开行	往汕头、厦门、福州
太古洋行	开封	十六日下午开行	往小吕宋、衣路宿务
日本邮船	孟米丸	十六日上午开行	往新加坡、庇能、孟米
旧沙宜	诗鸭家	十六日开行	往新加坡、庇能、加剌吉打
太古洋行	奇门	十七开行	往域多利、打金马些路、温哥华
亨宝公司	士路司亚	十七日开行	往上海、神户、横滨
大阪公司	苏州丸	十七上午十点开行	往汕头、厦门、安平
双德丰	双安	十七日开行	往厦门、石吻、庇能、仰光
铁行公司	那利	十七日开行	往上海、门司、神户、横滨

续表

所属公司或洋行	国籍和轮船（火船）船名	时刻	由何地来港或由港前往何地
铁行洋行	凹比亚	十八日开行	往新加坡、砵息、伦敦、哥林保、马些路、晏滑
大阪公司	加高丸	十七日十一点开行	往基隆、门司、域多厘、上海、神户、打金蔴
南泰合记	奇门	十七日开行	往域多利、剌苏、淡水、舍路
茂利公司	富升	十八开行	往墨民成李□（孖市加兰）□蔴驳内地
渣甸公司	茂生	十九日正午开行	往山打根
渣甸公司	吉生	十九日正午开行	往上海、福户、门司
渣甸公司	隆生	二十日下午两点开行	往小吕宋
渣甸公司	南生	二十日正午开行	往新加坡、庇能、加剌吉打
源昌利	升安	二十下午启行	往日厘
协兴公司	丹波丸	二十三正午开行	往域多利、些路、温哥华
日本邮船	丹波丸	二十三日下午开行	往域多利、些路经上海、日本
日本邮船	宫崎丸	二十四日天明开行	往新加坡、砵息、伦敦、哥林保、马些路、晏滑
日本邮船	士佐	二十四日下午开行	往上海、门司、神户
日本邮船	平野丸	二十四日下午开行	往神户、横滨
劫行	暗派亚	二十七日正午开行	往澳洲
昌兴公司	日本皇后	二十七日开行	往上海、日本、温哥华
大阪公司	拿打丸	三十上午十一点开	往汕头、厦门、淡水
日本邮船	备后丸	三十上午开行	往新加坡、哥□步、孟米
铁行公司	澳他力	闰六月初二开	往上海、温哥华、些路驳入花旗内；日本、域多利、地及大吕宋等埠
亨宝公司	晏比利亚	闰六月初三开行	往上海、神户、横滨
日本邮船	北野丸	闰六月初八日开行	往新加坡、砵息、伦敦、哥林保、马些路、晏滑
日本邮船	八幡丸	闰六月初八日正午开	往长户、横滨

资料来源：《初八日礼拜一人口船头列左》，《香港华字日报》1911年7月5日，第10版。

从表5-38到表5-48的统计中，可以得知清末香港轮船航运发展的诸多特点，概括总结如下。

1. 从宏观上看，首先，可以将香港入口船期视为进入香港的轮船时刻表，以一个完整月份每天各时间点开行统计，如此安排，各轮船公司或洋行旗下的轮船既可以选择不同时间段，避免恶意竞争，又可满足不同商旅的需要，不仅起到宣传和告知的作用，而且保持各轮船公司的权益。其次，香港入口船期统计表主要由货物进港、邮船输进港和客轮进港三部分构成，这种三类型统最直接反映了中转香港货物流、通信流和客流量的概况，也是衡量某地轮船航运业发展的重要指标。再次，通过分析11个表可以得知清末香港于何地何时进行贸易，哪些地区最为集中，哪些洋行或公司的实力增减情形，外资轮船与华资轮船航运业简单对比情形。总之，香港报纸如此详细系统记载轮船入港信息，为研究香港轮船航运业史提供了十分宝贵的史料。

2. 从微观上看，首先，与香港发生船期关系的洋行与公司中，主要仍以外资轮船为主体，且主要以洋行经营轮船公司最多，占据绝对核心地位，其中英国、德国、日本洋行实力最为雄厚，其次是美国、法国、奥国等，最后是中国。

其次，洋行或公司旗下轮船命名很有规律性，且具有特色。有的洋行旗下轮船以省市地名命名，如太古洋行旗下的轮船命名为漳州、北海、四川、宁波、天津、金华、镇安、湖北、惠州、太原、济南、武昌、汉阳、贵州、直隶、保定、开封、宁州、太原、台湾、岳州、甘肃、长沙、肇庆等；铁行公司的轮船命名为班嘉、宝哥路、爹路打、地湾拿间富、间地亚、巴剌摩、披剌摩、亚加地亚、尼晏沙、苏门答腊等。有的洋行或公司旗下的轮船以谐音命名，取其美好的寓意，其中以招商局最为典型，如招商总局轮船名称有叫泰顺、美富、广利、广大等；渣甸公司旗下轮船名称有叫太生、乐生、财生、谏富、合生、恒生、大生、福生等；有的洋行旗下的轮船以××丸或省市名+丸的形式命名，主要以日本轮船公司为主，日本邮船有金州丸、加宝丸、若官丸、美利泰丸、魔岛丸、择捉丸、抚顺丸、因幡丸、古伦母丸、加高丸等；大阪公司旗下轮船有叫大仁丸、大义丸、安平丸、佐善丸、古素丸、城津丸等。有些洋行旗下的轮船以××皇后命名，看似非常霸气，如昌兴公司旗下轮船名称有毡拿皇后、亚甸仁、千拿皇后、印度皇后、日本皇后、中国皇后等。有些洋行旗下的轮船通过英语直接翻译过来，如铁行公司轮船名称有爹路大、坚地亚、摩路打等，源昌利的轮船名新咪忌接臣。这些独特命名形式，看似很简单，却有非常好的识别度，试想一下，当看到城市命名的船舶，就知道这个船舶属于太古洋行，由于太古洋行实力雄厚，与船舶相配套保险、服务和船舶质量都很好，船舶就间接为招揽客货生意起到无形的宣传作用。此外，以中国省市命名，让国内各客货商备感亲切。因此，通过非常简单而独特的命名形式，增强了各洋行或公司旗下轮船的识别度。

3. 从物资流角度看，就内地而言，输入香港的货物，主要来自广州、汕头、海防、海口、福州、厦门、上海、镇江、淡水、天津、烟台等地；就国外而言，来自小吕宋、新加坡、西贡、仰光、横滨、武治、伦敦等地。由此可知内地主要还是局限于华南地区，通常还是通商口岸，国外主要还是南洋地区为主。而运载这些货物的轮船公司或洋行主要以外资轮船为主，尤其是外国运载货物到港航线，不可否认存在华资轮船，尤以轮船招商局为代表，但是非常弱小。

4. 从通信流角度看，各国输往香港的邮船或所属国籍主要有英、法、美、德、奥、日本等国家，其中以美国邮船航行次数最多，反映其邮船业务占据香港很大市场份额。这些通信主要有几条线路，以香港为出发站或到达站，香港—上海—日本—檀香山—旧金山线，香港—西贡—新加坡—哥林保—法国（德国、英国）线，香港—新加坡—庇能—哥林保—孟米线，香港—新加坡—晏滑—檀香山—旧金山线，香港—新加坡—庇能—渣甸—哥林保—孟米—德国（法国）线，香港—石叻—庇能—哥林保—孖时路—英京线，香港—他士爹—汤士威路、雪梨—庇厘士—滨顶利畔—克列线等，其中香港到旧金山这条航线最为繁忙。这些邮船频繁航行，加速了香港邮政业的发展。

5. 从客流量角度看，这些轮船输入各地情形，从香港通往各地具体航线可以得知。

6. 从远洋航线的角度看，香港为中心开辟和发展的远洋航线，具体如下。

（1）南洋航线

香港—新加坡线，经过新加坡的洋行或公司旗下轮船有：旧沙宣行（礼宁）、南和公司（的诗马）、日本邮船（神奈川丸、金州丸、丹波丸、魔岛丸、巴剌郎、锡兰丸、若狭丸、连江丸、博多丸、高崎丸、因幡丸、三岛丸）、山打洋行（孖华剌利、云都般拿、柯发士）、渣甸公司（金生、吉生、丽生）、铁行公司（马沙干、兰锡、般拿）、咸北公司（华北、沙和亚、荷轩士多芬）、瑞记洋行（多喜丸）、礼和洋行（衣士之亚）、亨宝公司（罗打担）、南泰合记（亚枝厘士）和双德丰（双春）等，由此可知新加坡作为南洋地区交通枢纽的作用，香港与新加坡航线非常之多，时常通过新加坡中转，进行相应补给，再航行前往各国。

香港—小吕宋线，主要经营公司有旗昌洋行（伊士马利打）、太古洋行（松江、太原、成都、德安、大名、源生、长沙、夔州）、渣甸公司（隆生）、宣公司（披剌、沙飞路、劳比、沙井劳）、东洋汽船（罗薛打丸）、劫行（南地士虾文那、比连士华店蔴）、鸿发公司（文尼剌）、新旗昌行（劳比）等，该条航线主要由太古洋行所掌控，其余公司占据很少份额。

香港—安南—西贡线，主要经营公司有南和公司（的诗马、虎门、亚美高）、振兴发（西山）、广发公司（柯路士甸）、同记公司（大毡拿）、合发公司（伊利沙）、永大公司（烟地边顿）、和发行（旧虎门、堤岸）、元和公司（大毡拿、必大得）、山打公司（地思马）、和发成（西贡、符理佐、金边）、鸿兴公司（堤岸）、万发号（金陵）、源昌利（柯路士甸）、万发源（虎门）等。

香港—新加坡—庇能—卡剌吉打线，主要经营公司有渣甸公司（瑞生、金生、福生、吉生、丽生、南生）、麦边洋行（西咸）、旧沙宣行（礼宁）、南和公司（的诗马）、恒盛昌（建远）、华商（丰远）、双德丰（衣颠的路）、南泰合记（剌地士）、裕德盛（丰茂）、山打洋行（柯发士）、旧沙宣行（渣班）等，渣甸公司掌握该条航线很大市场份额。

香港—新加坡—哥林保—孟米线，主要经营公司有铁行公司（孖沙于）、日本邮船（三池丸、金州丸、连江丸、高崎丸、博多丸、锡兰丸）、山打洋行（孖华剌利、利华剌利、奥地利，目的地奥地利；地利士地，目的地德国）、铁行公司（马沙干）和山打洋行（云都般拿）。

（2）欧洲航线

香港—新加坡—哥林步—砵息—马些路—伦敦—晏滑，主要经营公司有太古洋行（卑利亚士、甘肃、打丹拿士）、日本邮船（神奈川丸、丹波丸、若狭丸、博多丸、因幡丸、三岛丸、常陆丸、宫崎丸、北野丸）、铁行公司（兰锡、凹比亚）、岐连洋行（岐连花）、铁行公司（岛比亚、乃

第五章　香港轮船航运业的繁荣阶段：1898—1911

路、船那利、摩路打）、渣甸公司（加剌摩间士亚）等，日本邮船占据该条航线比较大的份额。

香港—英京线，主要经营公司有岐连洋行（岐连诗路）、铁行公司（马勒、甲般拿）、劫行（边柯打、边剌力）、日本邮船（巴剌郎）、铁行公司（比剌师、马勒甲）、太古洋行（士甸多、埃都洞丫士、刁加利仁）、银行公司（孟米）等。

(3) 澳洲航线

香港—新金山线，主要经营公司太古洋行（太原、成都、济南、长沙、夔州）、劫行（奥□利仁、丫利、衣士顿、奄弧亚）、鸿发公司（比连士昔机士文、文尼剌、比连士华店蘇）、日本邮船（日本丸经过）、协兴公司（日光丸经过）等。

香港—雪梨线，主要经营公司有日本邮船（罗涉地、日光丸、八幡丸）、劫行（奥斯利仁）、劫行（柯士地利安）、鸿发公司（比连士昔机士文）、太古洋行（长沙）、劫行（衣士顿）等。

(4) 香港、日本间航线

香港—日本线，主要经营公司有太古洋行（士多乎佳路）、昌兴公司（毡拿皇后、他打、亚甸仁、印度皇后、千拿皇后、日本皇后）、天祥洋行（忌连澳告、建德）、勿者士行（布老仙、巴仁、鲁域）、铁行公司（苏高打）、宣公司（司洞路）、顺昌公司（亚剌干那、亚厘沙）、铁行公司（尼晏沙、巴剌湾、苏门答腊、坚地亚、澳他力）、法公司（也剌、加利当年）、亨宝公司（士坚地亚）、大北公司（利素大）、日本邮船（丹波丸）等，该条航线经常停泊上海，然后北上日本各埠。

香港—日本域多—利打—甘蔗线，主要经营公司有天祥洋行（坤黑列、忌连澳告、奇剌化灵、柯廉披、柯林卑、皮豫亚地士、打甘马、捷剌、地理问、梳勿、苏化力、兼孖刁、衣孖力）、昌兴公司（他打、亚甸仁·毡拿）、日本邮船（和泉丸、旅顺丸、伊豫丸、安义丸、美利索大）、日本邮船（金州丸、顺旅丸、伊藤丸、加宝丸、士佐丸）、太古洋行（宁州、奇门）、旧沙宣行（渣班）、大阪公司（加高丸）等。

香港—长崎—神户—横滨线，主要经营公司有日本邮船（阿波丸、和泉丸、金州丸、丹波丸、春日丸、魔岛丸、旅顺丸、镰仓丸、和泉丸、孟米丸、熊野丸、伊豫丸、因幡丸、安义丸、普乐士、柯甸乎锦、美利索大、佐渡丸、日光丸、备后丸、神奈川丸、择捉丸、信浓丸、常陆丸、古伦母丸、平野丸)、咸北公司(和士北、八甸尼亚、亚利士亚、思利士亚、若官丸、柯内丸)、太古洋行(黄埔、长沙、济南、太原、成都)、铁行公司(间地亚、巴剌摩、柯么沙)、中华公司(镜湖)、顺昌洋行(烟打威利、亚剌比、亚笠被、那文士亚、亚厘沙、些路查)、法国公司(布利尼顺)、山打洋行(边加利)、渣华公司(埋衣)、宜公司(律那些)、鸿发公司(芝剌执、芝波打士)、日森内福生公司(幸运丸)、三井洋行(日米丸)、旧沙宣行(执班、亚鸭加)、渣甸公司(福生)、大阪公司(些路丸、加高丸)、勿者士行(其利士)、铁行公司(新打、那利)、亨宝公司(奋比利亚、晏比利亚、士坚地亚、昔臣尼亚)、昌兴公司(印度皇后)、法公司(保利尼禅)、勿者士行(比连士和店马)、渣甸公司(吉生)、源昌利(勿爹路打)等,由此可知日本邮船掌握该条航线的绝对优势。

香港—武治线,主要经营公司有日本邮船(金州丸)、铁行公司(间地亚、新打)、中华公司(镜湖、路顺)、日森内福生公司(幸运丸)、顺昌公司(那文士亚)、旧沙宣行(执班、芝鸭家)、渣甸公司(福生、吉生)、顺昌洋行(些路查)、大阪公司(些路丸)等。

(5)香港至北美航线

香港—温哥华线,主要经营公司有昌兴公司(他打、毡拿皇后)、昌兴公司(亚甸仁、印度皇后、日本皇后)、昌兴公司(千拿皇后)、南泰合记(卑厘罗芬)、天祥洋行(衣孖力)、太古洋行(奇门)、协兴公司(丹波丸)、铁行公司(澳他力)等。

香港—檀香山—旧金山线,主要经营公司有太古洋行(士多乎佳路)、昌兴公司(毡拿皇后)、中华公司(镜湖)、顺昌洋行(烟打威利)、宜公司(司洄路)、瑞记分局(巴斯打拿)等。

以上远洋航线虽然是根据11年间航期概括出来的,不能反映清末香港轮船远洋航线的全部,但是基本反映出远洋航线发展的基本情况,从中可以看出以英资为主,尤其以太古洋行为主导占据较大市场份额,日资轮船公司后来居上,开始与英资展开竞争,华资轮船航运仍旧在艰难的夹缝中发展。

从微观角度具体分析香港开往各地航线,初步了解基本情况。欧美航线方面,1873年3月21日,轮船历经伦敦、新加坡和香港到达上海。[①]

---

① *The North-China Daily News*(*1864—1951*),1873-3-21,p.1.

1882年，香港轮船公司理事在加剌吉打已租赁轮船12艘，趁美国禁止华工章程未颁发之前，抓住机会，扩大船舶的华人客源生意。同日报刊记载香港火船前往新、旧金山、长崎、横滨等地。① 美国有福来洋行旗下轮船航行西雅图、上海、香港、澳洲、新金山线，共计17艘。中国邮船公司旗下轮船航行旧金山、上海、香港和马尼拉。② 荷兰有好时洋行经理的渣华邮船公司和纳泽兰航业公司，航行爪哇、香港、厦门、上海、门司、大连、秦皇岛之线，共18艘船，航行汉堡、布鲁塞尔、香港、上海、日本等地，若干艘轮船。③ 1910年，花旗洋行大北轮船公司美利轮船往来香港、舍路、小吕宋及转驳花旗内地，此轮重28000吨，大舱位可载1500人，另上等舱位500人，其坚固且快，定期航行太平洋，各轮船均配有通讯电灯，厨房招待周到，客位宽敞，伙食精美，茶水充足。船期由舍路号3月15日、6月16日、9月19日、12月20日到港，由香港开出3月24日、6月26日、9月29日，1911年1月1日启航，若附货搭客，可以到公司代理处妥议。④

南洋航线方面，1882年，香港火船前往安南、西贡等地。⑤ 以香港到新加坡之间航行路线为例。1908年10月1日，莫实得洋行金生轮船，从新加坡开往香港，丰源号洋行丰美轮船12日下午2点从新加坡开往香港。⑥ 类似船期信息很多。通过对1909年和1910年新加坡《星洲晨报》的分析，航行新加坡和香港的轮船相对比较频繁。据不完全统计，新加坡和香港往来船舶，每天不少于四趟，相对比较繁忙。1908年8月，丰盛火船丰源号和双安轮船德利源号由槟榔屿起航初四到往香港、厦门、汕头，莫实德洋行金生火船由加击打启程初七到往香港，莫实德洋行呀宁打力火船由伦敦启程，初七到往香港、上海和日本，支那火船启程约十三日到往香港、上海和日本。⑦ 10月，莫实德洋行加里眼舍火船由伦敦启程11日到香港、上海和日本，丰源号丰美火船由槟榔屿启航11日到往香港、厦门、

---

① 《租赁船艘》《火船前往旧金山》《火船往长崎神户》，《循环日报》1882年6月15日，第2、3版。
② 张心澂：《中国现代交通史》，良友图书印刷公司1931年版，第316页。
③ 同上书，第317页。
④ 《花旗洋行大北轮船公司船期》，《香港华字日报》1910年4月2日，第9版。
⑤ 《火船往安南西贡》，《循环日报》1882年6月15日，第3版。
⑥ 《轮船开行》，《叻报》（新加坡）1908年10月1日。注：日期差异为由农历和公历所致。
⑦ 《各埠轮船入口》，《南洋总汇新报》1908年9月25日。

汕头，缎实蜜支那火船启程约13日到往香港、上海和日本，缎实蜜波越火船由香港启程14日到，棉示必洋行波瑞士火船和吗球温火船由英国启程约15日到往香港、上海和日本。① 1909年8月，巴智申洋行罗荣利火船由香港启程约12日到新加坡，棉示必洋行库地士火船由香港启程约14日到新加坡，莫实德洋行美希孚由香港启程约15日到新加坡。② 棉示必洋行永远火船由香港启程约28日到新加坡，7月3日下午2点棉示必洋行士丁多火船由新加坡前往香港、上海和日本，下午3点巴智申洋行纱隆码鲁轮船由新加坡前往香港、上海和日本，下午4点巴智申洋行罗苏阑轮船由新加坡前往香港和日本。③ 9月，棉示必洋行绸沙火船由香港启程15日到新加坡，莫实德洋行福生火船由香港启程17日到新加坡，巴智申洋行打沙基鲁火船和喜打芝嘱鲁火船由香港启程17日和21日分别到新加坡。④

综上所述，清末香港轮船内河航线和外洋航线均呈现繁荣发展的趋势，它们均是华洋商并举促成的结果，尤其是清末香港华商发展与其投资轮船实业，促使华资轮船占据香港航运业的一席之地。

小　　结

衡量某个地区轮船航运业的基本标准，是从过往香港船只数、吨位数、造船厂、轮船利润、客流量和以轮船为载体的贸易等因素，去考察某个地区的航运业发展情况。清末香港轮船航运业的发展，亦可从这几个方面去衡量。

首先，从进出香港船只数和吨位数来看，清末香港轮船吞吐量逐年上升，且较之前一阶段，有较大的发展。香港轮船吞吐量的激增，侧面反映了香港中转贸易的繁荣，正是这些中转贸易日渐增多，香港转口港的地位日渐凸显。

其次，就香港客运量方面而言，争取客流量方式多样化。1. 定期广

---

① 《各埠轮船入口》，《南洋总汇新报》1908年10月1日。
② 《各埠轮船入口》，《星洲晨报》1909年8月26日。
③ 《各埠轮船入口》《各埠轮船出口》，《星洲晨报》1909年9月8日，其中1909年8月28日，1909年9月1、3、7、8日，均有航期记载。各日航期大致相同，略有变化。
④ 《各埠轮船入口》，《星洲晨报》1909年9月28日。

告,无论是华资还是外资,都十分注重广告宣传,在各大报刊登载船期和广告,各公司发布各种招揽生意布告。2. 各大轮船公司通过降低某航线水脚费,排挤其他轮船公司,等待其余公司退出该航线,然后提高水脚费,这是资本家惯用的手段,甚至有些船舶公司免费搭乘,还免费点餐赠送,如此恶意竞争,势必扰乱航运市场秩序。3. 通过购买新船,增加船舶内部装饰,以期达到豪华布局,更大承载量,吸引更多顾客。4. 通过增加船内娱乐活动和饮食配套,比如唱歌、舞蹈和多种饮食等方式,扩大客源。总之,清末香港乘船出行客流量甚多,海关报告专设报表记载进出九龙关的客流量,足见进出香港轮船载客量之多。

再次,就造船厂和轮船公司而言,可将香港轮船发展视为"双轨"驱动助其航运业的发展。其中"一轨"是清末香港华资造船厂和轮船公司的发展情况;"第二轨"是清末香港外资造船厂和轮船公司的发展情况,其中包括在港注册投资办造船厂和轮船公司以及在港设立代理机构的船商两个方面,由此可将香港轮船航运业发展总结为"双轨模式"。通过对香港这种"双轨模式"的分析,可以概见,清末华资轮船造船厂非常弱小,无法打破外资轮船造船厂的绝对垄断地位;清末华资轮船公司得到大发展,在民族主义浪潮中迅速崛起,打破外资轮船公司对香港航运市场的垄断地位,但是就华资与外资轮船实力而言,两者之间存在不小差距,华资还不足以与外资轮船公司相抗衡。华资轮船如欲充分与外资抗衡,仍需要政策支持、时间保障和财力的支持。外资轮船公司也取得飞速发展,各国在港所占据比重略有变化,英资轮船公司仍旧占据主体地位,但是美资和日资轮船公司实力后来居上,占据一定的份额。实际上,在近代经济史领域很多经济现象都可用"双轨"发展模式作出相应的解释,例如近代华商和外商投资铁路、矿业、化妆品、银行业、旅游业等具体实业,通过双轨两个角度分析某地某时段的发展实貌,都可以说明近代经济史发展所体现出的双重性。这种双重性所表现出的影响也是各有利弊,一分为二地去考察,似更加符合客观事实。

第六章　香港轮船航运业与贸易圈的形成

"交通乃实业之母",一地区的交通发展极大地推动着该地区贸易的发展;反之,一地区的区域经济的发展也可以推动航运业的发展。对香港这个特殊的地区,在近代早期现代交通尚不发达的时候,航运起到极其关键的作用。轮船作为水运交通的媒介,而贸易作为沟通经济与航运的"桥梁"。"交通之发达与贸易,人类经济之范围,固随交通而扩大,交通之事业,又因经济而发展,而联络两者之关系,实为贸易。贸易为经济发展之要素,而交通则贸易唯一之工具也。贸易之质量,随交通之程度而有异。世界贸易因交通之发展,而改变贸易品之种类性质与增加贸易品之数量,实为近世交通发达明显之结果。"① 交通与贸易有着密切关系,不言而喻,"交通之发达不独影响于世界贸易之进展,且能引起人类之大移动。盖交通便利,人类为欲望所驱使,或因环境之逼迫,脱离本土,趋向外方,或为短时间之旅行,或为永久之移殖,其目的或为宗教、经济或属政治社会或艺术健康者,不一而足"②。该时期清政府开始倾向重视商业的发展,"治国之道农商兼重,然一国独立则重在农,群雄角逐则重在商。商固富强之始基,而国与民命脉之所属也。中国素为一统之国,不惧利源之外拽,故于商务不甚,请求自与东西洋各国立约通商。漏卮日多,财源日窘,当事者亟思设法整顿。于是仿泰西各国设立商部之意。朝廷特简商务大臣以总其成,沿江沿海各直省,又遍设商务局,派委总办会办"③。发展轮船是商务振兴重要的组成部分。那么轮船在近代香港经济发展中到底扮演怎样的角色呢?本书从两个方面来考察:一是通过近代香港轮船航运业与贸易关系;二是通过由于香港轮船航运业的发展,进一步促使香港转口港地位的巩固。

---

① 盛叙功编译:《交通地理》,刘虎如校订,商务印书馆1931年版,第4页。
② 同上书,第5页。
③ 《通商情以兴贸易说》,《申报》1901年6月19日,第1版。

第一节 华南贸易圈

近代香港轮船航运业与贸易之关系,可以视为航运—贸易二维的经济体系。近代香港贸易的发展,推动了香港轮船航运业的发展;同时香港轮船航运业的发展扩大,同样可以促进地区贸易的繁荣。因此,近代香港轮船航运业与贸易的关系仍旧是"孪生兄弟"。"香港以商务为大宗,而商务视乎货物,货物视乎轮船。"① 近代香港航运业推动区域经济的发展,逐渐形成以香港为中心的贸易圈。根据地域远近、航运频繁度和贸易繁荣程度等因素进行划分,可以将香港划分成两个贸易圈:以香港为中心的华南贸易圈和以香港为中心的东南亚、乃至欧美贸易圈,再通过这两个贸易圈覆盖周边地区。华南贸易圈近则延伸至珠三角经济区和闽南经济区,远则辐射到长三角经济区和环渤海经济区;而东亚贸易圈可以接通东南亚、欧洲和北美洲之间贸易,蔓延至世界各大资本主义国家。

考察以香港为中心的华南贸易圈,从两个方面分析:一方面通过以轮船为载体,以香港为转运中心的商品贸易;另一方面通过以轮船为载体,以香港为中心的客运来往。至于客运在第五章已有详述,在此不再赘述。这两个方面对香港经济繁荣来说都是不可或缺的因素。毛立坤认为晚清时期香港与两广的贸易关系极为密切,广东珠江三角洲地区、粤东潮汕地区和粤西南地区,以及广西的北部湾地区、桂西南地区和西江流域的13个口岸与香港展开了繁密的贸易往来。② 本章将华南贸易圈划分为两个典型区域考察,港、澳间贸易区(以澳门以拱北关和香港以九龙关为中心),和广东省以广州为中心与香港以九龙为中心的港粤间的贸易圈。

一 港澳贸易圈

考察近代港澳贸易圈的发展情况。从港澳之间货物价格表、华船货运总值、客运来往、轮船只数和吨位等几个方面去考察。具体如表6-1和表6-2所示。

---

① 陈镗勋:《香港杂记(外二种)》,莫世祥校注,暨南大学出版社1996年版,第59页。
② 毛立坤:《晚清时期香港与两广的贸易关系》,《安徽史学》2006年第4期,第49页。

表 6-1①   港澳间船货运费（1887—1891）（注：1 银元 = 0.72 银两）

货色	单位	华船运费（银两）	轮船运费（银元）
白□	担	0.025	0.06
八角	担	0.04	0.2
蓆袋	100 个一担	0.015	0.02
豆	担	0.015	0.02
槟榔	担	0.02	0.03
制槟榔	担	0.03	
Bicho de Mar	担	0.05	0.1
燕窝（一级品）	担	0.12	1
燕窝（二级品）	担	0.12	0.75
燕窝（三级品）	担	0.12	0.5
桂皮	半担一箱	0.04	0.1
烟卷	包	0.02	
土布	捆	0.06	0.1
椰子	1000 个	0.8	
布疋类			
原洋布（7 磅）	50 件一捆	0.12	0.25
原洋布（8.25 磅）	50 件一捆	0.2	0.25
白洋布	50 件一捆	0.2	0.25
扣布（24 码）	50 件一捆	0.12	0.25
扣布（34 码）	50 件一捆	0.2	0.25
斜纹布	15 件一捆	0.105	0.2
洋棉布	捆	0.072	0.1
土棉布	担	0.06	0.1
棉纱	捆	0.108	0.2
墨鱼	包	0.03	0.12
红枣、黑枣	担	0.03	0.03
葵扇	箱	0.06	0.02

---

① 参见莫世祥、虞和平、陈奕平编译《近代拱北海关报告汇编》，澳门基金会 1998 年版，第 31—32 页。

续表

货色	单位	华船运费（银两）	轮船运费（银元）
爆竹	箱	0.04	0.06
咸鱼	担	0.05	0.15
鱼干	担	0.05	
鱼泡	担	0.05	0.15
面粉	50磅一袋	0.01	0.01
薯粉	担	0.03	
果类	篮	0.05	0.1
木耳	担		0.05
薯莨	担	0.02	0.03
大蒜	担	0.03	
玻璃瓶	篮	0.05	
玻璃板	箱	0.04	0.1
胶	担	0.05	0.3
面饼	担	0.02	0.02
青麻	担	0.03	
黄麻	担	0.04	
水牛皮	担	0.04	0.12
牛角	担	0.03	0.1
蓝靛汁	桶	0.016	0.03
神香粉	袋	0.03	—
神香	篮	0.03	0.05
神香	箱	0.05	0.1
各色铅	箱	0.05	0.1
荔枝干	箱	0.05	0.15
龙眼干	箱	0.06	0.15
红树皮	担	0.03	0.02
自火	箱	0.08	0.2
宁波蓆	卷	0.05	0.1
药材	担	0.04	

续表

货色	单位	华船运费（银两）	轮船运费（银元）
药材	大袋		0.2
药材	小袋		0.1
五金			
铸铜	担	0.05	0.1
旧铜	担	0.03	0.05
洋铁条	捆	0.03	0.02
洋铁钉	半担一袋	0.02	
废铁	担	0.03	0.06
铅	担	0.03	0.06
水银	瓶	0.04	0.1
钢	捆	0.03	0.1
钢	担	—	—
马口铁	担	0.03	0.08
马口铁	箱	0.03	0.1
香菌	箱	0.05	0.2
干贝	担	0.04	
八角油	半担一箱	0.06	0.2
桂油	半担一箱	0.06	0.1
花生油	桶	0.1	0.1
煤油	箱	0.02	0.2
桐油	桶	0.1	
纸	包	0.02	0.02
纸	担	0.03	0.1
大猪	双	0.07	0.2
小猪	双	0.05	
虾干、蚝干	担	0.05	

表6-2① 澳门与香港间收取运费（1887—1891）（备注：1元＝0.72银两）

货物	单位	帆船运输 两钱分厘	汽船运输 元角分
明矾	担	0.0.2.5	0.06
星状茴香子	担	0.0.4.0	0.20
草袋	捆（100只）	0.0.1.5	0.02
豆类	担	0.0.3.0	0.02
槟榔子	担	0.0.2.0	0.03
盐制槟榔子	担	0.0.3.0	—
Bicho de Mar	担	0.0.5.0	0.10
一级燕窝	担	0.1.2.0	1.00
二级燕窝	担	0.1.2.0	0.75
三级燕窝	担	0.1.2.0	0.50
肉桂	1/2担一箱	0.0.4.0	0.10
纸烟	袋	0.0.2.0	—
国产棉布	包	0.0.6.0	0.10
椰子	1000个	0.8.0.0	—
棉布匹			
7磅灰色衬衫料子	50块一包	0.1.2.0	0.25
8.25磅灰色衬衫料子	50块一包	0.2.0.0	0.25
白色衬衫料子	50块一包	0.2.0.0	0.25
T-布料24码	50块一包	0.1.2.0	0.25
T-布料34码	50块一包	0.2.0.0	0.25
斜纹布	15块一包	0.1.0.5	0.20
外产生棉	包	0.0.7.2	0.10
国产生棉	担	0.0.6.0	0.10
棉纱	包	0.1.0.8	0.20
墨鱼	包	0.0.3.0	0.12

---

① 拱北海关编辑委员会编：《拱北关史料集》，拱北海关印刷厂1998年印刷，第266—270页。

续表

货物	单位	帆船运输 两钱分厘	汽船运输 元角分
黑枣和红枣	担	0.0.3.0	0.03
角子、棕榈叶	箱	0.0.6.0	0.02
鞭炮	盒	0.0.4.0	0.06
咸鱼	担	0.0.5.0	0.15
鱼干	担	0.0.5.0	—
鱼鳔	担	0.0.5.0	0.15
麦粉	50磅一包	0.0.1.0	0.01
马铃薯粉	担	0.0.3.0	—
水果	筐	0.0.5.0	0.10
真菌	担	0.0.5.0	—
黑儿茶	包	0.0.2.0	0.03
大蒜	担	0.0.3.0	—
玻璃瓶	筲	0.0.6.0	—
岁玻璃	合	0.0.4.0	0.10
胶水	担	0.0.5.0	0.30
花生饼	担	0.0.2.0	0.02
绿色大麻	担	0.0.4.0	—
黄色大麻	担	0.0.4.0	—
水牛皮	担	0.0.4.0	0.12
黄牛角	担	0.0.30	0.10
液体靛蓝	桶	0.0.1.6	0.03
神香粉	袋	0.0.3.0	—
神香	筐	0.0.3.0	0.05
神香	盒	0.0.5.0	0.10
铅条（红、黄、白）	箱	0.0.5.0	0.10
荔枝干	箱	0.0.5.0	0.15
龙眼干	箱	0.0.6.0	0.15

续表

货物	单位	帆船运输	汽船运输
		两钱分厘	元角分
红树皮	担	0.0.3.0	0.02
火柴	箱	0.0.8.0	0.20
宁波革席	卷	0.0.5.0	0.10
药品	担	0.0.4.0	—
药品	大包	—	0.20
药品	小包	—	0.10
金属			
锭铜	担	0.0.5.0	0.10
废铜	担	0.0.3.0	0.05
铁钉条	捆	0.0.1.2	0.02
铁钉	1/2 担为一袋	0.0.2.0	—
废钉	担	0.0.3.0	0.06
铅	担	0.0.3.0	0.06
汞	瓶	0.0.4.0	0.10
钢	包	0.0.3.0	—
钢	担	—	0.10
锡	担	0.0.5.0	0.08
马口铁	盒	0.0.3.0	0.10
草菇	箱	0.0.5.0	0.20
淡菜干	担	0.0.4.0	—
茴香子油	1/2 担一箱	0.0.6.0	0.20
桂油	1/2 担一箱	0.0.6.0	0.10
花生油	瓶	0.1.0.0	0.10
煤油	箱	0.0.2.0	0.20
桐油	瓶	0.1.0.0	—
桐油	篓	0.0.6.0	—
桐油	担	—	0.10
纸	包	0.0.2.0	0.02

续表

货物	单位	帆船运输 两钱分厘	汽船运输 元角分
胡椒	担	0.0.3.0	0.10
大猪	个	0.0.7.0	0.20
小猪	个	0.0.5.0	—
干对虾和干蚝	担	0.0.5.0	—
干对虾和干蚝	包	—	0.10
蜜饯	盒	0.0.2.5	0.10，0.20
藤条	担	0.0.4.0	0.10
大米	50磅一包	0.0.0.7	0.01
大米	100磅一包	0.0.1.4	0.02
大米	担	0.0.2.5	0.03
烧酒	罐	0.0.2.0	0.025
檀香木	担	0.0.3.0	0.07
鲨鱼鳍	担	0.0.5.0	0.20
丝绸布匹	匹	0.0.1.0	—
酱油	大罐	0.0.3.0	0.30
酱油	小罐	0.0.2.0	0.20
未加过盐的鳕鱼干	包	0.0.4.0	0.07
红糖	袋	0.0.2.5	0.03
白糖	袋	0.0.2.5	0.03
甘蔗	10条一捆	0.0.0.8	0.02
甘蔗	3条一捆	0.0.0.3	0.01
动物脂	担	0.0.3.0	—
茶叶	50斤盒装	0.0.4.0	0.08
茶叶	25斤盒装	0.0.2.0	—
茶叶	10斤盒装	0.0.1.0	—
袋茶	担	0.0.6.0	—
烟叶	捆	0.0.3.0	—
炼制烟草	箱	0.0.7.0 0.0.4.0	—

续表

货物	单位	帆船运输 两钱分厘	汽船运输 元角分
朱砂	箱	0.0.5.0	0.10
白醋	担	0.1.0.0	0.25
毛织品			
羊毛毯	30双一包	0.1.5.0	—
羊毛毯	25双一包	0.1.2.0	0.25
英产羽纱	束	0.1.2.0	0.15
荷兰产羽纱	匹	0.0.0.6	—
长绒料	束	0.1.2.0	0.15
绒面口花布	匹	0.0.1.0	—
帮巴辛毛葛	匹	0.0.0.6	—
原料纹织物	匹	0.0.0.6	—
原双纺条纹布	匹	0.0.3.0	—

从表6-1和表6-2可以看出：港澳间的贸易种类十分广泛，从生活用品到生产用品应有尽有，反映了港澳之间的贸易是十分畅通和繁荣的。由此两表得知：一是从事这些货物贸易的载体主要是轮船和帆船；二是这些贸易货源比较广，形成进口货与土货并存的局面；三是可以看出该时期的帆船与轮船在港澳间贸易争夺中呈现势均力敌的态势，出现并存与共赢的局面。从表6-1看出，港澳间货物运输方式主要是华船和轮船，并且它们的运输商品价格是不同的，一般情况下，轮船运输货物比华船运输货物所承担的价格要稍稍高些，但是也有个别华船运输货物价格高于轮船，一方面是由于轮船所需要的运输成本较高，另外一方面是货物本身性质决定的。从表6-2可知，港澳间的货物主要是帆船和汽船（主要指轮船）运输，它们运输货物的价格也是不均等的。一般情况下，汽船运输货物的价格比帆船要高，但是也有个别的商品用帆船运输的价格高于汽船运输货物的价格。

从表6-3可以看出，港澳之间的华船货运贸易，从1892年至1901年，由港入澳的船运值一直都是大于从澳入港的船运值，而总计值在300万左右。说明澳门是香港稳定的贸易伙伴。

表 6–3①　拱北关统计（澳门）的港、澳华船货运总值（1892—1901）

年份	由港至澳入口	由澳入港出口	合计货值
1892	2784223	940196	3724419
1893	2263856	923843	3547699
1894	2678294	870203	3548497
1895	2236673	762657	2999330
1896	2564343	913359	3477702
1897	2833498	1069537	3903035
1898	2974004	1371107	4345111
1899	3582630	1920310	5502940
1900	2442604	1871793	4314397
1901	2634280	1269254	3903534

1897 年，拱北关记载澳门往来外洋各口之华船（多系往来香港），共 1504 艘，载重 19676 吨，几乎与上年之数相符。② 1898 年，拱北关记载澳门往来外洋者（往安南者 3 艘，其余往来香港）1239 艘，载重 160051 吨。③ 港澳之间船只贸易频繁。1898 年，全年进出香港船只 11508 艘，载重量 1325 万吨。④ 澳门输往香港的船只所占比重极大。1899 年，过往香港船只数和 1898 年比增加不少。1900 年，其往来香港、澳门者共 1219 艘，载重 146673 吨。⑤ 1901 年，过往香港船只数和吨位数比 1900 年减少，往来香港、澳门者共 1001 艘，载重 129401 吨。⑥ 在 1899—1901 年港、澳之间的贸易船只数与吨位数年均稳定在 1176 艘，而吨位数年均稳定在 149244 吨，按一年 365 天折算，每天平均有 3.22 艘船和 408 吨的货物过往港澳，足见港澳间商贸联系密切。1901 年，香港往来澳门华船贸易，共值

---

① 莫世祥、虞和平、陈奕平编译：《近代拱北海关报告汇编（1887—1946）》，澳门基金会 1998 年版，第 68 页；另见拱北海关志编辑委员会编《拱北关史料集》，拱北海关印刷厂 1998 年印刷，第 309 页。
② 莫世祥、虞和平、陈奕平编译：《近代拱北海关报告汇编（1887—1946）》，澳门基金会 1998 年版，第 185 页。
③ 同上书，第 191 页。
④ 参见陈昕、郭志坤主编《香港全纪录》，上海人民出版社 1997 年版，第 116 页。
⑤ 莫世祥、虞和平、陈奕平编译：《近代拱北海关报告汇编（1887—1946）》，澳门基金会 1998 年版，第 207 页。
⑥ 同上书，第 215 页。

关平银 2654280 两；澳门往来香港华船贸易，共值关平银 1269254 两。①
1902 年，香港往来澳门华船贸易，共值关平银 3067879 两；澳门往香港华船贸易，共值关平银 1225181 两。② 1903 年，香港往来澳门华船贸易，共值关平银 2495879 两。澳门（到）往香港华船贸易，共值关平银 825873 两。③

综上所述，通过港澳间船只来往和港澳贸易圈的货值统计概况，可以推知港澳贸易非常频繁，两地经济联系非常紧密。

二 粤港贸易圈

广东是香港的经济腹地，香港与广东各地区的贸易是十分频繁的。以下一方面考察香港与广东各地区的贸易往来；另一方面考察粤港客运情况。

表 6-4 到表 6-10，即 1898—1904 年通过广东各地区出口香港的货运分地区值和总货运值统计。由此统计中，可以看出香港进口货物的主要通道是华南各地区，尤其是广东省城及华南沿海地区，其次就是福建省内等地；主要是通过香港附属的汲水门、大铲、伶仃、长洲、佛头洲、三门和沙鱼涌等站进口到香港，再从九龙关出口。1899 年，香港进口华南各地货物总值，经过汲水门、大铲和伶仃的货物总值占全部进口香港货物总值的 92.9%；1900 年，香港进口华南各地货物经过珠江口站的总值占全部进口香港货物总值的 97.1%；1901 年，香港进口华南各地的货物，经珠江口站的总值占全部进口香港货值的 96.7%；1902 年，香港进口华南各地货物，经过珠江口站的总值占全部进口香港货值的 95.8%；1903 年，香港进口华南各地货物，经过珠江口站的总值占全部进口香港货值的 92.9%；1904 年，香港进口华南各地货物，经过珠江口站的总值占全部进口香港货值的 96.2%。由此，可以看出华南各地货物主要是通过珠江口站进口到香港的；从 1899—1904 年看，从华南各地区出口到九龙货值年均 18189660 两。可见香港与华南主要地区之间的贸易是比较繁荣的，而这种贸易主要依赖的载体是轮船和帆船。同时，贸易的繁荣也会带动轮船运输业的发

---

① 莫世祥、虞和平、陈奕平编译：《近代拱北海关报告汇编（1887—1946）》，澳门基金会1998 年版，第 217 页。
② 同上书，第 223 页。
③ 同上书，第 230 页。

展。1906年九龙关征收华船税厘数目收支款目，其收入所存之余银：洋药税厘关平银大约1153两，百货税关平银关约467两，百货厘金银约454两，征收洋药税厘关平银约27476两，百货税关平银约33551两，百货厘金银约32016两。①

表6-4② 　　　　　　　　1898年从下列地区进口香港　　　　　　　　（单位：两）

从下列地区进口香港	经过汲水门站	经过长洲站	经过佛头洲	从九龙关出口	香港出口总计
浙江	—	—	2012	—	2012
福建	—	—	73415	—	73415
柘林	—	—	7	—	7
黄港	—	—	28485	—	28485
东陇	—	—	516548	—	516548
汕头	—	—	260781	—	260781
靖海	—	—	196	—	196
神泉	—	—	179200	—	179200
东港	—	—	42647	—	42647
陆丰	—	—	138	—	138
甲子	—	—	293123	—	293123
磻石	—	—	67810	—	67810
乌坎	—	—	120648	—	120648
湖东	—	—	32585	—	32585
海丰	—	—	41466	—	41466
长沙	—	—	143577	—	143577
汕尾	—	—	223374	—	223374
归善	—	—	35211	—	35211
凹头	—	—	52910	—	52910
稔山	—	—	40857	—	40857
平海	—	—	125079	—	125079

---

① 中国第一历史档案馆主编：《明清宫藏中西贸易档案（八）》，中国档案出版社2010年版，第4919—4920页。

② 中国第二历史档案馆、中国海关总署办公厅编：《中国旧海关史料（1859—1948）》第28册，京华出版社2001年版，第565页。

续表

从下列地区进口香港	经过汲水门站	经过长洲站	经过佛头洲	从九龙关出口	香港出口总计
大洲	—	—	4558	—	4558
淡水	—	—	437	—	437
增城	17932	—	—	—	17932
新塘	114542	—	—	—	114542
三水	28014	—	—	—	28014
番禺	154470	—	—	—	154470
沙湾	23236	—	—	—	23236
南海	1456	—	—	—	1456
广东省城	11866756	—	—	—	11866756
九江	51190	—	—	—	51190
石湾	349192	—	—	—	349192
东莞	102262	—	—	—	102262
石龙	366673	—	—	—	366673
太平	797512	—	—	—	797512
东莞城	433696	—	—	—	433696
高要	2606	—	—	—	2606
顺德	4100	—	—	—	4100
陈村	3727623	—	—	—	3727623
香山	3943	4717	—	—	8660
下栅	2263	—	—	—	2263
南萌	1796	—	—	—	1796
石岐	136098	—	—	—	136098
新安	207906	54037	163119	—	425062
长洲	—	—	159455	—	159455
九龙	—	—	—	130895	130895
深水埗	—	—	—	90816	90816
茅洲	31023	—	—	—	31023

表 6-5①   1899 年从下列地区进口香港   (单位：两)

从下列地区进口香港	经过汲水门站、大铲和伶仃站	经过长洲站	经过佛头洲、三门和沙鱼涌站	从九龙关出口	香港出口总计
福建	—	—	17907	—	17907
厦门	—	—	332	—	332
柘林	—	—	2624	—	2624
黄岗	—	—	752	—	752
东陇	—	—	12560	—	12560
汕头	—	—	5576	—	5576
神泉	—	—	47912	—	47912
东港	—	—	3228	—	3228
陆丰	—	—	713	—	713
甲子	—	—	61891	—	61891
碣石	—	—	14161	—	14161
乌坎	—	—	30765	—	30765
湖东	—	—	7341	—	7341
海丰	—	—	3893	—	3893
长沙	—	—	62739	—	62739
汕尾	—	—	31612	—	31612
归善	—	—	4169	—	4169
凹头	—	—	52722	—	52722
龙岗	—	—	2936	—	2936
稔山	—	—	9922	—	9922
平海	—	—	55523	—	55523
大洲	—	—	14565	—	14565
淡水	—	—	52281	—	52281
新塘	55572	—	—	—	55572
番禺	15223	—	—	—	15223
沙湾	22554	—	—	—	22554

① 中国第二历史档案馆、中国海关总署办公厅编：《中国旧海关史料（1859—1948）》第 30 册，京华出版社 2001 年版，第 607—608 页。

续表

从下列地区进口香港	经过汲水门站、大铲和伶仃站	经过长洲站	经过佛头洲、三门和沙鱼涌站	从九龙关出口	香港出口总计
南海	9523	—	—	—	9523
广东省城	18849731	—	—	—	18849731
佛山	1974	—	—	—	1974
九江	107246	—	—	—	107246
石湾	10954	—	—	—	10954
东莞	36504	—	—	—	36504
石龙	107719	—	—	—	107719
太平	213728	—	—	—	213728
东莞城	33835	—	—	—	33835
顺德	130988	—	—	—	130988
陈村	1331432	—	—	—	1331432
甘竹	16515	—	—	—	16515
鹤山	117077	—	—	—	117077
香山	29447	1997	—	—	31444
下栅	32065	—	—	—	32065
茅湾涌	5132	—	—	—	5132
南萌	28637	—	—	—	28637
石岐	531538	—	—	—	531538
新安	56763	15170	63367	—	135300
汲水门	23680	—	—	—	23680
长洲	—	13723	—	—	13723
九龙	—	—	—	50522	50522
深水埗	—	—	—	21581	21581
茅洲	43557	—	—	—	43557
南头	15084	—	—	—	15084
西乡	22781	—	—	—	22781
深圳	23046	—	—	—	23046
沙鱼涌	—	—	56021	—	56021

续表

从下列地区进口香港	经过汲水门站、大铲和伶仃站	经过长洲站	经过佛头洲、三门和沙鱼涌站	从九龙关出口	香港出口总计
大鹏	—	—	5443	—	5443
大埔	—	—	16124	—	16124
大铲	1912	—	—	—	1912
浅湾	20264	—	—	—	20264
长沙	68449	85016	—	—	153465
新会	17404	—	—	—	17404
江门	542414	410768	—	—	953182
新会城	—	53584	—	—	53584
单水口	—	4698	—	—	4698
广海	10610	194344	—	—	204954
西门墟	—	1897	—	—	1897
新昌	219340	47552	—	—	266892
新宁城	3831	39797	—	—	43628
闸坡	—	4958	—	—	4958
阳江城	4104	10735	—	—	14839
石城	—	5085	—	—	5085
安铺	—	3740	—	—	3740
电白	1887	—	—	—	1887
水东	—	84727	—	—	84727
黄坡	2499	3348	—	—	5937
赤坎	—	26982	—	—	26982
海口	—	6868	—	—	6868
儋州	—	789	—	—	789
嘉积	—	1257	—	—	1257
陵水	—	9524	—	—	9524
进口总计	22765019	1026648	637139	72103	24500910

注：经核对，原表格"进口总计"有部分错误，其中"经过长洲站"总计应为"1026559"，"经过佛头洲、三门和沙鱼涌站"总计应为"637079"，"香港出口总计"应为"24500850"。

表 6-6① 　　　　1900 年从下列地区进口香港　　　　（单位：两）

从下列地区进口香港	经过珠江的入海口站	经过东海岸站	经过大鹏湾进口	香港出口总计
福建	—	12405	—	12405
厦门	—	2281	—	2281
柘林	—	851	—	851
黄岗	—	849	—	849
东陇	—	4520	—	4520
汕头	—	16036	—	16036
神泉	—	39185	—	39185
东港	—	540	—	540
陆丰	—	1215	—	1215
甲子	—	38396	—	38396
碣石	—	11276	—	11276
乌坎	—	26680	—	26680
湖东	—	3017	—	3017
海丰	—	5288	—	5288
长沙	—	73945	—	73945
汕尾	—	28136	—	28136
归善	—	6585	—	6585
凹头	—	86627	—	86627
龙岗	—	—	6495	6495
稔山	—	9904	—	9904
平海	—	51326	—	51326
大洲	—	2990	—	2990
淡水	—	5	95787	95792
增城	937	—	—	937
新塘	43163	—	—	43163
番禺	17085	—	—	17085
沙湾	19178	—	—	19178

---

① 中国第二历史档案馆、中国海关总署办公厅编：《中国旧海关史料（1859—1948）》第 32 册，京华出版社 2001 年版，第 593—594 页。

续表

从下列地区进口香港	经过珠江的入海口站	经过东海岸站	经过大鹏湾进口	香港出口总计
南海	8168	—	—	8168
广东省城	17598848	—	—	17598848
佛山	5726	—	—	5726
九江	33016	—	—	33016
石湾	21008	—	—	21008
东莞	45528	—	—	45528
石龙	103638	—	—	103638
太平	200886	—	—	200886
东莞城	45700	—	—	45700
顺德	106053	—	—	106053
陈村	1073193	—	—	1073193
甘竹	8568	—	—	8568
鹤山	306	—	—	306
香山	10709	—	—	10709
下栅	39008	—	—	39008
南萌	25158	—	—	25158
石岐	403210	—	—	403210
新安	42169	13571	—	55740
茅洲	44993	—	—	44993
南头	15198	—	—	15198
西乡	21141	—	—	21141
三门	—	586	—	586
深圳	47325	—	—	47325
沙头角	—	—	5324	5324
沙鱼涌	—	—	35999	35999
大鹏	—	—	9444	9444
大铲	4787	—	—	4787
迭福	—	—	587	587
长沙	9408	—	—	9408

续表

从下列地区进口香港	经过珠江的入海口站	经过东海岸站	经过大鹏湾进口	香港出口总计
水口	2144	—	—	2144
江门	92524	—	—	92524
广海	69426	—	—	69426
新昌	14370	—	—	14370
新宁城	6212	—	—	6212
阳江城	3005	—	—	3005
进口总计	20178788	436214	153636	20768638

表6–7[①]　　　　　1901年从下列地区进口香港　　　　　（单位：两）

从下列地区进口香港	经过珠江的入海口站	经过东海岸站	经过大鹏湾进口	香港出口总计
福建	—	21533	—	21533
黄岗	—	425	—	425
东陇	—	8974	—	8974
汕头	—	41476	—	41476
神泉	—	26054	—	26054
东港	—	345	—	345
陆丰	—	692	—	692
甲子	—	31211	—	31211
碣石	—	14400	—	14400
乌坎	—	18425	—	18425
湖东	—	3014	—	3014
海丰	—	6258	—	6258
长沙	—	36969	—	36969
汕尾	—	13769	—	13769
归善	—	5928	—	5928
凹头	—	62362	—	62362
龙岗	3184	—	16576	19760
稔山	—	9209	—	9209

[①] 中国第二历史档案馆、中国海关总署办公厅编：《中国旧海关史料（1859—1948）》第34册，京华出版社2001年版，第573—574页。

续表

从下列地区进口香港	经过珠江的入海口站	经过东海岸站	经过大鹏湾进口	香港出口总计
平海	—	55335	—	55335
大洲	—	7055	—	7055
淡水	—	560	169812	170372
增城	930	—	—	930
新塘	41032	—	—	41032
番禺	11424	—	—	11424
沙湾	27577	—	—	27577
南海	15279	—	—	15279
广东省城	15710143	—	—	15710143
佛山	3623	—	—	3623
九江	10802	—	—	10802
石湾	21747	—	—	21747
东莞	25888	—	—	25888
石龙	147237	—	—	147237
太平	161429	—	—	161429
东莞城	29858	—	—	29858
顺德	119742	—	—	119742
陈村	1177571	—	—	1177571
甘竹	8737	—	—	8737
香山	10789	—	—	10789
下栅	33826	—	—	33826
南萌	32176	—	—	32176
石岐	429767	—	—	429767
新安	15378	5359	—	20737
鲘海	3407	—	—	3407
茅洲	16369	—	—	16369
南头	7721	—	—	7721
西乡	10815	—	—	10815
三门	—	629	—	629
深圳	70579	—	—	70579
沙头角	1265	—	25252	26517

续表

从下列地区进口香港	经过珠江的入海口站	经过东海岸站	经过大鹏湾进口	香港出口总计
沙鱼涌	—	—	34445	34445
大鹏	—	6055	12722	18777
大铲	5716	—	—	5716
长沙	2989	—	—	2989
单水口	749	—	—	749
江门	38291	—	—	38291
广海	91640	—	—	91640
新昌	30443	—	—	30443
闸坡	1462	—	—	1462
阳江城	1782	—	—	1782
进口总计	18321367	376057	258807	18956231

注：经核对，原文核算有误，"经过东海岸站"进口总计应为"376037"，"香港出口总计"应为"18956211"。

表 6–8[①]　　　　1902 年从下列地区进口香港　　　　（单位：两）

从下列地区进口香港	经过珠江的入海口站	经过东海岸站	经过大鹏湾进口	香港出口总计
福建	—	26998	—	26998
柘林	—	156	—	156
黄岗	—	91	—	91
东陇	—	5979	—	5979
汕头	—	10026	—	10026
神泉	—	16955	—	16955
陆丰	—	1348	—	1348
甲子	—	90438	—	90438
碣石	—	59499	—	59499
乌坎	—	24665	—	24665
湖东	—	21150	—	21150
海丰	—	14580	—	14580
长沙	—	77227	—	77227

[①] 中国第二历史档案馆、中国海关总署办公厅编：《中国旧海关史料（1859—1948）》第 36 册，京华出版社 2001 年版，第 657—658 页。

续表

从下列地区进口香港	经过珠江的入海口站	经过东海岸站	经过大鹏湾进口	香港出口总计
汕尾	—	45171	—	45171
归善	—	10819	—	10819
凹头	—	120490	—	120490
龙岗	5754	—	15314	21068
稔山	—	14878	—	14878
平海	—	80719	—	80719
大洲	—	8670	—	8670
淡水	—	309	150992	151301
增城	148	—	—	148
新塘	44180	—	—	44180
番禺	13692	—	—	13692
沙湾	44913	—	—	44913
南海	13277	—	—	13277
广东省城	17375710	—	—	17375710
佛山	2115	—	—	2115
九江	55450	—	—	55450
石湾	24843	—	—	24843
东莞	19431	—	—	19431
石龙	166227	—	—	166227
太平	197220	—	—	197220
东莞城	42645	—	—	42645
顺德	203040	—	—	203040
陈村	1648771	—	—	1648771
甘竹	1696	—	—	1696
香山	9050	—	—	9050
下栅	14137	—	—	14137
南萌	52586	—	—	52586
石岐	662661	—	—	662661
新安	34865	10295	—	45160

续表

从下列地区进口香港	经过珠江的入海口站	经过东海岸站	经过大鹏湾进口	香港出口总计
鲇海	753	—	—	753
茅洲	34651	—	—	34651
南澳	—	—	1281	1281
南头	15328	—	—	15328
西乡	10136	—	—	10136
深圳	133271	—	—	133271
沙头角	—	—	57203	57203
沙鱼涌	—	—	42037	42037
大鹏	—	10430	8255	18685
大铲	26226	—	—	26226
长沙	2228	—	—	2228
水口	9672	—	—	9672
江门	31925	—	—	31925
新宁城	735	—	—	735
广海	108415	—	—	108415
新昌	115955	—	—	115955
荻海	5859	—	—	5859
电白	8200	—	—	8200
水东	493	—	—	493
进口总计	21166258	650883	275082	22092223

注：经核对，原文核算有误，"经过珠江的入海口站"总计应为"21136258"，"香港出口总计"应为"22062233"。

表6-9①　1903年从下列地区进口香港　　　　　　　　　　（单位：两）

从下列地区进口香港	经过珠江的入海口站	经过东海岸站	经过大鹏湾进口	香港出口总计
福建	—	4300	—	4300
厦门	—	104	—	104
东陇	—	911	—	911
汕头	—	271	—	271

---

① 中国第二历史档案馆、中国海关总署办公厅编：《中国旧海关史料（1859—1948）》第38册，京华出版社2001年版，第716—717页。

续表

从下列地区进口香港	经过珠江的入海口站	经过东海岸站	经过大鹏湾进口	香港出口总计
神泉	—	1608	—	1608
陆丰	—	885	—	885
甲子	—	9881	—	9881
碣石	—	7481	—	7481
乌坎	—	2690	—	2690
湖东	—	3317	—	3317
海丰	—	3969	—	3969
长沙	—	52154	—	52154
汕尾	—	11245	—	11245
归善	—	12105	—	12105
凹头	—	48834	—	48834
稔山	—	14860	—	14860
平海	—	33969	—	33969
大洲	—	1521	—	1521
淡水	—	1080	—	1080
新塘	433095	—	—	433095
番禺	21777	—	—	21777
沙湾	11	—	—	11
南海	99	—	—	99
广东省城	1987359	—	—	1987359
佛山	603	—	—	603
石湾	5672	—	—	5672
东莞	5410	—	—	5410
石龙	207152	—	—	207152
太平	427342	—	—	427342
东莞城	144670	—	—	144670
顺德	54775	—	—	54775
陈村	959629	—	—	959629
香山	947	—	—	947

续表

从下列地区进口香港	经过珠江的入海口站	经过东海岸站	经过大鹏湾进口	香港出口总计
下栅	7905	—	—	7905
南萌	4180	—	—	4180
石岐	170788	—	—	170788
新安	54211	2483	—	56694
茅洲	71082	—	—	71082
南头	4653	—	—	4653
西乡	25400	—	—	25400
深圳	161468	—	—	161468
沙头角	—	—	5446	5446
沙鱼涌	—	—	39728	39728
大鹏	—	2866	—	2866
江门	5776	—	—	5776
阳江	541	—	—	541
进口总计	4754545	216534	45174	5016253

表 6-10[①]　　　　　1904 年从下列地区进口香港　　　　　（单位：两）

从下列地区进口香港	经过珠江的入海口站	经过东海岸站	经过大鹏湾进口	香港出口总计
福建	—	13570	—	13570
厦门	—	565	—	565
饶平	—	355	—	355
柘林	—	147	—	147
东陇	—	3497	—	3497
汕头	—	158	—	158
神泉	—	5715	—	5715
陆丰	—	1827	—	1827
甲子	—	60416	—	60416
碣石	—	24580	—	24580
乌坎	—	11971	—	11971

---

① 中国第二历史档案馆、中国海关总署办公厅编：《中国旧海关史料（1859—1948）》第 40 册，京华出版社 2001 年版，第 767—768 页。

续表

从下列地区进口香港	经过珠江的入海口站	经过东海岸站	经过大鹏湾进口	香港出口总计
湖东	—	3825	—	3825
海丰	—	10388	—	10388
长沙	—	98247	—	98247
汕尾	—	18405	—	18405
归善	—	7345	—	7345
凹头	—	65256	—	65256
龙岗	—	—	10767	10767
稔山	—	7798	—	7798
平海	—	56781	—	56781
大洲	—	4684	—	4684
淡水	—	82	145116	145198
新塘	74103	—	—	74103
番禺	16981	—	—	16981
沙湾	9283	—	—	9283
南海	30172	—	—	30172
广东省城	13915744	—	—	13915744
佛山	20796	—	—	20796
九江	31515	—	—	31515
石湾	38477	—	—	38477
东莞	27126	—	—	27126
石龙	149920	—	—	149920
太平	183208	—	—	183208
东莞城	67040	—	—	67040
顺德	204039	—	—	204039
陈村	1300450	—	—	1300450
香山	14176	—	—	14176
下栅	29963	—	—	29963
南萌	52765	—	—	52765
石岐	592654	—	—	592654
新安	53579	5705	—	59284
茅洲	14369	—	—	14369
南头	28241	—	—	28241

第六章　香港轮船航运业与贸易圈的形成　311

续表

从下列地区进口香港	经过珠江的入海口站	经过东海岸站	经过大鹏湾进口	香港出口总计
西乡	19985	—	—	19985
深圳	136530	—	—	136530
沙头角	—	—	59684	59684
沙鱼涌	—	—	33908	33908
大鹏	—	3667	15668	19335
大铲	14475	—	—	5776
长沙	6733	—	—	541
白沙	839	—	—	839
水口	11834	—	—	11834
江门	18476	—	—	18476
广海	27464	—	—	27464
新昌	41264	—	—	41264
水东	532	—	—	532
嘉积	845	—	—	845
进口总计	17088578	404984	265143	17743814

此外，以香港为中心，以轮船为载体，贸易向宁波、上海、天津、汉口等中国北方港口辐射。香港与上海地区贸易，从第五章梳理香港与上海之间航线可以得到确证，两地航期如此频繁，对应贸易很发达。1873年2月，招商局某轮船公布上年两地贸易，由上海装货往香港水力洋2073.1元。[1] 1905年，由于香港、汕头、福州银货配运无多，不供敷衍，故厦门银价近日再报涨至七五。[2] 商船会社轮船，经过厦门、汕头至香港，每定期往复，乘客与货物，都不见其多。来自安平与对岸贸易，都用帆船所运来货物，如茶碗、瓮、盘、碟以及箬笠之类，每月船舶出入，200—300艘，包括棉布、杂货品等。[3] 清末香港商业面临困境，各银行收支借款至1905年尚不敢轻易放款，香港银根短缺，市面交易均用现银，商业异常困难。[4]

综上所述，以香港为中心构建起的华南贸易圈，主要所依托广东、广

---

[1] 《招商公局告白》，《申报》1873年2月25日，第6版。
[2] 《市银缺乏》，《台湾日日新报》1905年8月16日，第3版。
[3] 《对岸贸易船》，《台湾日日新报》1905年8月24日，第3版。
[4] 《香港市况》，《台湾日日新报》1905年8月24日，第3版。

西、福建等沿海重要城市，贸易货物种类繁多，存在轮船与帆船运输，两者运载价格有所差别。华南地区作为香港广袤的经济腹地，为香港区域经济注入源源不断的动力，其中轮船和帆船起到不可磨灭的助推器作用。通过轮船和帆船的媒介作用，香港与华南地区发生经贸关系，香港航运起到桥梁的作用，是沟通两大经济区域的重要工具，促使以香港为中心的华南贸易圈的形成。

第二节　跨洋贸易圈

香港与世界各国之间贸易的关系，重点集中在东南亚、欧美、日本等国家和地区。从几个比较大的贸易条目看，中国内地从香港进口棉织品，1867年估值14617268两，占全部进口洋货的21%，1905年估值181452453两，占全部进口货的40%。从印度输入的灰纱直线上升，1876年输入17598包，1901年达到291885包，增长16倍多，主销中国内地。[①] 以表6-11为例，1892—1901年，九龙关进口棉纱年均67583担，1901年达到进口棉纱的10年间最高值。张晓辉统计香港的1903年贸易概况，出口到香港的丝、茶价值2808万关两，占全国对香港出口总值8290万关两的31.5%[②]。

表6-11[③]　　　　　九龙关进口棉纱统计（1892—1901）

年份	担	年份	担
1892	818	1897	33506
1893	1691	1898	113514
1894	682	1899	133324
1895	45716	1900	144708
1896	55525	1901	146351

19世纪末，新起的德、美、日和老牌的英、法诸国争夺中国市场的竞

---

① 参见马士《中华帝国对外关系史》第二册，第398—399页；转引自余绳武、刘存宽主编《19世纪的香港》，中华书局1994年版，第295页。
② 张晓辉：《香港与近代中国对外贸易》，中国华侨出版社2000年版，第145页。
③ 刘辉主编：《五十年各埠海关报告（1882—1931）》（四），中国海关出版社2008年版，第208页。

争日益激烈，输入香港的商品数量日益增多，品种更加多样化，但是价格日渐多变。例如，1900年，除棉纱、鸦片外的品种，还有马尼拉的麻，巴达维亚的煤油，比利时的水泥和五金，日本的煤、火柴、毛织品等。香港本地生产的水泥和绳索营销日本、马尼拉、海峡殖民地、澳洲以及太平洋沿岸各港口，香港纸张主要销给中国内地，生姜制品销售给英国。① 1905年，英商怡记行和提卓商会只买米与糖，转输外国，不曾办货来售。该商会通常从香港运载石油、美国粉与装米及糖所用草包，来台发售。② 此外香港贸易商品价格波动剧烈。1905年香港鸦片货价异常跌落，推原其故，实由金水递降，各埠鸦片烟土商，积货未售，甚然失利。③ 商业贸易不稳定，导致香港商业发展遇到困境。香港商业不利，至今尚未恢复元气，银根仍旧窘迫，近日南北行倒闭数家，周年间亏累资本金当在3000万元以上，各银行尚不敢轻放借款，告贷无门。④

从表6-12看出，1864—1904年，香港的进口货物和商品的种类中增幅最大的两项是棉纺织品和丝，其次是火油和鸦片。从香港出口商品较大的是丝、茶和棉花。此外香港输入大米，由表6-13可以看出，1892—1901年，九龙进口大米和水稻的年均总值为8587844两，广州进口大米和水稻的年均总值为4144610两，九龙进口的大米和水稻的总值是广州进口的2倍有余。可以推断出香港九龙关的地位远远高于当时的广东省城（广州），香港的贸易中转量远远大于广州。

表6-12⑤　　　　　　　　香港出入口货物（1864—1904）　　　　　　　（单位：万两）

进出口货物与品种	1864年	1894年	1904年
鸦片	2000	2600	3700
棉织品	700	2200	12400
毛纺品	500	350	350
五金	200	350	2050

---

① 参见余绳武、刘存宽主编《19世纪的香港》，中华书局1994年版，第295页。
② 《官箝与内外国人》，《台湾日日新报》1905年8月23日，第3版。
③ 《香港鸦片跌价之原由》，《台湾日日新报》1905年11月25日，第3版。
④ 《香港商业之失败》，《台湾日日新报》1905年12月10日，第3版。
⑤ 丁又：《香港初期史话》，生活·读书·新知三联书店，1958年版，第83页；甘长求：《香港对外贸易》，广东人民出版社1990年版，第7页；注：根据丁又著作第83页表格和甘长求著作第7页的表格改制而成。

续表

进口货物与品种	1864 年	1894 年	1904 年
煤	—	150	800
火油	—	150	2700
其他	1700	1400	12500
合计	5100	7200	34500
丝	1200	2300	2800
茶	2900	2900	3100
棉花	600	1000	2400
豆			800
其他	400	1400	9900
合计	5100	7600	24000

表 6-13① 　　九龙和广州进口大米和水稻的总值（1892—1901）　　（单位：两）

年份	九龙	广州	总计
1892	5635829	6051867	11687696
1893	9806255	2740807	12547062
1894	7296156	4508077	11804233
1895	12775505	7094078	19869583
1896	12206774	5638157	17844931
1897	3763925	2831855	6595780
1898	7222977	1315145	8538122
1899	12942789	2810439	15753228
1900	8848818	4289022	13137840
1901	5379415	4166649	9546064

由表 6-14 可以看出，1893—1912 年，这 20 年间香港的对外贸易和沿海贸易中，船舶吨位数呈现逐年增长的趋势，到 1913 年香港对外贸易和沿海贸易的船舶吨位数增长到 63%，可见香港船舶的运输量增长的势头很猛，无疑是香港航运贸易的繁荣表现。因此，转口港确立时期香港贸易在

---

① 注：除了 1897 年外国进口量下降外，上表没有特别需要留意，这是因为当地种植大米生长非常好，而对国外的大米需求少。大米在九龙关报告中占最大条目，它的数量大或小，很大程度上影响贸易总值的数字。参见刘辉主编《五十年各埠海关报告（1882—1931）》（四），中国海关出版社 2009 年版，第 206 页。

逐年增长。此外，出口香港贸易的除了中国内地，主要是英、美、德、日本；除了德国和中国内地，其余的国家对香港的贸易总值中都是呈现增长的趋势；以英国和中国内地为例，20 年间，英国对香港贸易年均贸易额是 28477899 两，增长 98.4%，年均增长率 4.92%；中国内地对香港的贸易额年均是 8366159 两，增长 152.9%，年均增长率 7.64%。因此，尽管英国对香港的贸易总额比中国内地高，但是从增长的趋势来看，中国内地更胜一筹，作为香港的腹地，拥有英国无法比拟的优势；那么进出香港的船舶，以中国内地和英国的吨位数，占据最大份额。表 6-15 用以反映香港航运（木船除外）的增长及英国所占份额。

表 6-14[①]　　　　海关登记进出船吨统计（香港，1893—1912）　　　（单位：吨）

	1893 年	1903 年	1912 年
对外贸易	7142612	16357104	26071482
沿岸贸易	22176199	40933285	60135015
总计	29318811	57290389	86206497
英国	19203978	28122987	38106732
美国	78175	559686	715001
德国	1508015	7310427	6171684
日本	566379	7965358	19913385
中国内地	6829950	991120	17277407

从表 6-15 可以看出，1895—1911 年香港进出口贸易总值年均达到 47891220 两；1898 年，香港进口贸易总值占香港进出口贸易总值的 44.3%；1905 年，香港进口贸易总值占香港进出口贸易总值的 51.5%；1908 年，香港进口贸易总值占香港进出口贸易总值的 57.9%；1911 年，香港进口贸易总值占香港进出口贸易总值的 58.4%。从这几个年份可以推断，香港进口货物的贸易占进出口贸易总值的比重在不断增长，也说明香港的贸易规模在不断扩大。自 1895 年起，广州港对外国五金的进口量明显增长。

---

① 聂宝璋、朱荫贵编：《中国近代航运史资料》第二辑（上），中国社会科学出版社 2002 年版，第 125 页。

表 6–15[①]　　　　　　　　贸易总值（1895—1911）　　　　　　（单位：两）

年份	进口		出口	进出口总计
	来自香港	中国内地去中国内地	去往香港	
1895	25041325	2665779	22678090	50385194
1896	34606390	2216242	22565590	49388222
1897	16967118	2329842	23024493	42321453
1898	20655763	2532737	25511512	45700012
1899	28238475	2072696	26211055	56532226
1900	23954613	2265220	20857760	47077593
1901	22383586	3825328	22919708	49128622
1902	25744342	3357364	17682574	46784280
1903	21887552	3202804	17411439	42501795
1904	23094481	4786195	15890890	43771566
1905	25513595	5713338	14719867	42946800
1906	21380564	6197223	14394072	41971859
1907	29820314	8368598	16192146	54381058
1908	30979381	7138785	15359210	53477376
1909	27275394	7262708	15115579	49653681
1910	32770266	6124639	14986396	53881301
1911	25826351	4303716	14117641	44247708

从表 6–16 可以看出，1904—1911 年香港的九龙关，无论是洋货进口还是土货进出口贸易，船舶航运是其主要运输方式，在运输方式上占据绝对垄断地位。直到广九铁路修建之后，铁路运输方式开始侵夺交通市场份额，但在 1911 年也是微不足道的，仍然是船舶运输为主。任放认为近代交通工具引进所产生的现实效应，轮船、铁路、公路对传统市镇交通格局和商业圈的影响，至少在 20 世纪 30 年代之前是不能高估的。相对而言，轮船的影响力超过铁路和公路。因为近代轮船业利用了传统的水运网络，从

---

① 根据中国第二历史档案馆、中国海关总署办公厅编《中国旧海关史料》（京华出版社 2001 年版）第 40 册第 797 页的 "1895—1904 年贸易表" 和第 56 册第 700 页的 "1902—1911 年贸易总值比较表" 改制而成。

而形成与航船等传统木船业的相颉颃局面。① 就影响力而言，近代早期轮船对于香港地区的作用比铁路公路似乎大得多。

表 6–16② 九龙关洋货土货运方式进出口比重（1904—1911） （单位：两）

年度	总计	洋货进口		土货进口		土货出口	
		船舶运输	铁路运输	船舶运输	铁路运输	船舶运输	铁路运输
1904	43771566	17803705		10076971		15890890	
1905	42946800	22513595		5713338		14719867	
1906	41971859	21380564		6197223		14394072	
1907	54381058	29820314		8368598		16192146	
1908	53477376	30979381		7138785		15359210	
1909	49653681	27275394		7262708		15115579	
1910	53881301	32770266		6124639		14986396	
1911	44266896	25826351	16884	4303716		14117641	2304

小 结

近代香港轮船航运业发展与贸易密不可分，逐渐形成了华南贸易圈和跨洋贸易圈。随着区域贸易的增长，促使轮船航运的扩展，两者呈现出互为促进的关系。

华南贸易圈能形成的原因：1. 华南地区作为香港重要的经济腹地，为香港提供民生日用品、工业原料和生产原料，满足香港各方面经济需求；2. 香港可提供给华南地区许多舶来品、工艺品和进口国内所需货物；3. 区位优势，香港直达华南沿海地区港口城市，十分便捷；4. 轮船运输方便、快捷、安全、稳定性和固定性好，满足人民出行的需求；5. 港英政府实行自由港政策，对于区域贸易有极大吸引力；6. 民间商人的作用，尤其是华商的积极推动。

随着华南贸易圈的形成，经济上促使区域联系更加密切，促进两地之

---

① 任放：《中国市镇的历史研究与方法》，商务印书馆2010年版，第192页。
② 九龙海关编志办公室编：《九龙海关志（1887—1990）》，广东人民出版社1993年版，第167页。注：1887—1933年海关进出口贸易以海关两为统计单位。

间经济交流和商业互动，促使轮船运输业发展；文化上促使商业文化形成，诸如重商、开拓进取、时间观和重信用等理念；政治上政府重视两地之间贸易圈，采取诸如缉私、打击海盗等举措，保障两地贸易安全。

就跨洋贸易圈而言，远洋航线主要为外资轮船航运公司所开辟，继而逐渐形成跨洋贸易圈，这与各国洋行投资策略和所属国籍有重大的关系。这些跨洋贸易圈主要是香港与英国、美国、日本、东南亚等国家地区所构建的经济贸易关系，通过香港中转的货物种类十分齐全，由于物品性质不一，所需运费不一样，但这无疑促使香港与世界各地加强经贸联系，为日后奠定转口港地位打下坚实的物质基础。

总之，近代香港轮船航运与贸易形成跨地域的贸易圈，可看作航运上贸易的二维经济体系的表征。随着香港跨地域贸易逐渐发展，日渐繁荣，对应轮船航运业也是迎来大发展，日益兴盛。由此可知贸易与航运两者之间形成正相关的关系，香港跨地域的贸易决定着其轮船航运业发展的高度，轮船航运业决定着香港跨地域贸易的广度和深度。香港能形成华南贸易圈和跨洋贸易圈，轮船航运业是其动力核心支撑。

第七章　香港轮船航运业与转口港地位的确立

香港自开埠以来便开始向转口港方向发展，随着1887年设立九龙关，经过30年左右的发展，香港逐渐成为各地区贸易的"桥头堡"，而航运业在此过程中充当"催化器"的作用，直到20世纪初期香港的转口港地位完全确立。① 以下从香港的转口商品比重大小来考察香港转口港地位的确立。

第一节　中转贸易的繁荣

近代香港轮船航运业发展，对香港转口港地位的促进作用是显著的。20世纪初，香港"商务日兴，工艺蒸蒸日上"。一批实力雄厚的工厂、银行、百货公司、贸易公司等创办起来。据报载香港富商巨贾创设大公司股本百万者不知几所。香港的生产能力有了较大的提高，如棉纺织局所产棉纱，1901年为69.4万余磅，1903年达123万磅。清末民初，中国内地时局多变，中流社会固以香港为世外桃源；而资本家之投资，又争以香港为宣泄之尾闾。这为香港提供了丰富的人力、财力资源，成为促进社会经济繁荣的重要因素。②

如何看待香港转口港地位的确立。毛立坤认为凭借香港优越的地理位置及独立自由的贸易机制，与国内其他通商口岸有很大差别，形成了以转

---

① 夏巨富：《清末香港航运业与其转口港地位的关系（1898—1911）》，《世界海运》2014年第10期，第60页。
② 参见张晓辉《香港与近代中国对外贸易》，中国华侨出版社2000年版，第109页。

口为主、正常贸易与走私贸易并行和特货贸易发达的模式。① 夏巨富认为清末香港航运业的发展与区域贸易发展是相辅相成的关系。清末香港航运业的发展促进香港区域经济贸易的发展，区域经济贸易的发展又促进清末香港航运业的发展。清末香港航运业的发展对香港转口港地位确立起到了"助推器"的角色，为香港转口港地位增添了双翼，为香港经济贸易的腾飞搭建了重大平台，自此香港迈向转口港时代。由此可见，地区交通可谓制约区域经贸的瓶颈，正所谓"欲致富先修路"，交通与经济的互动显得颇为重要，两者相得益彰固然是最好的结果。② 以下从对外贸易在香港发展中的地位和转口香港的商品比重大小，来考察香港转口港地位的确立。

首先，对外贸易在香港经济发展中的地位。一是对外贸易使社会再生产实现渠道拓宽，在一个外向型的开放经济体系中，对外贸易对整个社会再生产过程起着相当重要的作用。二是对外贸易在香港社会再生产中具有特殊的地位和作用。③ 由此可以归纳：一是香港的对外贸易发展及比重，二是从香港转口货物的发展情况考察香港转口港地位的形成。转口贸易的含义是指甲国的产品运到香港后，并不在香港销售与消费，而是转手销售给第三国（比如乙、丙、丁等国），有时甚至返销回中国内地。这些货物在香港发生贸易关系，即货物可能进行分装，改装或重新包装，或改换商标与标志。不过这些纯属流通领域的行为，港商也只能在流通中赚取利润。④ 据中国海关1880年统计，中国输出货物的五分之一，进口货物的三分之一，是通过香港的，标志着香港逐渐奠定在转口贸易方面的地位。⑤

其次，香港中转贸易的繁荣是一个逐步发展的历史过程。从1880年香港开始向转口港发展，直到清末逐渐形成转口港的地位。据统计1867年中国从香港进口货物值占全部进口货物的20%，经香港出口的中国货物占全部出口货物的14%；1880年，中国进口货值的21%，出口货值的37%经过香港⑥。随着1887年设立九龙关，经过30年左右的发展和积淀，香港

---

① 毛立坤：《晚清时期中外贸易的个案分析——以香港转口贸易为例》，《中国历史地理论丛》2006年第1期，第27页。
② 夏巨富：《清末香港航运业与其转口港地位的关系（1898—1911）》，《世界海运》2014年第10期，第60—63页。
③ 参见任廷祚、肖凡主编《香港经济学》，暨南大学出版社1989年版，第212—214页。
④ 参见甘长求《香港对外贸易》，广东人民出版社1990年版，第280页。
⑤ 陈昕、郭志坤主编：《香港全纪录》，上海人民出版社1997年版，第93页。
⑥ 刘蜀永：《香港的历史》，新华出版社1996年版，第107页。

成为贸易的"桥头堡",而航运业在此过程中充当"催化器"的作用,直到 20 世纪初期,香港的转口港地位得以完全确立。

从表 7-1 可以看出,1901—1916 年香港对华贸易总额及其在主要国家和地区中对华贸易总额中的比例年均在 34.15%,在 1901—1903 年均超过 40%。1900 年,香港在中国外贸额中占 41%(1890 年初曾接近 50%),而中国在香港外贸额中则占 33%。① 从 1901 年的 43.79% 下降到 1916 年的 27.33%,香港对华贸易总额比重,虽然在不断下降,但是就总额和中转贸易角度来看,香港依然是比较大的贸易中转站,甚至在个别对华贸易商品中是占绝对比重的。1903 年中国内地从香港进口货值共 13652 万关两,仅前述三项商品即达 7225 万关两,约占 52.9%。② 鸦片、棉毛织品、五金等进口商品占中国内地从香港进口商品总值的 50% 左右,而制糖业更是占据优势的。香港商务以糖业为大宗,年交易额达数千万元,洋糖经粤商从香港转运,故香港糖业兴衰,系乎内地之销路多少。在 20 世纪 20 年代以前,中国内地从香港进口的各类食糖占全国进口总量的 70% 左右。③

表 7-1④　香港对华贸易总额及其在主要国家和地区的比例(1901—1916)

年份	贸易总额(万关两)	百分比(%)
1901	19176.50	43.79
1902	21618.15	40.82
1903	22571.60	41.71
1904	22794.30	39.06
1905	22952.24	34.0
1906	22767.74	35.20
1907	25286.84	37.14
1908	24236.02	36.11
1909	24739.06	32.67
1910	28018.89	32.20
1911	25191.91	29.68

---

① 邹元涛、金雨雁、金冬雁整理:《金应熙香港今昔谈》,龙门书局 1996 年版,第 34 页。
② 张晓辉:《香港与近代中国对外贸易》,中国华侨出版社 2000 年版,第 149 页。
③ 同上书,中国华侨出版社 2000 年版,第 150 页。
④ 张晓辉:《香港与近代中国对外贸易》,中国华侨出版社 2000 年版,第 143 页。

续表

年份	贸易总额（万关两）	百分比（%）
1912	25118.55	29.77
1913	28876.47	29.66
1914	26242.24	28.36
1915	25260.61	28.92
1916	27283.33	27.33

从表7-2可以看出，1895—1913年香港在中国内地贸易中每百万关两占的比重从45.4%下降到29.7%，虽然在20年间贸易比重在逐步下降，但是与英美国家对华贸易比重相比，英国在1913年占到11.6%，日本占到19.0%，而香港1913年仍然占29.7%。因此，香港与外国相比，占据中国内地贸易比例仍然是确立了比较大的优势，某种程度而言对外贸易是香港盘活经济的重要棋子。对外贸易是香港社会再生产总过程的重要部分，自香港开埠以来，它从荒漠海岛发展成为世界著名的转口商埠，继而成为多元化的国际工商业中心，与发展对外贸易有着密切的关系；香港的经济史，首先是贸易的发展史；对外贸易在香港经济中占有特殊的重要地位①。

表7-2②　　　　　中国外贸国别比重（1895—1913）　　　　（单位：关两）

年份	英本土		香港		美国		日本		俄国	法国	德国	其他	合计
	百万	%	百万	%	百万	%	百万	%	%	%	%	%	
1895	44.5	14.1	143.0	45.4	20.5	6.5	32.0	10.2	5.6	—	—	18.2	315.0
1903	60.6	11.8	225.7	43.9	45.4	8.8	80.7	15.7	2.9	—	—	16.9	514.1
1913	113.3	11.6	288.8	29.7	73.1	7.5	184.9	19.0	6.9	4.7	4.7	15.9	973.5

从表7-3可以看出，1895—1911年中国进出口贸易中，香港从1895年42.43%下降到1911年的29.30%，而英国在20年期间基本稳定在10%左右，而大英帝国从1895年66.61%下降到1911年的48.71%，香港的比重虽然在下降，但是与英、美、德等国家相比，仍具有极大的优势。

---

① 任廷祚、肖凡主编：《香港经济学》，暨南大学出版社1989年版，第212页。
② 汪敬虞主编：《中国近代经济史（1895—1927）》（上），人民出版社1998年版，第165页。注：合计中是指百万关两占比。

表 7-3① 中国进出口贸易国别（地区）比重（1895—1911） （单位：%）

年份	英国	香港	印度及英殖民地	大英帝国	美国	欧洲	德国	西伯利亚、东北	日本	其他
1895	13.78	44.23	8.60	66.61	6.34	10.82	—	3.48	9.90	2.85
1896	16.30	42.43	10.03	68.76	6.73	9.86	—	3.16	8.39	3.10
1897	14.10	40.06	8.90	63.06	8.06	11.07	—	3.38	10.43	4.00
1898	12.09	42.17	7.67	61.93	7.72	11.06	—	3.46	11.51	4.32
1899	11.53	40.45	8.98	60.96	9.36	11.82	—	2.88	11.32	3.66
1900	14.38	41.41	7.20	62.99	8.26	12.04	—	1.61	11.20	3.90
1901	11.14	42.92	9.28	63.34	8.97	12.12	—	1.08	11.07	3.42
1902	12.59	40.05	8.66	61.30	10.21	11.65	—	1.38	11.87	3.59
1903	11.00	40.95	8.11	60.06	8.24	11.43	—	1.64	14.65	3.98
1904	12.14	38.19	7.68	58.01	9.43	12.61	—	0.38	14.77	4.80
1905	15.17	33.31	7.23	55.71	15.09	7.68	2.94	0.86	14.04	3.68
1906	13.85	34.25	7.18	55.28	10.55	9.83	3.47	2.00	14.19	4.64
1907	12.93	36.47	6.99	56.39	9.16	9.78	3.21	1.86	13.96	5.64
1908	12.40	35.32	6.88	54.60	9.48	10.13	3.08	4.79	13.06	4.86
1909	11.42	32.17	7.85	51.44	8.46	10.66	2.95	6.60	14.50	5.39
1910	10.46	32.68	7.75	50.89	6.66	10.71	4.05	6.37	16.14	5.18
1911	12.48	29.30	6.93	48.71	8.70	10.64	4.25	6.94	16.46	4.30

从表 7-4 分析可以看出：首先，1895—1911 年经香港进口中国内地商品的货值平均每年占 39.4%，有些年份（1895—1903）还超过 40%；其次，经香港出口中国内地商品货值平均每年占 36.2%，有些年份（1896年、1900 年、1901 年和 1903 年）还超过 40%。因此，香港的转口地位从中可以得出印证。正如刘蜀永分析的，1900 年由香港港转运进口货物占中国全部进口货物的 40%，香港在中国外贸总额中占 41%，中国在香港外贸总额中占 33%。进出口港的船只吨位达到 1402 万吨，15 年内增加了

---

① ［日］滨下武志：《中国近代经济史研究：清末海关财政与通商口岸市场圈》，高淑娟、孙彬译，江苏人民出版社 2006 年版，根据 1-2-b 中国进出口贸易国别（地区）比重表格改编而成，第 450 页。

1倍。① 从香港总督的话也可以推测出香港对外贸易比重逐年扩大。香港总督威廉·罗便臣提出香港应减少对贸易依赖。② 中国商人的存在与发展，当然分沾了贸易带来的利益。此后香港的转口贸易，已逐步形成三足鼎立的局势——英商、华商与其他外商。③

表7-4④ 香港占中国进出口值的比重（1895—1911）

	中国进口值香港的比重			中国出口值香港的比重		
年份	中国进口值	经香港进口值	比重（%）	中国出口值	经香港出口值	比重（%）
1895	179946960	88191240	49.0	143293211	54774489	38.2
1896	211623419	91356530	43.2	131081421	54053060	41.2
1897	212234994	90125887	42.5	163501358	60402222	36.9
1898	218745347	97214017	44.4	159037149	62083512	39.0
1899	273756065	118096208	43.1	195284832	71845558	36.7
1900	222129473	93846617	42.2	158996752	63961634	40.2
1901	277139735	120329884	43.4	16966757	71435103	42.1
1902	325546311	133524169	41.0	214181584	82657375	38.6
1903	336853134	136520453	40.5	214352467	89195605	41.6
1904	357444663	141085010	39.5	239486683	86858017	36.2
1905	461194532	148071198	32.1	227888197	81452643	35.7
1906	428290287	144936957	33.8	236456739	82740427	35.0
1907	429071662	155642016	36.3	264380697	97226434	36.8
1908	409554653	150252300	36.7	276660403	92107693	33.3
1909	430048606	150471229	35.0	338992814	96919388	28.6
1910	476553402	171465974	36.0	380833328	108722925	28.5
1911	482576127	148249355	30.7	377338166	103669742	27.5

---

① 刘蜀永：《香港的历史》，新华出版社1996年版，第108页。
② 陈昕、郭志坤主编：《香港全纪录》，上海人民出版社1997年版，第114页。
③ 甘长求：《香港对外贸易》，广东人民出版社1990年版，第9页。
④ 黄炎培、庞淞编：《中国商战失败史》，1986年龙门书店再版取名为《中国四十年海关商务统计图表》，第182、187、188、197页，比重是根据原数字计算所得，转引自甘长求《香港对外贸易》，广东人民出版社1990年版，第13—14页。

第二节 转口港地位的确立

香港转口港地位的确立,从香港九龙关的转口贸易中得到体现,分析这10年间的九龙关转口贸易的变化就可以得出一些结论,进而分析出香港转口港形成的过程。

下面从宏观角度考察香港近代转口港地位的整体概观。1876—1915年这40年间,香港在中国外贸中的地位非常重要,其中经香港进口的货值占中国全部进口值的30%—40%,有些年份(计有7年)还超过50%;另外,经香港出口的货值占全部出口值的20%—30%,有些年份(计有6年)还超过40%。各国(与中国)往来贸易以英国为最巨,英人善于贸易,香港为枢纽,印度为外府。① 花纱行为香港巨大商务之一,国内外货物多借用此间转运,在全盛时期,每个牌头订货常达一二万包。② 1892—1901年10年间香港贸易报告总值如表7-5所示。

表7-5　　　　　香港十年贸易报告总值　　　　　(单位:两)

年份	外国进口	本土进口			出口(来自香港)	总计
		来自香港	中国去中国	总计		
1892	13468368	3113192	1869740	4982932	17290632	35741932
1893	17663217	3338377	1648163	4986540	18937126	41586883
1894	15326749	3438540	2256484	5695024	19665908	40687681
1895	21585595	3455730	2665779	6121509	22678090	50385194
1896	21124268	3482122	2216242	5698364	22565590	49388222
1897	13027228	3939890	2329842	6269732	23024493	42321453
1898	17138751	3517012	2532737	6049749	22511512	45700012
1899	24500910	3737565	2072696	5810261	26221055	56532226
1900	20768638	3185975	2265220	5451195	20857760	47077593
1901	18956231	3427355	3825328	7252683	22919708	49128622

资料来源:刘辉主编:《五十年各埠海关报告1882—1931》(四),中国海关出版社2009年版,第206页。

---

① 甘长求:《香港对外贸易》,广东人民出版社1990年版,第11页。
② 张晓辉:《香港与近代中国对外贸易》,中国华侨出版社2000年版,第150页。

通过对表 7-6 的分析，进一步可以佐证香港转口港的地位，可知香港占据进口贸易价值，从 1871 年到 1911 年，各区间统计所占百分比是 32.5、36.2、51.2、41.6 和 33.9，所占最高时间段为 1891—1893 年间，五个时间段平均占比 39.08%，远在美、英、德、法、俄、日等国家之上。

表 7-6　　　　进口贸易价值中各国所占比重（1871—1911）　　　（单位:%）

年份	香港	日本及台湾	美国	英国	德国	法国	俄国及苏联	其他
1871—1878	32.5	3.7	0.5	34.7	—	—	0.2	28.4
1881—1883	36.2	4.9	3.7	23.8	—	—	0.2	31.2
1891—1893	51.2	4.7	4.5	20.4	—	—	0.6	18.6
1901—1903	41.6	12.5	8.5	15.9	—	—	0.8	20.7
1909—1911	33.9	15.5	7.1	16.5	4.2	0.6	3.5	18.7

注：各期各国总计=100。

资料来源：严中平：《中国近代经济史统计资料选辑》，科学出版社 1955 年版，第 65 页。

从微观角度看，通过分析香港九龙关各年份转口情形，进一步分析香港转口港的形成问题。从表 7-7 可以看出，通过对 1899—1900 年经过九龙关的贸易进行分析，可以看出外国商品进口中国，全部从香港进口；1899 年，从香港进口本地土货占 64.3%，1900 年从香港进口土货 58.4%，进口本地土货全部通过香港转运到世界各地。

表 7-7[①]　　　　沿海各关贸易总值和净利（1899—1900）　　　　（单位：两）

	1899 年		1900 年	
	净利	总计	净利	总计
外国商品				
从香港进口	24500910		20765638	
从内地港口进口	—		—	
外国商品总计		24500910		20768638

---

① 中国第二历史档案馆、中国海关总署办公厅编：《中国旧海关史料（1859—1948）》第 34 册，京华出版社 2001 年版，第 566 页。

续表

	1899 年		1900 年	
	净利	总计	净利	总计
转口去香港	—		—	
转口去内地港口	—		—	
转口商品总计				
外国进口净利	24500910		20768638	
土货				
从香港进口	3737365		3185975	
从内地进口内地	2072696		2265220	
总计土货进口		5810261		5451195
转口去香港	—		—	
转口去内地港口	—		—	
总计转口土货	—		—	
总计转口土货净利	5810261		5451195	
香港进口本地土货	26221055		20857760	
内地各港口进口本地土货				
土货总计		26221055		20857760
经过站的贸易总值		56532226		47077593
进过站的贸易净利	56532226		47077593	

如表 7-8 所示，对 1901 年经过九龙关的贸易分析，可以看出经过珠江口、东海岸和大鹏湾的外国商品全部从香港进口；土货从香港进口，经过珠江口进口占 63.9%，经过东海岸进口占 10.5%，经过大鹏湾进口占 46.7%；而香港进口本地，经过珠江口占 46.4%。1901 年，香港无论是进口外国商品，还是出口中国土货，通过香港转口的均占 40% 以上。

表 7-8①　　　　1901 年经过九龙关沿海各关贸易总值和净利　　　　（单位：两）

	经过珠江口站		经过东海岸站		进出大鹏湾	
	净利	总值	净利	总值	净利	总值
外国商品						
从香港进口	18321367		376057		258807	
从内地港口进口	—		—		—	
外国商品总计	—	18321367	—	376057	—	258807
转口去香港	—		—		—	
转口去内地港口	—		—		—	
转口商品总计	—		—		—	
外国进口净利	18321367		376057		258807	
土货						
从香港进口	3139882		235121		52232	
从内地进口内地	1770128		1995828		59372	
总计土货进口	—	4910010	—	2230949	—	111724
转口去香港	—		—		—	
转口去内地港口	—		—		—	
总计转口土货	—		—		—	
总计转口土货净利	4910010		2230949		111724	
香港进口本地土货	20156373		2441513		321822	
内地各港口进口本地土货	—	20156373	—	2441513	—	321822
土货总计	—	43387750	—	5048519	—	692353
经过站的贸易总值	43387750		5048519		692353	

如表 7-9 所示，对 1902 年经过九龙关的贸易分析，可以看出经过珠江口、东海岸和大鹏湾的外国商品全部从香港进口；而香港进口本地土货，经过珠江口占 36.9%，经过东海岸占 44.9%，经过大鹏湾占 44.1%。1902 年，香港无论是进口外国商品，还是进出口中国土货，通过香港转口的均占 35% 以上。

---

① 中国第二历史档案馆、中国海关总署办公厅编：《中国旧海关史料（1859—1948）》第 34 册，京华出版社 2001 年版，第 567 页。

表 7-9 **1902 年经过沿海各关贸易总值和净利统计** （单位：两）

	经过珠江口站		经过东海岸站		进出大鹏湾	
	净利	总值	净利	总值	净利	总值
外国商品						
从香港进口	21266258		650883		275082	
从内地港口进口	—		—		—	
外国进口总计		21266258		650883		275082
转口去香港	—					
转口去内地	21266258		650883		275082	
转口外国商品总计						
外国进口净利	3433570		191515		27034	
土货	1607389		1714558		35417	
从内地进口到内地		5040959		1906073		62451
转口去香港	—		—		—	
转口去内地各港口						
土货转口额总计						
土货转口净利	5040959		1906073		62451	
本地土货进口香港	15337809		2078486		266279	
本地土货进口内地港口	—		—		—	
本地土货总计	—	15337809	—	2078486	—	266279
通过各口的贸易总值		41545026		4635442		603812
各口的贸易净利	41545026		4658442		603812	

如表 7-10 所示，对 1903 年经过九龙关的贸易分析，可以看出经过珠江口、东海岸和大鹏湾的外国商品，全部从香港进口；而香港进口本地土货，经过珠江口占 76.8%，经过东海岸占 44.9%，经过大鹏湾占 57.2%。1903 年，香港无论是进口外国商品，还是进出口中国土货，通过香港转口的均占 40% 以上。

---

① 中国第二历史档案馆，中国海关总署办公厅编：《中国旧海关史料（1859—1948）》第 36 册，京华出版社 2001 年版，第 651 页。

表 7-10[①] 1903 年经过沿海各关的贸易表统计 （单位：两）

	经过珠江口站		经过东海岸站		进出大鹏湾	
	净利	总值	净利	总值	净利	总值
外国商品						
从香港进口	16170098		376412		324789	
从内地港口进口	—		—		—	
外国商品总计	—	16170098	—	376412	—	324789
转口去香港	—		—		—	
转口去内地港口	—		—		—	
转口商品总计	—		—		—	
外国进口净利	16170098		376412		324789	
土货						
从香港进口	4754545		216534		45714	
从内地进口内地	1434614		1733475		34715	
总计土货进口	—	6189159	—	1950009	—	79889
转口去香港	—		—		—	
转口去内地港口	—		—		—	
总计转口土货						
总计土货进口净利	6189159		1950009		79889	
香港出口本地土货	15354980		1790409		266050	
内地各港口出口本地土货	—		—		—	
出口土货总计		15354980		1790409		266050
经过站的贸易总值		37714237		4116830		670728
经过站的贸易净值	37714237		4116830		670728	

如表 7-11 所示，对 1901—1903 年经过九龙关的贸易分析，可以看出外国商品转口中国，全部从香港转口即转口率 100%；而香港进口本地土货，1901 年占 52.7%，1902 年占 47.8%，1903 年占 39.5%。本地土货进口香港全部经过香港即转口率 100%。

[①] 中国第二历史档案馆、中国海关总署办公厅编：《中国旧海关史料（1859—1948）》第 38 册，京华出版社 2001 年版，第 705 页。

表 7-11 1901—1903 年经过沿海各关贸易总值和净利统计 （单位：两）

	1901 净利	1901 总值	1902 净利	1902 总值	1903 净利	1903 总值
外国商品						
从香港进口	18956231		22092223		16871299	
从内地港口进口	—		—		—	
外国进口总计	18956231		22092223			16871299
转口去香港	—		—		—	
转口去内地	—		—		—	
转口外国商品总计	—		—		—	
外国进口净利		18956231		22092223	16871299	
土货						
从内地进口到内地	3427355		7262708		5016253	
转口去香港	3825328		3357364		3202804	
—						
土货出口总计		7252683		7009483		8219057
土货转口净利	7252683	—	7009483		8219057	
本地土货进口香港	22919708		17682574		17411439	
本地土货进口内地港口	—		—		—	
本地进出土货总计	—	22919708		17682574		17411439
通过各口的贸易总值		49128622		46784280		42501795
通过各口的贸易净利	49128622		46784280		42501795	

总之，我们从这十余年间分析这些数据可以看出，外国商品进口中国全部经过香港，而香港转口中国土货的比例如上表统计，从这些数据可以分析得出：1899—1911 年，香港转口中国的比例均值在 42.58%，有三个年份均超过 50%，这些无疑证明香港转口港的形成。通过表 7-12、表 7-13 和表 7-14 的分析，可以进一步佐证。自 1898 年后，香港仍以航运

---

① 参见中国第二历史档案馆、中国海关总署办公厅编《中国旧海关史料（1859—1948）》第 38 册，京华出版社 2001 年版，表格据第 704 页和 705 页改编而成。

及贸易为主，转口港地位进一步确立。①

表7-12② 1909年经过沿海各关贸易总值和净利统计 （单位：两）

	经过珠江口站		经过东海岸站		进出大鹏湾	
	净利	总值	净利	总值	净利	总值
外国商品						
从香港进口	26259847		499270		516277	
从内地港口进口	—		—		—	
外国进口总计	26259847		499270		516277	
转口去香港	—		—		—	
转口去内地	—		—		—	
转口外国商品总计	—		—		—	
外国进口净利						516277
土货						
从内地进口到内地	1629528		5602568		30612	
转口去香港	—		—		—	
转口去内地各港口	—		—		—	
土货转口额总计	—		—		—	
土货转口净利	—	1629528		5602568		30612
本地土货进口香港	13627124		1195880		292575	
	—		—		—	
本地土货总计		13627124		1195880		292575
通过各口的贸易总值	41516499		7297718		839454	
通过各口的贸易净利	—	41516499		7297718		839454

---

① 许锡辉、陈丽君、朱德新：《香港跨世纪的沧桑》，广东人民出版社1995年版，第148页。
② 中国第二历史档案馆、中国海关总署办公厅编：《中国旧海关史料（1859—1948）》第50册，京华出版社2001年版，根据第632页表格改制而成。

第七章 香港轮船航运业与转口港地位的确立

表 7-13①   **1910 年经过沿海各关贸易总值和净利统计**   （单位：两）

	经过珠江口站		经过东海岸站		进出大鹏湾	
	净利	总值	净利	总值	净利	总值
外国商品						
从香港进口	31313773		841773		641720	
从内地港口进口	—		—		—	
外国进口总计	31313773		841773		641720	
转口去香港	—		—		—	
转口去内地	—		—		—	
转口外国商品总计	—		—		—	
外国进口净利		31313773		841773		641720
土货	—		—		—	
从内地进口到内地	1550117		4507421		67101	
转口去香港	—		—		—	
转口去内地各港口	—		—		—	
土货转口额总计	—		—		—	
土货转口净利	—	1550117		4507421		67101
本地土货进口香港	13405085		1364024		217287	
本地土货总计	—	13405085	—	1364024		217287
通过各口的贸易总值	46268975		6713218		899108	
通过各口的贸易净利		46268975		6713218		899108

表 7-14②   **1911 年经过沿海各关贸易总值和净利统计**   （单位：两）

	经过珠江口站		经过东海岸站		从大鹏湾进出	
	总值	净利	总值	净利	总值	净利
外国商品						
从香港进口	24844973		550832		430546	
从内地港口进口	—					

---

① 中国第二历史档案馆、中国海关总署办公厅编：《中国旧海关史料（1859—1948）》第 53 册，京华出版社 2001 年版，根据第 669 页表格改制。

② 中国第二历史档案馆、中国海关总署办公厅编：《中国旧海关史料（1859—1948）》第 56 册，京华出版社 2001 年版，根据第 699 页表格改制。

续表

	经过珠江口站		经过东海岸站		从大鹏湾进出	
	总值	净利	总值	净利	总值	净利
外国进口总计	24844973		550832		430546	
转口去香港	—		—		—	
转口去内地	—		—		—	
转口外国商品总计	—		—		—	
外国进口净利	—	24844973	—	550832	—	430546
土货						
从内地进口到内地	1931176		2361889		10111	
转口去香港	—					
转口去内地各港口	—					
土货转口额总计	—					
土货转口净利	—	1931176	—	2361889	—	10111
本地土货进口香港	12662396		1241675		213570	
	—					—
本地土货总计	—	12662396	—	1241675	—	213570
通过各口的贸易总值	39439085		4154396		654227	
通过各口的贸易净利	—	39439085	—	4154396	—	654227

从表7-12、表7-13和表7-14,考察1909—1911年沿海各关贸易总值和净利。从横向方面来看,首先,外国商品主要是经过珠江口、东海湾和大鹏湾进口到香港;其次,表7-12中通过珠江口进口土货到香港占通过三口贸易总净利的83.6%,通过东海岸进口土货到香港占通过三口贸易总净利的14.7%,通过大鹏湾进口土货到香港占通过三口贸易总净利的1.7%,由此得出,土货进口香港主要是珠江口和大鹏湾;表7-13中通过珠江口进口土货到香港占通过三口贸易总净利的85.9%,通过东海岸进口土货到香港占通过三口贸易总净利的12.5%,通过大鹏湾进口土货到香港占通过三口贸易总净利的1.6%。由此得出,土货进口香港主要是珠江口、东海岸和大鹏湾,且主要从珠江口进入香港居多;表7-14,通过珠江口进口土货到香港占通过三口贸易总净利的89.1%,通过东海岸进口土货到香港占通过三口贸易总净利的9.4%,通过大鹏湾进口土货到香港占通过各口贸易总值的1.5%。由此得出,土货进口香港主要是珠江口、东海岸

和大鹏湾。从中可以看出,随着贸易的发展,通过珠江口、东海岸和大鹏湾的香港进口土货贸易比例分布不均衡趋势加强。从纵向来看,1909—1911年,通过珠江口进口到香港的土货净利年均值达到42408186两,通过东海岸进口到香港的土货净利年均值达到6055110两,通过大鹏湾进口到香港的土货净利年均值达到797596两。因此,香港转口贸易的发展从九龙关附属的三个港口也能得到印证。李蓓蓓认为虽然当时香港没有系统的贸易统计数据,但从进出港船只及其吨位数的数位中,仍可看出20世纪的前几十年间,香港的转口贸易发展不俗。1898年进入香港的贸易船只总数为11058艘,总吨位数为1325万吨,而到1913年,则分别上升为21867艘和2294万吨,增幅近1倍。同期香港政府的财政税收也相应翻了一番。①

经过数十年发展,到了20世纪香港已成为连接欧、亚、美、澳各大洲及中国各地的交通枢纽,成为中国内河沿海及远洋航运的中心,转口港的地位进一步确立。② 香港的转口贸易早在半个世纪前已经开始酝酿,向转口港转变的趋势一刻也没有停止,"且夫世界商港船舶出入最繁者,首推美国纽约,次为英京伦敦,再次则香港,船舶交通上,在世界亦列第三地位焉。上海及新加坡尚在第四位耳"③。

小　　结

香港转口港地位确立的历史原因,除了第一章分析诸多自然和社会经济的区位优势外,通过对半个世纪以来香港轮船航运贸易的梳理,可以得知香港转口港地位是建立在日益发达的轮船航运业和中转贸易繁荣的基础之上的,若前者是"车轱辘",那后者就是"马车"。由此推知香港转口港地位形成的核心经济动力是轮船航运业的日渐发达,以此驱动中转贸易逐渐发展,且所占全国比重日益提升,促使香港转口港地位的确立。

香港转口港地位形成的历史过程。1842年,随着香港岛被英国割占,港英政府推行自由贸易政策,货物进出口香港比较自由,税率较低,应税

---

① 李蓓蓓编著:《台港澳史稿》,华东师范大学出版社2003年版,第356页。
② 同上书,第328页。
③ 赖连三:《香港纪略(外二种)》,李龙潜点校,暨南大学出版社1997年版,第11页。

的货物亦较少，因此，香港的转口贸易有较快的发展。① 历经半个世纪的发展，香港自由港政策日益发挥重要的作用，香港逐渐成为国际航运交通枢纽，朝着转口港的方向高速前进。香港坚持的自由贸易政策是形成香港转口贸易的根源，经过数十年的经营和发展，香港带着"远东转口贸易中心"的美名跨入了风云变幻的20世纪，进入转口港的发展时期。② 其实到了19世纪90年代，香港就号称"东方的直布罗陀"，被列为大不列颠帝国内仅次于伦敦和利物浦的大商港。③ 伴随着香港轮船航运业的发展壮大，清末香港转口港雏形逐渐形成，其主要表现为两个方面：一是香港的中转贸易的繁荣发展；二是香港转口的贸易总值比例的扩大。香港转口港地位最终确立。由此可知香港转口港地位形成是一个渐进的历史过程。

香港形成转口港地位所产生的影响。从制度变迁角度考察，随着经济制度的确立，势必促使经济绩效的变动。显然，香港自由港的确立和转口港地位的形成，促使香港区域经济绩效增长。从形成区位因素看，香港形成转口港地位助力香港形成国际化港口和大都市，成为东西贸易的枢纽，真正形成"东方的直布罗陀"的地位，又加速区域经济发展，进一步推动了轮船航运业发展。从行业发展的角度看，香港转口港地位形成，促使香港行业发展多样化不仅仅停留在外贸业和航运业的层面，而是推动相关行业的发展，诸如金融业、邮政业、保险业等。

---

① 甘长求：《香港对外贸易》，广东人民出版社1990年版，第6页。
② 李蓓蓓编著：《台港澳史稿》，华东师范大学出版社2003年版，第355页。
③ 参见陈可焜《香港经济一瞥》，中国展望出版社1986年版，第100页。

第八章　香港轮船航运业与新兴产业兴起

近代香港轮船航运业持续快速发展,促使与轮船密切相关的新兴行业的初兴。由于轮船航行中遇到各种不可控因素,导致海难频发,为了降低这种风险,香港兴起保险业,其中有一种称为火险,专门向轮船投保,确保出海航行人财安全,万一遇到意外,也可得到相应赔偿,降低航行风险。随着经济贸易日渐发展,为了加快各地区经济互通,遂促使电报业的发展。轮船最初由洋行投资运营,这些洋行作为金融机构,给华商和金融业带来示范效应,促使近代金融业的发展。实际上,伴随着轮船航运业的发展,所产生的新兴产业远不止上述三个,诸如货栈业、邮政业、仓储业、旅游业等行业也得到发展。

第一节　保险业

一　保险业兴起

关于近代保险业研究,《中国保险史》全面概述了近代中国保险业兴起及其发展历程。① 杨锦銮对近代中国保险业作出系统全面的研究。② 王洪涛梳理近代中国华商保险业的历史脉络及其阶段性特点。③ 保险业,近代俗称火险,也称燕梳,英文 insurance 的音译,投保远洋轮船,降低轮船航

---

① 中国保险史学会编:《中国保险史》,中国金融出版社1998年版。
② 杨锦銮:《中国近代民族保险业发展研究(1875—1937)》,博士学位论文,中山大学,2010年。她于2014年主持国家社科基金一般项目"华洋关系视野下的近代民族保险业发展研究(1875—1937)"。
③ 王洪涛:《成长与迟滞:近代中国华商保险业发展历程的历史考察(1865—1945)》,硕士学位论文,厦门大学,2006年。其中关于近代保险业的学术综述,亦可参考该文第一部分。

行所带来的意外损失，随后投保范围逐渐扩大，不局限于轮船，诸如陆上房屋火灾、生命安全、财产损失等各方面，都纳入投保范围。

首先，近代香港保险业作为新兴产业，最初兴起缘由大概是保护轮船航行，降低香港轮船遭遇的航行风险。王洪涛也认为保险业与航运业休戚相关，保险业是航运业的坚实后盾，一般来说，航运业与保险业往往集于一体，一为获取巨额保险利润；一为保障航运业自身的发展，变幻莫测的海上风险是香港轮船航运业商人无法抵御的。① 通常远洋航行风险稍多，即便是内河航运，也面临同样的风险问题，只是面临风险等级不一，或遭遇自然灾害，或触礁沉没，或相撞，时常发生物损人殁的事情。"人生斯世祸福无常，往往为意料所不及，不徒吉凶生死，为人世之大数，自有一定之理，而且悲欢离合，为人世之小事，亦有一定之机。"② 保险业最初从西方引进中国，伴随着航运业兴起而创办。随着保险业务增多，行业规模日渐扩大。凡是通商互市的地区，均设有保险公司，因此投保业务越多，创设公司越多。③

近代保险公司的发展，在一定程度上降低了轮船航行的损失。轮船公司通过购买轮船保险，一旦轮船失事，将得到一定的补偿。1881年，香港太平山东街遭遇火灾，约计烧去货物值银6万元，其中有3万元货物曾买保险，已获得12000元保险补偿。④ 1881年，火船驶近台湾附近忽遭沉溺，当时各处渔船俱驰往拯救，香港各保险公司及其船主汇集数千元酬劳，前往给付。⑤ 1882年，据称凡是轮船贩运货物途经苏伊士运河，必须向保险处购买平安保险，以确保无意外。⑥ 1884年2月，江轮船在金门迤北的围颈海面失事，以致全船沉溺，保险公司派帆船到该处拯救货物。⑦ 1897年，鸦头轮船失事，由于已经购买茶砖保险1700余吨，其余毡拿受卖银4000

---

① 王洪涛：《成长与迟滞：近代中国华商保险业发展历程的历史考察（1865—1945）》，硕士学位论文，厦门大学，2006年，第9页。
② 《论香港云龙轮船事》，《申报》1874年2月28日，第1版。
③ 《中国宜创设保险公司说》，《叻报》（新加坡）1890年7月24日。
④ 《火灾余耗》，《循环日报》1881年1月22日，第2版。
⑤ 《轮船失事续闻》，《循环日报》1881年5月26日，第2版。
⑥ 《埃及电音》，《循环日报》1882年7月12日，第2版。
⑦ 《拯救货物》，《循环日报》1884年3月25日，第3版。

镑，中外公司获补偿7000两，于仁公司获得2700两，扬子公司获得3000两。① 同年，鸿泰号租益生轮由牛庄满载饼荳去神户，路经马关，因风触礁，曾向怡和广东水险公司及启昌代理香港普安公司共保水溃平安银5万余两，已蒙两公司如数赔偿，足见信义可靠，登报鸣谢。② 1902年，怡和洋行发布公告称定生轮船于5月19日在香港遇火，所有被灾之残短货物，货主必须于9月15号以前一律报明香港皇后街中外众国保险公司经理福礼沙办理，过期以后，无论残缺何物，均不认赔。③ 1907年，香港轮船在海南岛触礁，据称该船已经按照船重1208吨、长240尺和深29尺这个标准购买火险。④ 1908年，由菲律宾各岛往来香港的轮船，因大风失踪，该船保险18万，所载货物价值400万。⑤ 由以上诸多案例可以发现，轮船航运所购买保险，遇到灾害均能获得保险赔付，降低经济损失，这就是保险业兴起的内在要因。

其次，保险公司兴起的民族主义层面的分析。保险业作为外国引进的行业，最初由外国洋行垄断经营，收益自然被外资所侵夺，势必造成利权外溢。王洪涛也认为民族感情的爆发，刺激了华商保险业的产生。⑥ 随着甲午中日战争失败，振兴商务、抵制利权外溢、振兴中华成为这个时代的主旋律。1895年，香港针对英、德商人设立保险公司，盈利颇丰，因此香港拟设立保险，既可获利，又可抵制财源外溢。⑦

二 保险业发展概况

香港保险业的发展主要体现在两个方面：一是由于航运业务繁荣，各洋行纷纷在港设立保险代理公司，负责火险；二是华商在香港设立保险公司，经营水陆各种保险，与外商保险公司争夺保险市场。

首先，各洋行或外商在香港纷纷设立公司或代理公司。1873年，太古

---

① 《分偿保险》，《香港华字日报》1897年7月8日，第3版。
② 《赔款迅速》，《申报》1897年5月15日，附张第3版。
③ 《告白》，《大公报》（天津）1902年8月16日，第4版。
④ 《香港轮船在海南触礁》，《香港华字日报》1907年2月27日，第3版。
⑤ 《轮船失踪》，《新闻报》1908年10月1日，第11版。
⑥ 王洪涛：《成长与迟滞：近代中国华商保险业发展历程的历史考察（1865—1945）》，硕士学位论文，厦门大学，2006年，第12页。
⑦ 《拟设保险》，《香港华字日报》1895年9月17日，第3版。

洋行新设保险公司，所有贵客货物银两等项往来，可向该行投保，价格相宜，将其价银现扣三分之一，公司在各埠头设立代理处，如香港、广东省城、上海、天津、烟台、牛庄、汉口、九江、镇江等处，若有贵商赐顾，请到该行面议。① 公盛洋行和华商保安公司分设新栈，在永安街中昌记内开张，专代投中外客商经理买卖各色货物，代装牛庄、天津、烟台、广东省城、香港、福州、厦门、宁波及长江、东洋各埠货件，并代写火轮夹板船只及报关保险、搭客等事。②

1880年，兰忌思也保险公司，专营保火烛燕梳十余年，由香港瑞记洋行代办货仓，专保西人房屋、私货货仓等，价格合理，请需要者到该行面议。③

1880年，禅臣洋行在香港代理刁路廼些海保有思仁华路面保险公司，专保轮船平安，价格相宜，其中国、日本、菲律宾、新加坡等埠轮船保险，每洋银一元，计给回银三分之一，其余各埠轮船保险，其余每元许给回银十五仙士。④ 1883年，禅臣洋行旗下的保险公司在香港设立代理处，专保洋面保险，所有价格规矩，一律遵守香港与别家相关规定。⑤

1882年，旗昌洋行扬子江保险公司总局设在上海，其另设之分行在中国与东洋各要口岸，并在香港等处设立分行，专事中外各船保险事宜。⑥

1882年，瑞国洋面保险公司，由几个公司筹集共备资本425万元，在香港开设保险公司，委托米吔洋行出保单，代为经营保险业务，专保洋面上船只货物，倘若遇到不测，照例赔偿，每100元保偿约得33元。⑦

1882年，铺利臣尔士柯尔炉保险公司，筹集280万成立公司，专门经营中外保险事宜，专保中外铺屋货物和坚固货仓货物，价格相宜。⑧

---

① 《新设保险公司即扣三分之一》，《申报》1873年4月12、15日，第6版，8月30日，第8版。
② 《新开栈房》，《申报》1873年5月31日，第7版。
③ 《承保火烛燕梳告白》，《循环日报》1880年12月2日，第3版。
④ 《刁思路仁廼华些路海面有限公司》，《循环日报》1880年7月2日，第4版。
⑤ 《禅臣保险公司》，《循环日报》1882年9月12日，第4版。
⑥ 《扬子江保险公司》，《申报》1882年8月25日，第8版。
⑦ 《瑞国洋面保险公司告白》，《循环日报》1882年6月1日，第4版。
⑧ 《铺利臣尔士柯尔炉保险公司》，《循环日报》1882年6月1日，第4版。

1883年，英国京公司火烛保险，公司办理保险已逾数十年，实备资本千万元，专保火烛燕梳，在香港设立分行承保房屋、家私、货仓，确保火烛意外，价格相宜，遇有不测，则数倍赔付。①

1900年，怡和洋行香港依士颐火险公司承保岸上火险，凡房屋、生财、衣服、货物等都可代保，倘有不测，立即赔偿，各商投保请到本行面议即可。② 怡和洋行永明人寿保险公司，人生天地间，从长计议，则以保人险为最善，公司专保中西人寿险，如保者定期可付回本银，并另有额外利益，倘定期未满而或有不测，立即照保单如数赔偿，其赔偿等情，可在本埠由各董事中商办，不用函达外洋总公司，以昭便捷。③ 保险分为火险、水险和人险，火险投保岸上各类风险，水险主要针对江海船只风险，人险专保个人健康及意外事情，清末香港保险业呈现分类专业化发展趋势。

1909年9月25日，经政府立案，广东保险有限公司核准成立，随后举行开幕仪式，政商学各界均出席参加，张弼士和张鹤琴为总理，该公司为保商业而挽回利权，抵御外商入侵而设立。保险业包含财产、人身保险两大宗，其性质虽属于营业之范围，其作用足以为行政之辅助，以故东西各国保险社会，以法律为规范。而广东保险业经总商会提倡，对内振兴商业，对外则挽回利权。④

由此可知洋行纷纷在香港设立保险公司，或代理公司，或代理办事分处，其主要业务为向轮船投保，虽然从报刊广告中梳理出几家洋行保险公司，实际上在港投资运营保险公司的，远不止这几家洋行。

其次，华商在香港纷纷设立保险公司，抵制利权外溢，争夺保险业市场。

1872年，香港保险公司常为客商保海险或船身或货物或出海，从江河至中国各埠以及东洋均可保险，价格适宜，凡各商需要者，均可到店咨询办理。⑤

---

① 《英国京公司火烛保险》，《循环日报》1882年9月12日，第4版。
② 《怡和洋行经理火险公司》，《申报》1900年6月9日，第12版。
③ 《永明人寿保险公司》，《申报》1900年12月27日，第5版。
④ 《广东保险公司开幕纪事》，《南洋总汇新报》1909年9月25日，第6版。
⑤ 《香港保险公司》，《申报》1872年7月4、8日，第7版。

1876年，华商拟增设保险公司，港中殷实华商因见招商局所设保险公司，生意兴隆，拟向众商筹集，合股另设一保险公司，取名安泰，共2000股，每股200两，合计银40万两。① 该保险公司拟定章程，一切规模形式均俱照西制，唯保险单则用华文汉字，每保1火船议定4万为限，帆船2万为限，以香港为总行，在各通商口，均设分行代理。② 1878年，宁波埠托源生昌许霭生翁代理安泰，现将开办所有保险事款，悉照洋商保险例办理，请有需要各商到该号投保。③ 1881年，安泰在上海设办事处，由上海丰兴栈代理保险事务，凡是中外各埠南北洋长江等处，往来火轮、帆船和货物均可投保，且各埠都有代理人照料，保费条规合理，价格相宜，请有需要者到小东门外洋行街投保。④

　　1881年，香港万安保险有限公司由高满华等人在香港发起成立，在香港开始招股，筹集100万元，每股200元，发行5000股，以抵制利权外溢为目的，振兴华人保险业，专保中外各埠来往火轮、帆船、货物等项目，并在各通商口岸设立分处，上海的代理处为金利源码头南顺泰内，其保费规条均照各家例式，请到公司垂询。⑤

　　1884年，香港亚迪、咾碧公司等保险公司各备资本200万，专保火烛保险，商人偶有不测，确有裨益，不至于血本无归，以确保各客商航运事业安全。⑥

　　1895年，香港普安保险兼货仓有限公司，筹集资本银80万元，在香港上环永乐街创设，专保内地外洋及来往中外国各港口岸轮船、桅船及货物，所有章程都依英商保险条例办理，兹特设保者，请至上海广德泰号、安和祥号、同茂泰号、启昌号面商便妥。⑦ 公司总司理阮荔邨在报纸上发布招徕生意的广告。普安在香港设立总局，在上海及通商各埠均设代理

---

① 《华商拟增设保险公司》，《申报》1877年3月16日，第2版。
② 《增开保险公司续闻》，《申报》1877年4月23日，第2版。
③ 《托理燕梳》，《申报》1878年5月30日，第6版。注：燕梳，为英文insurance的音译词。
④ 《丰兴代理香港安泰保险公司》，《申报》1881年6月25、26、27日，第7、8、8版。
⑤ 《万安公司告白》，《创建万安保险有限公司小引》，《循环日报》1881年5月2日，第4版；《万安保险公司》，《申报》1881年9月10、11日，第6、7版。
⑥ 《火烛保平安》，《循环日报》1884年2月26日，第4版。
⑦ 《香港普安保险公司告白》，《申报》1895年8月24、31日，第8、11版。

处，专门经营轮船保险相关事宜。1895年6月23日普安公司开办，7月2日将公司迁往上环永乐街第126号。① 公司专保各子口洋面保险，火轮船、夹板船和鸭皮股船均可照保，其价格适宜，所有保险事款，悉照英例办理，如蒙光顾，请到棋盘大街安和祥面议可。②

1906年，香港同安保险有限公司，已经开设数十年之久，公司实备资本100万元，曾在政府注册。其总局设在香港上环文咸街，在英界博物院路设沪局，专保租界内外楼房行栈家产生财等项，遇有意外，迅速赔偿，现订于7月1日开办，请贵客移步公司沪局账房接洽即可。③

1906年，香港福安保险公司，公司实办资本100万元，专保各通商口轮帆船只、香港屋宇、家私和货物无意外之虞，倘有失慎，赔偿快捷，规矩妥善，请各商到店垂询。④

1908年，香港恒安水火保险公司，在香港政府注册，创设以来经有十载，公司实具资本100万元，历来办事之信，赔款之迅速，众口称善。现为推广生意，挽回利权起见，在上海开办分局，先保火险，凡南北市之房屋、厂栈、店铺、货物、家私、衣服等项，一概承保，倘遇不测，立刻赔价，如蒙各绅商赐顾，请驾临公司账房接洽。⑤

1909年，香港华商源安水火保险公司，公司备足资本银100万元，在英国政府注册存案，总局设在香港南北行街门牌九号，沪局迁在宁波路门牌八号，与广肇公所相邻，专保各国通商口岸来往轮帆、船壳、水险及保南北洋等埠，房屋租项、货栈衣服、生财、装修货物，水险均无意外之虞，所有保险章程，均照英例办理，保本由100两至数万两不等，都能投保，公司发出火险凭票，用中西两种文字书写，沪局开办多年，信用甚好，如遇赔偿，异常迅速，并无扣折。⑥ 随后该公司在新加坡设立火烛保险、汇兑、附揭、积聚、按揭、货仓有限公司，在香港注册，资本100万元，其中业务之一为专保轮船邮寄水险等事宜，并在南洋有关报刊中登广

---

① 《公司迁地》，《香港华字日报》1895年8月5日，第3版。
② 《香港普安洋面保险公司》，《申报》1895年11月9、10日，第6、12版。
③ 《香港同安保险有限公司沪局》，《申报》1906年9月6日，第10版。
④ 《福安洋面火烛保险有限公司告白》，《香港华字日报》1906年8月20日，第9版。
⑤ 《香港恒安水火保险有限公司开办上海分局广告》，《申报》1908年7月27日，第2张第6版。
⑥ 《香港华商源安水火保险有限公司沪局迁移广告》，《申报》1909年7月24日，第4张第1版。

告，招揽业务。①

1928年，香港联安保险公司由余彬南、李聘樵、李佐臣等人创办，存香港渣打银行保证金10万元，存广州广东银行保证金5万元，存历年盈余积项香港银4万元。②

由此可知，香港华商纷纷投资创办保险公司，效仿西方保险公司规制，移植西方经营模式，专门投保火轮各事宜，以振兴商务为旗帜口号，抵制利权外溢为目标期许，能赚钱是其内在的核心动力。华商保险公司所呈现出的特点是公司众多，规模不大，实力稍弱，业务量不小，可与外商相竞争。

三 保险公司的运营模式

近代香港保险公司通常采取股份合作形式筹建，有些华商独资经营，有些合股投资经营，有些设立代理公司经营，总体而言香港保险业采用公司化运营模式，经营有道，利润颇丰。以1898年上海火险公司招股开办章程为例分析，该公司在香港注册立案，地址设在上海，通过向社会各界分四个阶段募集股份，共筹集100万两，担任公司募集股份总办人员涉及洋行、轮船、店号、法律和银行等领域，类似华洋合股集资筹建保险公司。从公司招股章程看，该保险公司成立原因：1. 上海和香港保险公司运营产生巨额利润，尤其是香港两家保险公司股份都是成倍增长，极大地刺激了上海华商投资热情，给予上海在本土创立保险公司的示范效应；2. 上海日益增长的经济发展需要。保险公司基本上移植西方保险公司的制度，采用股份合作制，向社会各界发行股票，清晰界定股权收益分配，告知保险公司风险。

从火险公司开办章程看，公司在上海设立，在香港立案注册。公司经营范围，在中国香港及他处保各种火险，凡是各种房屋、生财、货物、停泊船只及上海坞之船并一切能移动，或不能移动之物，凡是遇火灾、风灾或火轰爆及水没等危险，均可承保，但不保人险。其除了明确采用股份合

---

① 《告白》，《星洲晨报》（新加坡）1909年9月14日，第2页；另见《南洋总汇新报》（新加坡）1909年9月13日，第2版。
② 《香港联泰水火保险公司创办人名列左》，广东省档案馆藏，档号：004-005-0065-077-082，推测1928年。

作制经营外，规定公司投资策略，就章程而言，除了投资保险业外，其盈余各款项，可投资一切生息谋利的行业，增加公司利润。

通过梳理上海保险公司的事例，虽不能概览香港保险业全貌，但是足以了解香港华商保险公司的运营基本模式，以股份制成立公司，投资策略多元化，专保火险相关业务，香港设立总部，在各通商口岸设立分处，一般所获利润颇丰。

1898 年上海火险公司招股及开办章程

本公司在香港立案准为有限公司，故各股东之风险，照所得之股为限存本共 100 万两，分作 5 万股，每股银 20 两，今拟先招 25000 股，如愿购股者，先付银 5 两，于派定股份时，再付银 5 两，光绪廿五年正月廿日再付 5 两，四月廿三日又付 5 两，四次共计 24 两，认股之日由光绪廿四年九月初三上午十点钟起至九月初八下午四点钟止，总办台衔列左：协隆洋行飞伦先生、沙逊洋行哈同先生、壳件洋行克勒先生、招商局陈辉庭先生、南顺记叶成忠先生、慎裕号朱宝山先生、律师哈华托、银行汇丰银行、司事克先生。

本公司写字楼暂在上海江西路二十二号门牌。

创设上海火险公司招股章程

一、各国保险公司林立，沪上其生意之大，人所共知，而上海本地设一火险公司，亦为必不可少者；

二、中国现在建筑铁路创设轧花缫丝等厂，中外通商日盛一日，则需保险亦日繁一日，生意之兴，固不待言而可知矣；

三、沪上将次推广租界，吴淞现已改为通商码头，上海租界势必扩，而欲保险者，亦必由此日增也；

四、香港设有火险公司二家：一名香港火险公司，一名中国火险公司，在中国保险已历多年，生意甚广，应接不暇，而华人之向欧洲及新金山保险公司保险者，亦属不少，香港火险公司股份票，每股原价洋五十元者，现值洋三百三十元，中国火险公司股份票，每股原价洋二十元，现值洋九十五元，其股价之昂贵，如是而欲购股票者，尚求之不能得，今本公司开设上海，每股只收银二十两，凡绅商士庶欲购此项股票，诚不可失此机会也；

五、今华人亦皆知保险之甚为有益，况巨商殷富之财产在上海及通商口岸者居多，自必皆需公司保险，而上海有名望之陈辉庭、叶成忠、朱宝山三位先生皆愿为本公司总办，则将来生意之蒸蒸日上，不卜可知；

六、保险价目，本公司悉照各公司向章办理，查各保险公司皆股历多年，其办法胥臻华善，所订保费亦必折中，至当初无过大之虑，而常获利之多，业已昭告，在人耳目也；

七、所得之利，本公司亦照各公司一律分派，由本公司总办主裁，于所得之利中，提出银若干，分派各股东，其余所得之利作为公积款，如公积款中尚有余多，再行分拨各股东；

八、本公司始创办事，诸君不受分文；

九、买股票人付银后设或本公司投票已完而不能派给者，将其所存之银如数交还或欲买股票若干而所派得之数不及原之股数，除派得股数外，余存之银，于派给股份时，收入该买股票人之帐；

十、各股东之担承风险，实属有限；

十一、本公司一切章程及买股票格式，叩向上海江西路二十二号本公司写字房，或向各总办处取阅，其余各处通商口岸及东洋汇丰银行经理人处，亦可取阅。

上海火险公司开办章程

一、本公司名曰上海火险公司

二、本公司挂号八册处在香港域多利亚城

三、本公司应做生意开列于后：

1、在中国香港及他处保各种火险，并在各处设立经理人；

2、凡各种房屋、生财、货物、停泊船只及上海坞之船并一切能移动，或不能移动之物，凡遇火灾、风灾或火轰爆及水没等险，均可承保；

3、本公司除人险不保外，兼便做别项生意；

四、本公司所准做之生意均可照办或买产业或将本公司之产业租与别人，一切章程本公司自当议妥；

五、本公司所准做之生意及于本公司有益之生意或独做或有做或

调换产业等事,均可照办,别行之股票及抵款等生意,本公司亦可办理;

六、本公司之产业及生意,如有人出高价欲买尽,可转售与人,本公司并买卖别行股票及抵款等生意;

七、于本公司有益之事,可以另设分行,以推广各种生利;

八、各种产业或置业或租赁,凡有利益可图,本公司皆可为之;

九、本公司将盈余之款做各项生意,以期多获利益;

十、本公司将收入存项借与往来行家或别人以收利息;

十一、本公司如有要需,可出票借取银钱,亦可将公司现在及将来之产业作为抵押;

十二、本公司之产业可以出售或增添或抵押银钱或租与别人;

十三、汇票、借票及各种合同契据本公司亦可办理;

十四、以上各事本公司或独办或代人经理均可;

十五、本公司一切章程亦可变通办理;

如于以上所议各节有较胜且易者,尽可准行四股东抵承风险,实属有限,本公司存本银100万两,分作5万股,每股计银20两,并有权再添存本。①

此外,近代香港保险业还形成松散的行业联合会,类似民国时期同业公会,共同制定行业条例、规范和适当的价格。1895年香港各火烛保险公司已经联合,将港中地段分列保险,保险有方,新加坡保险公司也仿制此规制,联成一气,此后买保险者,不用担心倚重倚轻之患。② 另外,通过分析1928年香港英商鸟思伦保险有限公司保单样本,可以初步了解投保的具体情形。保险单记载保险费用、保号、时间、名称、保运航船等信息。

第 号　保险单保到

实号资本银,每百元保费银　算共该保险银　外加印捐银

---

① 《上海火险公司》,《申报》1898年10月14日,第10版。
② 《保险有方》,《香港华字日报》1895年7月12日,第3版。

毫，此货附搭船名，由运　　至　　埠，此据。计开。

民国　年　月　日
香港英商鸟思伦保险有限公司①

民国时期香港保险营业需要特许证才可经营。例如1928年，联泰水火保险公司遵章申请登记并缴纳特许证费大洋100元，请每年更换一次，如不请领过期作废，每次请领或换取证须照章缴纳特许证费，有因亏损停业者须即报名将此特许证缴销。②

综上所述，近代香港保险公司采取股份合作制运营模式，移植西方保险公司制度，投保范围相对固定，各公司经营策略明显同质化，华洋商保险公司竞争激烈，华商保险公司经营有道，收获颇丰。1895年以后保险业形成联行形式，可谓是新特点。

四　保险公司的盈亏状况

一般而言，早期外商洋行投资香港保险公司，由于垄断带来巨大的经济效益。

1874年，瑞记洋行代理揸华洋面及火烛保险公司，公司经营多年，照时价每百元计回花红银十三元三毫，凡是前往各埠，均可到此保险。③

1874年4月，琼记洋行保险公司，历年已久，承蒙各商惠顾，故获利颇丰，去年10月底止，系周年结之期，除支存各项外，每费洋100元，得回用香港银23元5角，将见各商生意日盛，公司收惠良多。④

1875年6月，中外众国保险公司，共股本100万元，先行收存20万元，以备不测之用，向蒙各宝号赐顾多年，凡遇应行赔补，在香港经各股份集议，查明账目，现存银行款项计银21万元，另存各埠管理人及各欠数约有银数万元，尚未计算，足见公司本银丰足。⑤ 1895年，中外保险公司

---

① 《香港英商鸟思伦保险有限公司关于火险的保单》，广东省档案馆藏，档号：004-005-0065-077-082。
② 《香港联泰水火保险公司保险营业特许证》，1928年，广东省档案馆藏，档号：004-002-0216-062。
③ 《揸华洋面及火烛保险公司告白》，《循环日报》1874年5月16日，第4版。
④ 《保险回用》，《申报》1874年4月28日，第5版。
⑤ 《中外众国保险公司》，《申报》1875年6月22日，第8版。

统计共获溢息约 1095865 元，除去支出费用，尚余约 530727 元。①

1877 年 9 月，保安保险公司，去年付保险花红银，现在摊派第二次，即每百两八分，于本月初十日即付，其收票即日分发。②

1880 年，香港保险公司股份行情，于仁保险公司每股本银 500 元，现值价 1450 元，中外保险公司每股本银 500 元，现值价 1450 元；那千拿保险公司每股银 600 元，现值 1150 元；洋子保险公司每股银 500 两，现在值 735 两；香港火烛保险公司，每股本银 200 元，现值得 820 元；中华火烛保险公司每股 100 元，现值 225 元。③ 1896 年，香港保险公司所赔偿款项达到共约 7000 万元，因此足以确保全年安稳。④ 1898 年，香港火险公司股份票每股原价洋 50 元者，现值洋 330 元，中国火险公司股份票每股原价洋 20 元，现值洋 95 元，其股价之昂贵，如是而欲购股票者尚求之不能得。⑤ 足见作为新兴保险业，股价几乎翻倍式增长，呈现良好发展趋势。

1882 年，旗昌洋行扬子江保险公司本银已经收回，计 42 万两及余存银 23 万两，特意备存银 29 万余两，至此共合银 94 万余两，凡船只往来四海内外各埠者，俱可保险，所得余利派与有股份者，每 100 元获得 12 元，每年余利，除付股份利息外，尽行照保。⑥

1883 年，中华火烛保险有限公司举行第十四次聚会，去年公司营业概况已经呈阅，唯有利息颇有异议。⑦

1886 年，禅臣洋行代德国咸北打兰士亚兰的保火险公司，在中国各通商口岸、香港、上海等处，生意多年，绅商信顾，于 1884 年保得 17500 万两之多，价格公道，请到本行账房面议。⑧

1895 年，于仁保险公司上年入息约有 1585288 元，各种收入，除去支出费用，最后积余款项约 150 万元。⑨

---

① 《保险获利》，《香港华字日报》1895 年 9 月 19 日，第 3 版。
② 《保安保险公司告白》，《申报》1877 年 9 月 6 日，第 8 版。
③ 《各公司股份行情》，《循环日报》1880 年 4 月 20 日，第 1 版。
④ 《保险赔偿》，《香港华字日报》1896 年 1 月 18 日，第 4 版。
⑤ 《上海火险公司》，《申报》1898 年 10 月 14 日，第 10 版。
⑥ 《扬子江保险公司》，《申报》1882 年 8 月 25 日，第 8 版。
⑦ 《保险公司聚会》，《循环日报》1883 年 2 月 22 日，第 2 版。
⑧ 《保火险公司告白》，《申报》1886 年 2 月 22 日，第 5 版。
⑨ 《保险公司年结》，《香港华字日报》1895 年 10 月 14 日，第 4 版。

1908年，于仁燕梳旧股165两，新股则150元，香港火烛公司每股307.75元。①

1906年，全安保火轮公司、同安保险公司、普安保险公司和宜安保险公司发布派息告白，大致表示该公司将派息，届时将携带息折到公司领取。英商保险公司在香港设立代理处，专门保火险洋面飓风及意外，赔偿合理，请需要者到店办理业务。②

1910年，香港源安洋面火烛保险、汇兑、附揭、积聚按揭货仓有限公司沪局派息告白，己酉年股本息银经已集议周息1分，凡属股东在沪者，将息折交来本沪局，以便汇寄总局代领，由沪局先行出具收条，等息折寄回后，即凭收条支给息项及领回息折。③

据上述可知，由于早期航运风险特别大，轮船作为风险投资重要保障，香港保安公司和太古洋行、公盛洋行、琼记洋行等开设保险公司，通常愿意"以小博大"保平安，降低航运风险，保险业务日渐扩大，因此收获颇丰，盈利丰厚。随之华商纷纷效仿集资创办保险公司，如安泰保险公司，专门负责各航运中相关保险业务，在各埠设立代理处，并且在报刊登载广告，招徕生意。就此得知，保险公司的纷纷设立，其最初主要投保对象为轮船，轮船航运的繁荣，无疑拓展了保险业务，从而促使了保险业的发展。从各洋行和华商发布招徕顾客生意保险公告中，可以得知近代香港保险作为轮船航运安全保障，投资航运保险业领域，大多盈利，促进了近代香港保险业的蓬勃发展。

第二节　电报业

近代电报具有快捷、及时、便利、隐蔽的特点，由洋商从西方引进到中国，并逐渐推广。1835年，英国第一条电线铺设，全长43公里，随后

---

① 《股份行情》，《香港华字日报》1908年4月18日，第3版。
② 《宜安保险公司派息告白》《全安火险公司派息告白》《同安火烛保险公司派息告白》《英商今孖素于仁燕梳公司告白》《普安保险兼货仓有限公司派息告白》，《香港华字日报》1906年3月26日，第8版。
③ 《香港源安》，《申报》1910年4月27日，第5版。

欧美各国纷纷建设电报，加速世界之间的信息互通。① 时人论述电报："夫世之至神至速，倏去倏来者，盖莫如电，藉电以传信，则其捷也。"欧美国家均充分利用电报，无论隔山隔海，顷刻通达，中国向西方学习电报技术，既可以保卫国家，又可增加消息互通。②

随着欧风美雨来袭，电报技术的移植，电报运用到航运事业，大大便利了航运之间信息互通。电报与轮船之间有密切关系，香港轮船航运业发展，催生电报业的发展。1857 年，P. & O. S. N. 公司的代理商发出指示，要求邮政公司在香港和上海之间的每个中间合法港口之间进行邮件往来。③ 1872 年，由上海寄信从香港至广东、福建等处，电报信纸上写 10 个字，价洋 4 元，20 字价洋 6 元，此后每多加 10 字加价洋 3 元，多加几个字，与加 10 字同价。④ 1873 年，中国电报公司为客承寄电报往香港，各价开列如下：2 字 1 元，3 字 1.5 元，4 字 2 元，5 字 2.2 元，6 字 2.5 元，7 字 2.75 元，8 字 3 元，9 字 3.3 元，10 字 3.6 元，11 字 3.9 元，12 字 4.2 元，13 字 4.5 元，14 字 4.8 元，15 字 5.1 元，16 字 5.4 元，17 字 5.7 元，18 字 6 元，19 字 6.5 元，20 字 7 元。此外，每加字另加 0.35 元，所寄电报，每日在午时及晚 6 点半钟开始派送。⑤ 通常电报以字论价，但传送速度比较快。香港交通有轮船、铁路、航空、电线和邮政，"虽万里之遥，不啻比邻焉"⑥。通过电报发布过往香港轮船航行信息，以便告知各客商及时预备。1874 年，据电报称法国轮船公司名亚华，于 3 月 29 日已离安南之西贡埠，前来香港。⑦ 1880 年，香港轮船尚未抵省城，所有候接行李书信者，均在火船埔头盼望征鸿，遥瞻归雁。⑧ 1905 年，连接港九两地的海底电缆铺设成功。⑨ 1910 年 5 月，大仁丸轮船寄香港邮件，截收时间为本月 22 日，自上海开往香港，在台北邮局收集，寄往该各处邮件。⑩ 电报业

---

① 《电报总叙》，《星报》（新加坡）1893 年 8 月 9 日。
② 《论中国兴电报之益》，《星报》（新加坡）1892 年 5 月 5 日。
③ *The North-China Herald*（1850 – 1866），1857 – 3 – 28，p. 2.
④ 《电气告白》，《申报》1872 年 7 月 11 日，第 6 版。
⑤ 《中国电报公司》，《申报》1873 年 5 月 22、28 日，第 6、5 版。
⑥ 赖连三：《香港纪略（外二种）》，李龙潜点校，暨南大学出版社 1997 年版，第 10—11 页。
⑦ 《法国轮船公司》，《循环日报》1874 年 5 月 18 日，第 3 版。
⑧ 《回录惊心》，《循环日报》1880 年 12 月 2 日，第 2 版。
⑨ 陈昕、郭志坤主编：《香港全纪录》，上海人民出版社 1997 年版，第 131 页。
⑩ 《寄香港邮件截收时刻》，《台湾日日新报》1910 年 5 月 20 日，第 2 版。

随着轮船航运业发展而发展。引进电报主要应用于轮船事业，进而服务其他各行业，已经非常具有进步意义，但以轮船媒介传送相对速度还是缓慢，效率较低。

香港轮船与电报之间的关系，可以表8-1为例进行具体分析，《香港华字日报》一般在第5版设有专栏"船头电音"，类似预告性质，发布哪些洋行的轮船即将到达香港，或者哪些洋行的船只即将离港开往何处。由表8-1中可以看出香港电报业与轮船航运业之间的密切关系。

1. 香港船头电音主要侧重刊载远洋航线方面，例如南洋、日本、北美等地区到港轮船信息，内河航线稍有涉及上海。

2. 船头电音所发布信息以进出香港船舶两方面公告为主，其中包括日期、洋行或公司名称、到达香港时间和从香港出发时间，这些有助于商人及时掌握各洋行或轮船公司船舶信息，使商人有计划地进行跨地域商贸交流，旅客亦能根据如此详细的时刻表，更加便捷安排出行。

3. 船头电音信息是按照每月每日到港出港具体时间，依次排列，然后整合而成。

4. 轮船公司与电报行业密不可分，通过电报快速预告各人轮船到港时间，准确公告由香港开行时间，几乎每天刊行的报纸中均记载船头电音，足见其重要性。反过来而言，这些大量电报预告业务，无疑加速了电报业的发展和扩大。

5. 早期邮船业务与电报业发展壮大密不可分。

表8-1　　　　　　1902—1911年香港"船头电音"统计

日期	洋行或公司名称	船名	何时何地开到香港	由香港何时开往何地
1902年1月14日	旧沙宣行	新口加	十二月初三日早由新加坡开行来港	
	日本邮船公司	丹波丸	十月初三日由新加坡开行二十八日到港	
	勿者士行	咸北	十二月初二日由哥林保开行约初三日到港	
	昌兴公司	他打	十二月初三日早由长崎开行取道上海来港	
	铁行公司	巴林勿打	十二月初四日早由新加坡开行初十日到港	
	铁行公司	班加	十二月初三日由新加坡开行到港	
	日本邮船公司	春日丸	十二月初三日由小吕宋开行约初五日到港	

续表

日期	洋行或公司名称	船名	何时何地开到香港	由香港何时开往何地
1902年1月14日	天祥洋行	柯廉比	十月二十二日由横滨开行来港	
	日本邮船公司	支高丸	九月初一日由马关开行约初五日到港	
	太古洋行	拍杜卡士	初一早由新加坡开行约初七日到港	
	天祥洋行	奇利化灵	十一月十四日由打甘蔗开行到港	
	天祥洋行	比利麻	十一月二十一日由打甘蔗开行经日本到港	
	昌兴公司	印度皇后	十一月二十日早由温哥华开行来港	
	法国公司	鲁士	十二月初三日由西贡开行约六日到港	
	铁行公司	南京	十一月二十四日由孟米开行到港	
	恒盛昌公司	建远	十一月二十五日由新加坡开行来港	
	山打洋行	孖利华剌利	十一月二十七日由神户开行取道武治来港	
	咸北公司	利伊士	十一月二十八日由新加坡开行约初四日到港	
	日本邮船公司	三池丸	十一月二十八由孟米开行初五日到港	
	招商局	泰顺	十二月初一日由上海开行约初四日到港	
1903年7月20日	招商局	美富	二十五日正午由上海开行约二十八日到港	
	劫行	奄排亚	二十二日由他士爹开行约初三日到港	
	宣公司	沙非路	二十四日由小吕宋开行约二十七日到港	
	巨福洋行	镇江	约二十七日由澳门到港	
	花旗轮船	加力	二十三日由横滨开行经神户、长崎、上海来港	
	昌兴公司	亚甸仁	二十二日下午三点,由横滨开行经神户、长崎、上海来港	
	山打洋行	地利士	二十日由上海开行来港	
	旧沙宣行	鸭加	二十日由新加坡开行来港	
	勿者士行	咸北	十九日由神户开行经长崎、上海约二十七日到港	
	渣甸公司	南生	十七日由卡剌吉打经新加坡约初三日到港	
	勿者士行	沙禅	十七日由哥林保开行约二十九日到港	

续表

日期	洋行或公司名称	船名	何时何地开到香港	由香港何时开往何地
1903年7月20日	东洋汽船	香港丸	十三日由旧金山开行经檀香山、日本来港	
	顺昌洋行	烟打布剌	十六日由砵伦利沂经日本开行约六月十八日到港	
	中华轮船	镜湖	初九日由旧金山开行顺经横滨来港	
	昌兴公司	中国皇后	十二日由温哥华绕日本、上海来港	
	天祥洋行	域多利	初三日由域多厘开行来港	
	太古洋行	奇门	初二日由域多利开往神户来港	
	日本邮船	魔岛丸	十九日由新加坡开行约二十六日到港	
1904年1月1日	太古洋行	松江	十二日由小吕宋开行约十五日到港	
	好时洋行	□马希	十一日由武治开约十七日到港	
		希文剌治	十二日由海参崴开行约二十一日到港	
	旧沙宣行	亚鸭加	十二日由□麻吉打开行来港	
	咸北公司	亚利亚士亚	初七早由新加坡开行约十四日到港	
	东洋汽船	香港丸	十一日由长崎开行经上海约十四日到港	
	东西轮船	多力	初四日由旧金山开行经日本、上海来港	
	好时洋行	□芝班拿	初十日孟家室由开行约二十日到港	
	天祥洋行	梳勿□	十日由域多利开行经日本约二十日到港	
	招商港局	泰顺	十二日由上海开行约十五日到港	
	日本邮船	金州丸	初十日由神户经武治约十六日到港	
	渣甸公司	丽生	初六日由加剌吉他开行经新加坡约二十三日到港	
	顺昌洋行	烟打威利	三十日由砵伦经日本来港	
	天祥洋行	名利剌初	初七日由打金马开行来港	
	中华轮船	路顺	三十日由砵伦开经武治来港	
	恒盛昌	建远	十月二十六日由新加坡开行取道海口来港	
	昌兴公司	亚甸仁	十月二十六日由温哥华开行来港	
	花旗公司	毡拿	二十四日由旧金山、檀香山、日本、上海来港	

续表

日期	洋行或公司名称	船名	何时何地开到香港	由香港何时开往何地
1904年1月1日	太古洋行	加路渣	约初四日由武治开行来港	
	太古洋行	武昌		准十一月十四日开行前往伊路埠
	太古洋行	山西		准十一月十六日开行前往镇江埠
	太古洋行	甘肃		准十一月十七日开行前往神户埠
	太古洋行	武昌		十二月初一日开行往衣路三波晏架
1905年1月3日	昌兴公司	他打	初九日由温哥华开行来港	
		渣文昆加士	初八日由域多利开行来港	
	山打洋行	燕都士丹		十五日已安抵岛约
	顺昌洋行	地理文	十七日由些厘开行经日本、上海来港	
	恒盛昌洋行	漳州	十八日由石叻开行来港	
	昌兴公司	印度皇后	二十日由温哥华开行来港	
	旧沙宣行	施鸭加	二十一日由新加坡开行约二十七日来港	
	锦德泰	威和胜	二十一日由新加坡开行经海口约二十八日到港	
		布仙多	二十二日由新加坡开行约二十八日到港	
	太古洋行	礼加素路	二十二日由新加坡开行约二十八日到港	
	太古洋行	太原	二十四日由小吕宋开行约二十七日到港	
		圣非伦	二十九日由岛约开行来港	
	天祥洋行	地厘问		开往日本域多、厘打、金蔌等地，准十二月初九日开行
	昌兴公司	毡拿皇后		前往上海、日本、温哥华，准十二月初六日开行

续表

日期	洋行或公司名称	船名	何时何地开到香港	由香港何时开往何地
1905年1月3日	德忌利士公司	海门		前往汕头、厦门、福州，准本月二十九日开行
1906年2月27日	招商港局	美富	初三由上海开行约初六日到港	
	勿者士行	西甸	初二日由上海来约初五日到港	
		阿富汗比迪士	初二日由新加坡来约初九日到港	
	太古洋行	亚加面暖	初二日由新加坡来约初九日到港	
	花旗公司	蒙古	初四日由横滨开行约十六日到港	
	东洋汽船会社	美国丸	初三日由上海来约初五日到港	
	法公司	东京	初四日由新加坡来约十一日到港	
	渣甸公司	金生	初一日由架剌吉打来约十九日到港	
	天祥洋行	甸阿平奇利	初一日由新加坡月初六日到港	
	铁行公司	楠哥打剌	初一日由新加坡开行来港	
	勿者士行	般岛	二十八日由山打根来约初六日到港	
	顺昌洋行	亚剌十拿		二十九日已到横滨
	□□洋行	岐连年	初一日由新加坡来港	
	勿者士行	巴仁	二十八日由哥林保开行约初九日到港	
	昌兴公司	中国皇后	二十六日由温哥华开行来港	
	日本邮船	□尼梳	二十九日由横滨开行来港	
	昌兴公司	亚甸仁		二十六日已抵安温哥华
	勿者士行	比连士华店麻	二十四日由雪梨开行约十六日到港	
	太古洋行	长沙	二十三日由多士爹开行约初八日到港	
	天祥洋行	□剌	二十五日由布捷爽开行经各埠来港	
	日本邮船公司	文尼索打		由些路开行二十三日早已到横滨
	顺昌洋行	尼今勿地	二十日由砵伦开行约二月十九日到港	
	法国火船	比令嘟	已由今勿孖治开行约十九日到港	

续表

日期	洋行或公司名称	船名	何时何地开到香港	由香港何时开往何地
1906年2月27日	宣公司	施毛沙	十一月二十日由岛约开行来港	
	宣公司	陆之孖	初二日由岛约开行经日本到港	
	天祥洋行	地厘问		开往日本域多、厘打、金菽等，准二月初五日开行
1907年1月22日	日本邮船	日先丸	初七日由小吕宋开行约初九日到港	
	勿者士行	比连士轩力	由神户开行经长崎约十五日到港	
	旧沙宣行	芝加	初六日由新加坡开行约十一日到港	
	德国火船	沙辉力马士	初六日由新加坡开行约十一日到港	
	日本邮船	远江丸	初六日由神户开行经武治约十六日到港	
	铁行公司	地湾夏	初六日由新加坡开行约十一日到港	
	天祥洋行	梳勿	初七日由上海开行来港	
	中华轮船	亚剌巴马	二十一日由墨国市伦打古鲁开行约正月初二日到港	
	山打洋行	奥士地利亚	初二日由新加坡开行约初九日到港	
	东洋汽船	日本丸	初五日由横滨开行经小吕宋约十五日到港	
	昌兴公司	亚甸仁	二十九日由温哥华开行来港	
	劫行火船	边拿力	初二日由新加坡开行来港	
	勿者士行	比连士昔机士文	初二日由雪梨开约二十四日到港	
	昌兴公司	他打	初二日由长崎开行经上海来港	
	太古洋行	济南	初二日由雪梨开行约二十六日到港	
	渣甸公司	南生	初二日由加剌吉打开行约十七日到港	
	日本邮船	八幡丸	初五日由长崎开行约初七日到港	
	日本邮船	熊野丸	初五日由上海开行约初八日到港	
	法公司	多伦	初六日由西贡开行来港	
	天祥洋行	梳勿		开往日本域多、利打、金菽等，准十二月初二十三日开行

续表

日期	洋行或公司名称	船名	何时何地开到香港	由香港何时开往何地
1908年1月1日	昌兴公司	他打	十二日由横滨开行经神户、上海来港	
	花旗轮船	巴思亚	十二日由打甘蔴开行经日本约十二月十二日到港	
	日本邮船	美尼梳打	十三日到横滨十五开行约二十九日到港	
	勿者士行	比连士花店麻	十四日由雪梨开行约初五日到港	
	天祥洋行	古马力	十五日由些利开行经日本到港	
	□行	奄派亚	十七日由雪梨开行来港	
	太古洋行	成都	十九日由砵打云开行约二十九日到港	
	天祥洋行	地理文	十九日由横滨开行来港	
	宜公司	必大得	由二十三日新加坡开行约三十日到港	
	昌兴公司	日本皇后	由温哥华开行经日本、上海来港	
	日本邮船	若狭丸	二十四日由神户开行经武治、上海约初三日到港	
	勿者士行	西甸	二十四日由新加坡开行约二十九日到港	
	日本邮船	魔岛丸	二十四日由上海开行约二十六日到港	
	旧沙宜行	执班	二十五日由新加坡开行约二十九日到港	
	法公司	也剌	二十六日由新加坡开行经西贡来港	
	招商港局	飞鲸	二十七日由上海开行三十日到港	
	昌兴公司	满衣离	二十七日由横滨开行经神户、上海等来港	
	花旗轮船	高丽	二十七日由横滨开行约初五日到港	
1909年1月5日	亨宝公司	澳佳路	十一日由上海开行约十五日到港	
	铁行公司	仁沙	初四日由新加坡开行来港	
	渣甸公司	金生	有加剌吉打开行约十九日到港	
	太古洋行	甘州	初五日由镇江开行约初九日到港	
	花旗轮船	天羊丸	初八日由横滨开行约十七日到港	

第八章 香港轮船航运业与新兴产业兴起

续表

日期	洋行或公司名称	船名	何时何地开到香港	由香港何时开往何地
1909年1月5日	旧沙宣行	芝鸭加	初八日由武治开行约十三日到港	
	招商港司	泰顺	初八日由上海开行约十一日到港	
	太古洋行	九江	初九日由上海开行约十二日到港	
	渣甸公司	福生	二十九日由加剌吉打开行约十五日到港	
	太古洋行	山东	初九日由渣华开行约十九日到港	
	太古洋行	长沙	初九日由新金山开行约元月初四日到港	
	劫行	依士顿	初九日由砵打云经小吕宋开行来港	
	铁行公司	爹厘	初十日由新加坡开行约十五日到港	
	招商港局	图南	十三日由上海开行约十六日到港	
	孖地洋行	香港		前往海防埠，准十二月十四下午七点开行
	孖地洋行	海南		前往北海埠，准十二月十四下午七点开行
	孖地洋行	河内		前往广州湾、北海、海防，准十二月二十一下午七点开行
	鸿发公司	芝利旺		前往八打威、三孖冷、四厘歪、孟家室埠，准十二月二十二日落货发，二十四日开行
	太古洋行	大名		前往小吕宋埠，准十四日四点开行
	太古洋行	山西		往三巴冷泗水埠，准本月十四日开行
	太古洋行	西安		直往海防，准十二月十四日开行

续表

日期	洋行或公司名称	船名	何时何地开到香港	由香港何时开往何地
1909年1月5日	太古洋行	杭州		往厦门、上海埠，准十二月十五日开行
	太古洋行	张家口		往青岛、烟台埠，准十二月十五日开行
	太古洋行	镇安		往宁波、上海埠，准十二月十五日开行
	太古洋行	镇江		往牛庄埠，准十二月十六日开行
	太古洋行	德安		往小吕宋埠，准二十一日三点开行
	太古洋行	长沙		往砵斗云、新金山埠正准，月初九日开行
1910年2月18日	旧沙宣行	芝鸭加	初七日由新加坡开行约十二日到港	
	天祥洋行	衣马力	初四由温哥华开行经日本到港	
	鸿发公司	比迪士昔机士文	初五由雪梨开行约二十七日到港	
	山打洋行	日本	由新加坡开行约初九日到港	
	旧沙宣行	执班	初四日由武治开行约十一日到港	
	鸿发公司	般岛	初六日由山打根开行约十二日到港	
	招商港局	大顺	初八日由上海来港约十二日到港	
	大阪公司	弗士华杜力	初五由上海开行约初九到港	
	日本邮船	士佐丸	初二由孟米开行约十八日到港	
	日本邮船	信浓丸	初三由武治开行约初七到港	
	天祥洋行	古马力	初三由横滨开行来港	
	勿者士行	比连士亚逊士	初四日由哥林保开行约十五日到港	
	昌兴公司	日本皇后	初一由温哥华开行经日本等来港	
	大阪公司	他金蔴丸	十七由打甘蔗开行约二十五日到港	

第八章　香港轮船航运业与新兴产业兴起

续表

日期	洋行或公司名称	船名	何时何地开到香港	由香港何时开往何地
1911年5月27日	勿者士行	非列除载德邮	二十八日上午八点由石吻启行约初三到港	
	东洋汽船	地洋丸	四月二十六日由旧金山启行约二十四日到港	
	劫行	衣士顿	四月二十六日由雪梨启行经坤士兰、地扣、小吕宋来港	
	旗昌行	劳比	二十六日由小吕宋开行约二十九日大明到港	
	东洋汽船	香港丸	二十一日由横滨开行经神户、门司约初五到港	
	渣甸公司	金生	二十五日由新加坡启行约初二日到港	
	昌兴公司	印度皇后		四月初一由港开行已于二十二日抵温哥华
	花旗公司	西伯利亚	二十三日由横滨启行约初三到港	
	勿者士行	高比连士	二十四日上午七点由邑启行约初三上午五点到港	
	勿者士行	非列杜力载德邮	二十二日下午由哥林保开行约初四日到港	
	日本邮船	日光丸	十九日由雪梨启行经庇厘士、滨他、士爹岛、小吕宋约初九到港	
	花旗公司	满洲	四月十八日由旧金山开行经檀香山、日本、小吕宋五月二十日到港	
	劫行	亚甸函	十五日由雪梨启行经坤士兰、地扣、小吕宋来港	
	昌兴公司	中国皇后	十四日上午由温哥华启行经各埠来港	
	大阪公司	些路丸	四月初一由些路开行约五月十二日到港	
	昌兴公司	满提高		前月二十由本港开行已于本月十三日抵温哥华

续表

日期	洋行或公司名称	船名	何时何地开到香港	由香港何时开往何地
1911年5月27日	花旗公司	毡拿	十二日由旧金山开行经檀香山、日本、上海约初十日到港	
	银行公司	鲁沙力	四月初六日由些路启行来港	
	花旗公司	西伯利亚	初五日由旧金山开行经檀香山、横滨神户、花崎、上海约五月初三到港	
	茂利公司	剌哥路	四月初二日由墨国民成李右埠顺经米麻来港，约五月初四到港	

注：原文载孟米，笔者推测应该是孟买，统计时保持原貌，并未作改动，而星架波均改现名新加坡，特此说明。

资料来源：根据以下资料汇总整理而成，《香港华字日报》1902年1月14日，第5版；《香港华字日报》1903年7月20日，第5版；《香港华字日报》1904年1月1日，第5版；《香港华字日报》1905年1月3日，第5版；《香港华字日报》1906年2月27日，第6版；《香港华字日报》1907年1月22日，第7版；《香港华字日报》1908年1月1日，第13版；《香港华字日报》1909年1月5日，第6版；《香港华字日报》1910年2月18日，第9版；《香港华字日报》1911年5月27日，第9版。

电报公司成立，促使电报事业的发展。1882年，广东省香港电报公司成立，由华商和外商合资筹办股份合作电报公司。以《广东省香港电报公司节略》为文本分析，可以得知政府批准广东香港电报公司在广州和香港两处均设立分馆，专事承揽省港两地电报生意。该公司向省港两地商人募集股本，采取股份合作制经营。

广东省香港电报公司节略

第一款：本公司取名广东香港电报公司。

第二款：本公司拟设接传电报信馆二间，一在省城，一在香港。

第三款：本公司之设，专为接电报生意，官商传递信息两便而起，业蒙彭镇军代为禀明，惟此事前经商董等禀呈承办，未蒙俯允，然近日天津办有成效。故商等再行禀呈督抚两院批准，由本公司随时妥议，集资开办举行，兹拟先行开办，由香港直达广东省城一路，俟有获益处，再行次第拟开通廉、琼、广西或南北通商各口岸。

第四款：本公司传接电报信息之席，不拘华英文字，统用华人管理，以期节省靡费。

第八章　香港轮船航运业与新兴产业兴起　　363

　　第五款：本公司代传电报电音之价，无论官商均照公司定价，一律收取，以重公本。

　　第六款：本公司议集资本三十万元，正分作三千股，每股本银一百元，先科二十元，由挂号派定股份时，科给其余八十元，由各股东自存，俟有应行再科之时，再行周知，股东照科，但有再要科给之事，须由公司预早一个月通知股东，然后照科。

　　第七款：本公司之股份挂号及收股本事，今拟省城则归森宝阁机器书局内陈春畋翁代为收理，香港则归安泰公司内何崑山翁收理，俟公司章程合同大定后，再行妥觅地方开办。凡我同人欲附股份，不拘一股至数十百股，请早日挂号，以便届时照行派给为荷。

　　　　省城倡首董事何慎之　　陈春田　　曹虞廷
　　　　香港倡首董事彭岐舟　　李玉衡　　李德昌　　何崑山
　　　　　　光绪八年元月初八日广东香港电报公司告白①

　　此外，无线电技术在轮船运用，加大了信息传播的速度。1910年，富基角无线电信工程重要部分已经完成，内容材料皆输送明白，作为装置机械，通信局派宫野通信技术工人前往该地，进行试验，尚须费时日，故与内地海岸局及淡水或香港等处，开办无线通信。② 五岛大濑崎的无线电信局，经与根室国花口郡落石局及海上航行的汽船开办通信，又自香港向日本的船期，亦仅航一昼夜即得通信，其成绩颇佳，本月下旬或来月初旬，随着富基角无线电信竣工，可与之通信。③ 9月，富基角无线电信所进行试验，与航行中的信浓丸和冲绳丸，及行驶于上海沿岸的天洋丸，均取得通信，且与相距四百五六十海里的大濑岬海岸局，可取得明确通信，如此与相距百八十海里内外的香港，更容易通信。④ 上海港在某船所装电信机工程未竣，已得通信，至于远距离，其收效好，自无待言。⑤ 由此可知，无线电技术运用轮船航运中，航行中的轮船在一定范围内可以接收到各海岸局的电报，一方面可以及时收到极端天气信息，避免不必要的风险；一方

---

　　① 《函复英商电线领事未来议办并另述华商议办电线》，1882年3月28日，台湾"中央研究院"近代史研究所档案馆藏，档号：01-09-003-08-010，第26—29页。
　　② 《富基角无线电》，《台湾日日新报》1910年6月21日，第2版。
　　③ 《无线电信成绩》，《台湾日日新报》1910年8月14日，第2版。
　　④ 《无线电信好成绩》，《台湾日日新报》1910年9月16日，第2版。
　　⑤ 《无线电信感应》，《台湾日日新报》1910年8月19日，第2版。

面电报传送效率大大提升。

总之，伴随着香港轮船航运业的发展，香港电报业也得到发展。在香港设立的电报公司，代理电报公司业务比较多，不一一列举，同时航运业发展需要加速电报技术的更新换代，反过来提升了轮船航运远洋的安全性，如此良性循环加快了电报业的发展进程，对轮船发展带来诸多助益。

第三节 金融业

近代香港轮船航运业的快速发展，带动了近代香港金融业的发展。香港金融业与航运业相同，最初以鸦片贸易和中转贸易服务为前提，中转贸易的发展反过来又促进了香港金融业的兴旺。从1845年丽如银行开业到1865年汇丰银行成立，是香港银行的创业高潮。除了丽如、渣打外，还先后成立的呵加剌银行、汇川银行、有利银行、汇隆银行、法兰西银行、利申银行、利华银行、利升银行等。①

随着各洋行或银行向香港投资或融资的扩张，直接促进了香港汇票业的发展。1872年，大英公司轮船名吉龙开往香港、星加坡、吕宋、槟榔屿等埠，所卖银票只汇香港、英国两处，每日10点钟起至4点钟止，但收信之日至六点钟止，礼拜日不办理。② 5月11日，大法公司轮船名根扒开往香港、新加坡、英美两国各埠，请贵客商号封好放在箱内或放在信套内，所卖图记及收挂号信，所卖汇票只汇香港英国两处。③ 5月27日，大法公司轮船配华和大英公司拖华号发布类似告白。6月8日，大英公司轮船名傍倍，发布汇兑香港英国两处汇票。④ 6月18日，大法公司轮船名亚飞，于5月18日开往香港、新加坡、英美两国各埠，收信至5点钟，再于8点钟收信至10点钟止，所送来的信请贵客商号封好放在箱内或放在信套内，所卖图记及收挂号信于收信之日五点钟止，所卖汇票只汇香港英国两处，

---

① 余绳武、刘存宽主编：《十九世纪的香港》，中华书局1993年版，第275—276页。
② 《大英书信馆告白》，《申报》1872年5月2日，第7版。
③ 《大英书信馆告白》，《申报》1872年5月11日，第7版。
④ 《大英书信馆告白》，《申报》1872年5月27、28日，第6版。

也是 5 点钟为止。① 8 月 1 日，大法公司轮船名夥连发布类似广告。② 类似广告，在《申报》中非常之多，值得关注。通过《申报》登载轮船收发汇票的时间、方式及注意事项，以轮船为载体，从事金融汇票的交易，向香港和英国两处发布汇票信息，在当时香港轮船公司发展中非常常见。由此催生邮政服务，以信件为载体的金融信息交流，促使金融业发展。

近代香港轮船航运业的发展，促使近代香港银行业也得到发展。香港轮船航运事业通常是由洋行投资运营的，那么航运业发展反过来又促使香港洋行快速发展。太古洋行代理的毡拿弥威机顺轮船公司及衣治文士轮船公司，常有轮船往来新金山等埠，招商局轮船公司、渣甸洋行、太古洋行、瑞记洋行、德忌利士洋行、禅臣洋行、架剌威治洋行、天祥洋行、新旗昌洋行、旧沙宣洋行、些剌士洋行，常有轮船往来别埠。③ 1874 年，香港 5 月份核查各银行纸钞及现存银清单，支出银纸总计有 319 万余元，其现存银总计有 129 万元，若除将现银尽数抵偿，则预出银纸总计有 190 余万元，纸多银少，一旦众商民欲将银纸尽换，现银出现短缺，香港各银行则无此虑，中西各大埠俱设立行，均可流通。④ 英国通过设在香港的银行、洋行、轮运及制造业等行业，继续操纵着华南地区对外贸易的命脉。⑤ 1902 年，美国万国宝通银行（First National City Bank）在香港开设分行。这是最早在香港开分行的一家美国银行。⑥ 由此可知，轮船航运业发展促使洋行或银行到香港设立分行，又直接推动了航运业发展。

小　　结

总体而言，近代香港轮船航运业发展，带动了一系列新兴产业的发展，远非本书所指三个行业，作为早期香港经济腾飞的"助推器"——轮船，以轮船为核心驱动，助力诸多新兴产业。就与轮船发展直接获益的产

---

① 《大英书信馆告白》，《申报》1872 年 6 月 20 日，第 6 版。
② 《大英书信馆告白》，《申报》1872 年 8 月 1、2 日，第 6 版。
③ 陈镪勋：《香港杂记（外二种）》，莫世祥校注，暨南大学出版社 1996 年版，第 60 页。
④ 《论香港各银行纸钞现银事》，《申报》1874 年 6 月 25 日，第 1 版。
⑤ 张晓辉：《香港与近代中国对外贸易》，中国华侨出版社 2000 年版，第 145 页。
⑥ 陈昕、郭志坤主编：《香港全纪录》第 1 卷，上海人民出版社 1997 年版，第 128 页。

业而言：1. 提升了香港轮船造船技术的发展，不论是在港注册设立代理公司，还是在港直接投资建设造船厂，无疑都促进了香港的工业化进程；2. 促使近代香港保险业的发展；3. 推动了香港电报业发展；4. 促使香港金融业进一步发展；5. 带动了港口设施、灯塔、水上巡警等航政制度的建设，促使航政的管理现代化。就与轮船发展间接获益的产业而言：1. 促使近代香港货栈业的发展，包括仓储业、中间商发展、转运等方面发展；2. 促使近代香港邮政业发展；3. 促使香港外贸行业、零售业、百货商场的发展。由此可知，伴随着近代香港轮船航运业的发展，其对近代香港的新兴产业产生极大的"蝴蝶效应"。

具体而言，就本书所举证的直接与轮船相关的三个行业，它们在香港的发展或多或少，直接受益于轮船发展，有些行业甚至是轮船发展直接推动所致，诸如保险业，有些行业相互助益，诸如电报业和金融业的发展。近代香港保险业是因需要降低轮船航运风险所兴办，几乎全盘移植西方保险制度，采取股份合作制，公司化运营，利润空间巨大。早期洋行投资保险公司，所发行股票呈几何级增长，盈余甚丰，保险业飞速发展，确实可以降低轮船航运损失和降低行业发展的风险。近代香港电报业的发展，虽不如保险业发展迅速，但是日渐铺陈开来，几乎移植西方电报技术与运营模式，并成立电报公司，具体发展情形、盈亏状况和所产生的影响，尚待进一步深入开展研究。近代香港金融业与轮船航运业形成高度关联性，一般而言，形成投资和被投资关系，通俗地讲属于洋行集团旗下的子公司，洋行投资的新兴产业，大部分运营比较成功。这些公司采取股份制运营，以洋行为主要股东，向社会募集股份，组设公司，尤其几个大轮船公司，在香港所获利润巨大。后期华商投资轮船航运业获益亦不少，但远不如外资。

通过香港诸多行业的发展史实，得知香港行业之间的联系日渐紧密，行业发展相互"借力"现象日渐突出，相互之间密切关联，推动了早期香港区域经济的发展。但亦为日后埋下隐患，毕竟各产业的高度关联性，形成"一荣俱荣、一损俱损"的态势。

第九章　香港轮船航运业发展中的基本特点

近代香港轮船航运业发展过程中呈现出显著特点，与洋行关系密切，轮船与帆船之间比例问题，香港轮船航运业与非正当贸易之间关系，华资与外资轮船之间彼此争衡所形成的"双轨"发展模式，轮船航运业与区域贸易之间关系，轮船航运业与转口港地位，等等。有些特点在上文已经专论，本章着重探讨未被涉及的显著特点。

第一节　轮船与帆船比重不同

鸦片战争后，中国轮船和帆船发展势头是不一样的，各自所占比例不尽相同，并非像有些学者所认为的，随着资本主义的入侵，帆船迅速走向衰亡。直到1895年，帆船业依然能够与轮船航运业颉颃。其实近代帆船业的衰落是一个渐进的历史过程，轮船航运业逐渐占据整个航运业的主体地位，也不是一蹴而就的，是一个不断扩张的历史过程。余绳武、刘存宽等认为，实际上近代帆船发展也有过增长趋势，帆船增长缺乏完整统计，1888年帆船贸易值银33441526余元；1897年值银39991611余元，10年间增长19%。同期欧洲远洋轮船增长25%，可见帆船的地位和作用仍未可忽视。[①] 帆船业不但没有提前消退，反而出现增长的趋势，也不足为奇，帆船业也有其谋生的本领。据中国《海关贸易报告册》统计，1883年由香港进口的内河航运船只为585艘次，第二年即增至644艘次，广州港客运量大增，据统计日均有中国旅客1680人由广州港乘船而去，乘船而

---

① 余绳武、刘存宽主编：《十九世纪的香港》，中华书局1994年版，第292页。

来的则有 1600 人左右。其客运之繁忙，由此可以想见。① 这些都是以船只为载体的客运发展概况。又如 1847 年，进入香港的中国帆船仅有 8 万余吨，到 1867 年已达 135 万吨，2 万余艘次，20 余年增长了 16 倍以上。② 这些资料表明并非像有些学者认为的那样帆船走向衰亡或是没落，帆船在轮船航运业面前仍然保持着相当强劲的竞争力。如下情况，1872—1888 年间帆船贸易进展之速实属惊人。1872 年，英国驻华领事估计帆船贸易，英货自香港装由帆船输入粤者，每年所值不下英金 360 万镑，其他不易损坏的笨重货物，如米、豆、盐、木材等亦率借帆船输运国内各处。③ 这些足见帆船贸易的市场发展空间是很大的，并没有很快退出历史的"银幕"。相反，帆船在追逐日益更广更深的发展潜力。1867 年，广东官方开始加强在港、澳附近海面的缉私行动。1871 年，不顾英方反对，更在各帆船航行的主要关道设立关卡，对帆船货物和鸦片征收常关税和厘金，此即所谓的"海关封锁"。但帆船贸易仍然很兴旺，1881 年到香港的帆船共计 24339 艘次，总吨位数 1620025 吨。④ 因此，帆船业在艰难曲折中前进，从表 9-1 可以看出，直到 1899 年香港的帆船仍存活力，仍存在其发展的市场空间。

表 9-1⑤　　　　1899 年通过香港去往福尔摩沙之间的帆船数量

站名	从香港岛到福尔摩沙			从福尔摩沙到香港			总计		
	货船	空船	总计	货船	空船	总计	货船	空船	总计
长洲	—	—	—	1	—	1	1	—	1
佛头洲	5	—	5	3	—	3	8	—	8
	5	—	5	4	—	4	9	—	9

帆船船只数和吨位数发展不容忽视。1881 年，远洋输入香港的轮船约 3200 艘，载重近 300 万吨；帆船 20000 多艘，载重 160 万吨。⑥ 反观 1881 年轮船船只数在 6412 艘，吨位数是 5686488 吨，而帆船吨位数约达到轮船

---

① 参见张晓辉《香港近代经济史（1840—1949）》，广东人民出版社 2001 年版，第 158—159 页。
② 同上书，第 175 页。
③ 聂宝璋编：《中国近代航运史资料》第一辑（下），上海人民出版社 1983 年版，第 1257 页。
④ 张晓辉：《香港近代经济史（1840—1949）》，广东人民出版社 2001 年版，第 176 页。
⑤ 中国第二历史档案馆，中国海关总署办公厅编：《中国旧海关史料》第 30 册，京华出版社 2001 年版，第 599 页。注：根据笔者理解压舱物应指船舶承载吨位。
⑥ 陈昕、郭志坤主编：《香港全纪录》，上海人民出版社 1997 年版，第 95 页。

第九章　香港轮船航运业发展中的基本特点　　369

的 1/3，实应不容小觑。1888 年，进出香港的木船分别增至 47581 艘和 18419 艘。1896 年，即繁荣期最后一年，进出香港的木船增多至 66987 艘，进出澳门的木船为 16109 艘。① 足见帆船业的发展呈现增长趋势，但是到了一定程度就开始出现下降的趋势。1897 年，九龙关进出口的木船下降到 61190 艘、约 343 万吨；1910 年，更直降至 35519 艘、2675305 吨。拱北在这两年分别降至 15879 艘、890029 吨和 12965 艘、846559 吨。与上年相比，九龙进出口船只下降 47%。② 虽然轮船航运业迅猛发展，但帆船业并没有随即走向消亡，而是呈现增长的趋势。相对轮船业的发展而言，帆船业实际上呈现逐年下降的趋势。

就香港地区而言，帆船是轮船的补充工具，随着轮船业的发展仍有发展。1867 年，进港帆船 20787 艘、1367702 吨；1898 年，29466 艘、1814281 吨；1890 年，欧洲轮船 8219 艘、9771741 吨。通过香港因驳船运雇用帆船 46686 艘、3572079 吨，说明帆船在香港的中转贸易中与轮船同步发展。③ 以 1889 年和 1890 年为例，第二至第四季度依然有帆船通过九龙关，具体可参照表 9-2、表 9-3 和表 9-4，同时 1899 年通过香港去往安南的帆船数量也可以佐证。从香港到安南往来帆船共计 6 次。④

表 9-2　　　　　　　　1889 年第二季度九龙关通过帆船统计

汲水门	帆船			
	4 月	5 月	6 月	总计
进口	1385	1354	1273	4012
出口	1336	1352	1123	3811
	进口船只中 3623 艘来自香港，389 艘来自内地港口		出口船只中 3569 艘来自香港，242 艘来自内地港口	
去往澳门	44	来自澳门	55	总计 99
长洲	帆船			
	4 月	5 月	6 月	总计
进口	195	206	176	577
出口	182	195	166	543

---

① 交通部珠江航务管理局编：《珠江航运史》，人民交通出版社 1998 年版，第 212 页。
② 同上书，第 213 页。
③ 余绳武、刘存宽主编：《十九世纪的香港》，中华书局 1994 年版，第 275 页。
④ 中国第二历史档案馆、中国海关总署办公厅编：《中国旧海关史料》第 30 册，京华出版社 2001 年版，第 599 页。注：安南，越南旧称。

续表

	帆船进口 531 艘来自香港，46 艘来自内地港口		帆船出口 519 艘来自香港，24 艘来自内地港口	
去往澳门	136	来自澳门	129	总计 265

佛头洲	帆船			
	4月	5月	6月	总计
进口	296	275	293	864
出口	289	297	255	841
	帆船进口 704 艘来自香港，160 艘来自内地港口		帆船出口 654 艘来自香港，187 艘来自内地港口	

九龙站	帆船			
	4月	5月	6月	总计
进口：帆船	200	180	183	563
出口：帆船	198	180	185	563
	帆船进口 492 艘来自香港，71 艘来自内地港口，轮船 902 艘来自香港		帆船出口 493 艘来自香港，70 艘来自内地港口，轮船 902 艘去往香港	

注：其中汲水门和长洲进出口船只不包括港澳之间船只数。
资料来源：吴松弟整理：《美国哈佛大学图书馆藏未刊中国旧海关史料（1860—1949）》第59册，广西师范大学出版社2014年版，第196—198页。

表9-3　　　　　1889年第四季度九龙关通过帆船统计

汲水门	帆船			
	10月	11月	12月	总计
进口	1530	1245	1386	4161
出口	1491	1268	1337	4096
	进口船只中 3842 艘来自香港，319 艘来自内地港口		出口船只 3765 艘来自香港，331 艘来自内地港口	
去往澳门	67	来自澳门	55	总计 122

长洲	帆船			
	10月	11月	12月	总计
进口	157	172	144	473
出口	124	143	137	404

帆船进口 435 艘来自香港，38 艘来自内地港口		帆船出口 381 艘来自香港，23 艘来自内地港口	
去往澳门	174	来自澳门 145	总计 319

佛头洲	帆船			
	10 月	11 月	12 月	总计
进口	384	437	686	1507
出口	390	449	664	1503

帆船进口 998 艘来自香港，509 艘来自内地港口		帆船出口 989 艘来自香港，514 艘来自内地港口	

九龙站	帆船			
	10 月	11 月	12 月	总计
进口：帆船	214	280	310	804
出口：帆船	211	279	311	801

帆船进口 699 艘来自香港，105 艘来自内地港口，轮船 834 艘进入香港	帆船出口 685 艘来自香港，116 艘来自内地港口，其中轮船 834 艘去往香港

注：其中汲水门和长洲进出口船只不包括港澳之间船只数。

资料来源：吴松弟整理：《美国哈佛大学图书馆藏未刊中国旧海关史料（1860—1949）》第 59 册，广西师范大学出版社 2014 年版，第 629—631 页。

表 9-4   1890 年第一季度九龙关通过帆船统计

汲水门	帆船			
	1 月	2 月	3 月	总计
进口	1019	1251	1457	3727
出口	1002	1288	1361	3651

进口船只中 3409 艘来自香港，318 艘来自内地港口		出口船只中 3351 艘来自香港，300 艘来自内地港口	
去往澳门	60	来自澳门 65	总计 125

长洲	帆船			
	1 月	2 月	3 月	总计
进口	101	154	164	419
出口	91	148	147	386

续表

帆船进口 352 艘来自香港，66 艘来自内地港口		帆船出口 333 艘来自香港，53 艘来自内地港口	
去澳门	122	来自澳门 105	总计 227
去安南		来自安南 1	总计 1
去新加坡	2	来自新加坡	总计 2

佛头洲	帆船			
	1月	2月	3月	总计
进口	550	478	524	1552
出口	520	478	530	1528

帆船进口 977 艘来自香港，575 艘来自内地港口		帆船出口 999 艘来自香港，529 艘来自内地港口	

九龙站	帆船			
	1月	2月	3月	总计
进口：帆船	194	289	308	791
出口：帆船	192	291	308	791

帆船进口 725 艘来自香港，66 艘来自内地港口，轮船 883 艘来自香港		帆船出口 731 艘来自香港，60 艘来自内地港口，其中轮船 883 艘去往香港	

注：其中汲水门和长洲进出口船只不包括港澳之间船只数。

资料来源：吴松弟整理：《美国哈佛大学图书馆藏未刊中国旧海关史料（1860—1949）》第60册，广西师范大学出版社2014年版，第201—203页。

从表9-5可以看出，1892—1901年进出香港的帆船数，从1892年占中国民船进出口总量的8%下降到1901年的6%，而进出香港帆船的吨位数从1892年占中国民船进出总量的21%下降到1901年的13%。足见香港帆船业在逐渐衰落。香港禅臣洋行托香港览勿亚件洋行，将英国暗轮火船名拉巴，在船上招客拍卖，该船于1864年由阑多厄德造船厂所制，计载货有1122吨之舱位，除储煤等事，可实容763吨，机器为所谓干墩者名有250马力，船身长260尺5寸，宽31尺4寸，船舱深19尺2寸，1874年船面及火炉俱改一新。①

---

① 《拍卖轮船》，《申报》1876年12月16日，第6版。

表 9-5① 中国华船进出口数量统计（1892—1901） （单位：只，吨）

年份	前往内地		来自内地		前往香港		来自香港	
	船只数	吨位数	船只数	吨位数	船只数	吨位数	船只数	吨位数
1892	9005	427273	9086	429937	760	113993	809	115299
1893	10030	410496	10146	416849	797	111776	806	110852
1894	9246	413684	9348	411023	805	111097	860	114138
1895	7703	378579	8132	382331	693	81504	751	90532
1896	7170	345854	7406	369777	717	89443	811	93914
1897	7170	341585	7205	357768	722	92669	776	97115
1898	7074	331143	7132	348340	585	80188	651	87659
1899	6876	317512	6778	337006	618	82721	679	86978
1900	7324	391771	6970	376066	621	75923	598	70750
1901	7947	417606	7592	416910	438	58960	563	70441

由此可知，近代香港轮船与帆船之间比例不一、发展趋势不一，但并非呈现单纯此起彼伏的简单关系，而是呈现更加复杂的关系，诸如某个时段内近代轮船和帆船均呈发展趋势，某个时段内呈分立两途的趋势。实际上，近代早期香港帆船比轮船所占比重要高，随着时间推移，轮船日渐发展壮大，所占比重日益提高，帆船看似呈现衰败趋势，实则轮船发展速度过快，超越了帆船的发展速度，加上帆船发展面临自身缺陷，阻碍了其发展。

第二节 轮船与帆船吨位差异

近代香港轮船数量虽少，但是他们的总吨位数较大；而帆船数量虽多，但其总吨位数较小。由下列各统计表均可推知轮船与帆船吨位存在

---

① 拱北海关编辑委员会编：《拱北关史料集》，拱北海关印刷厂1998年印刷，第319页；莫世祥、虞和平、陈奕平译：《近代拱北海关报告汇编》，澳门基金会1998年版，第77页。注：根据该书的著述，此处民船是指帆船。根据原表格改编而成。

差距。

就全国范围而言,近代轮船与帆船吨位数发展呈现的总体趋势,是轮船在逐渐增长,帆船在逐渐下降。从表9-6可以看出,海外贸易和沿海贸易在每间隔10年都在增长,汽船和帆船运输吨位数也在逐年增加,而轮船的增速始终大于帆船的增速。到1912年以轮船为载体的运输贸易占94.2%,而帆船只占到5.8%。可见轮船运输市场发展潜力很大。帆船业并非在轮船航运业面前不堪一击,而是呈现出顽强的生命力。

表9-6[①]　　　　　海关进出船舶吨数（1864—1912）　　　（单位：1000吨）

类别	1864	1874	1883	1893	1903	1912
海外贸易	—	1.742	4.030	7.143	16.537	26.071
沿岸贸易	—	7.563	13.560	23.176	40.933	60.135
总计	—	9.306	17.590	29.318	57.290	86.206
汽船数	—	8.086	16.419	28.277	55.930	81.203
帆船数	—	1.220	1.171	1.042	1.360	5.003
总计	—	9.306	17.590	29.319	57.290	86.206

就香港地区而言,近代轮船与帆船吨位数的发展,所呈现总体趋势与全国大体一致,但呈现出阶段性差异,发展过程比较复杂。从表9-7可以看出,1899年进出九龙关帆船货物和压舱物占进出轮船和帆船总计的39.8%,而进出九龙关轮船货物和压舱物占进出轮船和帆船总计的49.9%,从中可以看出帆船贸易确实有存在的空间。就香港帆船业发展而言,某些学者说帆船业自19世纪末消亡的论调是不符合事实的。1904年在《内陆航行章程》下九龙船只航行进出286艘,吨位数6400吨。[②]

---

① 武堉干编:《中国国际贸易概论》,商务印书馆1931年版,第469—470页,注：原文"·",根据相关文献考察,作小数点处理甚为合理,并非有确凿的证据,故存疑。
② 中国第二历史档案馆、中国海关总署办公厅编:《中国旧海关史料（1859—1948）》第40册,京华出版社2001年版,第797页。

表 9-7① 1899 年 12 月 31 日止进出九龙的船只数量统计

旗帜	去中国													
	轮船（蒸汽动力）													
	经过汲水门、大铲和伶仃			经过长洲*			经过佛头洲、三门和沙鱼涌			进口九龙+			总计		
	货船	空船	总计	货船	空船	总计	货船	空船	总计	货船	空船	总计	货船	空船	总计
中国	—	—	—	—	—	—	167	—	167	453	—	453	620	—	620
	帆船														
中国	12335	1823	14158	1258	111	1369	4047	1524	5571	1052	688	1740	18692	4146	22838
总计	12335	1823	14158	1258	111	1369	4047	1691	5738	1052	1141	2193	18692	4766	23438
	来自中国														
	轮船（蒸汽动力）														
中国	—	—	—	—	—	—	167	—	167	453	—	453	620	—	620
	帆船														
中国	8479	5418	14167	932	345	1277	5285	298	5583	1120	627	1747	16086	6688	22774
总计	8479	5418	14167	932	345	1277	5285	465	5750	1120	1080	2200	16086	7308	23394
进出轮船和帆船总计	20814	7241	28325	2190	456	2646	9332	2156	11488	2172	2221	4393	34778	12074	46832

以下列表 9-8 到表 9-11，可知通过九龙关的帆船还真不少，虽然仅仅统计 1889—1893 年某些季度的数据，通过将各年份进出九龙关的帆船统计，尤其是轮船与帆船进行比对时，似乎两者比例相差不大，由此可以说明即便到 19 世纪末期，帆船航运业并未走向衰亡。具体考察近代各时期轮船与帆船之间的比例，虽然确实是很值得研究且很学术的课题，却比较难操作，通过对这些比例进行定量分析，就可以得出比较可靠的结论。

---

① 中国第二历史档案馆、中国海关总署办公厅编：《中国旧海关史料（1859—1948）》第 30 册，京华出版社 2001 年版，第 598 页。注："*"指 1 月 1 日到 12 月 31 日；"+"指 1 月 1 日到 4 月 16 日，"—"表示该项"无"。

表 9-8　　1890 年第一季度九龙关通过帆船统计

汲水门	帆船			
	1 月	2 月	3 月	总计
进口	1019	1251	1457	3727
出口	1002	1288	1361	3651
	进口船只中 3409 艘来自香港，318 艘来自内地港口		出口船只中 3351 艘来自香港，300 艘来自内地港口	
去往澳门	60	来自澳门	65	总计 125
长洲	帆船			
	1 月	2 月	3 月	总计
进口	101	154	164	419
出口	91	148	147	386
	帆船进口 352 艘来自香港，66 艘来自内地港口		帆船出口 333 艘来自香港，53 艘来自内地港口	
去往澳门	122	来自澳门	105	总计 227
去往安南		来自安南	1	总计 1
去新加坡	2	来自新加坡		总计 2
佛头洲	帆船			
	1 月	2 月	3 月	总计
进口	550	478	524	1552
出口	520	478	530	1528
	帆船进口 977 艘来自香港，575 艘来自内地港口		帆船出口 999 艘来自香港，529 艘来自内地港口	
九龙站				
	1 月	2 月	3 月	总计
进口：帆船	194	289	308	791
出口：帆船	194	291	308	793
	帆船进口 725 艘来自香港，66 艘来自内地港口，轮船 883 艘来自香港		帆船出口 731 艘来自香港，60 艘来自内地港口，其中轮船 883 艘去往香港	

资料来源：吴松弟整理：《美国哈佛大学图书馆藏未刊中国旧海关史料（1860—1949）》第 60 册，广西师范大学出版社 2014 年版，第 201—203 页。注：其中汲水门和长洲进出口船只不包括港澳之间船只数。

表 9-9　　　　　　　　1891 年第一季度九龙关通过帆船统计

汲水门	帆船			
	1月	2月	3月	总计
进口	1786	1033	1734	4553
出口	1839	1001	1772	4612

进口船只中 4211 艘来自香港，342 艘来自内地港口		出口船只中 4217 艘来自香港，395 艘来自内地港口	
去往澳门	66	来自澳门 87	总计 153

长洲	帆船			
	1月	2月	3月	总计
进口	178	110	195	483
出口	165	102	181	448

帆船进口 435 艘来自香港，38 艘来自内地港口		帆船出口 381 艘来自香港，23 艘来自内地港口	
去澳门	152	来自澳门 134	总计 286
去安南		来自安南 1	总计 1

佛头洲	帆船			
	1月	2月	3月	总计
进口	919	399	532	1850
出口	834	350	577	1761

帆船进口 1126 艘来自香港，724 艘来自内地港口	帆船出口 1075 艘来自香港，686 艘来自内地港口

九龙站				
	1月	2月	3月	总计
进口：帆船	406	196	335	937
出口：帆船	404	204	338	946

帆船进口 876 艘来自香港，937 艘来自内地港口，轮船 894 艘来自香港	帆船出口 880 艘来自香港，66 艘来自内地港口，其中轮船 894 艘去往香港

资料来源：吴松弟整理：《美国哈佛大学图书馆藏未刊中国旧海关史料（1860—1949）》第 62 册，广西师范大学出版社 2014 年版，第 208—210 页。

表9-10　　1892年第二季度九龙关通过帆船统计

汲水门	帆船			
	4月	5月	6月	总计
进口	1377	1486	1262	4125
出口	1351	1524	1208	4083
	进口船只帆船中3856艘来自香港，269艘来自内地港口		出口船只帆船中3776艘来自香港，307艘来自内地港口	
去往澳门	64	来自澳门	70	总计134
长洲	帆船			
	4月	5月	6月	总计
进口	222	247	180	649
出口	215	257	170	642
	帆船进口596艘来自香港，50艘来自内地港口，3艘来自澳门		帆船出口575艘来自香港，65艘来自内地港口，2艘去澳门	
去澳门	123	来自澳门	132	总计55
去安南		来自安南	1	总计1
佛头洲	帆船			
	4月	5月	6月	总计
进口	646	545	420	1611
出口	615	470	483	1568
	帆船进口1398艘来自香港，213艘来自内地港口		帆船出口1323艘来自香港，245艘来自内地港口	
九龙站				
	4月	5月	6月	总计
进口：帆船	280	249	239	768
开通：帆船	285	249	233	767
	帆船进口687艘来自香港，81艘来自内地港口，轮船1357艘来自香港		帆船出口677艘来自香港，90艘来自内地港口，其中轮船1357艘去往香港	

资料来源：吴松弟整理：《美国哈佛大学图书馆藏未刊中国旧海关史料（1860—1949）》第63册，广西师范大学出版社2014年版，第628—630页。

表 9-11　　1893 年第一季度九龙关通过帆船统计

汲水门	帆船			
	1月	2月	3月	总计
进口	1471	1149	1851	4471
出口	1482	1193	1803	4478

进口帆船中 4166 艘来自香港，305 艘来自内地港口		出口帆船中 4137 艘来自香港，341 艘来自内地港口	
去往澳门	67	来自澳门	97	总计 164

长洲	帆船			
	1月	2月	3月	总计
进口	143	140	253	536
出口	137	112	246	495

帆船进口 494 艘来自香港，41 艘来自内地港口，1 艘来自澳门		帆船出口 464 艘来自香港，30 艘来自内地港口，1 艘去澳门	
去澳门	115	来自澳门	116	总计 231
去安南		来自安南	1	总计 1
去新加坡		来自新加坡	2	总计 2

佛头洲	帆船			
	1月	2月	3月	总计
进口	875	717	788	2380
出口	958	617	790	2365

帆船进口 2093 艘来自香港，287 艘来自内地港口		帆船出口 2137 艘来自香港，228 艘来自内地港口

九龙站				
	1月	2月	3月	总计
进口：帆船	297	202	279	778
出品：帆船	301	201	284	786

帆船进口 712 艘来自香港，66 艘来自内地港口，轮船 2483 艘来自香港	帆船出口 708 艘来自香港，78 艘来自内地港口，轮船 2483 艘去往香港

资料来源：吴松弟整理：《美国哈佛大学图书馆藏未刊中国旧海关史料（1860—1949）》第 64 册，广西师范大学出版社 2014 年版，第 622—624 页。

第三节　轮船发展的"双轨"模式

近代外资轮船和造船厂在香港占主体，乃至是垄断地位，而华资轮船航运业始终处于附属的地位。外资轮船虽然在数量上逊于帆船，但是在总吨位数比重上是占据优势地位。19世纪下半叶在香港创立的主要轮船公司有：省港澳轮船公司，1865年10月19日创立，是美籍商人合资，资本额为75万元，以后有船4艘9482吨，一部分委托太古洋行代理。① 1881年，怡和轮船公司在收买英商华海轮船公司和扬子轮船公司的船舶12艘、共计13000吨后，于1882年正式成立，实缴资本495890英镑。② 道格拉斯轮船公司由英商创立于1883年，主要行驶华南沿海航线。③ 此外，参与香港航运业的外资轮船非常多，如法国邮船公司、太古轮船公司、旗昌轮船公司、中国泛太平洋轮船公司、太平洋邮轮公司、东西洋轮船公司、意大利邮船公司、加拿大昌兴轮船公司、东方与澳洲轮船公司、北德意志路易公司、日本大阪轮船公司等，都到香港开业，在香港航运业占有一席之地。④

表9-12⑤　　外国资本投资创办的造船厂（1850—1870）　　（单位：英尺）

开设年份	厂名/原名	中文	厂主国籍	厂址	船坞	结构		
						长	宽	深
1850	Thohunt & Co.	旗记船厂	美	黄埔船厂		230 160 145	46 46 40	14.5 14.5 11
1853	Union Dock Company	于仁船坞公司 联合船坞公司	英	黄埔 香港	碎石洋太坞 碎石洋太坞 碎石石坞 碎石石坞	240 185 163 190	45 36.5 36.5 35.5	

---

① 参见严中平等编《中国近代经济史统计资料选辑》，科学出版社1955年版，第239页。
② 参见聂宝璋《中国近代航运史资料》第一辑（上），上海人民出版社1983年版，第505页。
③ 参见严中平等编《中国近代经济史统计资料选辑》，科学出版社1955年版，第240页。
④ 张晓辉：《香港近代经济史（1840—1949）》，广东人民出版社2001年版，第172—173页。
⑤ 广东省地方志编纂委员会：《广东省志·船舶工业志》，广东人民出版社2000年版，第55页。

续表

开设年份	厂名/原名	中文	厂主国籍	厂址	船坞	结构 长	宽	深
1863	Hall & Co., Look Sun Dock	急荷顿公司 录顺船坞	英	黄埔香港	石坞	230	70	23.5
1863	Hong Kong and Whan Pa Dock-co.	香港黄浦船坞公司	英	黄埔香港	石坞 石坞 石坞 碎石石坞 碎石石坞	550 350 260 165 125	80 75 55 55 55	

从表9-12可以看出，香港造船厂于仁船坞公司、联合船坞公司、急荷顿公司、录顺船坞和香港黄浦船坞等公司，这些公司造船原料主要是石坞和碎石石坞，集中在英资财团手中，华资财团此时期较少创立船坞公司，其中香港黄浦船坞公司影响比较大。据陈镛勋记载，该公司有三船澳，在九龙和香港仔。九龙内有兵家船澳，虽极大之战船，俱可修整。九龙之兵家船澳长计500尺，上阔86尺，下阔70尺，深29尺。第一号之黄浦船澳长340尺，阔74尺，深18尺。第二号黄浦船澳长245尺，阔49尺，深13尺。另有小轮船澳，长250尺，阔60尺，深11尺。大角嘴之船澳长465尺，阔85尺，深20尺。香港仔之船澳长433尺，阔84尺，深16尺。另有缆文船澳长340尺，阔64尺，深16尺。虽然船只极大，仍常在港澳修整。[①] 无论是实际进港的轮船数目还是吨位数字，都在明显增加。这是因为整年都有两家省港澳轮船公司的轮船白天在江上行驶。这家公司几年来可以说已经垄断了江上的运输，每天都有两艘轮船对开。另一家是太古轮船公司。现在太古已与该公司立一合同，以十年为期，一切公平合办。为了满足货主的要求和方便旅客，保证两个港口都能在星期一到星期六早晚各出一班船，"琼州号"依旧行驶在香港与广州之间的航线上，与太古轮船公司联营。1889年，省港澳轮船公司的资本最近将增加一倍，这家公司在珠江上所遇到的竞争相当强硬，因此只好把客运和货运价格压得非常低，赚不到什么钱；该年的投资利润能够达到12%，完全归功于经营得法。[②]

[①] 参见陈镛勋《香港杂记（外二种）》，莫世祥校注，暨南大学出版社1996年版，第64—65页。注：据考察一尺约等于33.3厘米。阔，应指宽度。

[②] 参见聂宝璋编《中国近代航运史资料》第一辑（上册），上海人民出版社1983年版，第516—517页。

该时期华资创办轮船公司比较少，而船坞基本上没有。1877年，郭甘章拥有13艘轮船。① 这是民族资本航运业的典型代表，但像郭甘章这样的人在当时香港比较少，他们不仅是香港船运的代理商，更是民族航运资本的再创者。"大英轮船公司香港分公司，首任买办郭甘章去世，留有遗产445000元，约相当于同年香港岁入41.6%。"② 足见像郭甘章这样的企业家实力之大，不可否认他对华商轮船航运业方面有巨大贡献。1890年9月27日，华商创办了华商轮船公司，资本30万元，共6000股，每股50元。这是华商在香港创立的又一企业，1894年，以于结棠、于凤山为董事在香港设立泰安轮船公司。③ 由此可见华资创办的轮船数量极少，吨位很低。据陈镰勋记载，19世纪90年代初，据统计香港进出轮船，每百艘有53艘属英商，31艘属华商，余16艘属各处洋人。华人渡船出入口岸，年2万余艘次，载货不下150万吨，往来于省、澳及内地各处。④ 可以看出，外商包括英商和非英外商在港每百艘轮船中占69%，那么剩下的即是华商创办的轮船。足见外商在香港占据绝对主体地位。1888年，港澳华商合资（其中以港商陈兆和所占股份最多）组成省港澳轮船公司，收购一批外轮，航行港、澳、穗之间。该公司在香港干诺道中、澳门内港和广州西堤各建有码头一座。航行港穗间的轮船，先有"河南"号、"泰山"号，后有"龙山"号、"金山"号，最后有"佛山"号；来往港澳间有"瑞安"号和"瑞泰"号。⑤ 此时华商创立的轮船航运企业逐渐有了起色，"渡船当启程时，满载货物，高扯悝帆，整顿军火，燃乃炮，鸣乃锣，烧乃纸，意者先祈平安抵埠，然后鼓浪乘风，于烟波深处，一路驶入中国内地云"⑥。

　　清末时期香港华商轮船取得大发展，第五章华商创立轮船公司与造船厂有详细专论，不再赘述。与同期外国轮船公司相比，华资企业规模小、资本小，但华资轮船公司毕竟成长起来，打破了外商对粤港轮船航运业的绝对垄断地位。香港逐渐形成华资与外资轮船并立的"双轨"发展模式，这种格局对以后香港区域经济影响深远。

----

① 聂宝璋编：《中国近代航运史资料》第一辑（下），上海人民出版社1983年版，第1355页。
② 陈昕、郭志坤主编：《香港全纪录》第1卷，上海：上海人民出版社1997年版，第93页。
③ 参见聂宝璋编《中国近代航运史资料》第一辑（下），上海人民出版社1983年版，第1406页。
④ 陈镰勋《香港杂记（外二种）》，莫世祥校注，暨南大学出版社1996年版，第59—60页。
⑤ 李宏编著：《香港大事记》，人民日报出版社1988年版，第45页。
⑥ 陈镰勋：《香港杂记（外二种）》，莫世祥校注，暨南大学出版社1996年版，第8—9页。

第四节　充斥着非正当贸易

诚然，香港轮船航运业与正当贸易关系十分密切，自不待言，上文已有专论。但不应忽视近代香港轮船航运发展过程中，无时无刻不充斥着非正当贸易，诸如常被诟病的鸦片贸易、走私贸易和猪仔贸易等。近代早期以鸦片和劳工贸易为载体的香港轮船航运业，一定程度而言，确实在客观上推动了香港航运业的发展。自1858年中英《通商章程善后条约》规定，鸦片照章纳税，"准其进口"，鸦片合法化和公开化后，鸦片贸易迅速兴盛起来。直到19世纪80年代，鸦片始终是最大的进口货物，几乎大部分印度输入中国鸦片的集结地就是香港，因此，香港成为鸦片转运的天堂。香港作为经营中心，有些年份鸦片贸易额达到中国全部进口总值的45%，占据的份额确实非常可观。据海关统计，1880年香港掌握中国出口贸易总值的21%，进口总值的37%，因而作为转销中心，它的发展是不平衡的。① 中国进口的鸦片大多是从香港转口输入的，这些鸦片运到中国的媒介是轮船或帆船，间接地推动了香港航运业的发展。

苦力或曰劳工，作为国人眼中的"特殊"商品，通过《天津条约》获取"合法化"。1849年美国西部发现金矿引来大量的廉价华工，给美国的经济发展以巨大推动力。除了采金外，华工还投入西部开采其他矿产，开垦大面积的低洼地，砍伐森林、参与渔牧、果园等各种经济活动，以及港市、道路建筑工程，特别是铁路建设。② 1859年，广东巡抚柏贵首先承认苦力贸易合法化，答应英、法当局在粤省招募契约华工。1860年《北京条约》将这种贸易合法化的范围推广至全国。③ 这样在合法的外衣下，劳工贸易更加肆无忌惮。清朝皇帝谕各省督抚大吏："以后凡有华民情甘出国，或在英国（法国）所属各地，或在外洋别地承工，俱准与英（法）立约为

---

① 聂宝璋编：《中国近代航运史资料》第一辑（上），上海人民出版社1983年版，第383页。
② 陈翰笙主编：《关于华工出国的中外综合性著作》，《华工出国史料汇编》第四辑，中华书局1985年版，第195页。
③ 参见张晓辉《香港近代经济史（1840—1949）》，广东人民出版社2001年版，第165页。

凭，无论单身或携带家属，一并赴通商各口，下英国（法）船只，毫无禁阻。"① 19世纪60年代，美国南方各州的棉花种植者，联合起来派遣代表去香港招工。代表们在香港几个月，使用种种办法直接与中国苦力接触，劝诱招引他们签订契约出洋做工。但效果令代表失望，只好去找中国籍的招工经纪人，通过他们招到若干苦力。② 前往南洋的苦力人数历年持续增长，因此需要大批轮船或帆船去运载。每年生意最繁忙的季节，大致和从香港到旧金山的客运旺季相同。不过在海峡殖民地一带没有限制船只、载客人数等法律，故每只船所载人数，可比美国航运法律所定额多出三四倍，每只船上都非常拥挤，中国帆船也大批参与了这种运输。③ 香港苦力贸易的情况十分恶劣，1845—1877年已达于极致点，到1904年，香港检察长在检举拐骗人口时说："这种拐骗（人口）的行为在香港仍属盛行。"香港同附近几个掠卖苦力的口岸之间，"旅客"往返极为频繁。④ 这里苦力贸易是非常残酷的，香港不仅作为鸦片的"天堂"，而且也是劳工输出的集中营和中转站。

小　　结

近代香港轮船航运业发展过程中除了承袭全国轮船航运发展中的一般性特点外，同时表现出特定时代的特殊性。其所表现出一般性特点如下。

首先，近代香港轮船航运业发展同样面临着外国资本主义垄断与欺压，民族资本主义发展相对缓慢。由于香港外资轮船航运业处于垄断地位，拥有对航运市场的绝对支配权，加上帝国主义特权，取得各方面关税优惠，最初香港华资轮船航运业依附于外资轮船航运业发展，随着华商资本日渐发展，清末华资轮船航运业迎来大发展，打破了外资轮船航运业对

---

① 陈翰笙主编：《关于华工出国的中外综合性著作》，《华工出国史料汇编》第四辑，中华书局1981年版，第11—22页；张晓辉：《香港近代经济（1840—1949）》，广东人民出版社2001年版，第165—166页。

② 陈翰笙主编：《美国外交和国会文件选译》，《华工出国史料汇编》第三辑，中华书局1981年版，第305—306页。

③ 同上书，第304页。

④ 陈翰笙主编：《关于华工出国的中外综合性著作》，《华工出国史料汇编》第四辑，中华书局1981年版，第193页。

香港市场的绝对垄断地位，但华资轮船民族资本相对比较薄弱，规模也相对比较小。

其次，近代香港轮船航运业与帆船业发展过程中所占比重不一样，两者之间的曲折争衡过程，某种程度而言，是近代民族资本主义发展史的缩影。近代不同时期香港轮船航运业与帆船航运业发展过程中所占比重是不同的，但总体趋势是轮船比重逐渐上升，帆船比重逐渐下降，这过程是缓慢地渐进式演变，不排除某个时段帆船间或出现增长趋势，两者之间彼此争衡，对货运和客运市场的争夺十分激烈和残酷。

再次，近代香港轮船航运业发展呈现出华资与外资双轨发展模式，华资轮船作为其中"一轨"，外资轮船作为另"一轨"，两者时而并立，时而争衡，此起彼伏。就宏观而言，值得肯定的是香港航运业在"双轨"为内核驱动前进，快速地迈向新阶段，尽管两者所作贡献不一，但两者均促使了近代香港航运业的发展，功不可没。就微观而言，近代香港华资与外资轮船之间所展开的竞争异常激烈，最初外资轮船占据绝对垄断地位，随着华资轮船日益发展，影响了外资轮船航运业的垄断地位，外资通过打压、排挤和兼并等不同手段，与华资展开竞争，企图扼杀华资轮船航运业的发展，华资轮船航运业通过相互联合的方式、号召华商招股、以民族主义为旗帜的实业救国口号，共同抵抗外资的侵扰。总之，近代轮船航运业"双轨"发展模式，充满了挑战与竞争。

香港轮船航运业发展过程中表现出的特殊性，表现在香港航运业发展和崛起的历程中充斥着非正当贸易，诸如以船只为载体的走私、鸦片、劳工等贸易。这些非法的或者披着合法的外衣的贸易，以香港为转口中心，充斥在近代香港轮船航运业发展过程中。其所带来的影响也是双重的，对中国而言，可谓是弊大于利，损害了近代中国财权，破坏主权，危害人权；对香港乃至外国资本主义，可谓是利大于弊，颇具讽刺意味。近代早期香港区域经济发展与此有着莫大关系，客观上促进了香港经济的发展和转口港地位的形成。

第十章 结　　语

第一节　航运业发展的辐射效应

　　近代早期出洋的载体有轮船和帆船，帆船自不待言，中国自古已经相当发达。时人称轮船为火船，依据英语报刊所载有几种情形，如 steamer 或 steamship 或 steamboat 的原义，最好翻译为汽船，不过轮船这个名称来源，是指早期来华的汽船，两旁都有轮桨，主要是以蒸汽为动力，最初用煤助推，后又演化为汽油源源不断地助力，所以称为汽船或汽油船。① 时人记载火轮机"系以火蒸水，水滚则上下铁轮自转，轮转则船自行矣。船初开时，黑烟直上，既走则昼夜永闻丁东之声。船能日行1340里，终日有人察看道路，计算里数，照料客人，管理奴仆，整齐之至"②，这是时人对蒸汽轮船的早期印象。1858年，两广总督叶名琛被英国扣留时，均由省城坐火轮到香港，随行厨子携带食物，开船之吗喇国，后转达印度，待叶氏食物尽绝食而亡，又由轮船将其棺殓运回省城。③ 想必此时叶名琛对轮船有所印象，但肯定无闲情记录下来。早期出使远洋，有乘坐轮船出行的。1890年，有华人由香港附船至墨西哥，又从墨西哥到美国，为关吏所获，又附船运回香港船。④

　　香港《遐迩贯珍》杂志对英国船只知识进行相应的推介，促使国人更新对新式轮船的认知。随着新式轮船日渐增多，时人呼吁清政府派人向西

---

① 沈鸿模编：《轮船》，商务印书馆1937年版，第1—2页。
② 钟叔河主编：《西海纪游草·乘槎笔记·诗二种·初使泰西记·航海述奇·欧美环游记》，钟叔河、杨国桢、左步青校点，岳麓书社1985年版，第449页。
③ 方浚师：《蕉轩随缘》卷三，清同治十一年（1872）刻本，第56—57页。
④ 崔国英：《出使美日秘国日记》卷四，清光绪二十年（1894）刻本，第109页。

方学习造船技术。清人称火船或曰火轮船，西方则名之曰水汽船。1853年，该杂志对火船运行机制作出详细阐释。首先，火船速度方面比较快，帆船顺风顺水每个时辰不逾 50 里，若风水俱逆则咫尺难移，但是西方大火船能附客数百人，经大洋计万余里，无论风水顺逆，波涛急缓，行 10 日即抵其境，其船装一万五千至三万担，当风恬浪静每时辰可行 60—90 里，逆风巨浪亦行 30—60 里。其次，火船运作机制，火船即水汽船，因以水气能鼓之使行，水气系由沸水所产生动力，促使发动机启动，随之行驶。①1856 年，英国新造货船身长 335 尺，船宽 41 尺半，船深 26 尺半，舱可装货 2720 吨，每吨重 16 担 80 斤，船帆用布 1.5 万尺，火轮之力，可达到 200 码，每日用煤 22 吨，有风则扬帆而驶，无风则借火力行使，如果风火相济，则每小时能行 54 里。可惜中国无人能够构造此船，若派良工师到英国学习，数年之内自能通晓，中国造船势必尽善。②《遐尔贯珍》中的货船如图 10 - 1 所示。

图 10 - 1　货船

图片来源：《货船画解》，《遐迩贯珍》1856 年 5 月 1 日第 5 号，香港英华书院印刷，第 2 页。

---

① 《火船机制述略》，《遐迩贯珍》1853 年 9 月 1 日第 9 号，香港英华书院印刷，第 8—9 页。
② 《货船画解》，《遐迩贯珍》1856 年 5 月 1 日第 5 号，香港英华书院印刷，第 1 页。

根据斌春出洋所见轮船所作的记载，轮船"测理精邃，制器良洪，炉烈焰者，沸汤真气，鼓动力莫，当机括奥妙，费审量，顿使险阻成康庄"①。这是他对香港早期轮船的印象，当时客轮的实形："船身内舱分3层。头等舱17间，可住29人；又29间，可住92人。二等舱2大间，可住36人。船主名得剖比思。司船者7人。法国水手39名。……船身长38丈，宽4丈6尺，深4丈2尺，可容3300礅。每日烧煤60礅（合中国1020石，计102000斤），船顶后半支布帐，长20余丈，晴雨皆宜。"② 这是清朝去国外的人亲身经历对轮船的所见所闻。"至己正，同众赴紫竹林登'行如飞'轮船。此船长22丈，宽3丈许，通身铁制，内包橡木，上宽下狭，犹如鱼腹，前尖后圆，形似瓜种。面上四围铁阑，高约3尺，前挂白布油圈二个，名曰'保险圈'，俗名'救命圈'，长约3尺，宽3寸，中有油绳四根作钱孔形。如船遇险，将此圈横套于身上，投在水面，顺海漂流，以待救援。又有小炮2尊，麻球4个，若遇并船之时，置于中间，以防挤损等事。左右小舟4只，为上下大船而用者。"③ 足见当时的轮船设计，不仅关注了人员的安全，而且采取了防范措施。

这些新式知识的引入让人耳目一新，但也是曲折不顺。1883年，其人乘坐轮船游历省港，从香港乘坐轮船9点离开，下午至广东，计程270里，在黄埔停泊，然后换小木帆船前往省城，因水浅树多，高塔甚多，贸易不多。④ 1894年，时人主张推广轮船，其理由是既可增强海军国力，同时可促进商贾的贸易。⑤ 1895年，时人认为天下之利莫大于通商，通商之利莫大于轮船，国家应资助建造轮船，以便促进通商发展，振兴商务。⑥ 但是轮船的发展带来不少风险，也增加了很多危险。1891年，就有报纸概括出伴随着轮船的推行，轮船在大海航行中触礁、翻覆、遭遇火灾等，造成不小的损失。⑦

此外，轮船航运业的发展促使社会观念发生变迁，例如交通行业促使

---

① 斌春：《海国胜游草》，清同治刻本，第1页。
② 钟叔河主编：《西海纪游草·乘槎笔记·诗二种·初使泰西记·航海述奇·欧美环游记》，杨国帧、左步青校点，岳麓书社1985年版，第96页。
③ 同上书，第447页。
④ 《游历笔记》，《月报》1883年第8卷第11期，第3页。
⑤ 《论中国宜推广轮船之利》，《星报》（新加坡）1894年10月2日。
⑥ 《广轮舶以兴商务》，《星报》（新加坡）1895年11月16日。
⑦ 《论轮船有利亦有害》，《星报》（新加坡）1891年3月3日。

生活便捷，定期航行制度促使人们改变时间概念。李长莉认为诸如人力车、汽车、轮船等新式交通工具的革命产生了多方面的社会文化效应，人们的出行更加快捷、舒适、方便，对人们认识并接受近代工业科技起到了一定的启蒙和先导作用。①

第二节　轮船航运业的相关思考

通过对近代香港轮船航运业的系统梳理与研究，得知近代香港轮船航运业发展是香港自然和社会经济等区位优势综合作用的结果。

港英政府采取积极有效的举措，设置航政管理机构，共同促进了香港轮船航运业的繁荣。近代港英政府对香港轮船航运业的管控，主要表现在航政管理、基础设施和打击非正当贸易方面。首先港英政府设立船政署和船政厅，并随着1887年九龙关设立，形成了航政机构与海关共管的局面。其次，港英政府加强沿海灯塔和报风台建设，降低航行的风险。再次，香港航运管理的权限逐渐扩大，乃至延伸到限制鸦片和打击海盗贸易。之后香港航运管理机制、组织架构与运作逐渐进入正轨。港英政府对航政管控的逐渐加强，客观上促进了香港航政管理机制的近代化进程。近代香港航政制度的变迁是伴随着经济发展的需要而生，但是随着香港航运业在经济发展的作用日益凸显，港英政府对其管理逐渐规范化和制度化，尤其是授予香港航政机构打击鸦片贸易和盗匪活动的权力，无疑是进步的举措，但不宜过高评估港英政府的管控举措，毕竟都是有其立场和真实出发点的，是为其殖民统治所服务的。

近代香港轮船航运业发展过程中形成了航运—贸易二维经济体系。而这种二维体系与香港近代城市化、近代化存在着正相关的关系。首先，香港轮船航运业的发展促进了香港乃至华南地区交通的近代化以及经济繁荣；其次，促使人们的经济思想和时间观念的改变，同时为以后轮船业的发展积累了经验和资金；再次，加快了交通运输业近代化的进程。

近代香港轮船航运业形成外资和华资轮船航运业的双轨发展模式以及

---

① 李长莉：《近代交通进步的社会文化效应对国人生活的影响》，《学术研究》2008年第11期第90页。

近代香港船运业轮船与帆船的双轨发展模式。具体而言，其第一重："一轨"则是轮船航运业，另"一轨"则是香港的帆船业，同时纠正该时期轮船与帆船业的比例问题；其第二重：一轨是华资轮船航运业，另一轨是外资轮船航运业。这种双轨发展模式表现出轮船航运业作为"一轨"独自做大，成为一枝独秀，而作为并存的另"一轨"帆船业在此时处于劣势。作为帆船业，在近代化技术装备的轮船航运业面前，不停地走向衰落。但该时期华资航运业暂未登上历史舞台，尽管历史的号角已经吹响，但是难以唤醒华资航运业。直到清末华资轮船航运业才在香港航运市场崭露头角，打破外资轮船航运业的垄断地位。香港所形成的这种轮船发展模式，可谓是新旧并存，具有转型时期的过渡性和双重性。实际在近代中国经济发展史中，体现出"新中有旧"和"旧中有新"的"双重"表征，在风云变幻的近代中国类似"新旧并存"的现象非常多，值得深思与研究。至于这种双重双轨发展模式，能否推广到近代中国其他的通商口岸乃至广袤大陆城市的航运业探讨，值得深入研究，方可言明。

近代香港轮船与帆船之间的比重不同问题，尚待进一步研究，方可修正各种资料和观点。近代帆船业并非在轮船航运业发展面前表现出不堪一击的面貌，而是呈现出顽强的抗争，是被动地、无奈地、逐渐地和缓慢地退出近代航运业的市场。其实这两者之间的关系演变史，衍生出一个比较有趣味的课题，即近代轮船与帆船的比较研究。通过考察近代各个时期轮船与帆船船舶数、吨位数、航线和贸易，进而评估它们各时期的占比，借鉴计量经济史学分析，对其进行精细量化研究，可以清晰明确地得知传统帆船是什么时间、节点开始衰落，如何逐渐走向衰落的，其原因是什么，所带来的经济影响是什么？轮船在近代什么时候兴起，如何逐渐占领近代中国水运交通市场，与近代化进程有何关系？通过对比研究，进行一系列的探讨，可以清晰得出它们此起彼伏的发展艰辛历程。若能量化研究，可更加具体勾画出两者之间发展趋势图。因而从这个角度切入分析中国近代化的历程，有极大的提升空间和学术价值，但是往往学术价值很大的课题，操作难度也相应增大。

近代香港轮船航运业发展与否的衡量标准，本书根据轮船航运业发展自身所具备的特点，从近代各时期香港轮船船只数、吨位数、造船厂数和以轮船为载体的贸易繁荣程度等因素来量化，基于此作分析考察，基本上可以反映出近代各时期轮船航运业的发展概况。那么至于考察其他地区是否也可采取此标准进行量化呢？并非一概而论，实际反映某地区轮船航运业发展与否，除了这些直接参数可以考察，另外与轮船发展有关的间接参数，亦可考量，但是限于操作难易程度，一般较难进行全面性考察。该种标准基本上可以推广到近代全国航运史方面的研究，但是必须结合当地的特殊因素和具体政策加以翔实考量，方可得出较为客观的结论。

近代香港轮船航运的风险管控，主要从自然与人为两个方面进行考量。自然风险的降低与规避，通过灯塔、报风台、电报、避风塘等一系列基础建设，相对可以较容易控制，随着经济实力逐渐扩大，日益投入财力，可以进一步完善，从而不断降低自然灾害带来的风险。针对人为风险，相对比较复杂，诸如海盗、走私和鸦片等方面，都无法一一根绝，这些问题都需要中外国家层面加强合作，方能对其进行管控。实际上近代香港对海盗和走私问题整饬效果相对较好，而鸦片贸易则在这个时期仍未见根本改善。

近代香港轮船航运业的发展带来"蝴蝶效应"。伴随着近代香港轮船航运业不断地发展，随之引起香港港口建设、风险增多、新兴产业、区域经济、转口港地位等方面的变化。由此可知，轮船航运业发展除了间接催生带来海盗、走私、鸦片贸易等弊害外，其余方面效应对香港区域而言，均可算是有所助益，加快了香港的近代化进程。

香港作为华南国际贸易分配中心的地位，正日益凸显其重要性，中转贸易逐步达到了繁荣的阶段。说明香港中转贸易的服务对象正日趋多元化、国际化。香港的中转贸易范围得到了扩大。这些显著的成就很大程度上归功于该时期香港轮船航运业的繁荣发展。

参考文献

一 档案

广东省档案馆藏
广州市档案馆藏
台湾"中央研究院"近代史研究所档案馆藏

二 报刊

《槟城新报》(马来西亚)(1895—1911)
《大公报》(天津)(1902—1911)
《大同报》(上海)(1910)
《大众周报》(香港)(1944)
《地学杂志》(1918)
《东方杂志》(1904—1911)
《湖北商务报》(1901)
《叻报》(新加坡)(1887—1911)
《南洋官报》(1904)
《南洋总汇新报》(新加坡)(1908—1911)
《农学报》(1905)
《日新报》(新加坡)(1899—1900)
《上海新报》(1861—1872)
《绍兴白话报》(1900)
《申报》(1872—1911)
《时报》(上海)(1900—1911)
《顺天时报》(1907—1911)
《台湾日日新报》(1898—1911)

《天南新报》（新加坡）（1898—1905）

《万国公报》（1869—1907）

《遐迩贯珍》（香港）（1853—1856）

《香港华字日报》（1895—1911）

《新闻报》（上海）（1898—1911）

《星报》（新加坡）（1890—1898）

《星洲晨报》（新加坡）（1909—1910）

《循环日报》（香港）（1874—1886）

《月报》（1883）

《中兴日报》（新加坡）（1907—1910）

《字林沪报》（1891）

Hong Kong Daily Press（1864 – 1911）

Hong Kong Telegraph（1881 – 1911）

The China Mail（1866 – 1911）

The North-China Daily News（1864 – 1951）

The North-China Herald and Supreme Court & Consular Gazette（1870 – 1941）

The North-China Herald（1850 – 1866）

The Straits Times（Singapore）（1906 – 1908）

三　资料汇编

陈真、姚洛、逄先知合编：《中国近代工业史资料》第二辑，生活·读书·新知三联书店1958年版。

拱北海关编辑委员会编：《拱北关史料集》，拱北海关印刷厂1998年印刷。

广州市地方志编纂委员会办公室，广州海关志编纂委员会编译：《近代广州口岸经济社会概况——粤海关报告汇集》，暨南大学出版社1996年版。

九龙海关编志办公室编：《九龙海关志（1887—1990）》，广东人民出版社1993年版。

旧中国海关总税务司署通令选编：《旧中国海关总税务司署通令选编》第一卷（1861—1910年），中国海关出版社2003年版。

刘辉主编：《五十年各埠海关报告（1882—1931）》，中国海关出版社2009年版。

马金科主编：《早期香港史研究资料选辑》（下），香港三联书店1998年版。

莫世祥、虞和平、陈奕平编译：《近代拱北海关报告汇编》，澳门基金会1998年版。

聂宝璋、朱荫贵编：《中国近代航运史资料》第二辑，中国社会科学出版社2002年版。

聂宝璋编：《中国近代航运史资料》第一辑（上、下），上海人民出版社1983年版。

沈国威、[日]内田庆市、[日]松浦章编著：《遐迩贯珍·附题解·索引》（影印本），《遐迩贯珍》，上海辞书出版社2003年版。

王铁崖编：《中外旧约章汇编》第一册，生活·读书·新知三联书店1957年版。

王彦威、王亮辑编：《清季外交史料》第6册，李育民、刘利民、李传斌、伍成泉点校整理，湖南师范大学出版社2015年版。

吴松弟整理：《美国哈佛大学图书馆藏未刊中国旧海关史料（1860—1949）》第59、60、62、63、64、65、66、67、68、69、70、71、72、73、75、77、79、82、83、86、88、92、93、95、98、101册，广西师范大学出版社2014年版。

严中平等编：《中国近代经济史统计资料选辑》，科学出版社1955年版。

姚贤镐编：《中国近代对外贸易史资料1840—1895》第一册，中华书局1962年版。

中国第二历史档案馆、中国海关总署办公厅编：《中国旧海关史料（1859—1948）》第28、30、32、34、36、38、40、42、44、46、48、50、51、53、54、56、57册，京华出版社2001年版。

中国第一历史档案馆主编：《明清宫藏中西贸易档案（八）》，中国档案出版社2010年版。

中国社会科学院科研局组织编选：《聂宝璋集》，中国社会科学出版社2002年版。

中华人民共和国拱北海关编：《拱北海关志》，拱北海关印刷厂1998

年印刷。

四 著作

班思德:《中国沿海灯塔志》,李廷元译,海关总税务司公署统计科1933年版。

陈敦平主编:《镇江港史》,人民交通出版社1989年版。

陈翰笙主编:《华工出国史料汇编》,中华书局1985年版。

陈镰勋:《香港杂记(外二种)》,莫世祥校注,暨南大学出版社1996年版。

陈可焜:《香港经济一瞥》,中国展望出版社1986年版。

陈谦:《香港旧事见闻录》,广东人民出版社1989年版。

陈昕、郭志坤主编:《香港全纪录》,上海人民出版社1997年版。

程浩主编:《广州港史(近代部分)》,海洋出版社1985年版。

崔国英:《出使美日秘国日记》卷四,清光绪二十年(1894)刻本。

邓超编:《大香港》,香港旅行社1941年版。

丁贤勇:《新式交通与社会变迁——以民国浙江为中心》,中国社会科学出版社2007年版。

丁又:《香港初期史话》,生活·读书·新知三联书店1958年版。

樊百川:《中国轮船航运业的兴起》,四川人民出版社1985年版。

方浚师:《蕉轩随缘》卷三,清同治十一年(1872)刻本。

方振鸿:《香港经济概论》,广东人民出版社1987年版。

方志钦、蒋祖缘主编:《广东通史近代(上、下)》,广东人民出版社2010年版。

冯邦彦:《香港华资财团:1841—1997》,东方出版中心2008年版。

甘长求:《香港对外贸易》,广东人民出版社1990年版。

广东省地方志编纂委员会编:《广东省志·船舶工业志》,广东人民出版社2000年版。

郭寿生:《各国航业政策实况与收回航权问题》,上海华通书局1930年版。

河南交通厅交通史志编审委员会:《河南航运史》,人民交通出版社1989年版。

黄景海主编:《秦皇岛港史(现代部分)》,人民交通出版社1987

年版。

吉林航运史编委会：《吉林航运史》，人民交通出版社 1998 年版。

江天凤主编：《长江航运史（近代部分）》，人民交通出版社 1992 年版。

蒋廷黻：《中国近代史》，武汉出版社 2012 年版。

蒋祖缘主编：《广东航运史（近代部分）》，人民交通出版社 1989 年版。

交通部编：《四年来之航政》，交通部编印 1931 年版。

交通部交通史编撰委员会编：《交通史航政编》，交通铁道部交通史编撰委员会 1931 年版。

交通部珠江航务管理局编：《珠江航运史》，人民交通出版社 1998 年版。

金立成主编：《上海港史（现代部分）》，人民交通出版社 1986 年版。

金应熙主编：《香港史话》，广东人民出版社 1988 年版。

赖连三：《香港纪略（外二种）》，李龙潜点校，暨南大学出版社 1997 年版。

李蓓蓓编著：《台港澳史稿》，华东师范大学出版社 2003 年版。

李圭：《鸦片事略》卷下，清光绪二十一年（1895）海宁州署刻本。

李宏编著：《香港大事记（公元前 214—公元 1987 年）》，人民日报出版社 1988 年版。

李宏编著：《香港大事记》，人民日报出版社 1988 年版。

李允俊主编：《晚清经济史事编年》，上海古籍出版社 2000 年版。

廖乐柏：《中国通商口岸——贸易与最早的条约港》，李筱译，姜竹青校订，东方出版社 2010 年版。

林金枝、庄为玑主编：《近代华侨投资国内企业史料选辑》广东卷，福建人民出版社 1989 年版。

凌耀伦主编：《民生公司史》，人民交通出版社 1990 年版。

刘曼容：《港英政府轮船政治制度论》，香港文教出版企业有限公司 1998 年版。

刘曼容：《港英政治制度与香港社会变迁》，广东人民出版社 2009 年版。

刘蜀永：《香港的历史》，新华出版社 1996 年版。

刘蜀永、余绳武主编:《20世纪的香港》,中国大百科全书出版社1995年版。

卢受采、卢冬青著:《香港经济史》,人民出版社2004年版。

吕华清主编:《南京港史》,人民交通出版社1989年版。

彭德清主编:《中国航海史(近代航海史)》,人民交通出版社1989年版。

钱益兵、贺耀敏著:《香港:东西方文化交汇处》,中国人民大学出版社1995年版。

全国政协文史资料委员会编:《淘金旧梦:在华洋商纪实》,中国文史出版社2001年版。

任廷祚、肖凡主编:《香港经济学》,暨南大学出版社1989年版。

上海社会科学院经济研究所编:《上海对外贸易(1840—1949)》(上),上海社会科学院出版社1989年版。

沈鸿模编:《轮船》,商务印书馆1937年版。

盛叙功编译,刘虎如校订:《交通地理》,商务印书馆1931年版。

寿杨宾编著:《青岛海港史(近代部分)》,人民交通出版社1986年版。

苏子夏编:《香港地理》上册,香港商务印书馆1940年版。

汤开建、萧国健、陈佳荣主编:《香港6000年(远古—1997年)》,香港麒麟书业有限公司1998年版。

汪敬虞:《十九世纪西方资本主义对中国的经济侵略》,人民出版社1983年版。

汪敬虞主编:《中国近代经济史(1895—1927)》(上),人民出版社1998年版。

王赓武主编:《香港史新编》,香港三联书店1997年版。

王洸:《航业与航权》,上海学术研究会印行1930年版。

王洸:《现代航政问题》,正中书局1937年版。

王洸:《中国航业》,商务印书馆1929年版。

王洸:《中国航业论》,交通杂志社1934年版。

王之春:《清朝柔远记》,赵春晨点校,中华书局1989年版。

吴家诗主编:《黄埔港史(古、近代部分)》,人民交通出版社1989年版。

吴郁文主编:《香港·澳门地区经济地理》,新华出版社1990年版。

武堉干编:《中国国际贸易概论》,商务印书馆1931年版。

席龙飞、杨熺、唐锡仁主编:《中国科学技术史·交通卷》,科学出版社2004年版。

夏鹤鸣、廖国平主编:《贵州航运史(古、近代部分)》,人民交通出版社1993年版。

徐剑华编著:《运输经济学》,北京大学出版社2009年版。

许涤新、吴承明主编:《中国资本主义发展史》第二卷,社会科学文献出版社2007年版。

许锡辉、陈丽君、朱德新著:《香港跨世纪的沧桑》,广东人民出版社1995年版。

杨德才:《中国经济史新论(1840—1949)》,经济科学出版社2004年版。

杨思贤:《香港沧桑》,中国友谊出版公司1986年版。

叶恭绰:《交通救国论》,商务印书馆1926年版。

于恩德:《中国禁烟法令变迁史》,沈云龙主编:《近代中国史料丛刊》第八十八辑,台湾文海出版有限公司2006年版。

余绳武、刘存宽著:《19世纪的香港》,中华书局1994年版。

元邦建:《香港史略》,香港中流出版社1988年版。

张后铨主编:《招商局史(近代部分)》,人民交通出版社1988年版。

张华锦编著:《香港》,中国对外经济贸易出版社1989年版。

张宪文、张玉法主编,张俊义、刘智鹏:《中华民国专题史·香港与内地关系研究》第十七卷,南京大学出版社2015年版。

张晓辉:《香港华商史》,明报出版社1998年版。

张晓辉:《香港近代经济史(1840—1949)》,广东人民出版社2001年版。

张晓辉:《香港与近代中国对外贸易》,中国华侨出版社2000年版。

张心澂:《中国现代交通史》,良友图书印刷公司1931年版。

张仲礼、陈曾年、姚欣荣:《太古集团在旧中国》,上海人民出版社1991年版。

郑德华编著:《历史追索与方法探求香港历史文化考察之二》,香港三联书店1999年版。

郑德良编著：《现代香港经济》，中国财政经济出版社1987年版。

陈诗启：《中国近代海关史（晚清部分）》人民出版社1993年版。

中国保险史学会编：《中国保险史》，中国金融出版社1998年版。

钟叔河主编：《西海纪游草·乘槎笔记·诗二种·初使泰西记·航海述奇·欧美环游记》，钟叔河、杨国桢、左步青校点，岳麓书社1985年版。

周厚才编著：《温州港史》，人民交通出版社1990年版。

周蔚琪、朱宝玉主编：《武汉长江轮船公司史》，人民交通出版社1991年版。

朱建邦：《扬子江航业》，商务印书馆1937年版。

朱荫贵著：《中国近代轮船航运业研究》，中国社会科学出版社2008年版。

庄义逊主编：《香港事典》，上海科学普及出版社1994年版。

邹元涛、金雨雁、金冬雁整理：《金应熙香港今昔谈》，龙门书局1996年版。

《招商局轮船公司》，行政院新闻局1948年版。

[法] J.勒高夫、R.夏蒂埃、J.勒韦尔、P.若拉主编：《新史学》姚蒙译，上海译文出版社1989年版。

[法] 包利威：《中国鸦片史（1750—1950）》，袁俊生译，中国画报出版社2019年版。

[法] 查尔斯·辛格、E.J.霍姆亚德、A.R.霍尔、特雷弗·I.威廉斯主编：《技术史》第五卷，远德玉、丁云龙主译，上海科技教育出版社1978年版。

[法] 费尔南·布罗代尔：《15至18世纪的物质文明、经济和资本主义》，顾良、施康强译，生活·读书·新知三联书店2002年版。

[法] 费尔南·布罗代尔著：《地中海与菲利普二世时代的地中海世界》第二卷，吴模信译，商务印书馆2016年版。

[美] 安乐博：《海上风云：南中国海的海盗及其不法活动》，张兰馨译，中国社会科学出版社2013年版。

[美] 范岱克：《广州贸易：中国沿海的生活与事业（1700—1845）》，江滢河、黄超译，社会科学文献出版社2018年版。

[美] 郝延平：《中国近代商业革命》，陈潮、陈任译，陈绛校，上海

人民出版社 1991 年版。

［美］刘广京：《英美航运势力在华的竞争（1862—1874 年）》，邱锡镁、曹铁珊译，陈曾年校，上海社会科学院出版社 1988 年版。

［美］道格拉斯·C. 诺思：《制度、制度变迁与经济绩效》，杭行译，韦森译审，格致出版社、上海人民出版社 2016 年版。

［美］穆黛安：《华南海盗（1790—1810 年）》，刘平译，中国社会科学出版社 1997 年版。

［葡］施白蒂：《澳门编年史（1900—1949）》，金国平译，澳门基金会出版社 1999 年版。

［日］滨下武志：《中国近代经济史研究：清末海关财政与通商口岸市场圈》，高淑娟、孙彬译，江苏人民出版社 2006 年版。

［日］村上卫：《海洋史上的近代中国——福建人的活动与英国、清朝的因应》，王诗伦译，社会科学文献出版社 2016 年版。

［日］上田信：《东欧亚海域史列传》，寇淑婷译，厦门大学出版社 2018 年版。

［日］上田信：《海与帝国：明清时代》，高莹莹译，广西师范大学出版社 2014 年版。

［日］石井一郎：《交通运输学概论》，顾时光译，任铭校，人民交通出版社 1983 年版。

［日］松浦章：《明清时代东亚海域的文化交流》，郑洁西等译，江苏人民出版社 2009 年版。

［日］松浦章：《清代帆船东亚航运与中国海商海盗研究》，上海辞书出版社 2009 年版。

［日］松浦章：《清代华南帆船航运与经济交流》，杨蕾等译，厦门大学出版社 2017 年版。

［日］松浦章：《清代内河水运史研究》，董科译，江苏人民出版社 2010 年版。

［日］松浦章：《清代上海沙船航运业史研究》，杨蕾、王亦铮、董科译，江苏人民出版社 2012 年版。

［英］弗兰克·韦尔什：《香港史》，王皖强、黄亚红译，中央编译出版社 2007 年版。

［英］莱特：《中国关税沿革史》，姚曾廙译，生活·读书·新知三联

书店 1958 年版。

五 论文

邓开颂、陆晓敏:《广东的香港史研究》,《学术研究》1996 年第 4 期。

黄娟:《湖南近代航运业研究》,博士学位论文,华中师范大学,2009 年。

蓝勇:《对先进制造技艺与落后传承途径的反思——以历史上川江木船文献为例》,《历史研究》2016 年第 5 期。

李长莉:《近代交通进步的社会文化效应对国人生活的影响》,《学术研究》2008 年第 11 期。

李巧:《近代西江航运与梧州城市的发展 (1897—1937 年)》,硕士学位论文,广西师范大学,2016 年。

刘常凡:《公路建设、汽车运输与社会变迁——以 1927—1937 年河南省为中心的研究》,硕士学位论文,河南大学,2009 年。

刘曼容:《试论港英政府政治制度演变的性质和特点》,《广东社会科学》2001 年第 1 期。

刘泽生:《近年来内地关于香港史研究情况概述》,《学术研究》1986 年第 2 期。

毛立坤:《晚清时期香港对中国的转口贸易 (1869—1911)》,博士学位论文,复旦大学,2006 年。

毛立坤:《晚清时期香港与两广的贸易关系》,《安徽史学》2006 年第 4 期。

毛立坤:《晚清时期中外贸易的个案分析——以香港转口贸易为例》,《中国历史地理论丛》2006 年第 1 期。

王洪涛:《成长与迟滞:近代中国华商保险业发展历程的历史考察 (1865—1945)》,硕士学位论文,厦门大学,2006 年。

王林:《略论 19 世纪 70—90 年代的中国木船业》,《江南大学学报》(人文社会科学版) 2006 年第 3 期。

伍伶飞:《近代东亚灯塔分级指标辨析》,《海洋史研究》2017 年第 11 辑,社会科学文献出版社 2017 年版。

夏巨富:《近八十年来香港航运史研究综述》,《石家庄经济学院学报》

2013年第4期。

夏巨富:《浅析晚清香港轮船航运业肇兴缘由》,《历史档案》2016年第2期。

夏巨富:《清末香港航运业与其转口港地位的关系(1898—1911)》,《世界海运》2014年第10期。

杨锦銮:《中国近代民族保险业发展研究(1875—1937)》,博士学位论文,中山大学,2010年。

张济容:《近代川江航运与重庆城市发展(1840—1937年)》,硕士学位论文,西北大学,2004年。

张俊义:《1900—1941年香港航运发展概述》,载中国社会科学院近代史研究所编《近代中国与世界》第二卷,社会科学文献出版社2005年版。

张丽:《60年来大陆地区香港史研究回顾》,《兰州学刊》2014年第9期。

张晓辉:《民国前期粤港航运业》,《广东史志》1994年第3期。

朱福枝:《试述中国近代航运的诞生与发展》,《武汉交通管理干部学院学报》1994年第2期。

朱荫贵:《清代木船业的衰落和中国轮船航运业的兴起》,《安徽史学》2014年第6期。

[荷] 包乐史:《荷兰在亚洲海权的升降》,《海洋史研究》,邓海琪等译,2017年第10辑,社会科学文献出版社2017年版。

[美] 安乐博:《中国海盗的黄金时代:1520—1810》,王绍祥译,《东南学术》2002年第1期。

[日] 松浦章:《20世纪前叶之大阪商船公司的〈台湾航线指南〉》,《海洋文化学刊》(台湾)2016年第19期。

[日] 松浦章:《明清时代的海盗》,李小林译,《清史研究》1997年第1期。

[日] 松浦章:《中国帆船研究回顾》,《海洋史研究》2017年第10辑,社会科学文献出版社2017年版。

后　　记

　　本书能够开展研究与公开出版，得益于2018年国家社科基金青年项目的立项，非常感谢各位匿名评审专家对课题评审的辛勤付出。近代穗港之间政治、经济、文化交流与联系非常紧密。毕竟他们处于同一文化区，且香港大部分人来自广东省，相当一部分来自广府地区，因此他们可谓同根同祖，故而近代穗港之间经济往来非常密切，张晓辉、邱捷、邓开颂等教授关于近代粤港地区的经济史研究，都可以视为明证。本书作为广州商人团体组织变迁研究课题的阶段性成果，主要基于以下考虑。1. 穗港商人间相互交流与合作，通过以香港轮船航运业发展为切入点，以此铺陈开来，围绕香港轮船航运业，透视近代穗港之间经济联系的一个横切面，例如1865年省港澳轮船公司的创立，清末广东香港保险公司，等等，诸如此类冠以省港名称的很多类似公司，足见穗港之间经济往来之密切。2. 通过考察香港轮船航运业，可以多方面透视出穗港之间经贸关系：其一，穗港之间贸易圈形成，广东作为香港广大经济腹地，为近代香港的现代化作出重要贡献；其二，华南沿海沿河的灯塔，大多是通过粤港地区船税提取而得以筹资兴建；其三，共同打击华南沿海地区海盗、走私贸易、鸦片贸易等诸多阻碍经济贸易的问题。3. 穗港两地商人及其团体之间互动与交流比较频繁，通常遇到灾害赈济、经济利权、商贸纠纷等问题，两地商人团体大多能相互支援。4. 穗港两地可以陆上和水上保持经济方面的往来，近代早期陆上交通和铁路尚未兴起之时，航运作为大宗货物运输的首选，大大加快了经济交流进程和效率，也就是说两地可以通过船运的媒介搭建起经贸往来的桥梁。5. 海关统计时，大多涉及省港两地各种往来记载，为后来研究者提供了重要经济资料。因此，本书作为近代广州商人团体组织变迁阶段性成果，借此考察近代广州商人团体的一个剖面，通过香港轮船航运业透视穗港之间商人及商人团体的经济往来。本书贯彻两条线索，明线是近代香港轮船航运业，暗线是穗港两地商人及其团体之间的联系和角力，通过一明一暗两条线索，相互之间的合作与冲突，交相呼应，展示出近代中国经济史发展过程中的双重性和复杂性。

前期一直关注近代粤港地区经济社会史，历经数年报刊资料搜集和积累，先后多次前往华中师大近代史研究所资料室及图书馆，华南师大、广大、暨大、中大、广州、上海、南京等图书馆和档案馆，系统翻阅香港、广州、武汉、上海、新加坡等地中英文报纸，同时感谢各单位工作人员的热情服务和无私帮助，尤其是广州市档案馆张全红处长的帮助。感谢张世慧师兄在台湾访学期间为我抄录香港轮船方面的资料。感谢张超师弟在华中师大近代史研究所拍摄相关资料。同时得感谢朱庆、张继汝、邱晓磊、李中庆、刘杰、关浩淳、许龙生和吴鹏程等对写作和论文发表方面提供不少的帮助与支持，相互之间交流更是促使文章更加完善。当然前期除了搜集资料外，也有所写作方面的积累，相关章节公开发表。在青年项目得以立项后，开始全面统筹书稿，系统翻阅相关档案报纸，重新布局和构思，进行为期三年多持续写作与多次修改。

诚然，能够顺利完成与实现这些既定的目标，虽然离不开个人坚持不懈的努力和执着的学术追求，但是更不应忽视那些在我追逐梦想的征途中给予无私帮助的人。感谢我的父母、岳父母这么多年来的辛勤劳作和无私的支持，尤其是我的母亲孟娴女士对我人生影响至深，没有你们作坚强的后盾，就没有我的今天，从内心深处由衷地感谢，并会怀着感恩的心回报你们。尤其是工作以来，爱妻蔡旦旦对学术工作支持，也会就课题和论文进行跨界交流，助益良多。家人及亲朋好友的默默支持是能够坚持走学术研究这条"不归路"的精神保障，遇到你们可谓此生有幸。感谢人文学院褟健聪、王琼、纪德君、张文沛等院领导和历史系王元林、杨恒平、凌彦、郭华清、徐奇堂、蔡香玉、王睿、徐霞辉等领导或教授在申报课题时提出宝贵意见，提供宽松教学环境和各方面的无私帮助，使我得以有充足的时间来进行课题研究；同时感谢人文学院同事杨柳、刘畅、郭文安、于笛、孙亭林、彭贵昌等教师，尤其是刘畅和吴树文无私地提供物质援助，得以完成大事，共同议事，相互分享，砥砺前行。当然从历史系教师及人文学院其余同事也获益匪浅，恕不一一列举，唯有感恩铭记于心。同时感谢广大历史系192班全体学生，第一次作为班主任，各位小清新给我带来不少活力和欢乐，也在2023年考研中实现历史性突破。当然感谢好友吴树文、俞书祥、赵将、葛向葵、张毅、周超、傅赞、严哲等的陪伴与及时分

后　记

享。特别感谢的是广州大学人文学院、科研处等相关单位领导对课题辛勤的付出和大力支持。同时感谢朱志先教授及其夫人张霞老师一路来的支持与帮助，在如何选择学校和学术道路上持续给予帮助，终身受益。当然书稿写作过程中，得到刘曼容教授、谢放教授、陈向阳教授、柯伟明教授和张晓辉教授的热忱帮助，并多次对本书提纲提出有益的建议，受益匪浅，使书稿更加完善。当然目前学术写作与研究方面经验积累，离不开业师刘曼容教授在学术引导与教授之功，也离不开桂子山求学期间业师朱英教授的悉心指导与提点，朱师言传身教，获益终生。朱师德才兼备，乃毕生偶像。虞和平、郑成林、魏文享和李培德等教授在学术研究方面提供了不少帮助。一路走来，承蒙各位教师、同门与朋友的支持与帮助，限于篇幅，不一一列举，唯有铭恩于心，继续坚持学术之路，多出成果以回报点滴。

感谢全书征引的诸位学者，如有引用不妥之处，还请见谅。承蒙中国社会科学出版社宋燕鹏编审赏识，多次叨扰宋兄，他均不厌其烦和不辞辛苦地为书稿前后奔忙，筹划出版事宜，特此鸣谢。书稿得以顺利出版，得益于国家社科基金青年项目的大力赞助，非常感谢国家社科基金奖掖后辈学人计划，限于学识，不免存在问题，祈求学界同人批评指正。

夏巨富

甲辰年孟夏于羊城天峯